21 世纪高职高专规划教材·财经管理系列

国际贸易基础

（第 2 版）

主　编　张丽霞
副主编　赵　东　乌达巴拉　李桂英
参　编　姜　涛　林全杰　贾　涛　李　叙
主　审　张云昌

清 华 大 学 出 版 社
北京交通大学出版社
·北京·

内 容 简 介

全书共分 13 章，内容主要有国际贸易概述、国际分工、世界市场、世界市场价格、经济全球化与地区经济一体化、国际资本移动与跨国公司、国际贸易政策、关税与非关税措施、鼓励出口与出口管制方面的措施、国际贸易条约与协定、世界贸易组织、国际服务贸易与国际技术贸易、各类型国家对外贸易的发展等。

本书可作为高职高专国际贸易、国际金融、国际商务、经济管理等相关专业的教材，也可作为成人学校经贸类专业的教材。

图书在版编目（CIP）数据

国际贸易基础/张丽霞主编. —2 版. —北京：北京交通大学出版社：清华大学出版社，2018.6
（21 世纪高职高专规划教材·财经管理系列）
ISBN 978 - 7 - 5121 - 3527 - 7

Ⅰ. ①国⋯ Ⅱ. ①张⋯ Ⅲ. ①国际贸易-高等职业教育-教材 Ⅳ. ①F74

中国版本图书馆 CIP 数据核字（2018）第 076880 号

国际贸易基础
GUOJI MAOYI JICHU

责任编辑：黎 丹

出版发行：清 华 大 学 出 版 社   邮编：100084   电话：010 - 62776969   http://www. tup. com. cn
　　　　　北京交通大学出版社   邮编：100044   电话：010 - 51686414   http://www. bjtup. com. cn
印 刷 者：北京鑫海金澳胶印有限公司
经　　销：全国新华书店
开　　本：185 mm×260 mm   印张：17   字数：424 千字
版　　次：2018 年 6 月第 2 版   2018 年 6 月第 1 次印刷
书　　号：ISBN 978 - 7 - 5121 - 3527 - 7/F·1769
印　　数：1～3 000 册   定价：38.00 元

本书如有质量问题，请向北京交通大学出版社质监组反映。对您的意见和批评，我们表示欢迎和感谢。
投诉电话：010 - 51686043，51686008；传真：010 - 62225406；E-mail：press@bjtu. edu. cn。

前　言

21 世纪是经济全球化时代，而经济全球化推动了国际贸易的迅速发展。随着中国经济的快速发展，我国经济融入世界经济体系之中的步伐逐渐加快，经济实力显著增强，对外贸易高速发展，国际影响力与日俱增。我国已跃居世界第一货物贸易大国，服务贸易也位居世界前列，但从世界贸易大国迈向贸易强国任重而道远，这对我国从事外贸人员的知识结构和人才素质提出了更高的要求。因此，我们必须把最前沿的国际贸易知识及时有效地传授给学生，使其成为顺应市场需求的具有创新能力的应用型外贸人才。国际贸易基础正是学生学习国际贸易专业知识的入门课程。

本书以高职高专国际贸易专业及其他对外经贸专业为使用对象，在编写过程中，注意广泛搜集有关国际贸易的最新知识和信息，以满足国际贸易专业及其相关专业学生扩大知识面、不断更新专业知识的需要。

本书力求体现以下特色。

一是充分吸收了近些年有关国际贸易理论研究的新成果和新材料，力求介绍本学科的新思想、新资料和新规范，同时结合国际贸易形势的新变化，引导学生积极思考国际贸易相关问题。

二是在编写体例上，进行必要的创新，每章前有知识目标、技能目标、重点、引导案例、开篇讨论，每章中结合相应内容配有小案例、讨论、辩论赛、小提示、小测试、知识链接等，在每章后有同步测试及案例分析。

三是在内容设置上，以必需、够用、实用为标准，同时又有较强的系统性和逻辑性，做到重点突出、脉络清晰。

四是在语言上力求通俗简明，深浅适度，便于理解。

本书在第 1 版的基础上，结合国际贸易新形势与新变化，对数据资源进行了大量更新，强调理论联系实际，鼓励学生主动思考国际贸易的发展变化趋势，力求不落俗套，使教材富有新意。

本书由黑龙江农业经济职业学院张丽霞担任主编，黑龙江农业经济职业学院赵东和李桂英、黑龙江民族职业学院乌达巴拉担任副主编，黑龙江农业经济职业学院张云昌担任主审，黑龙江农业经济职业学院姜涛和李叙、山东南山职业技术学院林全杰、威海职业技术学院贾涛参加了编写。具体编写本书的人员安排是：张丽霞编写第 1、2、8 章，李叙编写第 3 章，林全杰编写第 4 章，赵东编写第 5、9 章，贾涛编写第 6 章，姜涛编写第 7 章，李桂英编写第 11、12 章，乌达巴拉编写第 10、13 章。全书由张丽霞统稿和定稿，张云昌审稿。

本书配有教学课件和相关的教学资源，有需要的读者可以从网站 http：//www. bjtup. com. cn 下载或者与 cbsld@jg. bjtu. edu. cn 联系。

在本书的编写过程中，参考了大量的教材、报纸、杂志和网站的最新资料，在此向有关作者一并表示感谢。由于编写水平有限，加之时间仓促，书中难免有不妥之处，敬请广大读者批评指正。

编　者

2018 年 5 月

目　录

第1章　国际贸易概述 ··· (1)

1.1　国际贸易的产生与发展 ·· (2)

1.2　国际贸易的研究对象 ·· (7)

1.3　国际贸易的基本概念 ·· (9)

1.4　国际贸易的分类 ··· (13)

◇　同步测试 ··· (18)

第2章　国际分工 ··· (20)

2.1　国际分工的形成与发展 ··· (21)

2.2　国际分工发展的影响因素 ······································· (25)

2.3　国际分工理论 ··· (27)

2.4　国际分工对国际贸易的影响 ····································· (34)

◇　同步测试 ··· (36)

第3章　世界市场 ··· (38)

3.1　世界市场的形成、发展与构成 ··································· (39)

3.2　世界市场的开拓 ··· (44)

3.3　当代世界市场发展的主要特征 ··································· (49)

3.4　中国在国际市场中的地位 ······································· (51)

◇　同步测试 ··· (55)

第4章　世界市场价格 ··· (58)

4.1　世界市场价格的含义及种类 ····································· (59)

4.2　影响世界市场价格变动的主要因素 ······························· (62)

   4.3   贸易条件 ··· (63)

   ◇ 同步测试 ··· (66)

第 5 章　经济全球化与地区经济一体化 ······················ (68)

   5.1   经济全球化与经济一体化的关系 ····················· (69)

   5.2   地区经济一体化概述 ····································· (72)

   5.3   主要地区经济一体化组织的发展 ····················· (74)

   5.4   地区经济一体化理论 ····································· (84)

   ◇ 同步测试 ··· (88)

第 6 章　国际资本移动与跨国公司 ····························· (91)

   6.1   国际资本移动的含义及主要形式 ····················· (92)

   6.2   第二次世界大战后国际资本移动的特点及其对国际贸易的影响 ······ (97)

   6.3   跨国公司概述 ·· (101)

   6.4   跨国公司对国际贸易的影响 ··························· (106)

   ◇ 同步测试 ·· (107)

第 7 章　国际贸易政策 ·· (110)

   7.1   国际贸易政策概述 ····································· (111)

   7.2   国际贸易政策的发展 ··································· (114)

   7.3   中国的对外贸易政策 ··································· (123)

   ◇ 同步测试 ·· (127)

第 8 章　关税与非关税措施 ······································· (130)

   8.1   关税措施 ·· (131)

   8.2   非关税措施 ·· (149)

   ◇ 同步测试 ·· (163)

第 9 章　鼓励出口和出口管制方面的措施 ··················· (166)

   9.1   鼓励出口措施 ··· (167)

   9.2   出口管制的措施 ·· (173)

   9.3   经济特区措施 ··· (177)

   ◇ 同步测试 ·· (181)

第 10 章　国际贸易条约与协定 ·· (185)

10.1　国际贸易条约与协定概述 ·· (186)

10.2　国际贸易条约与协定的主要种类 ·· (189)

10.3　国际商品协定和国际商品综合方案 ··· (190)

◇ 同步测试 ··· (192)

第 11 章　世界贸易组织 ··· (195)

11.1　从关税与贸易总协定到世界贸易组织 ··· (196)

11.2　世界贸易组织的宗旨与基本原则 ·· (199)

11.3　世界贸易组织的主要协议与组织结构 ··· (202)

11.4　中国与世界贸易组织 ··· (204)

◇ 同步测试 ··· (209)

第 12 章　国际服务贸易与国际技术贸易 ··· (211)

12.1　国际服务贸易的分类与特点 ·· (212)

12.2　国际技术贸易的含义及主要方式 ·· (219)

12.3　我国的服务贸易与技术贸易的发展 ··· (226)

◇ 同步测试 ··· (230)

第 13 章　各类型国家对外贸易的发展 ·· (233)

13.1　发达市场经济国家对外贸易的发展 ··· (234)

13.2　转型国家对外贸易的发展 ·· (247)

13.3　发展中国家对外贸易的发展 ·· (252)

◇ 同步测试 ··· (258)

参考文献 ··· (260)

第1章

国际贸易概述

【知识目标】

　　通过本章的学习，要求学生理解国际贸易的产生与发展，明确国际贸易的研究对象，准确把握国际贸易的基本概念与国际贸易的分类，为今后的学习打下扎实的基础。

【技能目标】

● 能区别国际贸易与对外贸易
● 能辨别国际贸易的不同概念
● 能识别国际贸易类别

【重点】

● 国际贸易的基本概念
● 国际贸易的分类

引 例

认识国际贸易

　　当前，全球经济处于深度结构调整期，总体复苏乏力。在此影响下，全球贸易增长更为缓慢。2016年国际贸易环境仍未明显改善，众多不稳定因素影响贸易发展，包括依然脆弱的全球经济、尚未消除的地缘政治紧张局势、大幅震荡的大宗商品价格和美元汇率等。世界贸易组织（WTO）力图通过避免由政策导致的不公平贸易竞争、改善市场准入、抑制贸易保护主义等手段，改善贸易环境、扩大贸易机会，但对2016年贸易增长仍不乐观。

　　据世界贸易组织2016年9月最新预测，2016年世界贸易增长速度为1.7%，而不是之前预测的2.8%。该增速为2009年以来的最低水平，该增速15年来首次低于全球GDP（国内生产总值）增长速度。WTO经济专家预测，2017年全球贸易增幅为1.8%~3.1%，低于1990年以来5%的年均增速。世界贸易组织总干事罗伯托·阿泽维多（Roberto Azevêdo）认为，2015年世界贸易情况和2016年展望令人失望。尽管贸易量增长，但是由于汇率和商品价格下跌，贸易额却出现下降。2015年世界货物贸易额为16.5万亿美元，较2014年下降13%。商业服务贸易额为4.7万亿美元，下降6.4%。

2015 年全球贸易额下降的主要因素是发展中经济体需求下降，以中国为代表的发展中国家贸易额出现了下滑。此外，美国降低进口也产生负面影响。阿泽维多表示，这将使得脆弱的发展中国家经济雪上加霜。许多国家采取贸易保护措施，贸易壁垒增多。2015 年发达经济体进口增长 4.5%，但发展中经济体停滞在 0.5%。由于巴西经济衰退，需求萎缩，南美地区成为进口增速最低的地区。2015 年发达经济体出口量增长 2.6%，而发展中经济体出口增幅为 3.3%。

（资料来源：中华人民共和国商务部网站）

从上面可以看出，全球经济发展直接影响了国际贸易。那么，国际贸易是怎么回事？这就是本章所要介绍的内容。

随着各国在经济贸易上的联系日趋紧密，国际贸易对各国的国民经济及其他各方面的影响越来越大。因此，有必要研究国际贸易的产生与发展、国际贸易的地位及研究对象、国际贸易的基本概念、国际贸易的分类等各方面的知识。

1.1　国际贸易的产生与发展

讨　论

学生分小组讨论：

1. 你了解国际贸易吗？
2. 你通常通过什么途径了解国际贸易？
3. 你对国际贸易的哪些内容比较感兴趣？

1.1.1　国际贸易与对外贸易的含义

国际贸易（international trade）又称世界贸易（world trade），是指世界各国或地区之间货物和服务交换的活动，是各国或地区之间劳动分工的表现形式，并且反映了世界各国或地区之间在经济上的相互依靠关系。

国际贸易是世界经济发展的重要影响因素，是各国实现货物与服务跨国、跨地区转移的主要方式。在当今高度发达的现代社会，世界各国要超越国境进行许多经济贸易交易，从而满足国内的需求及其他经济生活的需要，促进本国经济的快速发展。例如，美国向其他国家出口农产品和民用客机，从其他国家进口石油和矿产品；中国从国外进口先进的机器设备和技术，向国外出口纺织品和矿产品；发展中国家向国外输出劳务，从外国引进资金和先进的技术等。

国际贸易由各国或地区的对外贸易构成，是世界各国或地区对外贸易的总和。以一个国家或地区为主体对其他一些国家或地区进行货物和服务的交换活动就称为这个国家或地区的对外贸易（foreign trade）。它包括进口和出口两部分，所以对外贸易又称为进出口贸易或输出入贸易。一些海岛国家或对外贸易活动主要依靠海运的国家或地区，如英国、日本等，还将其称为海外贸易（overseas trade）。

> **小提示：**
>
> 　通常，广义的国际贸易和对外贸易包括货物贸易和服务贸易，狭义的国际贸易和对外贸易只包括货物贸易。

1.1.2　国际贸易与国内贸易的关系

国际贸易与国内贸易在发展过程中不断融合，二者有着密切联系，同时又有很大的区别。

1. 国际贸易与国内贸易的联系

国内贸易（domestic trade）是指在一国范围内所进行的货物和服务的交换活动。国际贸易是国家之间的货物与服务的交换活动。国际贸易与国内贸易的本质都是货物与服务的交换活动，都属于流通领域，它们经营的目的都是提高经济效益和获取利润。国内贸易是国际贸易的基础，国际贸易是国内贸易的延伸和扩展。

2. 国际贸易与国内贸易的区别

由于各国的经济、社会、文化及风俗习惯等存在一定的差异，因此国际贸易与国内贸易存在巨大的差异。

（1）贸易范围不同

国内贸易是在一国范围内进行的，而国际贸易是跨越国界在国与国之间开展的。

（2）语言文字不同

在国际贸易活动中，贸易双方在签订合同、处理单证等文字资料往来时，必须使用同一种语言，而各国的语言又有很大的差别。英语是当今国际贸易的主要语言，但英语并不是在全世界普遍通用的。由于语言文字的不同，要求国际贸易从业人员要特别仔细和认真，以防造成不必要的损失。

（3）适用法律和规章制度不同

各国为管理进出口都制定了相应的法律及规章制度，而且各国各不相同，这为国际贸易的顺利进行带来了很大的障碍。

（4）各国贸易政策与措施不同

各国为争夺国外市场，保护本国市场，采取形式多样的"奖出限入"的贸易政策及措施，以达到促进出口、限制进口的目的。虽然世界贸易组织在逐渐规范世界贸易政策与措施，但各国的贸易政策与措施仍存在很大的差异。

（5）复杂程度不同

国际贸易比国内贸易更复杂。例如，各国的货币在浮动汇率下如何计价；如何选择运输及保险；货物进出口要履行报关手续；货物的商标及包装要符合进口国的规定等。

（6）风险程度不同

国际贸易比国内贸易要承担更多的风险，如政治风险、信用风险、商业风险、运输风险、价格风险等，而这些风险又往往是不可控制的。

1.1.3　国际贸易的产生

国际贸易属于历史范畴，它是人类社会发展到一定历史阶段的必然产物。国际贸易的产生必需具备两个条件：一是有可供交换的剩余产品；二是出现了各自为政的社会实体——国家。所以，从本质上说，社会生产力的发展和社会分工的扩大是国际贸易产生和发展的基础。

在原始社会初期，生产力水平低下，人们共同劳动以获取有限的生活资料，然后在成员之间平均分配。那时，没有剩余产品，没有阶级和国家，也就不存在国际贸易。随着社会生产力的发展，人类历史上出现了三次社会大分工，出现了剩余产品，交换关系不断扩大，加速了私有制的形成。随着原始社会的瓦解，产生了奴隶社会，出现了国家。国家出现后商品交换跨越国界，就产生了国际贸易。

1.1.4　国际贸易的发展

纵观国际贸易的发展史，在奴隶社会与封建社会，国际贸易发展缓慢；在资本主义社会尤其是第二次世界大战后，国际贸易进入了高速发展时期。

1. 国际贸易的缓慢发展

在奴隶社会，自给自足的自然经济占统治地位，生产的目的主要是消费，商品生产在整个社会生产中微不足道，进入流通领域的商品数量和种类都很少。同时，由于生产技术落后，交通工具简陋，对外贸易的范围也受到了很大的限制。在奴隶社会，国际贸易的主要商品有三类：一是奴隶；二是奢侈品，如宝石、香料、装饰品、织物等；三是食品，如谷物、橄榄油、葡萄酒等。

封建社会比奴隶社会有所进步，但国际贸易的规模仍十分有限。国际贸易仍然受到自然经济的局限，奢侈品仍然是国际贸易的主要产品，西方国家用呢绒、酒等换取东方国家的丝绸、香料和珠宝等。

在这两个社会阶段，国际贸易在当时的社会经济中不占重要地位。国际贸易对经济发展真正起到重要作用是从资本主义社会开始的。

2. 国际贸易的迅速发展

进入资本主义社会，由于西欧各国资本主义生产方式的建立和发展，使国际贸易在这个阶段迅速发展。马克思曾经指出："对外贸易的扩大，虽然在资本主义生产方式的幼年时期是这种生产方式的基础，但在资本主义生产方式的发展中，由于这种生产方式的内在必然性，由于这种生产方式要求不断扩大市场，它成为这种方式本身的产物。"马克思的这一科学论断，深刻揭示了国际贸易与资本主义生产方式之间的本质联系。资本主义时期的国际贸易在资本主义原始积累时期、自由竞争时期和垄断时期具有不同的特征。

（1）资本主义原始积累时期的国际贸易

资本主义原始积累时期从 16 世纪到 18 世纪中叶。生产力的迅速发展为国际贸易的扩大提供了物质基础，这一时期的地理大发现和新航线的开辟，使世界市场初步形成，国际贸易开始在全球大规模展开。这个时期的国际贸易，反映了资本原始积累的一些特征。当时的国际贸易主要是欧洲国家对殖民地进行掠夺、暴力、欺骗及奴役等方式的殖民贸易，并以海上贸易为主。西班牙与葡萄牙最早从事殖民贸易，西班牙垄断了美洲和欧洲的贸易，葡萄牙垄断了非洲和亚洲。这一时期，奴隶贸易极为盛行，欧洲殖民者把非洲变成了掠夺黑人奴隶的场所。在长达两个多世纪的殖民统治中，欧洲殖民者通过掠夺大量金银及残酷的奴隶贸易，加速了资本主义的原始积累。

资本主义原始积累时期的国际贸易，同奴隶社会及封建社会相比较有了显著的进步，但由于资本主义大机器工业尚未建立，国际贸易的范围、规模和商品品种还是受到了一定的局限。

（2）资本主义自由竞争时期的国际贸易

资本主义自由竞争时期从 18 世纪后期到 19 世纪中叶。在这期间，英国最先完成了工业革命，随后欧洲的其他资本主义国家也先后完成了工业革命，建立了资本主义大机器工业，生产力迅速提高，国际分工开始形成，这为国际贸易的大规模快速发展提供了强大的物质技术基础。同时，交通运输和通信工具的巨大进步及大范围使用，缩短了国际间的距离，为国际贸易的发展提供了必要条件。这期间参与国际贸易的国家遍及全球，国际贸易真正成为了世界贸易。

这一时期国际贸易表现出的主要特点如下。

① 国际贸易额获得了空前的增长。据统计，在 19 世纪的前 70 年中，国际贸易额增长了 10 倍多。

② 国际贸易的商品结构发生了很大的变化。商品的品种不断增加，工业品贸易特别是纺织品贸易迅速增长，粮食成了大宗的国际贸易商品，在国际贸易中的份额迅速增加。

③ 国际贸易方式有了较大的进步。从现场看货交易逐渐发展为凭样品交易、商品交易所交易，各种信贷业务得到了发展，汇票等票据广泛流行，贸易收支结算更加便利。

④ 国际贸易的组织形式发生了变化。经营对外贸易的组织日趋专业化，许多国家出现了专业的服务机构，如运输公司和保险公司等。

⑤ 政府开始重视贸易协调。各国通过缔结一系列的贸易条约与协定，调节国家之间的贸易关系，并在贸易中获取竞争优势。另外，各国还采取灵活的贸易政策促进本国贸易的发展。在这一时期，英、法、美、德在国际贸易中占据主要地位，但它们实行的是不同的贸易政策。英国由于经济实力雄厚、科技水平处于前列，是国际贸易的中心，因此提倡自由贸易；而美国和德国由于实力弱、科技相对落后，所以推行的是保护贸易。

（3）资本主义垄断时期的国际贸易

19 世纪 70 年代，资本主义由自由竞争向垄断资本主义过渡，到 20 世纪初，垄断最终代替了自由竞争。此时的国际贸易带有明显的垄断特征，垄断组织在经济贸易活动中起着重要的作用。国际贸易成为垄断组织获取最大利润的一种手段。19 世纪末发生了第二次工业革命，推动了汽车、飞机、轮船等新兴行业的发展，同时交通运输及通信业发生了质的飞跃，促进了国际贸易的进一步发展。在这一阶段，国际贸易额增长了 3 倍。

这一时期国际贸易表现出的主要特点如下。

① 国际贸易被垄断组织所控制。西方主要国家的垄断组织通过商品输出尤其是资本输出，瓜分了世界绝大部分市场，当时英、美、法、德四国的贸易额占到世界贸易的53%左右。

② 国际贸易额在总量上虽不断扩大，但与自由竞争时期相比，增长速度下降了。

③ 国际贸易的地理格局发生了变化。在这一时期，国际贸易地理格局的突出变化是英国在国际贸易中的中心地位下降，美国、德国在世界贸易中的地位不断上升，其他西欧国家及北美、非洲、拉丁美洲各国在世界贸易中的份额不断增长。

3. 第二次世界大战后国际贸易的发展

第二次世界大战后，国际政治经济形势发生了很大的变化，各国经济的迅速发展与繁荣给国际贸易的增长带来了良好的契机，国际分工和生产国际化不断深化与扩大，促使国际贸易迅速发展。在这期间国际贸易发展呈现出了许多新的特点。

（1）国际贸易发展迅速但有波动

第二次世界大战结束初期到1973年，国际贸易发展迅速。第二次世界大战前，在1913—1938年世界出口贸易量的年均增长率仅为0.7%，而第二次世界大战后，1948—1973年世界出口贸易量的年均增长率上升到7.8%，超过了同期世界工业生产6.1%的增长率。1973—1985年，世界出口贸易量的增长速度降为2.4%，国际贸易由迅速发展转向缓慢发展，甚至停滞不前。1986—1990年，世界出口贸易量的增长速度有所回升，1988年达到9%的增长速度，之后又有所放慢。进入21世纪，由于世界经济增长速度下降及美国"9·11"恐怖事件的冲击，2001年世界货物贸易出现5%的负增长，服务贸易出现1%的负增长。从2002年起，世界贸易出现恢复性增长，2006年世界贸易增长率达到9.7%。2008年爆发了全球金融危机，致使世界贸易在之后的8年多增长放缓，2014年为2.8%，2015年仍为2.8%、2016年为1.3%，低于20世纪90年代以来5.1%的平均增速，也远远低于2008年金融危机前10年贸易年均增长率6.7%的水平。

（2）国际贸易结构向服务业和高科技发展并呈加速趋势

第二次世界大战前，初级产品贸易约占全部贸易的2/3，第二次世界大战后，随着科学技术革命的发展，从1953年开始，工业制成品在国际贸易中的份额开始超过初级产品。工业制成品贸易占世界货物贸易的比重从1953年的50.3%，上升到2003年的74.5%。而高科技产品贸易的发展尤其迅速，经济合作与发展组织国家高新技术产品在制成品贸易中的份额由1992年的30%上升到2000年的40%。2013年全球出口贸易中高科技产品的比例为22%。近年来，全球服务贸易一直保持着较快的增长速度，根据世界贸易组织统计，2015年服务贸易占全球贸易的比例上升至22.2%，服务贸易总额较2014年下滑6.4%，服务贸易发展继续优于货物贸易。服务贸易在全球贸易中的角色愈来愈重要。

知识链接

根据香港汇丰银行2014年发布的一份研究报告，亚洲新兴经济体逐渐摆脱低成本产品生产中心的地位，并向着高附加值本地品牌发展，未来15年内高科技产品的出口增速将远远超越其他产品。2013年中国占全球高科技产品出口额的36.5%，美国以 9.6% 位列第三。而在 2000 年时，高科技产品出口第一的国家是美国，其份额为 29.2%。预计到 2030 年，高科技产品将占商品贸易的 25%，中国将占全球高科技产品贸易一半以上份额。另外，韩国将超越新加坡，成为全球第四大高科技产品出口国。

（3）发达市场经济国家在国际贸易中始终处于主体地位

从 19 世纪至今，发达市场经济国家在世界贸易中始终居于主体地位。1938 年，发达国家在世界出口贸易总额中所占的份额为 65.9%，至 2002 年发达国家在世界出口贸易总额中所占的份额为 63.6%，约占 2/3。而在服务贸易中，发达国家占据明显的优势地位。2000 年，发达国家服务出口贸易占世界的 73.3%，高于同期发展中国家的 23.4%。另外，发达国家对外贸易的发展也不平衡，如欧盟与日本的贸易实力增长迅速，而英国与美国世界贸易地位有所衰退且不稳定。2008 年经济危机后，发达国家经济陷入长期衰退，国际贸易也一蹶不振，而发展中和转型期经济体虽然表现强劲，但脆弱性依然存在，以发达国家为主导的世界贸易格局并没有改变，但受到削弱。

（4）多边贸易体制不断加强，贸易自由化成为贸易政策的主导

第二次世界大战后，为了促进世界经济的恢复与发展，在美国的倡导下于 1947 年建立了关税与贸易总协定，确立了多边贸易体制的组织与法律基础。经过关税与贸易总协定主持下的八轮贸易谈判，全世界关税整体水平不断下降，非关税壁垒受到一定的约束，有力地推动了关税与贸易总协定缔约方的贸易自由化。1995 年建立的世界贸易组织取代关税与贸易总协定后，它所管辖的范围有所扩大，除货物贸易之外，还包括了服务贸易、与贸易有关的知识产权等内容，使多边贸易体制更加稳定和完善。在其作用下，国际贸易自由化不断向纵深方向发展。

1.2　国际贸易的研究对象

讨　论

你是否了解国际贸易的研究对象？同学们分组进行讨论，各组派代表来回答。

国际贸易是研究国际贸易产生、发展和贸易利益的分配，揭示世界各国和地区之间商品和服务交换特点和规律的一门学科。其具体研究内容包括以下 4 个方面。

1. 各个历史阶段国际贸易发展的一般规律

国际贸易属于历史范畴，它是社会生产力发展的必然结果。在不同的历史阶段，国际贸易表现出不同的特点。原始社会、奴隶社会和封建社会由于生产力水平低下，社会分工不发

达，对外贸易发展缓慢。进入资本主义社会，由于生产力的提高，特别是产业革命发生后，国际贸易迅速发展。尤其是第二次世界大战后，在第三次科技革命的影响下，在资本输出迅速增长和贸易自由化的作用下，国际贸易获得了巨大的发展。

20世纪80年代以来，随着科学技术的突飞猛进，世界经济全球化和区域经济一体化趋势的步伐加快，多边贸易体制逐渐形成，国际贸易对各国经济增长的促进作用越来越强。同时，随着各国经济结构的调整，国际贸易的构成也出现了新的变化。国际服务贸易的增长速度逐渐超过了国际货物贸易的增长速度，服务贸易在世界贸易中的比重不断上升。

2. 国际贸易的理论与学说

西方经济学家和马克思主义经典作家一直注意研究与探讨国际贸易中的各种问题和规律，并形成了不同的国际贸易理论与学说。在资本主义原始积累时期有重商主义，它研究对外贸易如何带来财富；在资本主义自由竞争时期，英国古典学派经济学家亚当·斯密和大卫·李嘉图提出了自由贸易学说，探讨国际分工形成的原因和分工的依据，论证国际分工和国际贸易的利益；20世纪30年代，瑞典经济学家赫克歇尔和他的学生俄林提出了要素禀赋理论，用生产要素禀赋来分析国际分工。第二次世界大战后，国际贸易理论又有了新的发展，逐步出现了战略性贸易政策学说、超保护贸易学说等，并对世界市场、经济一体化等问题进行了深入研究。

3. 国际贸易政策、措施及组织

由于对外贸易直接影响各国的经济发展，所以各国都制定了有利于本国对外贸易发展的政策，并随着时代的发展不断地调整贸易政策。例如在资本主义自由竞争时期，英国由于最先完成工业革命，生产力水平高，所以实行的是自由贸易政策；而此时的美国和德国由于产业革命进行得比较晚，工业基础薄弱并落后于英国，因此实行的是保护贸易政策。

为执行对外贸易政策，各国都采取了相应的对外贸易措施。一方面鼓励出口，如出口信贷、出口补贴等；另一方面限制进口，如关税和非关税措施。另外，各国还采取缔结贸易条约与协定的方式，使本国在贸易竞争中处于有利地位。通过研究各国的对外贸易政策与措施可以更有利地促进本国的对外贸易发展，充分发挥对外贸易在国民经济发展中的促进作用。

在国际上，国际贸易的组织主要有关税与贸易总协定，它在1995年被世界贸易组织所取代。世界贸易组织在协调国际贸易中发挥了重要的作用。同时，各国和各个贸易集团都建立了管理对外贸易的机构，以维护本国及贸易集团的贸易利益。

4. 各主要贸易对象对外贸易发展的特点及趋势

随着世界经济的发展，发展中国家在国际贸易中的地位逐渐提高，发达国家在国际贸易中的地位有所下降，但发达国家在当代的国际贸易中仍居于主导地位，它们在各种国际贸易机构中仍起着决定作用，其对外贸易政策及措施影响着世界经济和贸易的发展。研究主要发达国家与贸易集团对外贸易的特点和做法，对本国的对外贸易发展将起到借鉴和促进作用。

1.3　国际贸易的基本概念

　　国际贸易这门学科有其特定的基本概念，理解这些概念有助于分析和研究国际贸易的相关知识。

1. 对外贸易额与对外贸易量、国际贸易额与国际贸易量

　　对外贸易额与对外贸易量、国际贸易额与国际贸易量分别是两个相对的概念，它们是从不同角度分析贸易额的。

　　（1）对外贸易额与对外贸易量

　　对外贸易额又称对外贸易值（value of foreign trade），是一定时期内以某一种货币表示的一国对外贸易金额。一定时期内一国从国外进口的货物与服务的全部价值，称为进口（贸易）总额；一定时期内一国向国外出口的货物与服务的全部价值，称为出口（贸易）总额。这两者的和即为进出口（贸易）总额，它是反映一国对外贸易规模的重要指标之一。由于美元长期以来都是国际主要货币，因此为了便于贸易额的国际比较，许多国家通常用美元来计量。联合国编制和发表的世界各国对外贸易额是以美元来表示的。各国公布对外贸易额时一般会标明是进出口货物贸易额还是进出口服务贸易额，若没有明确说明，通常指的是货物贸易额。

　　对外贸易量（quantum of foreign trade）是以一定时期的不变价格为标准计算的一国对外贸易值。由于对外贸易额经常受到价格变动的影响，不能准确地反映一国对外贸易的实际规模，因此在实际进行贸易额的比较时，经常使用对外贸易量。这主要是为了排除价格波动的影响，真实地反映一国对外贸易发展的实际规模。

　　（2）国际贸易额与国际贸易量

　　国际贸易额（value of international trade）是指在一定时期将所有国家和地区的进口总额或出口总额按同一种货币单位换算后加在一起的贸易额。从世界范围看，一国的出口就是另一国的进口，世界进口总额理应等于世界出口总额。但是，由于各国一般都按离岸价格（FOB 价格，即装运港船上交货价格，只计成本，不包括运费和保险费）计算出口额，按到岸价格（CIF 价格，成本加运费和保险费）计算进口额，因此世界出口总额总是小于世界进口总额。在世界贸易统计中，国际贸易额为各国或地区的出口贸易额的总和。

　　国际贸易量（quantum of international trade）是指以一定时期的不变价格为标准计算的世界出口贸易值的总和。贸易量的计算过程是：先确定一个固定年份为基期，将其价格指数定为 100，然后计算出其他年份的进口或出口价格指数，再用此价格指数去除当时的进口额或出口额，便得出按不变价格计算的贸易值，这就是贸易量。

以国际贸易量的计算为例。据联合国贸易和发展会议的统计资料显示：1980 年和 1990 年世界出口贸易额分别为 2 022 448 百万美元、3 486 140 百万美元，以 1980 年为基期，即 1980 年的出口价格指数为 100，1990 年的出口价格指数则为 152，据此计算 1990 年与 1980 年相比较的结果。

$$1990 \text{ 年的国际贸易量} = \frac{3\ 486\ 140 \times 100}{152} = 22\ 935.13 \text{ 亿美元}$$

$$\frac{22\ 935.13}{20\ 224.48} \times 100 = 113$$

所以，剔除了价格变动的影响后，1990 年比 1980 年国际贸易量增长了 13%，而不是表面上的 72%（3 486 140/2 022 448−100%）。

2. 出口与进口、复出口与复进口、净出口与净进口

出口（export）是指从本国输出货物和服务的贸易活动，也称输出。进口（import）是指从国外输入货物和服务的贸易活动，也称输入。

复出口（re-export）是指进口的外国货物未经加工又出口，又称再出口。复出口一般与经营转口贸易有关。复进口（re-import）是指本国货物输往国外，未经加工又输入国内，也称再进口。复进口多因偶然因素所致，如出口退货、未卖掉的寄售货物的退回等。

净出口（net export）与净进口（net import）是对称的。一个国家在同种货物上一般既有出口也有进口，在一定时期内，如果该货物的出口数量大于进口数量，其差额称为这一时期内该种货物的净出口；反之，如果该货物出口数量小于进口数量，其差额称为这一时期内该种货物的净进口。净出口与净进口是针对某一种货物而言的，一般用货物的实物量来表示。分析某种货物的净出口与净进口状况，可以反映一国该种产品的生产能力和消费水平，以及其在国际贸易中的竞争地位。净出口说明该国此种产品在国际竞争中处于有利地位；反之，净进口说明该国此种产品在国际竞争中处于劣势地位。

3. 贸易差额

贸易差额（balance of trade）是指一定时期内（通常是一年）一国出口总额与进口总额之间的差额，用以表明一国对外贸易的收支状况。当出口总额超过进口总额时，称为贸易顺差，也称为出超或盈余；反之，当进口总额超过出口总额时，称为贸易逆差，也称为入超或赤字；如果出口总额与进口总额相等，则称为贸易平衡。在具体分析时，还可分为货物贸易差额与服务贸易差额。以中国进出口贸易为例，据海关总署公布的最新统计数据显示，2016 年我国货物进出口总值 24.33 万亿元人民币，其中出口 13.84 万亿元，进口 10.49 万亿元，贸易顺差 3.35 万亿元，收窄 9.1%。

一国的进出口贸易收支是其国际收支中经常项目的重要组成部分，是影响一个国家国际收支的重要因素。通常，贸易顺差表明一国在对外贸易收支上处于有利地位。但对于一国贸易发展来说，长期的贸易顺差或贸易逆差都不是好现象，所以一国的进出口贸易应保持基本平衡。我国自 2001 年以来贸易顺差持续扩大，其根本原因在于国际产业转移所形成的"美欧消费、亚洲加工"的全球贸易格局，短期内迅速调整、实现贸易平衡的难度还很大。

辩论赛：

学生分组讨论：联系我国出口的实际情况谈谈贸易顺差或贸易逆差哪个有利于国家长远发展，为什么？

4. 对外贸易与国际贸易结构

贸易结构（composition of trade）是指一定时期（通常为一年）贸易的构成情况，它有广义与狭义之分。广义的贸易结构，是指一定时期内货物贸易与服务贸易在一国总进出口贸易或世界贸易中所占的比重，一般称为贸易结构。狭义的贸易结构，是指货物贸易或服务贸易本身的结构。贸易结构还可分为对外贸易结构和国际贸易结构。

（1）对外贸易结构

对外贸易结构（composition of foreign trade）是指一国在一定时期内货物贸易和服务贸易在其总贸易额中所占的比重，它反映一国工业和服务业的发展状况。如 2015 年，中国服务贸易出口 2 881.9 亿美元，货物贸易出口 2.27 万亿美元，服务贸易出口占出口贸易总额的比重只有 11.2%，货物贸易出口占出口贸易总额的比重为 88.8%。这说明，中国服务贸易明显落后于货物贸易的发展。对外贸易结构可分为对外货物贸易结构和对外服务贸易结构。

对外货物贸易结构（composition of foreign goods trade）是指一定时期内各类货物贸易在一国进出口货物贸易总额中所占的比重。一国对外货物贸易结构主要由该国经济发展水平、自然资源状况、对外贸易政策等因素决定，它是反映一国经济发展状况、产业结构状况和工业生产水平及在国际分工中地位的重要指标。改革开放以来，我国的对外贸易货物结构发生了根本性的变化。工业制成品占出口总比重从 1981 年的 49.7% 上升到 2000 年的 89.8%，再到 2001 年为 90.1%。2014 年中国货物出口贸易额达到 2.34 万亿美元，其中，工业制成品出口占出口总额的 95.2%，较 2013 年提高了 0.1 个百分点，占比连续三年提高。这表明，中国工业生产水平有了极大的提高。

对外服务贸易结构（composition of foreign service trade）是指一定时期内各类服务贸易在一国进出口服务贸易总额中所占的比重。2015 年，中国三大传统服务（旅游服务、运输服务和建筑服务）进出口合计 3 703.5 亿美元，占服务贸易总额的 51.9%。三大服务出口合计增长 2.8%，占服务出口总额的 53.2%。其中，旅游出口占服务出口总额的比重为 34.2%，仍居各类服务出口之首；运输服务出口占比 13.4%，位居第二；建筑服务出口占比 5.7%，位居全部服务出口的第六位。

（2）国际贸易结构

国际贸易结构（composition of international trade）是指一定时期内货物贸易额和服务贸易额在国际贸易总额中所占的比重。它反映出某一时期世界货物贸易和服务贸易的发展状况。如 2010 年，世界出口贸易总额为 189 030 亿美元，其中货物贸易占总出口额的比重为 80.6%，服务贸易占总出口额的比重为 19.4%。国际贸易结构可分为国际货物贸易结构和国际服务贸易结构。

国际货物贸易结构（composition of international goods trade）是指一定时期内各类货物贸易在世界出口贸易总额中所占的比重。国际贸易的货物结构通常分为初级产品和工业制成品。国际货物贸易结构可以反映出整个世界的经济发展水平、产业结构状况和科技发展水平。例如，2000 年国际出口贸易的构成为：初级产品占 20%，工业制成品占 80%，这表明工业制成品的生产及贸易在国际经济贸易中越来越重要。

国际服务贸易结构（composition of international service trade）是指一定时期内世界各类服务在整个国际服务贸易总额中所占的比重。如 2010 年，世界服务出口贸易额为 36 650 亿美元，其中运输服务出口占 21.4%，旅游服务出口占 25.5%，其他服务出口占 53.1%。

5. 对外贸易地理方向与国际贸易地理方向

贸易地理方向分为对外贸易地理方向（geographic distribution of foreign trade）和国际贸易地理方向（geographic distribution of international trade）。

（1）对外贸易地理方向

对外贸易地理方向也称对外贸易地区分布、对外贸易流向或国别构成，是指一定时期内对其他国家或国家集团的出口额或者进口额在该国出口总额或者进口总额中所占有的比重，通常以它们在该国进出口总额或进口总额、出口总额中的比重来表示。它反映了一国的市场分布状况及其与世界其他国家和地区及国家集团的经济贸易联系程度。一国的对外贸易地理方向通常受经济互补性、国际分工的形式及贸易政策的影响。中国进出口的传统贸易伙伴主要是美国、欧盟和日本。当前，中国已向多元化的进出口结构转变，这使中国在国际贸易中的风险规避能力不断提高。2015 年，中国对以欧盟、美国、东盟、日本为代表的前十大贸易伙伴的进出口总额为 29 386.3 亿美元，占中国对外贸易进出口总额 3.95 万亿美元的 74.3%。

对外贸易地理方向的计算包括出口额、进口额、进出口总额，其公式分别为：

① 出口总额地理方向：（该国对其他国家或者国家集团的出口额/该国出口总额）×100%；

② 进口总额地理方向：（该国对其他国家或者国家集团的进口额/该国进口总额）×100%；

③ 进出口总额地理方向：（该国对其他国家或者国家集团的进出口总额/该国进出口总额）×100%。

小提示：

把对外贸易按货物与服务分类和按国家分类结合起来分析研究，可以得出一国出口货物和服务的去向，进口货物和服务的来源，发现该国贸易伙伴的分布状况。

（2）国际贸易地理方向

国际贸易地理方向是指各个国家（地区）在国际贸易中所处的地位，通常以它们的出口额（进口额）占世界出口额（进口额）的比重来表示。它反映了一国或地区在国际分工及国际贸易中所处的地位。

国际贸易地理方向的计算公式分别为：

① 对世界出口贸易额/整个世界出口贸易额；

② 对世界进口贸易额/整个世界进口贸易额；

③ 对世界进出口贸易额/整个世界进出口贸易总额。

就国际贸易国别来看，美国、德国、日本、法国、英国、意大利和加拿大等几个国家的出口额经常占世界出口总额的 50% 以上，在国际贸易中居于垄断地位。经过 30 多年的发展，2013 年中国成为世界第一货物贸易大国，货物进出口总额达到 4.16 万亿美元，占世界货物贸易比重的 12%。2013 年、2014 年、2015 年中国连续三年位列世界货物贸易第一。

为进一步深入分析，还可将对外贸易地理方向和国际贸易地理方向分别分为货物贸易地理方向和服务贸易地理方向。

6. 对外贸易依存度

对外贸易依存度又称对外贸易比率或对外贸易系数，是指一国对外贸易额与其国内生产总值或国民生产总值的比率。对外贸易依存度是反映一国的对外贸易与该国国民经济之间关系的重要指标。如果将对外贸易分解为进口贸易和出口贸易，相应有进口贸易依存度和出口贸易依存度。这样分解有利于分析各国目前的对外贸易状况，可用公式分别表示为

$$对外贸易总依存度 = \frac{进出口贸易总额}{国内生产总值（国民生产总值）}$$

$$进口贸易依存度 = \frac{进口贸易总额}{国内生产总值（国民生产总值）}$$

$$出口贸易依存度 = \frac{出口贸易总额}{国内生产总值（国民生产总值）}$$

对外贸易依存度是用来衡量一个国家的经济对国际贸易依赖程度的指标。该指标反映一国对外开放的程度，一般来说，对外贸易依存度越大，开放程度就越大。当国际市场有波动时，对外贸易依存度大的国家影响较大。

荷兰、新加坡、韩国对外贸易总依存度接近或超过 100%。中国对外贸易总依存度在 2002 年超过了 50%，2004 年中国对外贸易总依存度为 70%，其中出口贸易依存度为 36.9%，2015 年中国的对外贸易总依存度降为 37.6%。2009 年日本对外贸易总依存度为 22.3%，美国在 2009 年的对外贸易总依存度为 24.9%。这表明美、日经济实力的雄厚，同时也表明美、日经济的重心在国内，经济增长主要靠国内消费、国内市场需求的拉动。联合国公布对外贸易依存度时，只公布出口贸易依存度，并将服务贸易加入其中。我国一般公布的是货物贸易依存度。

各国的对外贸易依存度有所不同，但整体来看，随着经济全球化的迅猛发展，各国经济的发展与繁荣越来越依赖于世界经济的发展与繁荣。全球吸引外资的竞争越来越激烈，发达国家与发展中国家都在积极吸引外资，中国更应该继续积极吸引外资，提高外资利用水平，优化对外贸易结构。未来 5 到 15 年，中国经济要保持快速增长，必须积极发展对外贸易，处理好在国际社会中的矛盾和问题，为经济发展创造良好的外部环境。

1.4　国际贸易的分类

讨论

学生分组进行讨论：你了解国际贸易的哪些类别？各组派代表来回答。

国际贸易的内容很广泛，可以从不同的角度对国际贸易进行考察，以不同标准对国际贸易进行分类。

1. 按商品形式与内容不同分类

国际贸易按商品形式与内容的不同，可分为货物贸易（goods trade）、服务贸易（service trade）和技术贸易（technology trade）。

（1）货物贸易

货物贸易也称为有形贸易（visible goods trade 或 tangible goods trade），是指具有形状的实物商品的进出口贸易，如粮食、原材料、机器、服装、船舶、飞机等。国际贸易中的货物种类繁多，为便于统计及海关征税，联合国秘书处于 1950 年起草了《联合国国际贸易标准分类》（SITC），该标准分类经历了四次修订，现行实施的是 2006 年修订本。在 2006 年的修订本里，将货物分为 10 大类、67 章、262 组、1 023 个分组和 2 970 个项目。这 10 类货物分别为：

⓪ 食品和活畜；

① 饮料和烟草；

② 燃料以外的非食用粗原料；

③ 矿物燃料、润滑油和相关原料；

④ 动植物油、油脂和蜡；

⑤ 未列名化学品和有关产品；

⑥ 主要以材料分类的制成品；

⑦ 机械和运输设备；

⑧ 杂项制品；

⑨ 没有分类的其他商品。

在进行国际贸易统计和分析时，根据货物的加工程度，将货物分为工业制成品与初级产品，一般将上述 0～4 类商品称为初级产品，而把 5～8 类商品称为工业制成品。初级产品主要是指加工程度较浅的农、林、牧、渔、矿产品，而经过较深程度加工的产品就叫工业制成品。在实践中，各国对各类商品加工程度的深浅还有更细的划分。

传统意义上的国际贸易就是指货物贸易。海关对进出口的监管和征税措施也是针对货物贸易的。货物贸易因要结关，故其金额显示在一国的海关统计上。一般公布的贸易额，如果没有其他特别的说明，通常就是指货物贸易。

（2）服务贸易

国际服务贸易是指国际间服务的输入和输出的一种贸易方式。贸易一方向另一方提供服务称为服务出口或服务输出，购买他人服务的一方称为服务进口或服务输入。国际服务贸易狭义的概念是指传统的为国际货物贸易服务的运输、保险、金融及旅游等无形贸易。而国际服务贸易广义的概念还包括现代发展起来的，除与货物贸易有关的服务以外的新的贸易活动，如承包劳务、传播和卫星传送等。根据世界贸易组织《服务贸易总协定》的定义，其具体内容包括跨境交付、境外消费、商业存在、自然人流动 4 种形式。

世界贸易组织提出了以部门为中心的服务贸易分类方法，将服务贸易分为如下 12 类：商业性服务、通信服务、建筑服务、销售服务、教育服务、环境服务、金融服务、健康与社会服务、旅游及相关的服务、娱乐及文化与体育服务、交通运输服务、其他。服务贸易多为无形、不可储存的，不经过海关办理手续，其金额不反映在海关统计上，但显示在一国国际收支表上。

（3）技术贸易

技术贸易是指不同国家或地区之间的有偿技术转让，即技术供应方通过签订技术合同，将技术有偿转让给技术接受方使用，包括：直接投资、许可贸易、咨询服务和技术服务、合作生产等。对于软件技术的有偿转让应列入无形贸易，而硬件设备的交易则应列入有形货物贸易。

总体来看，货物贸易、服务贸易和技术贸易的发展是密切联系、相互促进的。例如，货物的进出口产生了对运输、保险费、商品加工、装卸及金融服务、技术等方面的需求。当前，货物贸易仍然是国际贸易的主体，但服务贸易和技术贸易的发展呈现上升趋势。

2. 按货物移动的方向分类

按货物移动方向，国际贸易可分为出口贸易、进口贸易和过境贸易。

（1）出口贸易

出口贸易（export trade）是指从本国输出货物和服务的贸易活动，也称输出贸易。不属于外销的货物不列入出口贸易，如运出国境供驻外使领馆使用的货物、旅客为个人使用而带出国境的物品均不列入出口贸易。

（2）进口贸易

进口贸易（import trade）是指从国外输入货物和服务的贸易活动，也称输入贸易。不属于内销的货物不列入进口贸易，如外国使领馆运进境内供自用的货物、旅客带入境内供自用的物品均不列入进口贸易。

（3）过境贸易

过境贸易（transit trade）又称"通过贸易"，是指他国（地区）的出口货物途经本国（地区）再运往另一国（地区）的贸易活动。例如，A国经过B国国境向C国运送货物，对B国来讲，就是过境贸易。过境贸易分为直接过境贸易和间接过境贸易。直接过境贸易是指外国货物纯属转运关系经过本国，不在本国海关仓库存放就直接运往另一国。间接过境贸易是指外国商品运到国境后，存放在海关仓库，但未经加工，又运往另一国。一些内陆国家与不相邻的国家之间的货物贸易，就必须通过第三国国境，对第三国来说，就会把这类贸易归入过境贸易。但当这类贸易是通过航空运输飞越第三国领空时，第三国海关不会把它列入过境贸易。在过境贸易中，由于本国未通过买卖取得货物的所有权，因此过境货物一般不列入本国的进出口统计中。

3. 按清偿工具的不同分类

按清偿工具的不同，国际贸易可分为自由结汇贸易和易货贸易。

（1）自由结汇贸易

自由结汇贸易（spot trade）也称现汇贸易（cash‐liquidation trade），是指以货币作为清偿工具的国际贸易。作为清偿工具的货币必须是能在国际金融市场上自由兑换的国际货币，这是国际贸易的主要结算方式。在当今国际贸易中，能作为支付工具的货币主要有美元、英镑、欧元、日元等。

（2）易货贸易

易货贸易（barter trade）是指在换货的基础上将进口和出口直接联系起来的对外贸易方式，即以货物经过计价作为清偿工具的贸易方式。易货贸易的特点是：把进出口直接联系起来，以货换货，品种相当，可以是一种对一种、一种对多种或多种对多种，力求换货的总金额相等，不用外汇支付。在交货时间上，进口与出口可以同时成交，也可以有先有后；在支付办法上，可用现汇支付，也可以通过账户记账，从账户上相互冲抵；在成交对象上，进口对象可以是一个人，而出口对象则可以是由进口人指定的另一个人。易货贸易大多是由于某些国家外汇不足，无法以正常的自由结汇方式与他国进行交易，一般根据两国政府间签订的易货协定、民间团体达成的易货贸易协议及进出口厂商的贸易合同来进行。

4. 按是否有第三国参加分类

按是否有第三国参加，国际贸易可分为直接贸易、间接贸易和转口贸易。

（1）直接贸易

直接贸易（direct trade）是指货物生产国与货物消费国不通过第三国直接进行货物买卖的行为。货物从生产国直接卖给消费国，对于生产国来说，是直接出口，对于消费国来说，是直接进口。

（2）间接贸易

间接贸易（indirect trade）是指货物生产国与货物消费国通过第三国商人进行货物买卖的行为。对生产国而言，是间接出口；对消费国而言，是间接进口。

（3）转口贸易

转口贸易也称中转贸易，是指货物生产国与货物消费国之间或货物供应国与需求国之间，经由第三国贸易商分别签订进口合同和出口合同所进行的贸易。从第三国角度来看，从事的就是转口贸易。从事转口贸易的大多是运输便利、贸易限制较少的国家或地区，如香港、新加坡、伦敦、鹿特丹等，由于它们地理位置优越，便于货物集散，因此转口贸易很发达。一般从事转口贸易的国家自然资源都比较稀缺，从事转口贸易可从中获取商业利润。

转口贸易可分为直接转口贸易和间接转口贸易，前者是货物直接从生产国运往消费国，即直接运输；后者是货物先输入转口商人的国家或地区，再运往消费国，即间接运输。

小测试：

举例说明"过境贸易"与"转口贸易"有什么区别。

5. 按统计标准分类

按统计标准不同，国际贸易可分为总贸易体系和专门贸易体系。

（1）总贸易体系

总贸易体系（general trade system）也称一般贸易体系，是指以货物通过国境作为统计进出口的标准。总贸易分为总进口和总出口。凡是进入国境的货物一律列为总进口（general import），凡是离开国境的货物一律列为总出口（general export）。在总出口中既包括本国货物的出口，也包括未经加工的进口货物的出口。总进口额加总出口额就是一国的总贸易额。总贸易体系说明一国在国际货物流通中所处的地位及起到的作用。

（2）专门贸易体系

专门贸易体系（special trade system）也称特殊贸易体系，是指以货物经过结关作为统计进出口的标准。专门贸易分为专门进口和专门出口。凡是进入关境的货物一律列为专门进口，凡是离开关境的货物一律列为专门出口。专门贸易体系说明一国作为生产者和消费者在国际货物贸易中具有的意义。

一国进口货物的渠道一般有 4 种：一是为国内消费和使用而直接进入国内的进口货物；

二是进入海关保税工厂的进口货物；三是为国内消费和使用而从海关保税仓库中提出的货物；四是进入海关及从自由贸易区进口的货物。

一国出口货物的渠道一般也有 4 种：一是本国货物直接出口；二是从海关保税工厂出口的货物；三是本国化货物的出口；四是从海关保税仓库和自由贸易区出口的货物。

在总贸易体系中，记入进口贸易的货物包括上述进口渠道的一至四，记入出口贸易的货物包括上述出口渠道的一至四。

在专门贸易体系中，列入进口贸易的货物包括上述进口渠道的一至四，列入出口贸易的货物包括上述出口渠道的一至三。

由于各国在编制贸易统计资料时采用的方法不同，所以联合国发表的各国对外贸易额的资料，一般都标明是按何种贸易体系编制的。多数国家只采用两种体系中的一种进行货物贸易的统计。目前采用总贸易体系的约有 90 个国家和地区，包括美国、日本、英国、加拿大、澳大利亚等国。采用专门贸易体系的约有 83 个国家和地区，包括德国、意大利、法国、瑞士等国。我国采用的是总贸易体系。

6. 按经济发展水平分类

按经济发展水平不同，国际贸易可分为水平贸易和垂直贸易。

（1）水平贸易

水平贸易是指经济发展水平相同的国家或地区之间进行的贸易。例如，发展中国家与发展中国家之间的贸易、发达国家与发达国家之间的贸易。

（2）垂直贸易

垂直贸易是指经济发展水平不同的国家或地区之间进行的贸易。例如，发展中国家与发达国家之间的贸易。

7. 按运输方式不同分类

按运输方式不同，国际贸易可分为海运贸易、陆运贸易、空运贸易、多式联运贸易和邮购贸易。

（1）海运贸易

海运贸易是指通过海上各种船舶运送货物的贸易行为，它是国际贸易中最重要的运输方式。当今，世界贸易中有 2/3 以上的货物是通过海运进行运输的。

（2）陆运贸易

陆运贸易是指通过陆上各种交通工具（火车、汽车等）运输货物的贸易行为。它经常发生在各大陆内部陆地相连的国家之间。

（3）空运贸易

空运贸易是指通过航空器具（飞机）运送货物的贸易行为。它适合鲜活食品、贵重物品和急需货物的运送。

（4）多式联运贸易

多式联运贸易是海、陆、空各种运输方式结合起来联合运送货物的贸易行为。国际物流业的迅速发展，促进了多式联运贸易。

（5）邮购贸易

邮购贸易是指通过邮政系统进行的贸易行为。它适合样品传递和数量不多的个人购买的运送等。

同步测试

一、单项选择题

1. 以某一种货币表示的一国对外贸易的大小，称为（　　）。

   A. 对外贸易额　　　　B. 国际贸易额　　　　C. 对外贸易量　　　　D. 国际贸易量

2. 在世界贸易统计中，世界贸易为各国或地区的（　　）的总和。

   A. 出口额　　　　　　B. 净出口　　　　　　C. 进口额　　　　　　D. 净进口

3. 以货物通过国境作为统计进出口标准的是（　　）。

   A. 总贸易体系　　　　B. 专门贸易体系　　　C. 有形贸易　　　　　D. 无形贸易

4. 我国土特产出口经过新加坡商人之手转卖到南美洲，这种交易行为对我国而言是（　　）。

   A. 直接贸易　　　　　B. 转口贸易　　　　　C. 过境贸易　　　　　D. 间接贸易

5. 国际贸易额由（　　）构成。

   A. 各国出口总额　　　B. 各国进口总额　　　C. 各国进出口总额　　D. 各国总贸易额

6. 一国在一定时期内出口额大于进口额则形成（　　）。

   A. 贸易顺差　　　　　B. 贸易逆差　　　　　C. 净出口　　　　　　D. 净进口

二、多项选择题

1. 贸易顺差，也叫（　　），贸易逆差也叫（　　）。

   A. 出超　　　　　　　B. 入超　　　　　　　C. 盈余　　　　　　　D. 赤字

2. 下列属于有形贸易的有（　　），属于无形贸易的有（　　）。

   A. 国际旅游费用　　　B. 外交人员费用　　　C. 服装出口　　　　　D. 电视出口

三、判断题

（　　）1. 国际贸易与对外贸易是一回事。

（　　）2. 从国际贸易的发展来看，服务贸易逐渐占据国际贸易的主流。

（　　）3. 小王到英国去旅游，英国获得的旅游收入不属于国际贸易收入。

（　　）4. 通常是把各国的出口贸易值加起来作为国际贸易值。

（　　）5. 国外的医生到中国来行医不属于服务贸易。

（　　）6. 运出国境供驻外使领馆使用的货物、旅客为个人使用带出国境的物品不列入出口。

四、简答题

1. 什么是国际贸易及对外贸易，其区别是什么？
2. 国际贸易的产生和发展经历了哪几个阶段？
3. 国际贸易的研究对象是什么？
4. 什么是对外贸易额与对外贸易量、对外贸易地理方向与国际贸易地理方向？
5. 总贸易体系与专门贸易体系的区别是什么？
6. 中国的对外贸易依存度是否过大？

案例分析

中国对外贸易依存度高达60%

近年来，我国在铁矿石、原油、粮油、煤炭等各种资源性物资的对外贸易依存度达60%左右。

铁矿石：节节攀升至62%

中国与以三大矿商为首的铁矿石卖家每年都要进行激烈博弈。中国作为铁矿石全球第一大买家的地位已经固若金汤。中钢协的数据表明，2009年我国进口铁矿石6.2亿多吨，比2008年增加了1.8亿吨，成了全球矿业巨头名副其实的"取款机"。虽然"疯狂的铁矿石"已令钢厂不堪重负，但我国铁矿石的对外贸易依存度仍在节节攀高。铁矿石对外贸易依存度已经从2002年的44%提高到2009年的62%。

伴随着进口量的节节攀高，矿价也随之水涨船高，直到2008年金融危机爆发才暂时回落，三大矿业巨头把持着七成以上的资源，依靠垄断地位欺压中国。三大矿山公司供应中国的铁矿石只有一半按长协价供应，其余均为较高的现货价，但在日、韩却只有长协价。

大豆：四大粮商全盘控制

来自农业部的数据显示，我国大豆的对外贸易依存度高达70%，大豆已成为需要"看人脸色"的农产品，而且经济贸易全球化对农业和粮食发展的冲击越来越大。目前除稻谷外，国际粮、棉、油产品价格都低于国内，除了已被蚕食的大豆，油菜籽和食用植物油的进口量也持续增加。

业内人士指出，我国大豆的市场已完全受"ABCD"四大粮商控制。据了解，2004年的大豆危机导致国内压榨企业陷入倒闭风潮，而四家国际粮商趁机低价收购、参股中国大豆压榨企业。这四家企业——ADM、邦吉（Bunge）、嘉吉（Cargill）和路易达孚（Louis Dreyfus）的首字母分别为"A、B、C、D"，被简称为"ABCD"。

我国97家大型油脂企业中有64家已被国际四大粮商参股或控股，占总股本的66%。这四大粮商从原料生产、贸易到加工直至零售，几乎是"全产业链"的控制，牢牢把握着定价权，这也是一直以来令业界最为担心的。

（资料来源：凤凰网）

分析：查阅资料后分析我国铁矿石、大豆、原油、煤炭等各种资源性物资的对外贸易依存度偏高的原因，应如何解决？

第2章

国际分工

引例

我国与发达国家国际分工的差异

　　2013年，中国货物进出口总额达到4.16万亿美元，占世界货物贸易比重的12%，超过美国，成为世界第一货物贸易大国。虽然中国贸易总额领先，但对比全球贸易前三的美、德，中国出口商品结构却不够合理，低端产品出口占比过高并远超美国、德国。

　　2013年，美国主要出口商品总值1.57万亿美元，位列出口前三位的是机电产品、运输设备、化工产品，三大类产品出口占美国出口总额的50.6%。诸如纺织品及原料、家具、玩具等劳动密集型产品，出口占比只有1%左右。德国货物出口的主要大类也是机电产品、运输设备和化工产品，2013年1—9月，这三大类出口额占德国出口总额的60.9%。同样，在德国对外出口商品中，纺织品及原料、家具、玩具等劳动密集型产品，出口占比也只有1%左右。

　　中国出口美国的产品前三项分别为机电产品、家具玩具杂项制品、纺织品及原料，占美国自中国进口总额的69.7%。中国出口德国的产品前三项分别为机电产品、纺织品及原料和家具玩具杂项制品，占德国自中国进口总额的65.8%。中国出口美国：仅家具、玩具、纺织品及原料、鞋靴、伞等劳动密集型产品达24.8%；中国出口德国：仅家具、玩具、纺织品及原料、鞋靴、伞、皮革制品、箱包等劳动密集型产品达 27.5%。

由上可以看出，中国的出口商品结构不够合理，中国、美国、德国对外货物贸易结构有显著差异，体现了三国在国际分工中处于不同的地位。

（资料来源：中国行业研究网）

那么什么是国际分工？有哪些国际分工理论？这就是本章所要介绍的内容。

社会分工是伴随着人类社会经济的发展而产生和发展起来的。国际分工是跨越国界的劳动分工。只有当社会生产力发展到一定水平，并在国家产生之后才开始出现国际分工。国际分工的存在是国际贸易形成和发展的必要条件与基础。因此我们要想更加透彻、全面地了解国际贸易，就必须对国际分工加以研究和分析。

2.1　国际分工的形成与发展

学生分小组讨论：

1. 你了解国际分工吗？
2. 国际分工的发展与什么有关？

2.1.1　国际分工的含义

国际分工（international division of labour）是指世界上各国之间的劳动分工，它是社会分工发展到一定阶段，国民经济内部分工超越国家界限而形成的国家之间的分工。国际分工是生产力发展到一定水平后，一国国内社会分工的延伸，表现为生产的专业化、国际化和全球化，其表现形式是各国货物、服务等商品的交换。国际分工是国际贸易和世界市场的基础。

2.1.2　国际分工发展的阶段

国际分工是一个历史范畴，它的产生和发展不是一蹴而就的，是人类社会发展到一定阶段、社会生产力发展到一定水平时才出现的。它的产生和发展大致经历了萌芽、形成、发展及深化 4 个阶段。

1. 国际分工的萌芽阶段

从 16 世纪到 18 世纪中叶，国际分工进入萌芽阶段。

在资本主义以前的各个社会经济形态中，由于自然经济占主导地位，生产力水平低，商品经济不发达，各个国家、民族的生产方式和生活方式差距不大，因此只存在不发达的社会分工和地域分工。

随着生产力的发展，11世纪欧洲城市的兴起，手工业与农业进一步分离，商品经济有了较快的发展。特别是在15世纪末到16世纪上半期的"地理大发现"和随后的殖民地开拓，开拓了世界市场，使国际贸易迅速发展和扩大，促进了生产力的发展和手工业向工场手工业的过渡，从而产生了以工场手工业为基础的、具有地域性的、面向国外市场的专业化生产，国际分工进入萌芽阶段。

在这一时期，西欧国家推行殖民政策，统治阶级一方面加强了对本国人民的剥削；另一方面，用暴力和超经济的强制手段掠夺亚、非、拉美殖民地的人民。他们开矿山，建立甘蔗、烟草等农作物种植园，生产和提供本国不能生产的农作物原料，同时扩大本国工业品的生产和出口，从而建立了早期的国际专业化生产和最初形式的分工——宗主国和殖民地之间的特殊分工形式。

宗主国和殖民地之间的分工保证了宗主国对热带产品的输入，并为其成长中的工场手工业产品增加出口，防止了金银的外流，还为宗主国的船只提供了货运。这种分工是以自然条件差异为基础的。当时盛行一时的"三角贸易"，即由西非提供奴隶劳动，由西印度群岛生产并出口蔗糖和烟草，由英国生产并出口工业品的贸易。

2. 国际分工的形成阶段

从18世纪60年代至19世纪60年代，第一次工业革命使国际分工进入形成阶段。

第一次工业革命首先发生在英国，接着迅速扩展到其他国家。工业革命，又称产业革命，是以大机器工业代替手工业的革命。伴随着工业革命出现的是资本主义的现代工厂制度。工业革命的完成和大机器工业的发展，促进了社会分工的空前发展并推动社会分工向国际分工大规模转变，使以大机器工业为基础的国际分工得以形成。

大机器工业的建立之所以使国际分工得以形成，是因为：大机器生产使生产能力和规模急剧扩大，需要寻求新的销售市场和增辟原料来源。而大机器工业生产的价格低廉的产品和在大机器工业推动下变革了的运输方式则成了资产阶级征服国外市场的武器，也破坏了外国的手工业生产。这样原来在一国范围内的城市与农村的分工、工业部门与农业部门之间的分工，演变成以先进技术为基础的工业国与以自然条件为基础的农业国之间的分工。

这个时期的国际分工形式基本上是以英国为中心的宗主国和殖民地之间的分工，英国被称为"世界工厂""日不落帝国"，英国生产的工业品几乎占世界的一半。由于英国最早完成产业革命，生产力和经济迅速发展，在国际经济竞争中处于绝对优势地位，因而在国际分工中处于中心地位。

在这种国际分工体系下，殖民地、附属国成为宗主国的工业品销售市场和食品、原料的来源地。世界市场上交换的商品种类也发生了变化。过去国际贸易交换的对象是以满足贵族阶级的奢侈品为主，现在转变为以大宗商品为主，如小麦、棉花、羊毛、咖啡、铜、林材等。例如，当时的印度已成为英国生产棉花、羊毛、亚麻的地方，澳大利亚成为英国的羊毛殖民地。

3. 国际分工的发展阶段

19世纪中叶到第二次世界大战期间，第二次工业革命开始了国际分工的发展阶段。

这个时期，资本主义世界爆发了第二次工业革命，机械、电气工业发展迅速，石油、汽车、电力、电器工业的建立，交通运输工具的发展，特别是苏伊士运河（1869年）和巴拿马运河（1913 年）的建成，电报、海底电缆的发展，都大大促进了资本主义生产的迅速发展。19 世纪末到 20 世纪初，垄断代替了自由竞争，资本输出成为主要的经济特征之一，从而使宗主国同殖民地、工业品生产国同初级产品生产国之间的分工日益加深，形成了以欧美少数工业发达国家为中心的国际分工新体系。

这个阶段，国际分工主要具有如下特点。

① 各国对国际分工的依赖性加强。随着国际分工体系和世界市场的形成，参加国际分工和世界市场的国家越来越多。各国都为世界市场提供许多产品，而各国所消费的食品、原料和工业制造品，都直接或间接、全部或部分地包含着许多国家的工人和农民的劳动，因此各国经济对国际分工的依赖性不断加强。

② 亚、非、拉美国家变为畸形的、片面的发展单一作物的国家。亚、非、拉美国家经济殖民地化的一个突出表现就是单一作物、单一经济。殖民主义者通过人为的强制手段和市场力量，通过资本输出，逐渐把亚、非、拉美国家变为畸形的、片面的发展单一作物的国家。它们的主要作物和出口货物只限于一两种或两三种产品，而这些产品大部分都销售到工业发达国家。因此，造成了亚、非、拉美国家的两种依赖性：一是经济生活对少数几种产品的依赖性；二是对世界市场，特别是对工业发达国家市场的高度依赖。

③ 国际分工的中心从英国一国变为一组国家，它们之间也形成了互为市场的经济部门之间的国际分工关系。国际分工由英国一国变为英、美、日、欧洲其他一组国家，亚、非、拉美国家被卷入世界资本主义生产，各国互为市场。例如，挪威专门生产铝，比利时专门生产铁和钢，芬兰专门生产木材和木材加工产品，丹麦专门生产农产品（主要是肉类和乳品），美国成为谷物的生产大国。

4. 国际分工的深化阶段

第二次世界大战后，国际分工进入了深化发展阶段。

第二次世界大战后，兴起了第三次科技革命，出现了电子、信息、服务、软件、航空航天、生物工程和原子能等新型产业，并渗透到经济生活的各个方面，对国际分工产生了重大影响。同时，各殖民地纷纷开始独立，它们往往不甘心做发达国家的附庸，均以发展本国民族经济为主要任务，这使它们在国际分工中的地位发生了变化。另外，一些社会主义国家相继成立并参与国际分工，使国际分工的成员发生了变化。经济一体化、国际化和全球化使国际分工进入深化发展阶段。

在这个期间，国际分工主要具有如下特点。

① 在国际分工格局中，工业国与工业国之间的分工居主导地位。第二次世界大战前，工业制成品生产国与初级产品生产国之间的分工居于主导地位，其次才是工业国与工业国之间的分工。第二次世界大战后，科学技术和经济的迅速进步与发展改变了战前的国际分工格局，以自然资源为基础的分工逐步发展成以现代化工艺、技术为基础的分工，形成了以工业国之间的分工占主导地位的国际分工格局。

② 各国之间工业部门内部分工有逐步增强的趋势。第二次世界大战前，在工业国之间的分工中，占主导地位的是各国不同工业部门之间的分工。各个工业国在钢铁、冶金、化学、机械制造、汽车、造船、造纸、纺织等工业之间进行分工。第二次世界大战后，随着科学技术的进步和社会分工的发展，原来的生产部门逐步划分为更多更细的部门，越来越多的次要部门跨越国界，形成国际间的部门内部分工。

③ 发达国家与发展中国家之间工业分工在发展，而工业国与农业国、矿业国的分工在削弱。从国际分工产生到第二次世界大战前，殖民主义宗主国主要从事工业制成品的生产，而殖民地、附属国和落后国家则主要从事以自然条件为基础的农业或矿业产品的生产。第二次世界大战后的科技革命和发展中国家工业化战略的实施，以及跨国公司的经营活动都导致某些工业产品的生产从发达国家向发展中国家转移，从而促进了发达国家与发展中国家之间工业分工的发展，出现了高精尖工业与一般工业的分工，资本、技术密集型产品与劳动密集型产品的分工。

同时，参加国际分工国家的经济所有制形式也发生了变化。第二次世界大战前，参加国际分工的国家主要是以私有制经济为主的资本主义国家。第二次世界大战后，一批社会主义国家的建立，资本主义生产关系一统国际分工的时代结束了。为了发展生产力、实现经济现代化，社会主义国家广泛参与国际分工。

④ 随着经济一体化的发展，区域性经济集团内部分工日趋加强。第二次世界大战后，世界经济一体化和区域性经济集团化的趋势并存，在世界经济一体化发展的同时，区域性经济集团化的进程明显加快。这些经济集团不同程度地存在内向性和排他性。对内逐步降低和取消关税和非关税壁垒，促进集团内成员之间商品贸易、服务贸易与投资的自由化，对外继续采取关税和非关税等排他性措施，在不同程度上阻碍了经济集团与非成员之间分工与贸易的发展，其结果导致了经济集团成员之间分工和贸易发展趋势的加强。

说一说：

　　国际分工与国内分工的关系？国际分工与社会生产力发展的关系？联系实际谈谈我国在国际分工中的地位。

2.1.3　国际分工的类型

国际分工的类型是指各类国家参与国际分工的基本形式。按照参加国际分工国家的经济发展水平的不同，国际分工主要具有以下 3 种类型。

（1）垂直型国际分工

垂直型国际分工是指经济发展水平不同的国家之间的纵向分工，主要是指发达国家与发展中国家之间农业与制造业、初级产品与工业制成品、劳动密集型产品与资本技术密集型产品之间的分工。19 世纪建立的传统国际分工就属于这种分工，当时少数资本主义国家处于国际分工的"中心"地位，广大的亚、非、拉美国家沦为殖民地半殖民地，成为宗主国的商品销售市场和原料及食品供应地，并按照宗主国的需要进行生产与消费。第二次世界大战后，这种类型的分工有所削弱，但仍然是发达国家与发展中国家之间的一种重要分工类型。

（2）水平型国际分工

水平型国际分工是指经济发展水平基本相同的国家之间的横向分工，主要是指发达国家之间在工业部门中的分工。第二次世界大战后，由于科学技术的进步，工业迅速发展，发达国家之间在新兴工业部门内部的现代化生产过程中横向经济联系和协作生产不断加强，推动了水平型国际分工的形成和发展。发展中国家之间的分工，也属于水平型国际分工。第二次世界大战后，广大亚、非、拉美国家取得了政治独立，走上了自主发展民族经济的道路。由于历史和经济条件的限制，这些国家经济结构比较落后，经济发展水平都比较低，它们之间的分工主要表现为初级产品或劳动密集型产品的专业化分工。

（3）混合型国际分工

混合型国际分工是指垂直型国际分工与水平型国际分工混合起来的国际分工。当今各国，在国际分工体系中通常既参与"垂直型"的分工，也参与"水平型"的分工。例如，德国是混合型国际分工的代表，它对发展中国家是垂直型的，而对其他发达国家则是水平型的。

讨　论

学生分小组讨论：联系我国对外贸易实际情况，举例说明我国参与国际分工的类型。

2.2　国际分工发展的影响因素

讨　论

学生分小组讨论：哪些因素可能会影响到国际分工？

国际分工的发展受到各种因素的影响和制约。在不同的时期和阶段，因国际分工的内容和特征不同，其具体的制约因素也有差异。

1. 自然条件是国际分工产生和发展的基础

自然条件是多方面的，包括一个国家的气候、土壤、国土面积、矿藏资源、地理位置等，它是一切经济活动的基础和必要条件。比如说，矿产品只能在拥有矿藏的国家开采和出口，热带作物只能在处于热带的国家和地区种植。一般来说，在生产力水平较低的国家和地区，自然条件对国际分工的影响就更大一些。

小提示：

应当注意的是，随着科学技术和生产力的迅速发展，人工材料与合成原料的大量出现，自然条件对国际分工的影响越来越弱。

2. 社会生产力是国际分工形成和发展的决定性因素

有利的自然条件只是为国际分工的形成和发展提供了可能性和必要性，而不能使国际分工变为现实。例如，煤炭工业固然不能在没有煤炭资源的国家和地区出现，但一个国家只有煤炭资源而没有必要的技术力量，还是不能使这种自然资源真正发挥作用，变为国际分工和国际交换的对象。有些国家自然资源贫乏，但它们凭借较先进的科学技术仍然可以建立许多新兴的工业部门。

社会分工的历史表明，社会生产力的提高是促使分工发展的内在动因。科学技术作为生产力，对国际分工的形成和发展起着巨大的推动作用。例如，第一次科技革命，导致了欧洲国家的工业革命，建立了大机器工业；第二次科技革命，改变了动力和交通运输业，并建立了许多新兴的重工业部门，促进了资本主义生产的迅速发展和资本的积聚，也使资本输出成为这一时期的经济特征，推动了世界范围的生产社会化和国际化；第三次科技革命，改变了现代工业的面貌，新技术的推广使用，促进了新的工业部门的建立，同时生产力迅速增长引起了产业结构和生产规模的变化。

国际分工的形成和发展是科学技术革命和生产力发展的必然结果，生产力的发展不仅决定了国际分工的内容，而且还决定了国际分工的形式、广度和深度。随着生产力的发展，国际分工的形式日益增多，从"垂直型"向"水平型"和"混合型"过渡，出现了多类型、多层次的国际分工形式。国际分工的范围不断扩大，各种经济类型、不同经济发展水平的国家通过国际分工紧密地结合起来，形成了世界性的分工体系。

3. 人口多寡、劳动规模和市场大小制约着国际分工的发展

人口多寡直接影响劳动力的供给，因而影响国际分工。世界各国人口分布的不均衡，使分工和贸易成为必然。人口稠密的国家可以通过发展劳动密集型产品与别国产品相交换，而人口稀少、自然资源或资本相对丰富的国家则可以发展自然资源密集型产品或资本密集型产品与前一类国家的产品相交换。

劳动规模或生产规模也制约着国际分工。现代大规模的生产，使分工成为必要的条件，这种分工跨越了国界，就产生了国际分工。随着劳动规模越来越大，分工就越来越细，任何一个国家都不可能包揽所有的生产，必须参与国际分工。

国际分工的实现或发展还受制于市场的大小。市场的规模对分工起着重大的影响作用，国际贸易的发展、世界市场的扩大对于国际分工起着强有力的推动作用。在一个国家和地区，市场规模愈大，该国参与国际分工的可能性便愈大，实现国际分工的程度也愈高。

小案例：

国际分工陷阱

中国出口的玩具"芭比娃娃"在美国海关的进口价为 2 美元，但在美国市场，"芭比娃娃"的零售价卖到 9.99 美元。在中方获得的 2 美元中，1 美元是运输和管理费，65 美分支付原材料进口的成本，中方只得到区区 35 美分的加工费。由此可见，包括中国在内的发展中国家在国际分工链条中常处于明显的劣势和低端，而发达国家则成为最大的赢家。这样的例子在发展中国家与发达国家的贸易中并不鲜见。

试分析： 为什么会出现这种现象？发展中国家怎样才能走出产业链的低端？

4. 国际生产关系决定了国际分工的性质

国际分工总是和一定的生产关系联系在一起的。国际分工是生产力发展的结果，它反映了生产力发展的水平，是各国生产关系超出国家和民族界限形成的。国际生产关系体系包

括：生产资料所有制形式，各个国家、各个民族在世界物质和劳务生产中的地位，以及它们在国际分配、交换和消费中的各种关系。生产资料所有制形式是最重要的国际生产关系，是国际生产关系的基础，它决定着国际商品的生产、分配、交换和消费。

国际生产关系决定了分工的性质。在当代国际分工中，占支配地位的生产关系是资本主义的生产关系，它使当代国际分工具有资本主义性质。例如，资本主义国际分工打破了民族闭关自守状态，使各个国家在经济上联合起来，促进了生产力的发展，但它具有剥削性和不平等性。当前，虽然许多发展中国家在政治上赢得了独立，但在经济上并没有完全摆脱对发达资本主义国家的依附地位，发达资本主义国家在世界经济中的垄断地位依然存在。因此，它们之间的分工依然具有掠夺与被掠夺、剥削与被剥削的性质。

5. 上层建筑可以推进和延缓国际分工的形成和发展

各国普遍借助于上层建筑，包括政策、法令、规章、制度、条约、协定等手段，形成有利于自己的国际分工，促进国际分工的发展。各国的上层建筑也能延缓国际分工的发展，如一国长期实行闭关锁国的政策和措施，就会延缓这个国家参与国际分工的进程。另外，建立关税同盟、共同市场、经济联盟等经济集团，加强内部分工的做法，也在不同程度上延缓国际分工的发展。

2.3　国际分工理论

讨　论

学生分小组讨论：你了解国际分工的哪些理论？能否讲述这些理论的含义？

国际贸易学说是经济学中最古老的学说之一，早在 16 世纪，西欧重商主义者就开始了对国际贸易问题的探讨。随着资本主义的发展，国际贸易理论的研究也获得了发展。古典经济学最重要的代表亚当·斯密、大卫·李嘉图为国际分工和国际贸易提供了理论基础，后来的赫克歇尔和俄林对国际分工理论做了进一步的完善，使该理论至今仍在西方经济学界占据支配地位。

从亚当·斯密的地域分工到现代西方分工理论，国际分工理论发展大体上经历了四个阶段：第一阶段是亚当·斯密的绝对成本学说；第二阶段是大卫·李嘉图的比较成本说，这是一个关键的阶段；第三阶段是赫克歇尔、俄林的要素禀赋学说；第四阶段是里昂惕夫反论引起的对要素禀赋学说的扩展。

2.3.1　亚当·斯密的绝对成本论

绝对成本理论（theory of absolute cost）又称绝对优势理论或绝对利益理论，由英国古典经济学的主要奠基人亚当·斯密（Adam Smith，1723—1790）所创，旨在反对当时的重商主义保护贸易政策。斯密处在工场手工业向大机器工业过渡的时期，他在 1776 年发表的《国民财富的性质和原因研究》（简称《国富论》）中，对绝对成本理论做了系统的阐述。他提出了国际分工和自由贸易的理论，并以此作为反对重商主义和保护贸易政策的重要武器，对国际分工和国际贸易理论做出了重要的贡献。

斯密首先分析了分工的利益。他认为分工可以提高劳动生产率，因而能增加国家财富。原因是：分工能提高劳动的熟练程度；分工使每个人专门从事某项作业，可以节省与生产没有直接关系的时间；分工有利于发明创造和改进工具。他以制针业为例来说明其观点。根据斯密所举的例子，在没有分工的情况下，一个粗工每天至多只能制造 20 枚针，有的甚至连一枚针也制造不出来。而在分工之后，平均每人每天可制造 4 800 枚，每个工人的劳动生产率提高了几百倍，这显然是分工的结果。

在斯密看来，适用于一国内部的不同职业之间、不同工种之间的分工原则，也适用于各国之间。他主张如果外国产品比自己国内生产的便宜，那么最好是输出本国在有利生产条件下生产的产品去交换外国的产品，而不要自己生产。他还举例说，在气候寒冷的苏格兰，人们可以利用温室生产出极好的葡萄，并酿造出与国外进口一样好的葡萄酒，但要付出 30 倍的代价。如果真是这么做，那就是明显的愚蠢行为。

斯密对绝对成本理论作了系统的阐述，他认为每个国家都具有生产某种特定产品的绝对有利的生产条件，无论是自然禀赋或后天获取的，使其生产某种产品的绝对成本低于其他国家，各国应集中资源，专业化生产绝对优势产品，然后彼此进行国际贸易，这对所有参与贸易国家都是有利的。国际分工也应该按照绝对优势的原则进行。因此，斯密这个理论又被称为绝对利益理论（theory of absolute advantage）。

为了说明这个理论，斯密还举例说明如下。

假定英国、葡萄牙两国都生产葡萄酒和毛呢两种产品，斯密认为在这种情况下可以进行国际分工、交换，其结果对两国都有利。如表 2-1 所示，依照斯密的分工原则，英、葡两国进行分工，结果各国所拥有的产品量都比分工前提高了。通过国际贸易，两国人民的消费水平和福利水平也都获得了相应的提高。

从表 2-1 可以看出，国际分工前，生产 1 单位的毛呢所需的劳动投入，英国为 70 人，葡萄牙为 110 人，表示英国生产毛呢比葡萄牙所需的劳动投入少，即英国在毛呢生产方面具有绝对优势；而在酒的生产方面，英国需要 120 个人才能生产 1 单位的酒，葡萄牙只需 80 人就可生产 1 单位的酒，表明葡萄牙在酒的生产方面具有绝对优势。进行国际分工后，英国用全部的 190 人只专门生产毛呢能生产 2.7 单位的毛呢，即用（120＋70）/70＝2.7；葡萄牙用全部的 190 人只专门生产酒能生产 2.375 单位的酒，两个国家的生产量比国际分工前分别多出 0.7 单位毛呢和 0.375 单位酒。从上例可看出，国际分工对双方国家都有利。

表 2-1 国际分工前后的比较

	国家	酒产量/单位	所需劳动投入/(人·年)	毛呢产量/单位	所需劳动投入/(人·年)
分工前	英国	1	120	1	70
	葡萄牙	1	80	1	110
分工后	英国			2.7	190
	葡萄牙	2.375	190		
交换后	英国	1		1.7	
	葡萄牙	1.375		1	

因而斯密认为，自由贸易会引起国际分工，国际分工的基础是有利的自然禀赋或后天有利的生产条件，它们都可以使一国在生产上和对外贸易方面处于比其他国家有利的地位。如果各国都按照各自有利的生产条件进行分工和交换，将会使各国的资源、劳动力和资本等生产要素得到最有效的利用，大大提高劳动生产率和增加物质财富。

由于这个理论是按各国绝对有利的生产条件进行国际分工，所以他的分工理论又叫地域分工说（theory of territorial division of labour）或绝对成本论。

2.3.2　大卫·李嘉图的比较成本论

大卫·李嘉图（David Ricardo，1772—1823）是英国工业革命发展时期的经济学家。在英国产业革命迅速发展而引起的资产阶级和地主贵族阶级的矛盾斗争中，李嘉图站在当时新兴产业资产阶级的一边，提倡自由贸易，反对《谷物法》。李嘉图的代表著作是《政治经济学及赋税原理》。

1. 比较成本论的主要内容

李嘉图的比较成本理论是在亚当·斯密绝对成本理论的基础上发展起来的。根据斯密的观点，国际分工应按地域、自然条件及绝对的成本差异进行，即一个国家输出的商品一定是生产具有绝对优势、生产成本绝对低的商品。李嘉图进一步发展了这一观点，他认为每个国家不一定要生产各种商品，而应集中生产优势最大或劣势最小的产品，在资本和劳动力投入不变的情况下，生产总量将增加，由此形成的国际分工对贸易各国都有利。

2. 比较成本论的主要假定前提

李嘉图的比较成本论是以一系列假定为前提的，这些假定为：

① 世界上只有两个国家，生产两种产品；

② 两国之间进行自由贸易；

③ 劳动在国内具有完全的流动性，但在两国之间则完全缺乏流动性；

④ 每种产品的国内生产成本都是固定的，但是国与国之间对同一产品的生产成本并不相同；

⑤ 没有运输费用；

⑥ 不存在技术进步和经济发展；

⑦ 贸易按物物交换方式进行；

⑧ 以劳动价值论（the labour theory of value）为基础。劳动是唯一的生产要素，所有的劳动都是同质的，每单位产品生产所需的劳动投入维持不变。因此，任一商品的价值或价格都完全取决于它的劳动成本。

为了说明这个理论，李嘉图沿用了英国和葡萄牙的例子，但对条件做了一些变化，如表 2 - 2 所示。

表 2 - 2　国际分工前后的比较

	国家	酒产量/单位	所需劳动投入/(人·年)	毛呢产量/单位	所需劳动投入/(人·年)
分工前	英国	1	120	1	100
	葡萄牙	1	80	1	90

	国家	酒产量/单位	所需劳动投入/(人·年)	毛呢产量/单位	所需劳动投入/(人·年)
分工后	英国			2.2	220
	葡萄牙	2.125	170		
交换后	英国	1		1.2	
	葡萄牙	1.125		1	

从表 2-2 中可以看出，葡萄牙生产酒和毛呢所需劳动人数均少于英国，从而英国在这两种产品的生产上都处于不利的地位。根据斯密的绝对成本理论，两国之间不会进行国际分工。而李嘉图认为，葡萄牙生产酒所需劳动人数比英国少 40 人，生产毛呢只少 10 人，即分别少 1/3 和 1/10；显然，葡萄牙在毛呢和酒的生产上都具有优势，但在酒的生产上优势更大一些；英国在两种产品生产上都处于劣势，但在毛呢生产上劣势较小一些。根据李嘉图的比较成本理论，应"两优取最优，两劣取次劣"。即英国虽都处于绝对不利地位，但应取其不利较小的毛呢进行生产。按这种原则进行国际分工，在两国投入的劳动人数没有发生变化的条件下，两国产量都会增加，通过进行国际贸易，两国都会获得利益（如表 2-2 所示）。

李嘉图认为，在资本与劳动力在国际不能自由流动的情况下，按照比较成本的原则进行国际分工，可使劳动配置更合理，可增加产品总量，对贸易各国均有利，但其前提必须是完全的自由贸易。

3. 对比较成本论的评价

① 比较成本论在历史上曾起过进步的作用，它为自由贸易政策提供了理论基础，推动了当时英国资本积累和生产力的发展。在这个理论的影响下，英国废除了《谷物法》，取得了自由贸易的伟大胜利，使英国成为"世界工厂"，在世界工业和贸易中居于首位。

② 比较成本论揭示了一个客观规律——比较利益法则，这从实证经济学的角度证明了国际贸易的产生不仅在于绝对成本的差异，而且在于比较成本的差异。这一理论为世界各国参与国际分工和国际贸易提供了理论依据，成为国际贸易理论的一大基石。

③ 比较成本论未能揭示出国际分工形成和发展的主要原因。国际分工产生和发展的最重要因素是社会生产力，劳动力、自然条件等因素对国际分工的形成有一定的影响，但不是唯一的和根本的因素。

④ 这个理论把世界看作是永恒的、不变的，这是不符合历史事实和经济发展规律的。

⑤ 这个理论的分析方法属于静态分析，提出的假定只考虑两个国家、两种商品，坚持劳动价值论等因素。作为论述的前提条件，把多变的经济状况抽象为静态的，这是不客观的。

2.3.3 赫克歇尔-俄林的要素禀赋论

古典学派的国际分工与国际贸易理论在西方经济学界占支配地位达一个世纪之久，直到 20 世纪 30 年代，才受到两位瑞典经济学家的挑战。他们是赫克歇尔（Heckscher，1879—1952）和他的学生俄林（Ohlin，1899—1979）。赫克歇尔于 1919 年发表了《对外贸易对国民收入之影响》的著名论文，提出了要素禀赋理论的基本观点。1933 年俄林出版了《域际和国际贸易》一书，在这部著作中，俄林接受了赫克歇尔的基本观点，创立了较完整的要素禀赋理论（factor endowment theory），因此又称为赫克歇尔-俄林原理（the Heckscher-Ohlin theorem）或简称赫-俄原理（H-O 原理）。

1. 要素禀赋论的一些假设

① 假定只有两个区域或两个国家。

② 在各个域际或国家内部，生产要素是完全自由流动的，但在区域和国家之间，它们是不能自由流动的。

③ 假定货物流通中的一切限制都不存在。

④ 假定生产要素是完全可分割的，单位生产成本不随生产的增减而变化，因而没有规模经济效益。

⑤ 假定只有商品贸易，贸易是平衡的，出口恰好足以支付进口。

⑥ 假定两国技术水平相同，生产函数相同。

2. 要素禀赋论的主要内容

李嘉图的比较成本论说明了国际贸易发生的原因，但没有解释为什么两国之间的成本会发生差异。赫克歇尔-俄林理论继承和发展了李嘉图的比较成本论，提出了要素禀赋理论，用生产要素的丰缺程度来解释国际贸易产生的原因和商品流向，其理论基调是自由贸易。要素禀赋理论的基本内容如下。

① 价格的国际绝对差。俄林认为，各国所生产的同样产品的价格绝对差是国际贸易的直接原因。当两国间的价格差别大于商品的各项运输费用时，则从价格较低的国家输出商品到价格较高的国家是有利的。

② 成本的国际绝对差。俄林认为，价格的国际绝对差来自成本的国际绝对差。同一种商品价格在不同国家之间的差别，主要是成本的差别。所以，成本的国际绝对差是国际贸易发生的另一个原因。

③ 不同的成本比例。俄林认为，国际贸易发生的重要条件是在两国国内各种商品的成本比例不同。

④ 相同的成本比例。俄林认为，如果两国的成本比例是相同的，一国的两种商品成本都按同一比例低于另一国，则两国间只能发生暂时的贸易关系，直到两国的汇率变化使两国商品的单位成本完全相等。

⑤ 生产诸要素不同的价格比例。俄林认为，不同国家有不同的成本比例的原因是各国国内的生产诸要素的价格比例不同。不同的商品是由不同的生产要素组合生产出来的。在每一国，商品的成本比例反映了它的生产诸要素的价格比例关系，也就是工资、利息、利润、地租之间的比例关系。由于各国的生产要素价格不同，就产生了成本比例的不同。

⑥ 生产诸要素的不同的供求比例。各国的生产要素的供给方面是不相同的，即各国所拥有的各种要素的数量、种类和质量是不同的。国际贸易就是建立在各个国家各种生产要素的多寡和价格的高低基础上的。另外，即使生产诸要素的供给比例是相同的，对这些生产要素不同的需求也会产生生产诸要素不同的价格比例，从而为国际贸易提供了基础。

他认为，在这些条件中，供求比例是最重要的环节，但没有一个单一的环节是国际贸易的最终基础。各个环节之间的互相依赖关系决定了每个国家的价格结构。而各个国家的价格结构决定了它们在国际分工和国际贸易体系中的比较利益，同时也就构成了国际分工和国际贸易的基础。

通过以上对生产要素供求比例的分析，俄林得出关于一国对外贸易商品结构的著名结论：一国出口的是以本国丰富要素所生产的商品，进口的是以本国稀缺要素所生产的商品。各国比较利益的地位是由各国所拥有的生产要素的相对充裕程度来决定的。这就是说，各国只有充分发挥本国的生产要素方面的优势，才能在国际贸易中取得更多的经济利益。

俄林的生产要素禀赋理论被认为是现代国际贸易的理论基础。生产要素禀赋理论仍然属于比较成本理论的范畴，但是它的分析更接近经济运行的现实，增加了理论的实用性。

2.3.4　里昂惕夫悖论与要素禀赋论的扩展

1. 里昂惕夫悖论

第二次世界大战后，在第三次科技革命的推动下，世界经济迅速发展，国际分工和国际贸易随之迅猛发展，国际贸易商品结构和地区分布发生了很大变化，传统的国际分工和国际贸易理论越来越显得脱离实际。在这种形势下，一些西方经济学家试图用新的学说来解释国际分工和国际贸易中存在的某些问题。这个转折点就是里昂惕夫悖论（Leontief paradox），或称里昂惕夫之谜。

里昂惕夫是美国著名的经济学家、哈佛大学教授，他运用自己所创造的投入-产出分析法对赫克歇尔-俄林原理进行了验证。由于他的投入-产出分析方法对经济学做出了杰出贡献，1973 年里昂惕夫获得了诺贝尔经济学奖。他的主要著作有《投入-产出经济学》和《生产要素比例和美国的贸易结构：进一步的理论和经济分析》。

里昂惕夫对赫-俄原理确信无疑，按照赫-俄原理，一个国家拥有较多的资本，就应该生产和出口资本密集型产品，而进口在本国生产中需要使用较多国内比较稀缺的劳动力要素的劳动密集型产品。基于以上的认识，他利用投入-产出分析法对美国的对外贸易商品结构进行了具体计算，其目的是验证赫-俄原理。他把生产要素分为资本和劳动力两种，并对美国 200 种商品进行了分析，计算出美国每百万美元的出口商品和进口替代商品所使用的资本和劳动量，从而得到美国出口商品和进口替代商品的资本-劳动比例，以反映商品的资本和劳动的密集程度，其计算结果如表 2-3 所示。

表 2-3　每百万美元的出口商品和进口替代商品对国内资本和劳动的需要量

	1947 年		1951 年	
	出口	进口替代	出口	进口替代
资本/美元	2 550 780	3 091 339	2 256 800	2 303 400
劳动/(人·年)	182.313	170.004	173.91	167.81
人均年资本使用量	13 991	18 184	12 977	13 726

从表 2-3 可以看出，1947 年进口替代商品生产人均资本使用量与出口商品生产人均年资本使用量的比率为 1.30，1951 年为 1.06，尽管这两年数字不同，但由此得出的结论是基本相同的，即美国出口商品的资本密集程度低于进口替代商品。这个验证结果正好与赫-俄原理相反。正如里昂惕夫所言："美国参加国际分工是建立在劳动密集型生产专业化基础上的，而不是建立在资本密集型生产专业化基础上。"

里昂惕夫发表其验证结果后，使西方经济学界大为震惊，因而将这个不解之谜称为里昂惕夫之谜。一些经济学家仿效里昂惕夫的做法对一些发达国家的对外贸易状况进行验证后发现，一些国家也存在这个谜。这表明要素禀赋理论有很多不能解释现实的地方。于是，西方贸易学者围绕"里昂惕夫之谜"展开了广泛的讨论，为了使要素禀赋理论与现实更加相符，他们从各种角度对该理论进行了补充和修正。

2. 对里昂惕夫悖论的解释及相关的学说

对于里昂惕夫悖论，西方经济学界提出了各种各样的解释，形成了一些有代表性的观点。

(1) 劳动效率说

里昂惕夫对他自己发现的"谜"的解释是，美国的劳动力比国外劳动力具有更高的劳动效率。1947 年美国工人的生产率大约是其他国家的 3 倍，因此在计算美国工人的人数时应将美国实际工人数乘以 3。这样，按生产效率计算的美国工人数与美国拥有的资本量之比，较之于其他国家，美国就成了劳动力丰富而资本相对短缺的国家，所以它出口劳动密集型产品，进口资本密集型产品，与要素禀赋论提示的内容是一致的。里昂惕夫认为，美国的劳动力较外国的劳动效率高的根本原因是美国具有比较好的企业组织、管理技术及生产环境。

一些经济学家对这种解释进行了研究，表明实际并非如此，里昂惕夫后来自己也否定了这种解释。因为如果说美国的生产效率高于他国，那么工人人数和资本量都应同时乘以 3，这样美国的资本相对充裕程度并未受到影响。

(2) 人力资本说

人力资本说认为，要素禀赋理论中所述的资本实际上只是指物质资本，而没有考虑到"人力资本"。所谓人力资本，指的是用于职业教育、技术培训等方面的资本投入，它的作用是使劳动力技能得到提高。而美国正是由于投入了较多的"人力资本"而拥有更多的技术劳动力。如果将人力资本与物质资本相加，作为资本劳动比率的分子，那么由于美国的出口产品生产过程中含有大量的技术劳动，而进口竞争商品的生产却主要是非技术劳动，所以从广大资本意义上讲，美国仍然是出口资本密集型产品的国家。

(3) 技术差距说

有的经济学家认为，美国是技术领先的国家，具有较强开发新产品和新工艺的能力，形成和扩大了国际的技术差距。美国确实是资本比较丰裕的国家。然而，在 20 世纪 50 年代至 70 年代，相对于进口，美国没有出口更多的资本密集型产品。这是因为，相对土地和科技专业劳动者而言，资本并不是美国最丰裕的资源。与赫克歇尔-俄林原理相一致，美国出口的是用其丰裕的要素（土地和科技）进行专业生产的产品，即农产品。

(4) 需求偏好差异说

这个理论是从需求的角度来解释里昂惕夫之谜的。要素禀赋理论的一个前提假定是：贸易双方的需求偏好是无差异的，但实际上贸易各国的需求偏好是不相同的，而且会强烈地影响国际贸易方式。一个资本相对丰裕的国家，如果本国强烈偏好资本密集型产品，则其贸易结构也可能是出口劳动密集型产品而进口资本密集型产品。收入高的国家，如美国，其消费偏好及增长都倾向于工业制成品，即资本密集型产品。

以上理论说明，国际贸易的原因及流向主要由要素禀赋决定。此外，劳动效率、人力资本、技术水平、需求偏好等其他因素也对国际贸易商品的流向产生重要影响。

3. 里昂惕夫悖论简评

里昂惕夫悖论是西方传统国际贸易理论发展的里程碑，里昂惕夫对要素禀赋论的检验具有重大的理论意义，在一定程度上推动了第二次世界大战后国际分工和国际贸易理论的发展。他用投入-产出分析法对美国贸易结构的计算分析，开辟了用统计数据全面检验贸易理论的道路。里昂惕夫悖论的解释正是结合实际对要素禀赋论前提中的劳动同质（即劳动生产效率相同）、两要素模型和完全竞争等假定进行了修正。当今西方传统国际贸易理论中居主导地位的仍然是以比较优势为核心、经过修正的要素禀赋论，被誉为西方传统国际贸易理论的基石。

> **辩论赛：**
>
> 绝对成本论与比较成本论的区别是什么？能用里昂惕夫悖论解释当今国际贸易吗？为什么？

2.4 国际分工对国际贸易的影响

讨 论

> 学生分小组讨论：联系实际谈谈，国际分工如何影响国际贸易。

国际分工是当代国际贸易的基础，国际分工对国际贸易的发展有着重要的影响。

1. 国际分工影响国际贸易的发展速度

国际贸易的发展与国际分工的发展是正相关的。从国际贸易的发展来看，在国际分工发展较快的时期，国际贸易发展也快；相反，在国际分工缓慢发展的时期，国际贸易也发展较慢或处于停滞状态。因此，国际分工是当代国际贸易发展的主动力。在资本主义自由竞争时期，由于形成了以英国为中心的国际分工体系，国际贸易得到了迅速发展，其增长速度超过了世界生产的增长速度。1800—1913 年，世界人均生产每 10 年增长率为 7.3%，而世界人均贸易额每 10 年增长率为 33%。相反，1913—1938 年，世界生产发展缓慢，国际分工处于停滞状态，国际贸易发展也较慢，国际贸易量在该时期的年平均增长率仅为 9.7%。第二次世界大战后，第三次科技革命使国际分工进一步向纵深发展，世界出口贸易额从 1950 年的 607 亿美元增加到 1980 年的 20 127 亿美元，30 年增加了 32 倍。

可见，国际贸易是随着国际分工的发展而发展的。

2. 国际分工影响国际贸易的商品结构

国际分工的广度和深度不仅决定国际贸易发展的规模和速度，而且还决定国际贸易的结构和内容。第一次科技革命后，形成以英国为中心的国际分工。在这个时期，由于大机器工业的发展，出现了许多新产品，如纺织品、船舶、钢铁和棉纱等。第二次科技革命后，形成了国际分工的世界体系，国际分工进一步深化，使国际贸易的商品结构也发生了相应的变化。首先是粮食贸易大量增加；其次，农业原料和矿业材料，如棉花、橡胶、铁矿、煤炭等产品的贸易不断扩大。此外，机器、电力设备、机车及其他工业品的贸易也有所增长。第二次世界大战后发生的第三次科技革命，使国际分工进一步向深度和广度发展，国际贸易商品结构也随之出现新的特点，这主要表现在以下几个方面。

（1）工业制成品在国际贸易中的比重超过初级产品所占的比重

第二次世界大战前，由于殖民主义宗主国与殖民地落后国家的国际分工以垂直型分工为主，故初级产品在国际贸易中的比重一直高于工业制成品。从 1953 年起，工业制成品贸易在国际贸易中所占比重超过初级产品贸易所占的比重。

（2）发展中国家出口中的工业制成品增长较快

随着发达国家与发展中国家分工形式的变化，发展中国家出口中的工业制成品不断增加，发展中国家在世界工业制成品出口总量中所占份额近 10 年来上升了 10 个百分点。工业制成品出口在发展中国家总出口中的比重也由 30％左右上升到了 60％以上。

（3）中间性机械产品的比重不断提高

随着国际分工的深化和跨国公司在国际分工中地位的提高与作用的增强，产业内部和公司内部贸易增加，中间性机械产品在整个机械工业制成品贸易中的比重不断提高，在各主要发达国家制成品贸易中约占 70％以上。

（4）服务贸易发展迅速

服务贸易在近年来，特别是在发达国家有了迅速的发展。服务贸易在各发达国家对外贸易中占据很大的比例。世界服务贸易额从 1967 年的 700 亿～900 亿美元增至 1997 年的 12 950 亿美元，2004 年达到 21 000 亿美元，2016 年世界服务贸易进出口总额增至 9.415 万亿美元。

3. 国际分工影响国际贸易的地理分布

世界各国的对外贸易地理分布是与它们的经济发展及其在国际分工中所处的地位分不开的。一般在国际分工中处于中心地位的国家和地区在国际贸易的地区分布中也占据主要地位。从产业革命到 19 世纪末，英国一直在国际分工中处于中心地位，这使它在国际贸易中所占的比重也一直无人能比，从 1750 年的 13％提高到 1800 年的 33％，成为名副其实的"世界工厂"。随着工业革命在其他欧美资本主义国家的相继完成，英国在国际分工中的地位有所下滑。此后，法国、德国、美国在国际贸易中的地位显著提高。到第二次世界大战结束时，美国在国际分工中处于中心地位，同时英国在国际贸易中的霸主地位也逐渐被美国所取代。而近年来，美国在国际分工和国际贸易中的地位又逐渐被美、日、欧三足鼎立的局面所代替，国际分工和国际贸易向着多极化的方向发展。

4. 国际分工影响各国对外贸易政策的制定

国际分工状况如何，是各个国家制定对外贸易政策的依据。第一次科技革命后，英国工业力量雄厚，其产品竞争能力强，因此英国实行了自由贸易政策。而美国和西欧的一些国家工业发展水平落后于英国，它们为了保护本国的幼稚工业，便采取了保护贸易的政策。第二次科技革命后，资本主义从自由竞争阶段过渡到垄断阶段，国际分工进一步深化，国际市场竞争更加剧烈，在对外贸易政策上便采取了资本主义超保护贸易政策。19 世纪 70 年代中期以前，以贸易自由化政策为主要倾向；19 世纪 70 年代中期以后贸易保护主义又重新抬头。西方国家贸易政策的这种演变，是与国际分工深入发展及各国在国际分工中所处地位的变化密切相关的。

5. 国际分工影响各国对外贸易依存度和世界贸易依存度

一国经济对对外贸易的依赖程度、世界经济对国际贸易的依赖程度与国际分工有很大的关系。国际分工的发展，促进了各国对外贸易的发展，导致各国对外贸易依存度不断提高，尤其是第二次世界大战后国际分工的深入发展，整个世界贸易依存度和各国对外贸易依存度都在不断提高。1950 年发达国家出口依存度仅为 7.7%，我国出口依存度仅为 4.19%。1996 年，经济合作组织出口额占其国内生产总值（GDP）比重已达 15.92%，我国出口额占国民生产总值（GNP）比重亦升至 8.32%。

同步测试

一、单项选择题

1. 国际贸易和世界市场的基础是（ ）。
   A. 社会分工　　　B. 国际分工　　　C. 资本主义生产关系　　　D. 自然条件

2. 第三次科技革命，使国际分工进入（ ）。
   A. 萌芽阶段　　　B. 形成阶段　　　C. 发展阶段　　　D. 深化阶段

3. 国际分工形成和发展的基础是（ ）。
   A. 自然条件　　　B. 生产力发展水平　　　C. 资本国际化　　　D. 政府政策

4. 目前发达国家的劳动分工主要属于（ ）分工。
   A. 垂直型　　　B. 水平型　　　C. 混合型

5. 按地域、自然条件不同形成的商品成本绝对差异分工理论是由（ ）提出的。
   A. 大卫·李嘉图　　　B. 亚当·斯密　　　C. 赫克歇尔　　　D. 俄林

6. 按"两优取其重，两劣取其轻"的原则进行分工的理论是由（ ）创立的。
   A. 亚当·李斯密　　　B. 大卫·李嘉图　　　C. 凯恩斯　　　D. 俄林

二、多项选择题

1. 影响国际分工形成和发展的因素有（ ）。
   A. 生产力的发展水平　　　B. 自然条件
   C. 人口、劳动规模和市场　　　D. 国际生产关系
   E. 上层建筑

2. 我国生产手表需要 8 个劳动日，生产自行车需要 9 个劳动日；日本生产这两种产品分别为 12 个劳动日和 10 个劳动日，根据比较成本说应该（ ）。
   A. 中国生产和出口手表　　　B. 日本生产和出口自行车
   C. 中国生产和出口手表和自行车　　　D. 日本生产和出口手表

三、判断题

（ ）1. 绝对利益说与比较利益说倡导的都是自由贸易。

（ ）2. 国际分工是国际贸易和世界市场的基础。

（　　）3. 自然条件是一切经济活动的基础，也是国际分工产生、发展的决定性因素。

（　　）4. 国际分工的发展使各国对外贸易依存度不断提高。

（　　）5. 在国际分工发展较快时期，国际贸易一般发展较慢或处于停滞状态；相反，在国际分工发展缓慢时期，国际贸易发展较快。

（　　）6. 亚当·斯密主张按"比较成本"进行国际分工，而大卫·李嘉图主张按"绝对成本"进行国际分工。

四、简答题

1. 什么是国际分工？国际分工的形成与发展经历了哪几个阶段？

2. 影响国际分工发展的主要因素有哪些？

3. 国际分工如何影响国际贸易的发展？

4. 李嘉图比较成本论的主要内容是什么？

5. 赫-俄原理的主要内容是什么？

6. 什么是里昂惕夫反论？

案例分析

空中客车的国际分工

为了打破美国垄断世界航空制造业的市场格局，1970 年，欧洲四国联合创建了空中客车公司（Airbus）。2003 年空中客车在全球的交付量首次超过竞争对手，跃居成为世界头号民用飞机制造商。法国航宇公司生产含驾驶舱的机头段、中机身下半部分和发动机挂架，并负责最后总装；英国航宇公司生产机翼主体；德国空中客车工业公司生产机身其余部分和垂尾；荷兰福克-联合航空技术公司（现福克公司）生产机翼前后缘和各活动翼面；西班牙航空公司生产客舱门、起落架舱门和平尾。2004 年 5 月，世界最大的客机空客 A380 开始总装。该公司称，空客 A380 将于 2005 年首飞，2006 年投入运营。中国南京金陵造船厂制造运输 A380 部件的滚装船。世界许多国家参与了 A380 的研制。

（资料来源：百度文库）

讨论题：

1. 你认为空中客车属于哪一种国际分工？

2. 为什么西欧各国不选择单独生产空中客车，而是分工合作？

3. 影响空中客车公司国际分工发展的因素是什么？

第3章

世界市场

【知识目标】

    通过本章学习，要求学生了解世界市场的形成与发展，掌握世界市场的含义与当代世界市场发展的主要特点，理解世界市场的开拓。

【技能目标】

- 能识别世界市场的开拓
- 能确定世界市场的主要特征

【重点】

- 世界市场的构成
- 世界市场的开拓
- 当代世界市场发展的主要特征

引 例

华为开拓国际市场

华为技术有限公司成立于 1988 年，专门从事通信网络技术与产品的研究、开发、生产和销售，致力于为电信运营商提供固定网、移动网、数据通信网和增值业务领域的网络解决方案，是全球电信市场的主要供应商之一。华为于 1996 年正式开始国际化经营。

1. 播种阶段

华为重点选择发展中国家，特别是发展中国家中的大国作为目标市场。1997 年华为将国际市场开拓目标锁定俄罗斯和南美地区，1999 年开始大规模进入东南亚、中东、非洲等区域。

2. 扎根阶段

在逐步打开发展中国家市场之后，华为转向开拓发达国家市场。华为于 2004 年与荷兰 Telfort 公司签订了超过 2 亿欧元的 WCDMA 合同，2005 年获得全球前 20 强的电信运营商西班牙电信认证，并成为西班牙的 3G 和宽带领域业务创新的战略合作伙伴。

截至 2016 年年底，华为的营销及服务网络已遍及全球，产品和解决方案已应用于全球 170 多个国家和地区，服务全球近 30 亿人口。

3. 深入阶段

为了更加完善国际化经营策略，华为采用收购、合资、境外直接投资等多种方式，打造全球同步的多元化国际生产研发体系。截至 2015 年年底，华为在全球拥有 16 个研发中心，努力集聚各国优质资源，比如在伦敦设立 ID 设计中心、在时尚之都巴黎设立美学研究中心、在俄罗斯设立算法研发中心、在日本设立小型化设计和质量控制研究中心、在印度设立软件研发中心等。通过跨地域、跨文化的团队协助，全力进行核心技术的研发与产品生产。到 2016 年年底，华为全球销售收入预计将达到 5 200 亿元人民币，同比增长 32%，国际市场销售收入比例约为 60%。

（资料来源：百度文库）

试分析： 华为进入国际市场经历了哪几个阶段？华为的国际化给了中国企业哪些启示？利用网络查询更多有关华为国际化发展的信息以备课上讨论。

市场是商品和劳务交换的领域，是买卖双方开展活动的场所，是商品经济中社会分工的表现。随着社会分工和商品生产的发展，市场也逐步发展，先后经历了地方市场、民族市场和世界市场三个时期。世界市场或国际市场是在民族市场或国内市场的基础上发展起来的，是资本主义生产方式的历史产物。

3.1　世界市场的形成、发展与构成

讨　论

学生分小组讨论：

1. 你了解世界市场吗？
2. 世界市场由哪几部分构成？
3. 如何开拓世界市场？

3.1.1　世界市场的概念

世界市场（world market）或国际市场（international market）是世界各国交换产品、服务和技术的场所，是由世界范围内通过国际分工联系起来的各个国家内部及各国之间的市场综合组成。世界市场是国际贸易活动的场所，是国际分工的重要实现手段。

世界市场这一概念是由其外延和内涵两方面构成的。世界市场的外延是指它的地理范围。世界市场的地理范围要比一国的市场范围大，前者包括世界各国之间的商品和劳务交换，后者只包括一国疆域之内的商品和劳务交换。世界市场的内涵指的是与交换过程有关的内容、条件和交换的结果，包括商品、服务、技术转让、货币、运输、保险等业务，其中商品是主体，其他业务是为商品和劳务交换服务的。

3.1.2 世界市场的发展阶段

世界市场的形成和发展是和资本主义生产方式的产生与发展密切联系在一起的。世界市场是随着地理大发现而萌芽，随着第一次产业革命的胜利而迅速发展，最后又随着第二次产业革命的发展而最终形成的。

1. 世界市场的萌芽时期

这个时期包括 16 世纪、17 世纪和 18 世纪的大部分年份。15 世纪末和 16 世纪初的地理大发现促进了西欧各国的经济发展。马克思和恩格斯指出："美洲的发现、绕过非洲的航行，给新兴的资产阶级开辟了新天地。东印度和中国的市场、美洲的殖民化、对殖民地的贸易、交换手段和一般商品的增加，使商业、航海业和工业空前高涨。"地理大发现使世界市场进入萌芽阶段。

2. 世界市场的迅速发展时期

这个时期从 18 世纪 60 年代到 19 世纪 70 年代。在这个时期内发生了产业革命，资本主义生产方式成为统治的生产方式，世界市场进入迅速发展的时期。大机器工业对世界市场的形成与发展起了决定性的作用，原因如下。

① 大机器工业需要一个不断扩大的市场。大机器工业只有在经常扩大生产、不断夺取新市场的条件下，才能存在。大机器工业的发展取决于市场的规模。资本家为了追求高额利润，需要不断扩大机器大工业，这就迫使他们要超越本国已有的市场，到国外去开辟新市场，为大工业开拓更广阔的领域。

② 大机器工业需要日益扩大的原料供应来源。这样，使市场交换的商品种类越来越多。

③ 资本主义大机器工业的发展使工业和人口不断向城市集中，形成许多大机器工业中心和大的食品销售市场。这些食品要从本国各地区，甚至世界市场上源源不断地输入。

④ 大机器工业的发展推动了世界人口的移动，扩大了世界劳动市场，加强了对人口稀少地区的资源开发。

⑤ 大机器工业的发展大大促进了铁路、海运、通信事业的发展，把各国的市场真正有效地联系在一起。

⑥ 随着世界市场的扩大，作为世界货币的黄金和白银的职能增强了。随着黄金和白银变成世界货币，商品的世界价格形成也成为可能；世界价格的逐步形成，使价值规律的作用扩大到世界市场上。

3. 世界市场的形成时期

这个时期开始于 19 世纪 80 年代，结束于 20 世纪初。这个时期，发生了第二次科技革命，资本主义国家的生产力得到了迅速发展。资本输出成为许多国家争夺世界市场的重要手段，资本主义由垄断代替了自由竞争。国际分工进一步发展，世界市场进入形成阶段，其标志如下。

（1）多边贸易和多边支付体系的形成

多边贸易是指两国间贸易在进出口相抵后总有余额，用对某些国家的出超支付对另一些国家的入超，在若干国家之间进行多边支付与结算的贸易。

由于国际分工的发展，西欧大陆和北美一些经济发达国家从经济不发达的初级产品生产国购买越来越多的原料和食物，出现了大量的贸易逆差。与此同时，英国继续实行自由贸易政策，从西欧大陆和北美的新兴工业国输入的工业品持续增长，呈现大量的贸易逆差。但英国又是经济不发达国家工业品的主要供应国，呈现大量的贸易顺差。这样，英国就用它对经济不发达国家的贸易顺差所取得的收入来支付对其他经济发达国家的贸易逆差；而经济不发达国家又用对西欧大陆和北美的贸易顺差来弥补对英国的贸易逆差。此时，英国成为多边支付体系的中心，这个体系为所有贸易参加国提供购买货物的支付手段；同时使国际债权债务的清偿、利息与红利的支付能够顺利完成，有助于资本输出和国际短期资金的流动。

（2）国际金本位制度的建立与世界货币的形成

世界市场的发展与世界货币的发展是紧密联系在一起的。当世界市场充分发展以后，黄金作为世界货币的职能才得到充分发挥。在这一时期，建立了国际金本位制度，它也是世界多边贸易多边支付体系发挥作用的货币制度。这个制度主要有两个作用：一是它给世界市场上各种货币的价值提供一个互相比较的尺度，并能使各国货币间的比价（汇价）保持稳定；二是它给世界市场上各国的商品价格提供一个互相比较的尺度，从而使各国的同一种商品的价格保持一致，把各国的价格结构联系在一起。

（3）资本主义的各种经济规律制约着世界市场的发展

资本主义社会中各种固有的规律，诸如基本经济规律、经济发展不平衡的规律、价值规律等在世界市场上居于主导地位，制约着世界市场的发展。

（4）形成了比较健全、固定的销售渠道

大型固定的商品交易所、国际拍卖市场、博览会形成了；航运、保险、银行和各种专业机构建立健全了；比较固定的航线、港口、码头建立了，这一切都使世界市场有机地结合在一起。

3.1.3　当代世界市场的构成

第二次世界大战后，随着生产国际化和专业化程度的提高，国际经济贸易关系得到进一步发展，世界市场继续扩大和发展，世界市场的构成日趋复杂。当代世界市场由以下几个部分构成。

1. 各种类型的国家

第二次世界大战前，世界市场的国家构成比较单一，主要由少数资本主义国家主宰世界市场。第二次世界大战后，殖民体系瓦解，一大批亚、非、拉美发展中国家以独立主权国家的身份参加了世界市场活动。因此，第二次世界大战后的世界市场是一个由各种经济类型的国家组成的既统一又对立的复合体，发达的市场经济国家和地区（包括美、日、欧等）、东欧国家（原经互会成员国）、亚洲社会主义国家（包括中国、朝鲜、越南等国）、发展中国家和地区（包括上述以外的非洲、美洲、亚洲、欧洲和大洋洲的国家与地区）在统一的世界市场上并存，相互依赖又相互矛盾。

2. 订约人

世界市场的订约人，按照活动的目的和性质可分为三类：公司、企业主联合会、国家机关（政府各部门和各主管部门）和机构。公司是指那些追求商业目的的订约人，它们是在工业、贸易、运输、建筑、农业、服务等方面以牟利为目的而进行经济活动的企业。企业主联合会是企业家集团的联合组织，它以协会、联盟、代表会议等形式建立起来。企业主联合会与公司的不同之处在于其活动目的不是获取利润，而是在政府机构里代表参加联合会的企业集团的利益，促进私营企业扩大出口。国家机关和机构是世界市场上第三类订约人，它们只有在得到政府授权后才能进入世界市场，从事外贸业务活动。

3. 商品

世界市场上交换和流动的商品主要包括货物和服务。货物贸易主要包括 3 大类产品，即初级产品、制成品和其他产品。初级产品主要由农产品和矿产品构成，农产品包括食品和原料，矿产品包括矿产、燃料和有色金属。制成品由 7 类产品构成，即钢铁、化工、机械和运输设备、其他半成品、纺织品、服装和其他消费品。其他产品指未列入上述内容的产品，如黄金、武器等。服务贸易由 12 大类产品构成，即商业、销售、通信、建筑及相关工程、教育、金融、环境、卫生、旅游、娱乐、运输和其他服务。

4. 国际商品市场

从世界市场的特征看，第二次世界大战后既有以自由竞争为特征的开放性市场，也有买方与卖方有组织上联系、受垄断组织控制的封闭性市场，还有以商业一次性合同为基础的市场。同时，有以国际专业化、协作化及长期的大规模联系为基础的市场，有以区域性经济一体化为模式、以经济集团为基础的市场。

从世界商品市场的组织形式看，既有固定组织形式的国际商品市场，也有无固定组织形式的国际商品市场。前者主要包括商品交易所、国际商品拍卖中心、国际博览会、展览会、展销会、国际贸易中心等，一般均在固定场所按事先规定的原则和规章进行商品交易；后者是通过单纯的商品购销或与其他因素结合的商品购销形式，如补偿贸易、加工贸易、招标与投标、易货贸易及租赁贸易等。单纯的商品购销形式是世界上最基本、最普遍的国际商品交换方式。

5. 国际商品销售渠道

销售渠道是指商品从生产者到消费者手中所要经过的路线。

（1）销售渠道的构成

世界市场上的销售渠道通常由 3 个部分组成：第一部分是出口国的销售渠道，包括生产企业和贸易企业本身；第二部分是出口国与进口国之间的销售渠道，包括贸易双方的中间商；第三部分是进口国国内的销售渠道，包括经销商、批发商和零售商。

（2）销售渠道的作用

销售渠道有以下作用：

① 促进市场的有机组织；

② 节约企业推销商品所需的人力和时间；

③ 为贸易双方提供各种方便；

④ 化解企业商品生产后的风险；

⑤ 满足消费者的不同需要。

（3）销售渠道的类型

常见的销售渠道类型如表 3-1 所示。

表 3-1 常见的销售渠道类型

出口国	进口国
(1) 出口企业……	……→国外顾客
(2) 出口企业→出口商	→进口商……→国外顾客
(3) 出口企业→中间商→出口商	→进口商→零售商→国外顾客
(4) 出口企业→中间商→出口商	→批发商→零售商→国外顾客
(5) 出口企业→中间商→出口商	→进口商→批发商→零售商→国外顾客
(6) 出口企业→中间商→出口商	→零售商→国外顾客
(7) 出口企业……	……→零售商→国外顾客

第1种是国内企业自行出口，到进口国则直接卖给用户，如企业接受国外用户直接订货以邮寄方式交货。第2种是国内企业避开中间商直接交给出口商出口到进口国；进口国也避开中间商直接卖给用户，它多用于大宗商品交易。第3、4、5种类型，大多用于消费品销售，一般要经过中间商。第6、7种类型，一般用于出口国和进口国的大百货公司、超级市场、连锁商店等。

6. 国际市场运输网络与信息网络

（1）运输网络

世界市场上的运输网络是由铁路运输、公路运输、水上运输、航空运输、管道运输和集装箱运输等组成的。第二次世界大战后，在国际贸易货物运输中，水上运输具有运量大、投资少、运价低等特点，多用于运输大宗笨重的货物。目前，国际贸易货物运输中有2/3以上是通过海运来完成的。在国际贸易货物运输中铁路运输占第二位。可见，水上运输网和铁路运输网尤为重要。

（2）信息网络

信息网络是世界市场的中枢，它由国际电话、电视、广播、报刊、通信卫星、计算机等组成。第二次世界大战后，世界市场信息网络手段不断多样化和现代化，信息网络机构不断增加和专业化，信息系统日益国际化。

7. 其他

各种市场组织管理机构，国际贸易规章、条约、契约与惯例等，有助于市场的规范运行。

> **小提示：**
>
> 随着互联网的广泛应用，电子商务在全球飞速发展。电子商务作为一种新兴的商业运营方式，因其开放性、全球性、成本低、高效率等优点在国际贸易中被广泛应用，促进了国际贸易的网络化趋势。

3.2 世界市场的开拓

讨　论

学生分小组讨论：

1. 世界市场开拓一般经历哪些环节？

2. 进入世界市场的模式有哪几种？

国际市场的开拓和进入是开展国际贸易的基础和保证。

3.2.1 进入世界市场的准备工作

1. 国际市场环境分析

就企业来说，市场环境是指影响购买者需求及企业营销的各种客观因素的总和。市场环境因素有两大类：一是企业的内部因素，也称企业的可控制因素，主要指产品、销售渠道、价格和促销活动四大因素，这些因素是企业可以直接支配和运用的；二是企业的外部环境，是不可控制的，主要包括购买者、竞争者等直接环境要素，以及政治、法律、经济、社会文化、自然条件和国外市场因素等。这两大类因素是一对矛盾：外界因素要求企业的内部因素与其相适应，而企业又无法控制这些外部因素。

市场环境分析的任务就是对外部环境诸因素进行调查研究，以明确其现状和变化发展的趋势，从中找出对企业发展有利的机会和不利的威胁，并根据企业本身的条件做出相应的决策。

国际经济关系中的每个国家都必须认真研究特定的国外市场。国际贸易企业的任务就是如何根据那些主观无法控制的环境因素，创造可把握的有利条件，做出决策，从而实现预定的目标。某些企业在国际市场上之所以失败，主要是因为企业在国际市场上要应付多种不同环境的诸项不可控因素。可见，分析和研究国际市场环境是关系国际贸易成败和兴衰的大事。

1) 经济技术环境

一个国家经济状况的好坏，会影响该国人民对产品和劳动力的需求结构与需求量。世界各国在国际社会中的经济地位是不同的，这不仅表现在国际经济发展水平和国民收入方面，也表现在工业结构上。

(1) 发达的经济

在世界上有少数国家的经济十分发达，其贸易额占世界总贸易额的绝大部分，在世界经济中起主导作用。发达经济国家，如美、日、德等现代工业化经济大国，在国际分工中具有"资本密集型"特征，并都已建立了极为雄厚的工业基础，其跨国公司也极为发达。它们是世界工业品和资本的主要输出国，在国际贸易活动中主要进口大量的土特产品、燃料、矿产品等初级产品。这些国家之间也有相当数量的贸易往来。工业化国家的生产潜量巨大，收入水平相当高，因而这些国家也是需求丰富的综合性市场。

（2）发展中的经济

世界上还有许多贫穷的国家，这些国家在国际分工中主要生产"劳动密集型"产品，需要大量的外资、技术、粮食及机械设备等制成品。但是，这些国家的国内市场多数都在不同程度上实行对外开放，市场潜力巨大。

2）政治法律环境

政治法律环境对于进口和外来投资有很大影响，因为在国际上没有一个统一的政治制度与法律可以遵循，各国的情况有很大的差距，而且十分复杂。因此，进入国际市场至少要考虑下列因素。

（1）政治稳定情况

政局的稳定与政策的连续性是增强从事国际贸易者的信心与信任感的重要因素。我们时常可以看到某国的财产被另一国冻结或没收的情况，有时还能遇到进口配额的限制，有时甚至不能正常履行合同，使贸易双方蒙受损失。这一切都与政权的变更、政府的易手、动荡与战争有着直接的关系。所以，开展国际贸易不仅要考虑国际或贸易国目前的政治气候，还必须要考虑其将来的稳定性。

（2）对外贸易的态度

有的国家对国际贸易极感兴趣，愿意提供鼓励各国经济往来的宽松环境；有的国家相反，对国际贸易处处小心谨慎，许多规定都极为严格，没有任何伸缩性。这当中的原因很多，有的可能出于发展经济、利用外资的考虑，有的可能出于政治敌视、保护民族工业或是意识形态的考虑。一般来看，关税和非关税措施是一个国家表明对国际贸易采取何种态度的主要手段。

（3）国际法律问题

世界各国的法规是不同的，开展国际贸易必须要了解各国的法律制度，明确发生争端后要使用哪个国家的法律进行仲裁。尽管法律问题如此重要，但也无法完全掌握。

3）文化环境与商业习惯

文化一般是指人们对生活方式、教育及社会习惯的态度。在国际贸易中，各国不同民族的不同文化是无法回避的重要问题。

文化环境由多种因素构成，这些因素都从不同的角度影响产品在不同国家间的流通。首先是语言因素，语言是国际经济交往的重要工具，买卖双方都要依靠它沟通信息、洽谈生意和达成协议，字意或语义上的失误将导致交易的失败。宗教和民族既影响人们的世界观，又影响人们的生活规律，它的文化趋向和戒律使人们的消费行为有很大的不同，因此这也是国际贸易中不可忽视的方面。教育因素也影响国际贸易，这主要表现在接受新产品和新技术等方面。一般在低教育水平的国家，对于复杂程度高、技术性强的产品往往没有市场。至于价值观和审美观也同样是不可忽视的因素，价值观是一种信仰，它阐明什么是正确的、什么是错误的。审美观则会对产品样式、广告方法和商标设计等做出直接反应。

商业习惯和经商方式是整体文化的组成部分，由于地方文化的支配作用，使得国际商业习俗在接触级别、交谈语言、手势特点、礼貌、效率及谈判重点等方面都存在极大的差异。了解这些，对于排除文化上的障碍和取得贸易的成功有着重要的意义。

2. 国际市场细分

市场细分就是指根据顾客的不同需要和不同的购买行为，用一定的标准将其划分为不同的消费者群，一个消费者群的个体之间存在类似的需要。市场细分能使企业辨别顾客、选择目标，集中人力、物力和财力发展对自己有利的市场。

以错综复杂的世界市场为对象进行国际市场细分，有以下 3 种策略。

① 一个国家一个市场。对众多的国家逐个分析，贸易战略根据每个国家的具体情况而定。

② 以类似的国家为同一个市场。有些国家的消费者购买某种产品的行为是基本相同的，他们受类似的地理环境、经济状况、文化模式和政治气候的影响。在这种情况下，可对不同国家的同一类消费者实施通用的营销策略。

③ 打破国家的界限，视某种共同的东西为细分市场的标准。

一般来说，第一种策略的视线过窄，拘泥于国界；第二种策略有许多长处，而且可以将对少数国家的研究结果沿用于同类的其他国家；第三种策略似乎最能体现世界导向与全球规划的精神，但是收集资料比较困难，计划实施会遇到很多困难。

实际上，三种策略都有其实用的价值，只要符合实际，就是最好的策略。因此，在进入市场时，关键是择其适用者而用之。

3. 确定国际目标市场策略

开展国际贸易，必须要有强烈的细分市场的意识，但细分市场并不是目的，目的是要选择一个理想的市场，也就是要确定一个有巨大销售潜力的目标市场。

目标市场策略是在细分市场分析和目标市场确立的基础上制定的。如果目标市场是多元性的，就要相应采取多元性的策略；如果目标市场是单元性的，就要采取单元性的策略。

（1）无差异性市场策略

公司推出一种产品，使用一种市场策略，企图吸引所有的购买者，这种策略叫做无差异性市场策略。

无差异性市场策略对于某些商品还是很适合的，如肥皂和某些传统商品等。另外，对于投入某些新产品的企业来说，短期内采用这一策略也是完全可以的。

（2）差异性市场策略

公司推出多种产品，采取不同的营销策略，称为差异性市场策略。采用这种市场策略的企业，为不同的细分市场生产不同的产品，制定不同的市场营销方案，有针对性地满足不同消费者的需要，因而能在每一个细分市场上站稳脚跟，提高顾客对产品的信赖程度和购买频率，获得较大的销售量。差异性市场策略的突出之处在于：增强企业的竞争能力和扩大销售额，充分体现了小批量生产、多品种营销的优越性。

（3）集中性市场策略

这一策略适用于资源能力有限的中小型企业。由于它们的经营对象比较集中，对这一特定的细分市场比较了解，并能吸引新的购买者和刺激原有顾客不断购买，这样它们就能在整个市场的竞争环境中处于有利的地位，并且可以提高产品的知名度，在条件成熟时便于迅速发展市场。

说一说：

　　你所熟悉的可口可乐、百事可乐等产品进入国际市场时，在国际市场营销环境分析、国际市场细分、确定国际目标市场策略等方面是如何做的？举例说明。

3.2.2　世界市场的进入与发展

　　对国际环境进行充分分析进而选定了目标市场之后，现实的问题就是如何占领市场。一般情况下，这一活动进程要经历以下 3 个阶段。

1. 进入阶段

　　进入市场的关键是进入适当和市场适当，这就要求营销者要挑选出理想的市场并给该市场的消费者提供更多好处。选择目标市场，不但要注重当前事实和过去的情况，而且也要权衡自己对市场开发和发展的可能性，也就是不应该为了一时推销而选择市场，而应是为了发展而选择市场。日本的摩托车进入国际市场以前，摩托车市场已处于成熟阶段；进入后，该市场却变成了发展阶段，因为日本人使产品在质量、外观、设计等方面具有更高或更多的优点并且具有更低的价格。

2. 占领阶段

　　企业一旦进入市场，就要专心致力于长期的目标，要高瞻远瞩、勇于承担责任。用二三十年的时间去占领市场并非怪事，管理部门谋求长期占领目标市场的工作不是凭按季度计算收益的办法来评价的。营销上的短视不会给营销者带来长期利益。丰田汽车最初进入美国市场时，很快被顶回了日本，面对这一严重的挫折，丰田公司没有气馁，因为丰田是营销型公司而不是销售型企业。丰田公司重新设计适用于美国的新型汽车，凭借这一品质，丰田汽车在今天的美国和世界市场走上了领先的道路。

3. 维持或保持市场

　　企业一旦占领了目标市场就要设法保护这一市场，应该具有"居安思危"的警惕性，否则便前功尽弃。我国的芭蕾珍珠膏在 1979 年打入国际市场以后，有关方面便陶醉于已有成绩，随意降低价格，以"水货"涌入国际市场，并且多头对外、盲目实施市场扩大，结果急功近利，扰乱了市场，断送了新的市场销路，使一个品质优良的产品在一两年内就失去了魅力。不难看出，维护市场是极为重要的。所以企业占领了市场以后，仍需继续在提升产品品质、挖掘顾客需求、增加顾客满意度等方面下功夫，以保持并扩大市场。

3.2.3　进入世界市场的方式

　　进入世界市场的方式主要有 3 种，即产品出口、国外生产和跨国经营。

1. 产品出口

　　企业最初走向国际市场，缺乏必要的商业经验及克服市场风险和政治风险的经验。在这种情况下，企业的最佳进入方式就是实施商品出口。出口有间接出口和直接出口两种方式。

　　间接出口，是指企业不直接经营对外贸易，而是将产品出售给本国的中间商或代理机构，再进行出口。这种出口渠道，可以使企业在不增加固定资产投入的情况下出口产品，开办费用低，风险小。企业可以借助在国际市场上销售的成功而逐步发展自己，增加出口产品系列的品种，进入新的目标市场，进而转为直接出口。可见，出口可以使企业获得关于国际市场运作与竞争方面的知识，可以促使企业从深度和广度两方面走向国际化。但是间接出口需要支付佣金，企业与国际市场相隔离，容易被中间商控制和垄断。因此，渴望积极进入国际市场的企业便会寻求直接出口。

直接出口，是指企业不经中间商而将产品直接出售给国外顾客或进口商。直接出口有 3 种方式，即在国外设立经销点；设立分支机构；制造厂商与国外目标市场的顾客直接联系，如邮寄和派人员在外直销等。其中，第三种渠道不常见。直接出口的优点是直接面向市场，能及时了解和掌握市场信息，获得利润较多；缺点是投资较多，遇到的风险较大。

2. 国外生产

国外生产方式大致分为以下 3 种形式。

（1）合资企业

合资企业是指外国投资者和国内投资者之间为了从事商品生产或其他经营活动（如建筑或提供技术服务）而成立一个新的公司。

缔约各方就公司章程及各缔约方投入合资企业的资金进行谈判；新建公司实体通常由董事会控制，董事会成员由股东按照资本投资中的股份数委任。

在大多数情况下，投资者都要求谋求在合资企业中掌握多数股权以便最大限度地控制企业经营和获得最大的利润分成；控股比例的谈判将围绕投资者和当地合股人准备为企业投入的资本而进行；在建立的合资企业中，应保障每个股东在企业政策和管理中享有互相商定的控制权及在公司盈亏中应有的份额。大型或复杂的合资企业可以有 3 个或 3 个以上的股东。

（2）国际分包

在国际分包中，外籍或外国控制的承包商将其承包工程的一部分分包给分包商，即将半成品和零部件分包给全球各地的生产商生产。例如一台计算机，机壳可能分包给中国内地的某塑料厂生产；内存可能由韩国的厂商生产；CPU 由美国的厂商生产。在此类业务中，产品按照承包商规定的条件和规格进行生产并由其控制。分包商从承包商那里获得关键加工技术、机器、设备、质量管理的仪器，提供单证、技术人员培训和管理方法的帮助。签订分包合同要谈妥上述各种投入的方式，合同条款可能规定承包商提供或资助分包商所需要的机器和技术设备。

（3）以许可方式进入国际市场

企业以许可方式进入国际市场可以打破贸易壁垒，在许可情况下，可不转移产品实物，只转移不受进口限制的无形资产和服务。根据许可协议，被许可人通常以支付专利权使用费的形式购买制造权。专利权使用费可按总销量的固定百分比计算，也可以对每生产一个产品按劳取酬的特定金额计算。当国际目标市场壁垒加强、出口竞争激烈时，企业就有可能将出口转向许可合同。另外，以许可方式进入国际市场，政治风险比较小。在海外投资设厂有被没收或被战火损灭的风险，而许可经营则无实物可损失。很多国家也将许可经营作为获得技术的途径，而不视为资本侵入，因而有受欢迎的一面。但是，以许可方式进入国际市场，许可方不能对目标市场的营销状态实施控制，商业风险也比较大。

3. 跨国经营

当企业开始在几个国家和地区建立生产基地，对这些企业统一管理、综合计划，并从这些基地向世界市场供应商品时，就需要进行跨国经营。

跨国经营的主要形式是：在不同的国家和地区投资设立子公司或分支机构，总公司对子公司具有直接控制权，广泛利用国内外资源，在一个或若干个经济领域进行经营活动；经营战略目标是以整个跨国公司的利益为出发点，而不单独考虑某个子公司的利益。企业在国外投资生产进行跨国经营主要是为了：获得原材料，降低生产成本，绕过进口国的贸易壁垒，吸引和利用当地的技术、管理方法和资金，控制和垄断某国或某地区的市场，延长产品的生命周期等。在国外投资制造业是最广泛的一种投资形式，投资企业的目的主要是在目标国家设立生产基地。进行跨国经营的企业即为跨国公司，全球500强企业绝大多数是跨国公司。

与产品出口模式相比，投资企业在当地投资设厂进行跨国经营，不存在国际运费及关税问题，能充分利用当地廉价的劳动力、原材料及能源等要素，降低制造成本。与许可方式相比，跨国经营还能使企业在目标市场以更高质量或更标准的质量在当地供货。另外，以投资方式进入国际市场，还能创造营销优势。与在本国生产相比，在当地生产更有机会依据当地的需求偏好和购买力调整营销政策，在当地提供更好的售后服务，增加在目标国家营销的资源投入，以确保投资经营的成功。但是，这种经营方式需要大量的资金、管理和其他资源的投入，风险比较大，投资回收的时间比较长。

3.3　当代世界市场发展的主要特征

第二次世界大战后，世界政治与经济都发生了较大的变化，世界市场由于社会生产力、国际分工的新发展而出现了较多的新变化。世界市场在动荡中不断扩大，呈现出一些明显的特征。

1. 世界市场在波动中不断扩大

世界市场上占主导地位的一直是发达市场经济国家，在资本主义基本经济规律的制约下，生产呈无政府状态，再加上国际性冲突的引发，经常引起世界市场动荡，甚至萎缩。首先，世界性的经济危机使世界市场不能平稳发展，每一次经济危机，世界市场都呈现萎缩状态；其次，世界经济大国，如美国，一旦经济出现问题，进出口下降，必然使日、欧国家和地区的对外贸易和经济活动受到影响，进而使发展中国家的经济受到冲击，整个国际市场出现动荡；最后，由于经济与政治密不可分，世界性的政治事件和军事行动也会引起世界市场的动荡。

尽管世界市场存在动荡，但世界市场仍在扩大，国际贸易在不断发展。例如国际贸易额从1950年的607亿美元增长到1998年的53 750亿美元，增长了88倍。2005年的世界贸易额第一次攀上10万亿美元高峰，增长13%，2008年爆发了全球金融危机，致使世界贸易在之后的6年多增长放缓，2014年、2015年均增长2.8%。世界货物出口贸易量年增长率1950—1960年为6.5%，1960—1970年为9.2%，1970—1980年为20.3%，1980—1990年为6.1%，1990—1996年平均为5.5%。2006年，世界货物出口额增长了15.4%，达到

11.76 万亿美元，高于 1996—2006 年的平均水平。而且，实际贸易量年增长率一直高于世界商品生产和世界国内生产总值的增长率。1990—1995 年，三者的增长率分别为 6.0%、1.5% 和 1.0%，其主要原因是第二次世界大战后国际分工的深化、资本国际化进程的加快、交通通信工具的进步和各种新的贸易方式的出现。世界市场的动荡性给世界各国企业进入市场带来风险，世界市场在动荡中发展又给各国企业进入市场增加了可能性。

2. 参加世界市场竞争的国家类型日益广泛

第二次世界大战以前，世界市场的构成，包括的国家类型比较单一，少数西方工业发达国家在世界市场上占据统治地位。广大亚、非、拉美国家是帝国主义的殖民地或半殖民地，处于附庸地位，它们的对外贸易几乎完全由宗主国控制。第二次世界大战后，世界形势发生了深刻的变化，亚、非、拉美地区民族解放运动蓬勃发展，殖民体系瓦解了，为数众多的国家赢得了政治独立，有些国家走向了社会主义道路。这样，世界市场就变成了由工业发达国家、发展中国家和社会主义国家三种不同经济类型国家的对外贸易构成。这三种类型国家在世界市场上的地位和第二次世界大战前相比，发生了很大变化。在 20 世纪 90 年代前后，苏联、东欧剧变，出现了三种新类型国家，即发达市场经济国家、发展中国家和经济转型国家。

3. 世界市场在全方位开放的同时，集团化趋势不断加强

世界市场的全方位开放有三层含义：一是指市场大门对每一个国家都是开放的，任何国家都可以进入市场；二是指任何从事制造业、服务业和其他行业生产的厂商，都可以在这个市场上找到自己合适的地位；三是指世界市场对任何商品和劳务都不怀有偏见，它们都可以进入市场进行交换。

世界市场在全方位开放的同时，还受到集团化趋势的干扰。集团化趋势在世界市场中有两种表现：一是国家间的集团化，如欧盟、北美自由贸易区等；二是跨国企业的大量出现。国家集团化的特点是内部实行贸易自由化，对外统一贸易壁垒，对非集团的成员进入市场不利。跨国企业的特点是交易市场内部化、技术转让内部化等，使非跨国企业在竞争中处于不利地位。

第二次世界大战后，各国一方面采取各种国内政策和对外贸易政策来干预和影响世界市场，另一方面又通过缔约政府间协定、一体化和国际经济组织政府首脑定期会谈等形式对世界商品、资本、劳务市场进行协调和管理。例如，国际商品协定对特定商品的市场起到了一定的管理作用，关税和贸易总协定（现世界贸易组织）部长级大会和各轮多边贸易谈判对国际市场和贸易发挥了较大的协调和管理作用。

4. 世界市场竞争与垄断并存，并逐步向经济全球化、一体化方向发展

从第二次世界大战后到 20 世纪 70 年代末，世界市场由卖方市场转向买方市场，垄断不断加强，世界市场的竞争更为激烈。为了争夺世界市场，各国在设置关税壁垒的同时，竞相采取各种非关税壁垒措施限制进口、扩大出口。与第二次世界大战前相比，战后世界市场的竞争方式和手段已从以关税壁垒为主转向以非关税壁垒为主，由价格竞争转向非价格竞争并举发展。

国际市场存在激烈竞争的同时，又有着很强的垄断性。随着经济贸易集团的纷纷成立，"自由市场"缩小，"封闭市场"扩大。跨国公司内部贸易额占世界贸易额的比重不断增加。世界市场的垄断性呈增强之势，不少产品的市场被为数不多的几家大公司所垄断和左右。

世界市场在垄断与竞争不断加剧的同时，逐步向经济全球化、一体化方向发展。全球化是跨跃国家政治疆界的经济活动的扩展。从本质上说经济全球化是货物、服务、生产要素更加自由跨界移动，各国经济相互依存、相互依赖、更加一体化的过程。

5. 世界市场上商品的相对过剩和结构性的供给不足并存

世界市场上大多数商品在多数时间里总是处于相对过剩状态。世界市场的相对过剩使竞争加剧，尤其是在那些经济发展水平相近、生产结构相似的国家及多数发展中国家，初级产品和劳动密集型产品的竞争更趋激烈。

世界市场上存在商品过剩的同时，还存在结构性的商品供给不足，使一些产品在世界市场上供不应求，这种情况促成了国际投机的加剧和价格波动。

6. 电子商务成为一种新型的交易方式

随着信息技术，特别是网络通信与计算机技术在国际经贸领域的运用，传统的国际贸易交易方式日益受到挑战，电子商务作为一种新型的交易方式在国际贸易领域越发显示出它的优势。利用现代信息技术，逐步实现国际贸易活动的网络化、信息化、无纸化，已成为国际贸易的一大趋势。

许多国家和国际组织充分认识到电子商务的重要性，积极制定电子商务发展规则和相关法律法规，为实施电子商务创造环境。

3.4　中国在国际市场中的地位

1978 年召开的党的十一届三中全会是我国社会主义发展历程的伟大转折点。从此，我国社会主义现代化进入了改革开放新时期，国民经济迅速发展，对外贸易也进入了一个新的发展时期。

3.4.1　进出口贸易规模迅速扩大

1. 进出口贸易额增长迅速

改革开放后，中国在世界市场上的地位显著提高。1978 年我国货物进出口总额为 206.4 亿美元，1990 年货物进出口总额为 1 000 亿美元，2000 年货物进出口总额达 4 743 亿美元，2003 年我国货物进出口总额达 8 512 亿美元。2013 年中国成为世界第一货物贸易大国，货物进出口总额达到 4.16 万亿美元，2014 年我国货物进出口总额达 4.30 万亿美元，2015 年我国货物进出口总额为 3.95 万亿美元，连续三年位列世界第一。2016 年中国货物贸易总额被美国反超，2016 年美国货物贸易总额达到 3.706 万亿美元，中国为 3.685 万亿美元。

从进出口货物贸易增长趋势看，改革开放以来，特别是加入世界贸易组织以来，中国进出口贸易实现了跨越式发展。从 1978 年到 2013 年中国成为世界第一货物贸易大国，在世界贸易中的排序从第 32 位跃升到第 1 位。根据我国商务部信息，改革开放 40 年来，我国货物进出口总额增长 201 倍，几乎每 4 年就翻一番，占世界比重从不足 1% 上升到 2015 年的 11.9% 左右。

从服务贸易来看，我国服务贸易规模不断扩大，服务进出口额从 2007 年的 2 509 亿美元攀升至 2015 年的 7 130 亿美元，8 年时间里增长了 1.8 倍。其中，2015 年比 2014 年增长 14.6%，增速远高于全球服务贸易 4.7% 的平均水平。2016 年我国服务贸易进出口总额有所下降，为 6 221 亿美元。

2. 贸易大国地位日益巩固

中国对外贸易的持续增长，尤其是出口贸易的高速增长，使中国在世界贸易中的比重不断提高，贸易大国的地位迅速崛起并日益巩固。1978 年中国出口贸易在世界贸易中仅占 0.75%，居第 32 位，2003 年中国出口占世界出口总额的 5.9%，居世界第 4 位。2009 年中国出口贸易值占世界出口总值的 9.6%，超过德国，跃居世界第一。2015 年中国出口 2.27 万亿美元，占全球份额的 13.8% 左右，比 2014 年提高 1.5 个百分点，是改革开放以来提高最快的一年，中国出口占全球份额连续七年居世界第一。从具体商品来看，我国已连续多年成为世界纺织品、服装、鞋、钟表、自行车、玩具、缝纫机等劳动密集型产品的第一大出口国；近年来，手机、彩电、DVD、录音机、电扇、电冰箱、摩托车、显示器、空调机、集装箱、磁头等出口也升至世界首位。据统计，2003 年世界上平均每人购买中国生产的 1 双鞋、2 米布、3 件服装，每两人购买中国生产的 1 顶帽子、1 块毛巾和 1 双袜子。由此可见，中国生产的产品遍布世界各地。

目前，我国已经是 120 多个国家和地区最大的贸易伙伴，每年进口近 2 万亿美元商品，为全球贸易伙伴创造了大量就业岗位和投资机会。2013 年中国自发达国家进口增长 9.3%。其中，在前十大进口来源国中，自美国、韩国、澳大利亚、瑞士进口增长，分别为 14.2%、9.8%、16.5% 和 15 倍，均超过中国进口平均增速。2015 年中国自欧盟进口 1 870.8 亿美元，占欧盟出口总额的 9.4%，是欧盟第二大出口目的国；自美国进口 1 161.9 亿美元，占美国出口总额的 7.7%，是美国第三大出口目的国；自日本进口 109.3 亿美元，占日本出口总额的 17.5%，是日本第二大出口目的国。中国已成为世界进口贸易大国，从 2009 年到 2015 年中国货物进口连续七年排名世界第二。

3.4.2 进出口商品结构不断优化

1. 工业制成品出口已占据主导地位

在进出口贸易规模迅速扩大的同时，我国进出口商品结构也不断得到改善。1980 年，初级产品出口占 53.5%，工业制成品出口占 46.5%，1985 年初级产品出口与工业制成品出口的比例几乎相等，约各占 1/2。随着"七五"计划的实施，出口商品结构顺利实现了以初级产品为主向以工业制成品为主的转变，工业制成品超过初级产品，成为出口的主导产品。从"八五"到"十二五"，我国出口商品结构中初级产品比重进一步下降，工业制成品占据了绝对的主导地位。2000 年初级产品出口占 10.25%，工业制成品出口占 89.75%；2005 年初级产品出口仅占 6.4%，工业制成品出口的主导地位得到巩固。2014 年工业制成品出口占出口总额的 95.2%，较 2013 年提高 0.1 个百分点，占比连续三年提高。

2. 机电产品及高新技术产品出口比重不断提高

改革开放以来，我国出口商品结构经历了两次重要的飞跃。一次是 1986 年纺织品和服装取代石油成为我国第一大类出口产品，标志着出口商品从以资源密集型为主向以劳动密集型为主的飞跃；另一次是 1995 年机电产品取代纺织品和服装成为第一大类出口商品，标志着出口商品开始从以劳动密集型为主向以资本技术密集型为主的转变。2004 年我国机电产品出口 3 234 亿美元，增长 42.30%，高出总体出口增速 6.9 个百分点，占当年我国出口总值的 54.5%。据海关数据，2015 年我国机电产品出口 1.31 万亿美元，与 2014 年持平，占全部商品出口的 57.6%。2016 年我国机电产品出口为 12 097.4 亿美元，同比下降 7.5%，占我国出口总值的 57.7%。

近年来，我国出口商品结构进一步优化，高新技术机电产品所占比重不断提高。在机电产品出口中，计算机、通信类和电子元器件出口大幅增长。2004 年我国高新技术产品出口 1 655.4 亿美元，增长 50.2%，占出口总额的 28%，比同期我国总体增速高出 14.8 个百分点。高新技术产品出口拉动机电产品出口增长，机电产品出口拉动整个外贸出口增长的新格局已经初步形成。2014 年，出口商品结构进一步优化。装备制造业成为出口的重要增长点，铁路机车、通信设备出口增速均超过 10%。七大类劳动密集型产品出口 4 851 亿美元，增长 5%。生物技术产品、航空航天技术产品、计算机集成制造技术产品等高新技术产品进口增速均在 15% 以上。2015 年高新技术产品出口 6 552.1 亿美元，占出口总额的 28.9%。

> **讨论：**
>
> 　　学生分小组讨论：结合前面所学知识并查阅相关资料后分析，中国在出口商品结构不断优化的前提下，与全球货物贸易总额排前三的美、德相比，出口商品结构有否不合理之处，应如何改进？

3. 初级产品进口稳定增长，高新技术产品进口基本稳定

我国进口商品结构的变化相对于初级产品和工业制成品的比例较为稳定。1985 年初级产品进口比例为 17.1%，工业制成品为 82.9%。进入 20 世纪 90 年代后，初级产品的比重呈上升趋势。2012 年初级产品进口上升为 33.8%。资源性和能源性产品进口量继续增加，2013 年，进口原油 2.8 亿吨，增长 4%；铁矿石 8.2 亿吨，增长 10.2%；煤炭 3.3 亿吨，增长 13.4%。机电产品进口有所减少，机电产品进口额占比从 2010 年的 47.3% 下降为 2012 年的 43.4%。高新技术产品进口基本稳定，高新技术产品占比从 2010 年到 2015 年稳定在 30% 左右。

3.4.3　双边及多边经贸关系和区域合作全面发展

1. 与美国、欧盟、日本等发达国家的经贸关系继续发展

改革开放以来，我国的贸易伙伴逐年增多，从最初的几十个国家（地区）扩大到 220 多个国家（地区）。但我国的外贸市场相对集中在 10 大经济体，2015 年中国与 10 大贸易伙伴的贸易额达 29 386.3 亿美元，占中国对外贸易总量 3.95 万亿美元的 74.3%。

近年来，我国与主要贸易伙伴双边贸易全面快速增长。2016 年，中欧贸易快速、均衡发展，中国保持欧盟第二大出口市场、最大进口来源国。2016 年，中欧双边货物贸易额为 5 657.8 亿美元，占中国同期进出口总额的 15.3%，比 2015 年略高。2016 年中国是美国的第一大贸易伙伴、第三大出口市场和第一大进口来源地。2016 年，中美双边货物贸易总额为 5 785.9 亿美元，占中国同期货物进出口总额的 15.7%。2016 年，中国是日本的第一大贸易伙伴、第二大出口目的国、第一大进口来源国，中国与日本双边贸易额为 2 705 亿元人民币，占中国同期货物进出口总值的 7.3%。

2. 与周边国家的经济合作不断深化

在我国前 10 大贸易伙伴中，周边国家和地区占了 7 个。我国对外贸易的 50% 以上发生在周边地区，吸收外资的 70% 来自周边地区，周边地区也是我国开展对外承包工程与劳务合作的重要市场。特别是与东盟贸易发展迅速。中国与东盟双边贸易额在 1991 年为 79.6 亿美元，2017 年中国-东盟贸易额突破 5 000 亿美元，达到 5 148 亿美元，较上年增长了 13.8%，创历史新高。在中国与东盟十国中，贸易额排前三位的是越南、马来西亚、泰国，中国向东盟出口排前三位的是越南、新加坡、马来西亚，中国从东盟进口排前三位的是马来西亚、越南、泰国。中国对东盟贸易中，虽然中国是顺差，但顺差额在减少。中国-东盟自贸区升级版议定书已于 2016 年 7 月 1 日生效，有力地推动了双方的经贸合作。

※知识链接

2016 年我国对部分一带一路沿线国家出口增长。2016 年，我国对俄罗斯、巴基斯坦、印度、孟加拉国和波兰等国出口分别增长 14.1%、11%、6.5%、9% 和 11.8%。同期，我国对欧盟出口增长 1.2%、对美国出口微增 0.1%、对东盟出口下降 2%，2016 年我国对欧盟、美国、东盟出口合计占我国出口总值的 46.7%。

（资料来源：中华人民共和国海关总署）

---

3. 与港澳台地区的经贸合作不断加强

中国内地与港澳经贸合作的发展，为港澳保持繁荣稳定发挥了重要作用。据商务部信息，内地已成为香港最大和最重要的贸易伙伴。香港是内地第六大贸易伙伴、第四大出口市场，也是内地最大的服务贸易伙伴。根据内地海关统计，2016 年内地与香港货物贸易额达到 2 万亿元人民币，比 1997 年增长 3.8 倍，年均增长达到了 8.1%。在服务贸易领域，根据香港特区统计，从 1997 年到 2015 年，两地服务贸易额从 2 313 亿港元增加至 5 324 亿港元，年均增长 4.7%。香港与内地之间服务贸易差额从逆差 1 505 亿港元转变为顺差 891 亿港元。据商务部统计，2015 年，内地与澳门货物贸易额达 47.8 亿美元，上升 25.1%。澳门是内地第七大服务贸易伙伴、第十一大服务贸易出口目的地与第五大服务贸易进口来源地，内地自香港、澳门进口均以旅游业为主。2016 年，台湾是大陆第七大贸易伙伴、第九大出口市场与第六大进口来源地，大陆是台湾最大的贸易伙伴和最大贸易顺差来源地。两岸经贸关系的发展，加深了台胞对祖国大陆的了解，对推动两岸"三通"，促进和平统一产生了积极的影响。

4. 区域经贸合作不断深化

我国积极参与区域贸易合作，特别加快了与发达经济体和周边国家的区域贸易合作。截至 2017 年，我国已连续 25 次参与亚太经合组织（APEC）会议，并于 2001 年、2014 年两次在中国成功举办了 APEC 会议。2002 年，我国与东盟签署了《中国-东盟全面经济合作框架协议》；并于 2015 年年底完成了中国-东盟自由贸易区升级谈判和区域全面经济伙伴关系协定谈判。东盟和中国、日本、韩国力争在 2020 年建成东亚经济共同体。2015 年 6 月，我国和澳大利亚签署了《中澳自贸区协定》。截止到 2017 年 12 月，中国已签署并实施的自贸协定达到 16 个，涉及 24 个国家和地区。这 16 个协定分别是中国与东盟、新西兰、新加坡、巴基斯坦、智利、秘鲁、哥斯达黎加、冰岛、瑞士、韩国、澳大利亚、格鲁吉亚和马尔代夫的自贸协定，内地与香港、澳门的更紧密经贸关系安排（CEPA），以及大陆与台湾的海峡两岸经济合作框架协议（ECFA）。此外，据商务部信息，2018年我国将有10个自贸协定推进谈判，还有10个自贸协定启动可行性研究，区域全面经济合作伙伴关系（RCEP）谈判也有望再获实质性进展。

小提示：

学生分小组讨论：为什么中国要积极签订多个自贸协定？有什么积极的作用？

3.4.4　对外贸易在国民经济中的地位和作用日益增强

对外贸易在国民经济中的地位和作用主要体现在以下几方面。

一是促进了经济增长。出口占国内生产总值的比重，已由1978年的4.6%上升到1996年的27.7%，到2011年增至56.2%。据测算，出口对经济增长的贡献在15%～20%，拉动经济增长平均在1.5～2个百分点。

二是增加了国家税收。海关税收是中央财政收入的重要来源，也是保护和促进国内产业健康发展的重要屏障。海关税收从1950年的3.56亿元人民币上升到2008年的9 161亿元人民币，增长2 572倍。2014年，进出口税收占全国税收总额的15%。

三是扩大了社会就业。2014年我国进出口总额为4.30万亿美元，外贸直接和间接带动约1.8亿人的就业。

四是增加了外汇储备。从1990年开始，我国扭转了进出口贸易长期处于逆差的状况。2003年外汇储备达4 033亿美元，2017年年末国家外汇储备达31 399亿美元，这一规模占世界外汇储备总量的三分之一，是日本的2.5倍之多。中国的外汇储备规模早已居世界第一。充足的外汇储备对防范金融风险和维护国家经济安全起到了极为重要的作用。

同时，对外贸易对缓解资源紧张、推动产业升级、加快体制机制创新、加强与世界经济融合等方面都起着重要的作用。

同步测试

一、单项选择题

1. 世界市场上交换和流动的商品主要包括（　　）。

　　A. 货物和服务　　　B. 初级产品　　　C. 工业制成品　　　D. 服务

2. 世界市场的形成时期是（　　）。

　　A. 16—18世纪大部分年代　　　　　　B. 从18世纪60年代到19世纪70年代

　　C. 始于19世纪80年代，结束于20世纪初

二、多项选择题

1. 有固定组织形式的世界商品市场有（　　），无固定组织形式的世界商品市场有（　　）。

   A. 补偿贸易　　　　　B. 商品交易所　　　C. 加工贸易　　　　　D. 招标

   E. 拍卖　　　　　　　F. 博览会

2. 世界市场形成的标志有（　　）。

   A. 国际贸易商品的迅速变化

   B. 国际贸易运输手段的现代化

   C. 多边贸易和多边支付体系的形成

   D. 国际金本位制度的建立与世界货币的形成

   E. 健全的、固定的销售渠道的形成

三、判断题

（　　）1. 中国和多数国家发生贸易比和少数的国家发生贸易更安全，因为这样使中国的进出口贸易能够规避国际贸易中存在的风险。

（　　）2. 国际博览会是一种只展不销的有固定组织形式的世界商品市场。

（　　）3. 产品出口是进入世界市场的最初模式。

四、简答题

1. 什么是世界市场？世界市场的形成和发展经历了哪些阶段？

2. 当代世界市场由哪些内容构成？

3. 世界市场的进入与发展一般经历哪几个阶段？

4. 进入世界市场的战略模式有哪几种？

5. 当代世界市场的发展呈现什么特征？

6. 试分析中国在国际市场上的地位。

案例分析

启用"lenovo"标识　联想积极开拓海外市场

联想集团成立于1984年，到今天已经发展成一家在信息产业内多元化发展的大型企业集团。1996年联想夺得国内计算机品牌市场占有率第一的位置，2003年夺得亚太区第一的位置。联想称，进军海外市场，扩大在全球市场的份额已经成为其进一步发展的必然走向。

2003年4月28日上午，联想集团总裁杨元庆在大厦前升起了带有"lenovo联想"标志的新旗帜，这意味着联想集团正式放弃使用将近15年的"Legend"英文标识，转而使用新的标识。此次启用的英文新标识"lenovo"中，"le"取自原先的英文"Legend"标识，意思是传奇，"novo"来自于拉丁文，代表创新。二者结合起来，也表达了联想志于创新的意义，同时避免了在海外推广时的品牌问题。

1. 谋划海外市场

联想集团总裁杨元庆介绍说，此次更换新标识最直接的原因是联想国际化的需要。如何进一步融入全球产业的格局之中，在更宽广的舞台上最大限度地获取所需的资源和增长机会，已经成为联想下一步战略规划的重点。国际化的必备条件是拥有一个可以在全球畅通无阻、受人喜爱的英文品牌标识，但是英文"Legend"已经在全球十多个国家和地区被注册，有的商家申请这一商标已经有十多年，联想产品进入海外市场后无法使用"Legend"标识进行销售及市场推广。联想曾经将进军世界500强作为远期发展目标，但是仅仅依靠国内市场这一目标无法实现。在不放弃国内市场的同时转身进军海外市场，将市场争夺战打到一些国际品牌的后方，无疑是联想必然的选择。

2. 国际化是长远目标

在2001年4月20日的誓师大会上，杨元庆宣布了联想未来几年发展的战略，即联想未来的定位：高科技的联想、服务的联想、国际化的联想。联想准备用十年时间打造这一形象，并进入世界五百强。此次更换英文标识，再次强烈显示了联想进军世界500强的雄心。杨元庆曾经这样评价国际化的联想的标志："我们应该有大于20%的收入来自国际市场；还要具有国际化的视野和国际化的人才，这样能够根据国际产业的变化来制定公司发展的战略。这大概是国际化联想的一个比较简单的量化标准。联想国际化工程需要一个过程。"品牌标识切换仅是联想国际化进程的一个不可或缺的步骤，进军海外不仅需要在品牌方面做好准备，更为重要的是在业务方面提高自身的水准，提供高品质的产品和服务。

到目前为止联想在海外已经有了7家办事处和超过100家经销渠道。十几年来，联想QDI主板从竞争激烈的欧美市场脱颖而出，成为世界广泛接受的国际化品牌。每年联想QDI销往全球的主机板超过500万片，不仅跻身于全球五大主机板供应商之列，也是中国大陆最大的集研发、设计、生产和销售于一体的主机板制造商。在海外市场打响了QDI品牌之后，联想又推出了"瘦身电脑"，在海外市场一炮打响。

联想集团2013—2014财年全年营业额达387亿美元，同比上升14%；净利润8.17亿美元，同比增长29.4%。

（资料来源：http://it.sohu.com/39/46/article208914639.shtml）

讨论题：

1. 联想为什么将原先的英文"Legend"标志改为"lenovo"？你认为联想这种做法可取吗？
2. 联想开拓海外市场的目标是什么？
3. 联系实际谈谈当前联想开拓海外市场的发展现状。

第4章

世界市场价格

【知识目标】

通过本章的学习，要求学生了解世界市场价格的含义、种类，理解影响世界市场价格变动的主要因素，学会分析各种贸易条件。

【技能目标】

● 能辨别世界市场的不同价格

● 能分析各种贸易条件

【重点】

● 世界市场价格的含义和种类

● 世界市场价格的影响因素

● 各种贸易条件

引 例

芝加哥期货交易所

芝加哥期货交易所（CBOT）是当前世界上最具代表性的农产品交易所，于1848年成立。该交易所成立后，对交易规则不断加以完善，于1865年用标准的期货合约取代了远期合同，并实行了保证金制度。芝加哥期货交易所除了提供玉米、大豆、小麦等农产品期货交易外，还为中、长期美国政府债券、股票指数、市政债券指数、黄金和白银等商品提供期货交易，并提供农产品、金融及金属的期权交易。芝加哥期货交易所的玉米、大豆、小麦等品种的期货价格，不仅成为美国农业生产、加工的重要参考价格，而且成为国际农产品贸易中的权威价格。

2006年10月17日美国芝加哥商业交易所（CME）和芝加哥期货交易所（CBOT）宣布已经就合并事宜达成最终协议，两家交易所合并成全球最大的衍生品交易所——芝加哥交易所集团。合并后的公司称为芝加哥交易所集团（CME Group），总部设在芝加哥。合并后的公司的资产总额据估计将达到250亿美元，CME约占其中的180亿美元，CBOT约占其中的70亿美元。

　　合并后的交易所交易品种将涉及利率、外汇、农业和工业品、能源及诸如天气指数等其他衍生产品。合并后的公司将成为世界上最活跃的交易所，平均每天将成交 900 万手合约，成交金额接近 4.2 万亿美元。

（资料来源：http：//baike.haosou.com/）

试分析： 芝加哥期货交易所的农产品价格权威性如何？能代表世界市场价格吗？

　　世界市场价格与国际交换、国际分工都是世界商品经济体系中经济上相互依赖的最基本表现形态。世界市场价格这一范畴表现出世界范围的相互依赖关系的建立和世界市场及世界经济体系的形成。

4.1　世界市场价格的含义及种类

讨　论

　　学生分小组讨论：

　　1. 你了解世界市场价格吗？

　　2. 世界市场价格有哪些类别？

4.1.1　世界市场价格的含义

　　世界市场价格亦称国际市场价格或国际价格。世界市场价格是指在一定条件下在世界市场上形成的市场价格，它是国际价值及国际使用价值的货币表现，亦即以货币表现的商品的国际价值及国际使用价值。它是世界商品交换的依据。

　　商品价格是商品价值的货币表现形态，由商品的价值决定。世界市场价格的形成是以世界货币的形成为前提的，在世界市场产生、形成和发展的大部分时间里，世界货币就是黄金。在当代，世界货币就是国际货币（纸币），其中包括美元、日元等可自由兑换的货币。

　　但是在资本主义世界市场上，国际商品交换不是按照国际价值而是按照国际生产价格来交换的。商品的国际生产价格成了世界市场商品价格变动的基础和中心。一国的生产价格是由成本价格和平均利润构成的，它是价值的转化形式。国际生产价格是由国际成本价格和国际平均利润构成的，国际生产价格是国际价值的转化形式。

4.1.2　世界市场价格的种类

　　可以从以下两方面对世界市场价格进行分类。

1. 根据成交地点与研究的需要划分

（1）实际成交价格

实际成交价格包括 4 种类型。

① 交易所价格。交易所是历史上形成的国际贸易中心，是世界市场上进行大宗商品交易的一种典型的具有固定组织形式的市场。其成交的商品主要是品质单一、规格标准的大宗初级产品，包括工业原料和农产品等。交易所价格是通过公开的价格竞争形成的，一般能反映世界市场上的供求变化，是一种具有代表性的世界价格。交易所价格有现货价格和期货价格。

② 拍卖价格。拍卖是国际上出售商品的一种方式，是一种在规定的时间和场所，按照一定的规章和程序，通过公开叫价竞购，把事先经买主看过的货物逐件地卖给出价最高者的交易过程。拍卖的商品大多数为品质不易标准化、易腐烂不耐储存、生产厂家众多、产地分散或需要经过较多环节才能逐渐集中到中心市场上进行交易的商品。其商品主要有：皮毛、原毛、茶叶、烟草、热带木材、蔬菜、水果、花卉等。每一种拍卖商品都有自己的拍卖中心。拍卖价格一般是通过公开价格竞争形成的。

③ 开标价格。开标价格来自招标。招标是指完全按照招标人所提出的条件、不经磋商、公开征求卖主、由招标人从出价最低的卖主中选择条件优惠者达成交易的一种方式。招标通常是一些政府机构、国有企业采购物资、设备或大型工程项目兴建广泛采用的方式。

④ 上述方式以外买主和卖主直接交易形成的价格。

（2）参考价格

参考价格是指发达国家的大企业或一国、几国的政府组织在各种报刊、价目表、样本上公布的商品售价。其特点是它不是实际成交价格。在许多情况下，参考价格被称为基价，它只能作为讨价还价的基础。

（3）外贸统计价格

这是根据外贸统计，将某个时期出口价值除以出口数量得出的出口平均价格或单价。根据外贸统计计算出的出口价格和进口价格能反映实际价格的平均水平。对于批量商品或品种单一和标准的商品来说，外贸统计价格具有更大的参考价值。

（4）常用的几种报刊物价指数

① 伦敦《金融时报》商品价格指数，又称世界敏感性商品价格指数。包括铜、锌、锡、天然橡胶、小麦、玉米、咖啡、可可、棉花、羊毛、琼麻、棉子油等 12 种商品的综合价格指数。由于它既包括了农产品也包括了矿产品，而且是逐日公布（以英镑计价），因此是国际了解短期商品市场价格变动的重要依据。

② 路透社英国商品价格指数。它包括的商品项目有 17 种：铜、锡、锌、铅、砂糖、可可、咖啡、大豆、椰干、花生、橡胶、牛肉、大米、羊毛、小麦、棉花、玉米。它所用的价格以英国进口的到岸价格为准。由于它所包括的商品种类较多，能比较全面地反映世界市场价格的动态，因此受到世界各国的重视。

③ 纽约道琼斯商品指数。包括现货价格和期货价格两种。构成该指数的 12 种商品是：小麦、玉米、燕麦、裸麦、砂糖、咖啡、可可、棉籽油、棉花、羊毛、橡胶、皮革。它以美元价格标出，逐日公布（星期六、星期日和节假日除外）。

此外，美国的《商业周刊》、《幸福》月刊、《美国经济评论》，英国的《经济学家》周刊等也定期公布各种与价格有关的指数。

2. 根据商品交易中价格形成条件、变化特征划分

（1）世界"自由市场"价格

世界"自由市场"价格是指在国际不受垄断组织或国家垄断力量干扰的条件下，由国际独立经营的买者和卖者进行交易的价格。国际供求关系是这种价格形成的客观基础。

"自由市场"是由较多的买主和卖主集中在固定的地点，按照一定的规则，在规定的时间进行交易。尽管这种市场也会受到国际垄断和国家干预的影响，但是由于商品价格在这里是通过买卖双方公开竞争而形成的，所以它常常较客观地反映出商品供求关系的变化。联合国贸易发展会议所发表的统计中，把美国谷物交易所的小麦价格、玉米（阿根廷）的英国到岸价格、大米（泰国）的曼谷离岸价格、咖啡的纽约港交货价格等 36 种初级产品的价格列为世界"自由市场"价格。

（2）世界"封闭市场"价格

"封闭市场"价格是买卖双方在一定的约束条件下形成的价格。商品在国际的供求状况一般不会对"封闭市场"价格产生实质性的影响。

世界"封闭市场"价格一般包括以下几种。

① 调拨价格。调拨价格又称转移价格，是指跨国公司为了最大限度地减轻赋税，逃避东道国的外汇管制等，在跨国公司内部规定的购买商品的价格。这种价格不是按照生产成本和正常的营业利润或国际市场价格水平来定价，而是根据全球性经营战略部署和子公司所在国的具体情况，人为地加以确定的。例如，一个总部位于美国的跨国公司在中国设有一个分公司，因中国对于外资企业在税收方面实行优惠政策，于是美国公司为了合理地进行避税，便从中国的分公司购买产品，用于满足美国市场的销售，而美国公司向其分公司支付的价格一般要比正常的市场价格高。跨国公司通过这种高价实现利润的转移，以达到合理避税的目的。

② 垄断价格。垄断价格是指国际垄断组织利用其经济力量和市场控制力量决定的价格。在世界市场上，国际垄断价格有两种：一种是卖方垄断价格；另一种是买方垄断价格。前者是高于商品国际价值的价格；后者是低于商品的国际价值的价格。在两种垄断价格下，均可取得超额垄断利润。垄断价格的上限取决于世界市场对国际垄断组织所销售的商品的需求量，下限取决于生产费用和国际垄断组织所在国的平均利润。由于垄断并不排除竞争，故垄断价格也有一个客观规定的界限。

此外，在世界市场上，由于各国政府通过各种途径对价格进行干预，所以出现了国家垄断价格或管理价格。

③ 区域性经济贸易集团内的价格。第二次世界大战后，成立了许多区域性的经济贸易集团，使区域性经济贸易集团内部价格逐步形成，如欧共体（现欧盟）的共同农业政策中的共同价格。共同价格的主要内容是：共同体内部农产品实行自由贸易；对许多农产品实行统一价格来支持农场主的收入；通过规定最低的进口价格来保证农产品价格稳定，并对内部生产提供一定优惠幅度；征收进口差价税以保证最低价格的实施；以最低价格进行农产品支持性采购；对过剩农产品采用补贴出口和加速国内消费等。

④ 国际商品协定下的协定价格。国际商品协定价格是指为促进某项商品的国际合作的政府间协定，一些发展中国家的初级产品包括可可、咖啡、糖、黄麻、橄榄油等，在第二次世界大战后先后签订了国际商品协定。

商品协定通常采用最低价格和最高价格等办法来稳定商品价格。当有关商品价格降到最低价格以下时，就减少出口或用缓冲基金收购商品，减少商品供应量，使价格回升；当市价超过最高价格时，则扩大出口或抛售缓冲存货，加大商品供应量，使商品价格回落。因而，国际商品协定下的价格通常是相对稳定的，受国际市场上的冲击相对较小。

4.2　影响世界市场价格变动的主要因素

商品的世界市场价格是以国际价值为基础，并围绕国际价值上下波动。除了国际价值，还有许多因素对商品的世界市场价格产生重要影响。

4.2.1　国际价值是世界市场价格形成的基础

世界市场商品价格形成的基础是商品所包含的国际价值。商品的国际价值是在国别价值的基础上形成的。任何国家所生产的商品价值的内容，都是由抽象的社会劳动决定的。当商品交换成为世界性交换的时候，社会劳动便具有普遍的国际性质。

在国际贸易中，商品的价值量是由世界必要劳动时间决定的。世界必要劳动时间是商品价格形成的客观基础。商品的国际价值也是国际价格上下波动的中心。价值规律要求商品交换按照商品的价值进行，但这并不等于要求每一次商品交换的国际价格都与国际价值相一致。因为商品的价格虽然是以价值为基础的，但最终是由供求关系决定的，而在世界市场上，商品的供给和需求经常是不平衡的，因而使商品的国际市场价格经常高于或低于国际价值。

4.2.2　世界市场价格的变动因素

如上所述，商品的国际价格是以国际价值为基础，并围绕国际价值上下波动的。但除国际价值，即生产商品的国际社会必要劳动时间之外，还有许多因素对世界市场价格起影响作用。

1. 世界市场上的竞争

在世界市场上，商品的竞争包括各国卖主之间的竞争、各国买主之间的竞争和各国买主与卖主之间的竞争。这三方面的竞争均会影响到商品的世界市场价格。在世界市场上，各国卖主竞销某一商品则使这一商品的世界市场价格下跌；各国买主竞购某一商品则使这一商品的世界市场价格上涨。各国买主与卖主之间的竞争对某一商品的国际价格的影响则取决于两者竞争力量的对比：当某一商品处于买方市场时，买方凭其在交易上的有利条件压低商品的国际价格；反之，当某一商品出现卖方市场时，卖方凭其有利的条件抬高价格。

2. 世界市场上的供求关系及其变动

商品的世界市场价格是由世界市场上的供求关系决定的。世界市场上某种商品的供求关系及其变化均会直接影响这种商品的国际价格。若世界市场上某商品供过于求，则该商品的国际价格将下降；相反，若供不应求，则价格上涨。因而，凡是影响供求关系的各种因素都对国际市场价格产生影响。

（1）世界市场上的垄断力量

在世界市场上，垄断组织为了夺取最大的利润，采取各种方法控制世界市场价格。

① 直接方法。如瓜分销售市场、规定国内市场的商品销售额、规定出口份额等；降低

商品价格，使部分竞争者破产，然后夺取这些市场并规定这些商品的垄断价格；用夺取原料产地的方法垄断原料市场，开采原料并按垄断价格出售原料；获取国家订货，并按垄断价格出售这些订货；直接调整价格，即规定一定的价格，低于这一价格便不出售商品，跨国公司内部采用调拨价格，公司内部相互约定出口、采购商品和劳务的价格。

② 间接方法。如限制商品生产额和出口额的规定，限制开采矿产和阻碍新工厂的建立；在市场上收买"过多"商品并出口"剩余"产品等。又如，石油输出国组织（OPEC）采取"限产保价"、分配出口配额的方式来达到提高原油价格的目的。

（2）经济周期

任何国家或地区的经济增长都要经过一定的周期性循环，经济周期不同阶段产销的变化直接影响世界市场上商品的供求关系，从而影响商品的国际市场价格。在经济增长速度放缓、停滞，甚至出现危机阶段，生产猛然下跌，商品滞销，使大部分商品的国际市场价格下跌。危机过去后，随着经济增长加快，生产逐渐上升，对各种产品的需求增加，价格开始回升。当然，各种商品价格变化大小不一，要视具体情况而定。

（3）各国政府和国际性组织所采取的有关政策措施

第二次世界大战后，各国采取许多政策措施，如支持价格政策、出口补贴政策、进出口管制政策、外汇政策、战略物资收购及抛售政策等，它们都对世界市场的价格产生较大的影响。另外，一些国际性组织也采取干预国际市场价格的政策措施，如欧共体（现欧盟）的共同农业政策、共同能源政策、共同渔业政策等，这些政策对国际市场价格产生了很大的影响。

（4）商品的质量与包装

一般而言，在国际市场上，都是按质论价，优质优价，次质次价。但如果没有良好的包装，按质论价也会受到影响。

（5）商品销售中的各种因素

这些因素包括：付款条件的难易、运输条件的适时、销售季节的赶前与错后、是否名牌、使用的货币、成效数量的多少、客户的爱好、地理位置的远近、广告宣传的效果、服务质量等。

（6）偶发性的事件

国际市场价格也可能会受一些偶发性的事件影响，如自然灾害、政治动乱、战争及投机等因素会造成货物供求关系的失衡，从而使国际市场价格发生变化。

另外，价格的变动又会反过来影响供求的变化，使它们逐渐趋于平衡，从而使国际价格接近于国际价值。在世界市场上，商品的国际价格会高于或低于其国际价值，但不能长久地违背国际价值。即使出现垄断价格，也不可能使这种背离长久下去。

4.3　贸　易　条　件

4.3.1　贸易条件的含义

贸易条件又称贸易比价或交换比价，是指一定时期内一国出口商品与进口商品相交换的数量比率或相对价格比率。也就是，一个单位的出口商品可以换回多少进口商品。就一国对外贸易而言，可表示该国一单位进口商品与其所需出口用以交换的商品数量的比率，或出口商品价格指数对进口商品价格指数的比率。

一定时期内，若一国一定量商品出口所能换得的进口商品数量增加，即出口商品价格相对上升，该国的贸易条件便得到改善或变得有利，贸易利益也随之增大；反之，则贸易条件恶化或不利，贸易利益也减少。在基期确定之后，如比较期的比率大于100，则该时期的贸易条件与基期相比有利；反之，如比较期的比率小于100，则比较期的贸易条件不利，因此贸易条件是个相对的概念。在一定程度上，贸易条件能反映该国的价格优势和竞争能力变化趋势。

发达国家与发展中国家相比，其贸易条件是好的；相反，发展中国家与发达国家相比，贸易条件是差的。而且随着一国发展水平的提高，其贸易条件是不断改变的。

4.3.2 贸易条件的种类

在国际贸易中，贸易条件有以下几种。

1. 净贸易条件

净贸易条件是出口价格指数与进口价格指数之比，也称商品贸易条件。其计算方法是

$$N = \frac{P_X}{P_M} \times 100$$

式中：N——净贸易条件；

P_X——出口价格指数；

P_M——进口价格指数。

例如，假定某国净贸易条件以2014年为基期是100，2017年出口价格指数下降了5%，为95；进口价格指数上升10%，为110，那么这个国家2017年的净贸易条件为

$$N = \frac{95}{110} \times 100 = 86.36$$

这表明该国从2014年到2017年间，净贸易条件从2014年的100下降到2017年的86.36，2017年与2014年相比，贸易条件恶化了13.64。

2. 收入贸易条件

为了更准确地分析一国贸易条件的实际变化，掌握一国出口商品的实际收入水平，除了价格水平的变化，还应考虑数量的变化。收入贸易条件是在净贸易条件的基础上，把贸易量加进来。其计算方法是

$$I = \frac{P_X}{P_M} \cdot Q_X$$

式中：I——收入贸易条件；

Q_X——出口数量指数。

还以上例说明。在进出口价格指数相同的条件下，该国的出口数量指数从2014年的100提高到2017年的120。在这种情况下，该国2017年收入贸易条件为

$$I = \frac{95}{110} \times 120 = 103.64$$

它说明该国尽管净贸易条件恶化了，但由于出口量的上升，本身的出口能力 2017 年比 2014 年增加了 3.64，也就是说收入贸易条件好转了。

在考察一国贸易条件的实际变化时，往往是把净贸易条件和收入贸易条件这两个指标结合起来分析。

3. 单项因素贸易条件

单项因素贸易条件是在净贸易条件的基础上，考虑出口商品劳动生产率提高或降低后贸易条件的变化。其计算公式为

$$S = \frac{P_X}{P_M} \cdot Z_X$$

式中：S——单项因素贸易条件；

Z_X——出口劳动生产率指数。

假定上例中进出口商品价格指数不变，而该国出口商品的劳动生产率由 2014 年的 100 提高到 2017 年的 130，则该国的单项因素贸易条件为

$$S = \frac{95}{110} \times 130 = 112.27$$

这说明，从 2014 年到 2017 年间，尽管净贸易条件恶化，但这期间出口商品劳动生产率提高，不仅弥补了净贸易条件的恶化，而且使单项因素贸易条件好转。它说明了出口商品劳动生产率的提高在贸易条件改善中的重要作用。

4. 双项因素贸易条件

双项因素贸易条件不仅考虑了出口商品劳动生产率的变化，而且还考虑了进口商品的劳动生产率的变化。其计算公式为

$$D = \frac{P_X}{P_M} \cdot \frac{Z_X}{Z_M} \times 100$$

式中：D——双项因素贸易条件；

Z_M——进口商品劳动生产率指数。

假定上例中的进出口价格指数不变，出口商品劳动生产率指数不变，而进口商品劳动生产率指数从 2014 年的 100 提高到 2017 年的 105，则双项因素贸易条件为

$$D = \frac{95}{110} \times \frac{130}{105} \times 100 = 106.92$$

这说明，如果出口商品劳动生产率指数在同期内高于进口商品劳动生产率指数，则贸易条件仍会改善。

4.3.3　贸易条件变化的影响因素

贸易条件的变化受各种因素的影响，其主要影响因素如下。

1. 选择的年份不同

选择不同年份的基期和比较期的出口价格指数与进口价格指数，直接关系到贸易条件的变化。在净贸易条件中，如选择出口价格最高和进口价格最低的年份作为基期，则比较期的贸易条件肯定不利；反之，若选择出口价格最低和进口价格最高的年份为基期，则比较期的贸易条件肯定有利。因此，选择出口价格和进口价格适中的年份为基期，能比较客观地反映实际贸易条件的变化情况。

2. 出口价格和进口价格的变化

影响贸易条件变化的基础是出口价格和进口价格。对一个国家来说，如果出口价格一直很高，进口价格一直很低，则贸易条件会一直有利；如果出口价格一直很低，进口价格一直很高，则贸易条件会一直不利；如果进口价格时高时低，则贸易条件有时有利有时不利。

3. 出口数量指数、出口商品劳动生产率指数与进口商品劳动生产率指数的变化

在计算收入贸易条件时，要考虑出口数量指数的变化；在计算单项因素贸易条件时，要考虑出口商品劳动生产率指数的变化；在计算双项因素贸易条件时，除考虑出口商品劳动生产率指数的变化外，还要考虑进口商品劳动生产率指数的变化。

同步测试

一、单项选择题

1. 能客观反映商品供求关系变化的价格是（   ）。

    A. 世界封闭市场价格　　　　　　　　B. 世界自由市场价格

    C. 世界封闭市场价格和自由市场价格　D. 国际商品协定下的价格

2. 收入贸易条件是在净贸易条件的基础上，把（   ）加进来。

    A. 贸易量　　　B. 出口商品劳动生产率　　　C. 进口商品劳动生产率

二、多项选择题

下列属于世界封闭市场价格的有（   ），下列属于世界自由市场价格的有（   ）。

    A. 美国谷物交易所的小麦价格　　　　B. 调拨价格

    C. 玉米（阿根廷）的英国到岸价格　　D. 垄断价格

    E. 大米（泰国）的曼谷离岸价格　　　F. 区域性经济贸易集团内的价格

三、判断题

（　　）1. 调拨价格又称转移价格。

（　　）2. 国际市场的货物价格是由供求关系决定的。

（　　）3. 石油输出国组织采取"限产保价"来提高原油价格的方法属于直接控制国际市场价格。

（　　）4. 商品交易所的价格是世界封闭市场价格的一种。

（　　）5. 封闭市场价格是买卖双方在一定的约束条件下形成的价格。

四、简答题

1. 什么是世界市场价格？世界市场价格有哪些种类？

2. 影响世界市场价格变动的因素有哪些？

3. 什么是贸易条件？贸易条件的种类有哪些？如何计算？

4. 联系实际讨论中国贸易条件的变化情况。

案例分析

世界著名的拍卖行

1744 年，苏富比（又名索斯比）在伦敦成立，办事处遍布 40 个国家，总共 90 个地方。苏富比以书籍拍卖起家，很快又在国际古董和艺术品市场上当起了龙头老大：每年全球范围内共 10 个拍卖场举行约 250 场拍卖会，涵盖的收藏品超过 70 种。

1766 年，佳士得拍卖行（CHRISTIE'S，旧译克里斯蒂拍卖行）在伦敦成立，拍品汇集了来自全球各地的艺术品、名表、珠宝首饰、汽车和名酒等精品，因其拥有众多价值连城的工艺品而蜚声海外。佳士得所设立的办事处分布于全球共 90 个主要城市，并在全球 16 个地方定期举行拍卖会，此外还提供与拍卖有关的服务，包括艺术品贮存及保安、教育、艺术图片库及物业等方面。

纳高（Nagel）拍卖公司创建于 1922 年，总部设在德国的斯图加特，是德国四大拍卖公司之一，其业务主要集中于欧洲，也是欧洲著名的老牌艺术品拍卖公司之一。1978年，罗宾加入纳高拍卖公司，并于 1990 年买下了纳高拍卖公司，成为新的掌门人。纳高拍卖公司先后在德国的莱比锡、以色列的海法、比利时的布鲁塞尔、意大利的维罗纳、奥地利的维也纳、中国的香港和北京设立分部和代表处。纳高是首家在欧洲拍卖而在中国预展的欧洲拍卖公司。2004 年 10 月 17 日，纳高拍卖公司还首次在上海举行了艺术品拍卖会预展。

（资料来源：百度百科）

讨论题：

1. 拍卖价格属于世界自由市场价格还是封闭市场价格？

2. 苏富比、佳士得、纳高拍卖行分别以拍卖哪些产品为主？除了这三个拍卖行，你还知道哪些著名的拍卖行？

第5章
经济全球化与地区经济一体化

【知识目标】

通过本章的学习，要求学生理解经济全球化与经济一体化的联系，明确地区经济一体化的含义，掌握主要的地区经济一体化组织，理解地区经济一体化理论。

【技能目标】
- 能辨别地区经济一体化的主要形式
- 能明确主要地区经济一体化组织的发展

【重点】
- 地区经济一体化的主要组织形式
- 主要地区经济一体化组织的发展

引 例

"10+3" 的合作

20世纪90年代后期，在经济全球化浪潮的冲击下，东盟国家逐步认识到启动新的合作层次、构筑全方位合作关系的重要性，并决定开展"外向型"经济合作，"10+3"的合作机制应运而生。"10+3"是指东盟十国与中、日、韩三国，每年定期举行外长会议、财长会议、领导人会议等。1997年12月15日在马来西亚吉隆坡举行了首次"10+3"会议。

2016年9月7日第十九次东盟与中日韩（10+3）领导人会议在老挝万象召开，东盟十国、中国、日本、韩国领导人共同出席，中国国务院总理李克强出席会议，老挝总理通伦主持会议。

李克强总理就"10+3"合作提出了六点建议。

第一，加强金融安全合作。

第二，深化贸易投资合作。中方支持东盟在区域全面经济伙伴关系协定（RCEP）谈判中发挥主导作用，希望各方加快谈判进程，推进区域内贸易自由化和便利化。

第三，推动农业和减贫合作。

第四，促进互联互通建设。中方支持东盟制定《东盟互联互通总体规划 2025》，愿加强"一带一路"倡议与这一规划对接，利用亚投行等融资平台与东盟国家深化项目合作。

第五，创新产能合作模式。

第六，增进社会人文交流。

（资料来源：凤凰财经）

思考： 什么是"10＋3"合作？其对合作的各国有什么意义？经济全球化与地区经济一体化是什么关系？其对世界经济有什么影响？

经济全球化是当今世界经济发展的重要特征，对各国经济和世界经济格局产生了重大影响。经济全球化和区域经济一体化是既相互联系又相互区别的两个范畴。区域经济一体化是指各国经济在机制上的统一，而经济全球化是指经济在世界范围上的扩大。

5.1　经济全球化与经济一体化的关系

讨　论

学生分小组讨论：

在生活中对全球经济一体化有什么体会？体会最深的是什么？

经济全球化与经济一体化既相互联系、相互作用和相互促进，又有本质的不同。

5.1.1　经济全球化与经济一体化的含义

1. 经济全球化的含义

"经济全球化"这个词最早是由 T. 莱维于 1985 年提出的，至今没有一个公认的定义。国际货币基金组织（IMF）认为："经济全球化是指跨国商品与服务贸易及资本流动规模和形式的增加，以及技术的广泛迅速传播使世界各国经济的相互依赖性增强。"

经济合作与发展组织（OECD）认为："经济全球化可以被看作一种过程，在这个过程中，经济、市场、技术与通信形式都越来越具有全球特征，民族性和地方性在减少。"为此，可从三方面理解经济全球化：一是世界各国经济联系的加强和相互依赖程度日益提高；二是各国国内经济规则不断趋于一致；三是国际经济协调机制强化，即各种多边或区域组织对世界经济的协调和约束作用越来越强。总的来讲，经济全球化是指各种经济资源在世界范围内自由流动和合理配置的过程，从而使世界各国的经济联系日益加深，是世界各国经济相互间高度依赖和融合的表现。经济全球化是世界经济发展到高级阶段后出现的一种现象，它是在科技和生产力达到更高水平，阻碍生产要素自由流通的各种壁垒不断削减，规范生产要素流通的国际规则逐步形成并不断完善的一个历史过程。

从根源上说经济全球化是生产力和国际分工的高度发展，要求进一步跨越民族和国家疆界的产物。经济全球化，有利于资源和生产要素在全球合理配置，有利于资本和产品在全球流动，有利于科技在全球扩张，有利于促进不发达地区经济的发展，是人类发展进步的表现，是世界经济发展的必然结果。但它对每个国家来说，都是一柄双刃剑，既是机遇，也是挑战。特别是对经济实力薄弱和科学技术比较落后的发展中国家，面对全球性的激烈竞争，所遇到的风险、挑战将更加严峻。经济全球化中急需解决的问题是建立公平合理的新经济秩序，以保证竞争的公平性和有效性。进入 21 世纪以来，经济全球化与跨国公司的深入发展，既给世界贸易带来了重大的推动力，同时也给各国经贸带来了诸多不确定因素，使其出现了许多新的特点和新的矛盾。

2. 经济一体化的含义

经济一体化的含义有广义和狭义之分。广义的经济一体化，即世界经济一体化或称全球经济一体化，是指各国国民经济之间彼此相互开放，取消歧视，形成一个相互联系、相互依赖的有机整体。狭义的经济一体化，即地区经济一体化或称区域经济一体化、区域经济集团化，是指区域内两个或两个以上的国家或地区间不断消除或降低彼此经济政策与体制的差异，相互依存、共同发展经济的过程。

世界经济一体化是一个从局部到整体、由低级到高级不断拓展的过程；区域经济一体化是实现世界经济一体化的主要途径和方法。由于在现阶段甚至相当长的时期内，世界各国、各地区经济发展水平都会呈现出巨大的差异，各主体间的经济利益也大不相同，社会制度也有差别，国家民族观念仍根深蒂固，不可能在世界范围内实现经济一体化，因此只能先在区域内实现经济一体化。只要世界经济发展的不平衡继续存在，区域集团化就会存在，它和世界经济一体化并不相背离。区域集团的发展推动一体化水平的提高，世界经济一体化可以将区域集团化的成果作为更广泛、更普遍的全球制度的基础。两者在发展方向上是一致的，差别在于区域经济一体化在空间上是世界经济一体化的局部实践，在时间上是世界经济一体化的阶段性探索。因此，世界经济一体化是一个动态的发展变化的过程。欧盟一体化的成功对世界经济发展在现阶段走区域经济一体化起到了巨大的推动作用，它可以视为是经济一体化在特定地区的缩影。

由于诸多原因，第二次世界大战后区域经济一体化在世界不同地区迅猛发展并由此产生了两种趋势：一是区域经济一体化组织和集团的产生与迅速发展；二是跨国公司、多国公司的出现和急剧增加。这表明区域经济一体化是世界政治经济发展和演变的必然产物，多种形式的区域经济一体化的产生和发展不仅对区域内各国经济发展有巨大的推动作用，而且对世界政治经济也产生了深远的影响。

5.1.2　经济全球化与经济一体化的关系

经济全球化究其本质是一种经济现象，其本质是以最小的投入获得最大的产出，以最低的成本获得最大的收益。因此，经济全球化的势头不会减弱，只会加强，其必然结果是导致经济一体化。相对于经济全球化来说，世界经济一体化是一个有着更高要求的发展阶段。到今天，经济全球化已经成为现实，虽然它只处于初级阶段。经济全球化的发展迫切要求各国加强合作，推进一体化进程，但是各国利益的矛盾和冲突又妨碍和阻碍着一体化的深化。因此，相对于经济全球化来说，世界经济一体化的进程就更为滞后。全面经济联系意义上的世界经济还刚刚开始，经济一体化还有很长的路要走，世界经济一体化仍然是人类渴望的目标。

可见，经济全球化与经济一体化既相互联系、相互作用和相互促进，又有本质的不同。

（1）行为主体不同

全球化中的行为主体主要是跨国公司；一体化中的行为主体则是国家政府和一体化经济组织。

（2）经济活动的内容和目标不同

全球化经济活动中以跨国企业获取利润为主，各企业为了自身的经济利益参与或卷入全球化；而一体化经济活动中一体化组织主要强调参与国的共同利益，最后的目的是共同增加国家福利。

（3）国家间关系表现不同

全球化中国家间的经济联系虽然越来越紧密，但没有固定的组织形式，是自由的联系；一体化中国家间的经济联系是固定的，相对全球化来讲更加紧密，它有固定的组织形式和部分或全部共同的经济政策、经济制度等。

（4）两者的表现形态不同

经济全球化以资本的流动为方式，即人、财、物等要素在全球范围内配置，表现为国际贸易、金融、投资、生产，把各国、各地区更紧密地联系在一起，各国经济的互相依存性大大加强；而一体化是世界各国经济活动及生产要素的逐步联合、趋向一致和统一，其形式按复杂程度不同可分为优惠自由贸易安排、自由贸易区、关税同盟、共同市场、经济同盟和完全经济一体化。

（5）两者的实现方式不同

世界经济全球化的实现方式是各国经济联系越来越密切的客观的自然发展过程，其动因在于资本的逐利性，始终靠生产力的自发推动得以完成；而一体化则是以谈判方式不断推动的，是对生产方式的人为调节或制度性安排。

（6）两者对经济权力的挑战程度不同

世界经济全球化要求经济权力的让渡是在没有凌驾于政府之上的组织给予干预的情况下实现的；而一体化则是通过凌驾于政府之上的组织要求参加一体化的各部分让渡出部分乃至全部经济权力。

（7）两者发展的进程不同

经济全球化是一个现实的客观历史进程，已经展现在了人们的面前；而世界经济一体化离我们还很遥远，目前只处于萌芽时期的区域经济一体化阶段。

经济全球化与经济一体化又存在内在的必然联系。一方面，经济全球化是世界经济一体化的基础和必要条件，只有在经济全球化的客观基础上，才会有世界经济一体化；另一方面，经济一体化通过建立一定的联合组织又进一步推动了各国经济的联系，在契约上和组织上把全球化固定下来，从而大大推进了全球化的进一步发展。世界经济一体化是经济全球化发展的方向和必然结果。可以说，全球化是一体化的外在形式，一体化是全球化的内在机制。全球化是一体化的必要准备和必由之路，是经济一体化的初级阶段；一体化是经济全球化的制度保障，是全球化的发展趋势和归宿。经济全球化涵盖了经济一体化，经济一体化是经济全球化发展的最高形式和最后阶段。

5.2 地区经济一体化概述

1. 地区经济一体化的含义

经济一体化是指不同经济实体之间经济整合并最终形成一个统一整体的过程。地区经济一体化也称区域性经济贸易集团，是指有一定地缘关系的一组国家或地区，通过多边合作协议，在一个由政府授权组成的并具有超国家性的共同机构下，通过制定统一的对内对外经济政策、财政与金融政策等，逐步减少乃至消除阻碍经济贸易发展的障碍，实现域内互惠互利、协调发展和资源优化配置，最终形成一个政治经济高度协调统一的有机体的过程。

地区经济一体化组织一般是指区域性的，由国家出面结成的国际经济联合体。理解地区经济一体化的含义，应把握两个方面：一是其经济内涵，是指两个或两个以上的国家，逐步消除它们之间的各种歧视性障碍，协调有关经济政策，核心内容是建立一个商品、劳动力和资源共享并可以自由流动的共同市场；二是其政治内涵，即为了实现地区经济一体化，必须建立能协调地区内各种经济关系的权力机构，成员必须把有关的权力移交给该机构组织，由其负责一体化范围内的事务。

2. 地区经济一体化的主要组织形式

地区经济一体化的组织形式表现为规模不一、形式各异的地区经贸集团，反映经济一体化的不同发展进程，以及成员之间经济干预和联合的深度与广度。

目前国际上较常见的经济一体化组织形式，按照组织性质和贸易壁垒取消的程度不同可分为以下 6 种。

（1）优惠贸易安排

优惠贸易安排（preferential trade arrangements）是指成员之间通过协定或其他形式对全部或部分商品实行特别优惠的关税，成员对非成员保持原有的关税制度。这是地区经济一体化中最低级、最松散的一种形式。例如，美国《加勒比海盆地经济复苏法》即是美国授予加勒比海国家的优惠关税措施，受惠国产品可免税出口至美国市场。此外，尚有欧盟对非洲、加勒比海及太平洋地区（ACP）的发展中国家的洛美协议、美洲对非洲国家的优惠待遇等。

（2）自由贸易区

自由贸易区（free trade area）是指签订自由贸易协定的国家组成的贸易区，在成员之间废除关税和其他非关税贸易壁垒，实现商品在地区内的自由流通，但各成员仍保留对非成员独立的贸易壁垒，如 1960 年成立的欧洲自由贸易联盟（EFTA）、1994 年建立的北美自由贸易区等。

（3）关税同盟

关税同盟（customs union）是指在成员之间签订协定，相互间取消关税和其他非关税贸易壁垒，实现区域内商品的自由移动，同时对非成员实行统一的关税和其他贸易限制措施。组成关税同盟的成员之间的关境取消，合并组成一个统一的关境。

组成关税同盟的目的在于使成员的商品在统一关税之内的市场上处于有利的地位，

排除非成员商品的竞争，它开始带有超国家的性质。例如，欧洲经济共同体已于 1958 年达到这个层次，现在已超越这个阶段。目前，其他的关税同盟还有安第斯条约等。

（4）共同市场

共同市场（common market）是指成员之间完全取消关税与非关税壁垒，建立对非成员的统一关税，允许资本、劳动力等生产要素在成员之间自由流动，实现了要素市场一体化。例如，欧洲经济共同体在 1970 年接近这一阶段，北美、拉美、非洲、东南亚一些国家集团也在向这种形式的经济一体化发展。但目前，除欧盟以外，世界其他地区还没有建立起成功的共同市场。

（5）经济同盟

经济同盟（economic union）是指成员之间不仅商品和生产要素可以自由流动、建立统一的对外关税制度，而且实现了各成员之间的社会经济政策一体化，如制定并执行共同的货币政策、财政政策。这种高度的融合要求有一个强有力的协调机制，而且每一个成员都要为这个机制牺牲一定的主权。欧盟在 20 世纪末已建成为经济联盟，它是最具代表性的经济同盟。

（6）完全经济一体化

完全经济一体化（complete economic integration）是指成员之间完全消除商品、生产要素等自由流动的各种障碍，在对外贸易政策、货币政策、财政政策、社会政策等方面达到完全一致，并建立起一个中央管理机构对所有事务进行控制。这是最高层次的经济一体化形式，这种形式迄今尚未出现过，欧盟的最终目标就是要达到这种境界。

以上 6 种经济一体化的深度和广度，形成一个由低到高的序列，但由于各经济贸易集团合作的广泛性，往往不能归于一种类型，随着各国间经济合作的加深与协作内容的拓宽，势必会出现新的地区经贸集团的组织形式。地区经济一体化组织形式的比较如表 5 - 1 所示。

表 5 - 1　地区经济一体化组织形式的比较

地区经济一体化形式	优惠关税	商品自由流动	共同对外关税	生产要素自由流动	经济政策协调	超国家经济
优惠贸易安排	√			—		
自由贸易区	√	√				
关税同盟	√	√	√			
共同市场	√	√	√	√		
经济同盟	√	√	√	√	√	
完全经济一体化	√	√	√	√	√	√

3. 地区经济一体化的发展状况及特点

（1）数量不断增多

进入 20 世纪 90 年代，地区经济一体化成为世界经济中最为重要的发展趋势之一，数量急剧增加，尤其是自 WTO 成立以来，平均每年大约成立 15 个地区经济一体化组织。WTO 将向其申报的各类区域经济一体化组织统称为区域贸易协定（RTA），截至 2016 年 7 月 1 日，向 GATT/WTO（关贸总协定/世界贸易组织）通报的各种 RTA 已达到 635 个，目前已经生效并实施的有 423 个。

（2）地区经济一体化的主要形式是自由贸易区

在生效并实施的 RTA 中，有将近 90% 采取自由贸易协定（FTA）的形式。全球 FTA 的发展正呈现一些新的变化与趋势。从签署 FTA 国家覆盖的贸易总量看，截至 2014 年 1 月美国因为其签署 FTA 数量上的绝对优势，使得其贸易总量达到最大，为 15 328.8 亿美元。算上最新结束谈判的中韩、中澳 FTA，中国覆盖的贸易总量居第二，达到 13 987.4 亿美元。第三大贸易量是欧盟，达到 13 027.7 亿美元。

（3）地区经济一体化所涉及的领域不断扩大，呈现错综复杂、多元化、包容性等特征

地区经济一体化所涉及的领域不断扩大，已从关税与贸易总协定时期的货物贸易向服务贸易及与贸易有关的知识产权等领域扩大。区域合作从一开始的相邻国家和地区之间的合作发展到更大范围内的合作。跨区域贸易协定的签署使国家间的合作进一步深化，如美国主导下对跨太平洋伙伴关系协定（TPP）的运筹与推进（美国于 2017 年 1 月退出 TPP），欧盟与美国正在谈判的跨大西洋贸易与投资伙伴协定（TTIP），拉美与南非 RTA 进一步兴起，使地区经济一体化呈现错综复杂、多元化、包容性等特征。

（4）大部分国家或地区已介入地区经济一体化之中

WTO 成员蒙古国于 2015 年 2 月首次与日本签署经济伙伴关系协定（EPA）。至此，WTO 的每个成员都参加了一个或一个以上地区经济一体化组织，很多国家同时参加几个地区经济一体化组织，每个 WTO 成员与之签订 RTA 的国家平均数超过了 15 个，多者达 30 个以上。例如墨西哥不仅加入了北美自由贸易区和拉丁美洲一体化组织，还同欧盟和亚洲各国签订了自由贸易协定。

5.3　主要地区经济一体化组织的发展

讨　论

学生分小组进行讨论：你知道中国加入了哪些地区经济一体化组织吗？各组派代表来回答。

地区经济一体化组织的不断涌现是第二次世界大战后世界经济发展的重要特征。世界上最早出现的地区经济一体化组织是 1949 年成立的经济互助委员会，由苏联和东欧国家组成，后来蒙古国、古巴和越南先后加入，成为跨地区的经济组织。随着苏联的解体和东欧剧变，经济互助委员会已经解体。经过第二次世界大战后 50 多年的发展，世界各地区经济一体化与集团化趋势不断强化，各种经济一体化组织层出不穷。目前，全球 200 多个带有一体化特征的地区经济一体化组织中，最具影响力的是欧洲联盟（EU）、北美自由贸易区（NAFTA）和亚太经济合作组织（APEC）。其中，欧洲联盟是发达国家之间经济一体化组织的典型代表，也是迄今为止世界上一体化程度最高的地区经济一体化组织；北美自由贸易区是发达国家与发展中国家之间经济一体化的典型代表；亚太经济合作组织则是多国家、多层次的经济合作的一种尝试，属于一个松散的一体化雏形组织。

5.3.1　欧洲联盟

1. 欧洲联盟概况

欧洲联盟（European Union）简称欧盟，总部设在比利时首都布鲁塞尔，成立纪念日为每年的 5 月 9 日。1986 年，欧洲共同体采纳路德维希·范·贝多芬的第 9 交响曲第四乐章《欢乐颂》作为盟歌，盟旗为蓝底上 12 颗金星构成的圆环。欧盟的主要出版物为：《欧洲联盟公报》《欧洲联盟月报》《欧洲文献》《欧洲新闻—对外关系》《欧洲经济》等。

截至 2017 年 12 月 31 日，欧盟共有 28 个成员国，即法国、德国、意大利、荷兰、比利时、卢森堡、丹麦、爱尔兰、英国、希腊、西班牙、葡萄牙、奥地利、芬兰、瑞典、爱沙尼亚、拉脱维亚、立陶宛、波兰、捷克、斯洛伐克、匈牙利、斯洛文尼亚、马耳他、塞浦路斯、保加利亚、罗马尼亚和克罗地亚。2017 年 3 月，英国启动脱欧程序，计划 2019 年正式脱欧。欧盟 28 国总面积为 432.2 万平方公里，总人口 5.068 亿，GDP 达到 16 万亿美元以上，官方语言 24 种。欧盟是当今世界经济一体化程度最高的地区经济集团组织。

2. 欧洲联盟的产生及发展

欧洲联盟的前身是欧洲共同体（European Communities）。1951 年 4 月，比利时、法国、联邦德国、意大利、荷兰和卢森堡 6 国决定集中它们的煤炭、钢铁资源，以促进经济恢复，防止新的战争爆发，并在巴黎签署了《欧洲煤钢共同体条约》。1952 年 7 月 25 日，欧洲煤钢共同体正式成立。1957 年 3 月 25 日，上述 6 国又在意大利罗马签署了《建立欧洲经济共同体条约》和《欧洲原子能共同体条约》两个条约，统称《罗马条约》。1958 年 1 月 1 日条约生效，欧洲经济共同体和欧洲原子能共同体同时宣告成立。1965 年 4 月 8 日，上述 6 国在布鲁塞尔签订《布鲁塞尔条约》，决定将上述三个组织的所属机构合并，统称为欧洲共同体，简称欧共体。这个条约于 1967 年 7 月 1 日生效，欧共体随之正式成立。

欧共体成立后，由于其取得的成就和显示的活力，吸引了欧洲其他国家参加。1973 年，英国、丹麦和爱尔兰加入欧共体；1981 年希腊加入；1986 年，葡萄牙和西班牙加入。至此，欧共体已成为一个拥有 12 个成员国的庞大经济一体化组织。

1991 年 12 月 11 日，经多次扩大的欧共体在荷兰小城马斯特里赫特召开首脑会议，签署了《欧洲联盟条约》（又称《马斯特里赫特条约》，简称《马约》），决定建立集经济、货币与政治联盟于一体的地区性联盟。1993 年 11 月 1 日《马约》生效，将"欧洲共同体"改名为"欧洲联盟"，欧洲联盟正式成立。

1995 年，奥地利、芬兰和瑞典加盟。1998 年 3 月，欧盟与中东欧 10 国（爱沙尼亚、拉托维亚、立陶宛、波兰、捷克、斯洛伐克、匈牙利、斯洛文尼亚、马耳他和塞浦路斯）开始入盟谈判，2004 年 5 月 1 日，这 10 国正式成为欧盟的成员国。至此，欧盟成员国扩大到 25 个。

2007 年 1 月 1 日保加利亚和罗马尼亚正式加入欧盟，使欧盟成员国增加到 27 个。2013 年 7 月 1 日，克罗地亚正式成为欧盟成员，至此，欧盟成员国达到 28 个。

欧盟的诞生，是欧共体长期以来不断发展的必然结果，也是近年来两极格局解体，面临美、日的激烈竞争，欧共体做出的一种自然选择。它标志着欧共体一体化的建设进入了一个新阶段。

迄今为止，欧洲联盟是世界上最先进、范围最广、层次最高、最成功的地区经济一体化组织。没有欧共体及后来的欧盟，就没有今天西部欧洲的经济繁荣和社会稳定。

※知识链接

2016 年 6 月 23 日，英国通过了脱欧公投。2017 年 2 月 1 日晚，英国议会下议院投票通过政府提交的"脱欧"法案，授权首相特雷莎·梅启动"脱欧"程序。2017 年 3 月 29 日，英国驻欧盟大使向欧洲理事会主席递交了一封信函，正式通知欧盟，英国将成为首个脱离欧盟的国家。这意味着英国已触发《里斯本条约》第 50 条，正式开启"脱欧"谈判。英国迈出了正式"脱欧"第一步，并在未来两年内就退欧进行各方谈判。英国脱欧的最终时间确定为 2019 年 3 月 29 日午夜。

（资源来源：http：//baike. baidu. com/；http：//finance. ifeng. com）

3. 欧盟经济一体化进程

欧盟经济一体化进程是以关税同盟为起点，进而发展为共同市场、经济货币联盟，并正向政治联盟发展。

（1）建立关税同盟

按照《罗马条约》的规定，欧洲经济共同体从 1959 年至 1969 年分三阶段取消内部工业品和农产品的关税：统一对外关税率；对主要农产品征收差价税；实行差价税。欧洲煤钢、原子能和欧洲经济共同体合并为欧洲共同体之后，1968 年 6 月 28 日，欧共体部长理事会以法规形式通过了共同海关法则，作为其管理和调节同非成员国贸易的依据，并于同年 7 月 1 日完成了《罗马条约》赋予的取消成员国之间的贸易限制、取消内部关税及统一各国对外关税税率的使命，比原计划提前 1 年建成了关税同盟。建立关税同盟促进了欧共体出口贸易的增长，使欧共体出口贸易增长速度超过了美国，成员国内部贸易也迅速发展。虽然欧盟成员国之间取消了所有关税，建立了统一的共同海关税则，但成员国之间的海关手续和许多无形的壁垒阻碍了商品的自由流通。欧盟于 1994 年 1 月 1 日颁布了新的海关法。新海关法简化了海关程序和手续，统一了海关规则。

（2）实施共同政策

《罗马条约》授权当时的欧洲经济共同体建立共同市场，使有关经济的政策逐步统一，在共同体范围内推动经济协调、持续、平衡、稳定发展，加快人民生活水平的提高和在成员国之间建立更加密切的关系。经历六十多年的发展，欧盟逐步建立和完善了一系列共同政策，其中主要的有共同农业政策、共同渔业政策、共同地区政策、共同社会政策、消费者保护政策及共同贸易政策。此外，欧盟近年来逐步加强在就业、交通、公共健康、环保、科研及司法和内政等方面采取共同行动，与各成员国在这些领域所采取的国别措施互为补充。

① 共同农业政策。共同农业政策是欧盟最早实施的一项共同政策。共同农业政策最初设定的基本目标是促进整个共同体的农业发展，保证市场供应和稳定农业部门的收入。欧共体最早的共同农业政策主要有：取消成员国相互之间农产品贸易的关税，统一农产品价格，以实现农产品在共同体内的自由流通。对输入共同体的农产品则实行差价税，建立农产品进口壁垒，以排挤共同体外农产品的进口。设立农业基金以补贴出口，增强农产品的竞争力，扩大出口。欧盟共同农业政策对促进欧盟农业发展、稳定农产品市场做出了重大贡献。近年

来，欧盟对共同农业政策进行了多次重大改革，深化农业补贴方式，目前明确规定只向那些符合环境保护、动物福利、食品安全和质量标准等项要求的欧盟农民提供直接补贴。

② 共同渔业政策。欧盟自 1977 年起将各成员国在北大西洋和北海沿岸的捕鱼区扩大为 200 海里，作为共同捕鱼区由欧盟统一管理，并授权欧委会与第三国谈判渔业协定。1983 年 1 月 25 日，欧盟内部就捕鱼配额的分配、渔业资源保护和鱼产品的销售等达成协议，形成了欧盟的共同渔业政策。1994 年，欧盟渔业部长通过了关于限制捕捞以保护资源的新渔业政策。2000 年以来，欧盟共同渔业政策发生了根本性的变化，如 2008 年应对燃油危机措施、2010 年的"反海洋渔业非法捕捞法"（IUU 法规）等，对保护消费者健康和环境及增强欧盟渔业国际竞争力发挥了积极作用。

③ 共同地区政策。共同地区政策是欧盟为促进其整体的协调发展、加强其经济和社会统合、缩小不同地区间的发展差异而制定的政策。为此，欧盟从其预算里拨款，专门用于支持欧盟欠发达地区及行业的发展、工业企业转产及农业现代化等。

④ 共同社会政策。欧盟共同社会政策和共同地区政策互为补充，其目的是促进欧盟整体的协调发展，创造就业机会并增加劳动力在行业和地区间的流动。欧盟关于共同社会政策的议定书中详细规定了欧盟工人应享受的社会权利，如自由流动、公平收入、改善工作环境、社会福利保障、自由结社、劳资谈判、职业培训、男女就业平等、健康保护等。

⑤ 消费者保护政策。《阿姆斯特丹条约》规定欧盟将致力于保护消费者的健康、安全和经济利益，并促进他们获得信息和培训及保护自身利益的权利。欧盟在制定其他各项政策时必须统一考虑消费者的利益。各成员国除遵守欧盟统一的消费者政策外也可自行制定比统一政策更为严格的消费者保护政策，但其内容必须符合《阿姆斯特丹条约》的规定并向欧委会通报。

近年来，欧盟在有毒物品、食品、化妆品、玩具、医药产品等领域制定了详细的有关产品质量和安全的统一规定。

⑥ 共同贸易政策。欧盟的贸易政策分为进口贸易法规和出口贸易法规。欧盟的共同进口贸易法规主要涉及关税政策与管理、共同进口制度、反倾销措施等。欧盟的出口贸易政策主要涉及农产品补贴、出口退税、出口信贷、军品及高科技产品出口等。

（3）统一大市场

到 20 世纪 80 年代初，《罗马条约》关于建立一个人员、货物、资本和服务自由流动的统一大市场的目标还远未实现。为了消除贸易壁垒，向共同市场的目标推进，1985 年 6 月，欧委会正式发布了《关于完善内部市场的白皮书》和《欧洲一体化文件》，明确提出于 1992 年 12 月 31 日前在共同体内建立"无国界"的统一大市场，真正实行人员、商品、资本、服务的自由流通。1985 年 12 月，委员会的"白皮书"得到理事会批准。经过几年的努力，欧洲统一大市场于 1993 年 1 月 1 日如期启动，除人员自由流动没有完全实现外，欧共体内部的商品、服务、资本已实现自由流通。这标志着欧共体已实现商品自由交换向生产要素自由流动的过渡。

（4）《申根协议》的签署

为促进人员的自由流动，1990 年 6 月，法国、德国、荷兰、比利时、卢森堡五国签署了关于人员自由流通的《申根协议》。意大利、西班牙、葡萄牙、希腊、奥地利也相继签署了该协议。1995 年 7 月，《申根协议》首先在法国、德国、荷兰、比利时、卢森堡、西班牙和葡萄牙七国生效，并于 1998 年起在奥地利、意大利、希腊三国生效。上述 10 国人员可自由来往。第三国人员只要取得一国签证，即可在 10 国间畅行。截至 2017 年底，申根的成员国增加到 26 个。其中瑞士、挪威、列支敦士登和冰岛四个国家不是欧盟成员。

（5）建立欧洲货币体系

1969 年 12 月，欧共体 6 国在海牙举行首脑会议，决定全面建立欧洲经济和货币联盟，计划在 1980 年建成。由于 20 世纪 70 年代石油危机、美元危机、经济停滞和通货膨胀，这一计划未能实现。1978 年，欧共体提出建立"欧洲货币体系"，即创立欧洲货币单位，建立联系汇率制度，创建欧洲货币基金等。欧洲货币体系的创建，使欧共体各国在国际金融市场动荡不定、各国货币汇率波动频繁的情况下，保持了货币相对稳定的局面。这对于各成员国对外经济贸易关系的发展，增加欧共体的投资和就业机会，都起到了一定的促进作用。

1991 年的《马斯特里赫特条约》提出，1999 年前建成经济货币联盟，发行单一货币，建立欧洲中央银行。1998 年 5 月 2 日至 3 日，确定除英国、丹麦、希腊和瑞典以外的欧盟 11 国（比利时、德国、西班牙、法国、爱尔兰、意大利、卢森堡、荷兰、奥地利、葡萄牙和芬兰）成为欧洲统一货币——欧元（Euro）的创始国。1998 年 7 月 1 日，欧洲中央银行正式成立，总部设立在法兰克福。它是欧元区国家统一货币、发行欧元后的中央银行，其前身为欧洲货币局。1999 年 1 月 1 日，欧元作为参加国的非现金交易的"货币"，即以支票、信用卡、股票和债券等方式进行流通。2000 年 1 月 1 日，希腊正式加入欧元区。2002 年 1 月 1 日，欧元纸币和硬币开始进入流通，与成员国货币共同流通；2002 年 3 月 1 日后，欧元区 12 国货币退出流通，完全用欧元取代，欧洲经济与货币联盟基本完成。截至 2017 年，欧元区共有 19 个成员。

欧元的出现使欧洲各国的金融市场和股票交易更趋一体化，欧洲在国际金融货币体系中的地位和作用也得到加强。欧元作为国际清算、交易和储备货币的地位直接向美元的霸权地位发起了挑战，从而在经济上也有助于多极化世界的发展。

（6）向政治一体化迈进

在 20 世纪 50 年代签署的《罗马条约》就达成了在实现经济一体化到一定阶段时，即开始规划政治一体化，建立"欧洲政治联盟"。1974 年成立的"欧洲理事会"使各国首脑直接参与了共同体的事务，向政治一体化的目标迈进了一大步，成为事实上的欧共体最高决策机构。

欧盟各国领导人经过漫长的马拉松式的谈判，终于在 2005 年 6 月 18 日就《欧盟宪法条约（草案）》达成一致。由于荷兰、法国的反对仍没有正式生效。2007 年 12 月 13 日欧盟各国首脑在里斯本签署欧盟新条约——《里斯本条约》。《里斯本条约》取代了 2005 年在荷兰和法国全民公决中遭否决的《欧盟宪法条约》。《里斯本条约》于 2009 年 12 月 1 日正式生效。《里斯本条约》旨在保证欧盟的有效运作及欧洲一体化进程的顺利发展。

4. 欧盟的宗旨

欧盟的宗旨是通过建立无内部边界的空间，加强经济、社会的协调发展和建立最终实行统一货币的经济货币联盟，促进各成员国的经济和社会的均衡和持久进步，并通过实行最终包括共同防务政策的共同外交和安全政策，在国际舞台上弘扬联盟的个性。

当前，欧盟统一货币的目标已基本实现。根据共同外交和安全政策，欧盟拟定了一项欧洲共同安全和防务政策（CESDP）。该政策旨在加强欧盟在周边或更远地区出现危机时的应对能力，以及与北约密切合作，建立一支快速反应部队，以执行临时维和和其他非作战使命。这样一支部队的存在可协助欧盟扩展其现有的行动范围，包括警察行动、边境控制和人道主义援助等。欧盟各成员国已承诺就重大国际问题采取共同立场和共同行动，有关外交的重大决策由欧洲理事会一致作出，但某些具体政策和行动的实施则由部长理事会以特定多数作出决定。

5. 欧盟的组织机构

欧盟是一个超国家的组织，既有国际组织的属性，又有联邦的特征。欧盟成员国自愿将部分国家主权转交欧盟，欧盟在机构的组成和权利的分配上，强调每个成员国的参与，其组织体制以"共享""法制""分权和制衡"为原则。作为一个经济、政治实体，欧盟的主要官方机构有以下几种。

（1）欧洲理事会

欧洲理事会（European Council）是欧盟的最高决策机构，由各成员国元首或政府首脑及欧委会主席组成，每年至少举行两次会议，主要是确定欧盟的内部建设和对外关系的政策方针。理事会主席由各成员国轮流担任，任期 2 年半，可以连任。

（2）欧盟理事会

欧盟理事会（Council of European Union）即部长理事会，是欧盟的日常决策机构，由成员国外长组成总务理事会，其他部长组成专门理事会，主席由成员国轮任，任期 6 个月，主要负责制定欧盟法律、法规和有关欧盟发展、机构改革的各项重大政策等。欧盟理事会与欧洲议会分享立法权和预算批准权，并负责批准由欧委会预先谈判并签订的国际条约。

（3）欧盟委员会

欧盟委员会（European Commission）简称欧委会，是欧盟的常设执行机构，其主要职责是：实施欧盟有关条约、法规和欧盟理事会作出的决定；向欧盟理事会和欧洲议会提出政策实施报告和立法动议；处理欧盟日常事务，代表欧盟进行对外联系和贸易等方面的谈判；在欧盟共同外交和安全政策方面，欧委会只有建议权和参与权。欧委会总部设在布鲁塞尔，委员任期为五年。从 2014 年起，欧委会委员由 27 名减至 18 名，每个委员负责一定范围内的事务。

（4）欧洲议会

欧洲议会是欧盟最高立法机构，在欧盟内部担任法律监督和咨询的职责。议会总秘书处设在卢森堡。法国的斯特拉斯堡为欧洲议会全体会议所在地，各委员会和各党团会议在布鲁塞尔举行。《里斯本条约》规定，欧洲议会的权力将增强。议会的议席数将从目前的 785 席减至 750 席，一些国家所占议席数将根据其人口数量作出调整。

（5）欧洲法院

欧洲法院（European Court of Justice）设在卢森堡，是欧盟的仲裁机构，负责解释欧盟的各项条约和法规，同时负责审理和裁决在执行条约和规定中发生的各种争议。《里斯本条约》规定，欧洲法院将被赋予更大权力，可以就各国司法和内政相关的法律是否与欧盟法律相冲突进行裁决。

（6）欧洲审计院

欧洲审计院（European Court of Auditors）负责审计欧盟及其各机构的账目，审查欧盟的收支状况，并确保对欧盟财政进行良好的管理，对接受欧盟援助的非成员国进行调查等。其特权在受到挑战时，可通过欧洲法院得到保护。

此外，欧盟还有欧洲中央银行、欧洲投资银行、欧洲经济和社会委员会、欧洲地区委员会、欧洲统计局、欧洲共同农业基金、欧洲投资基金、欧洲发展基金等机构。

5.3.2　北美自由贸易区

1. 北美自由贸易区概况

北美自由贸易区（North American Free Trade Area，NAFTA）现有美国、加拿大和墨西哥三国，于1994年1月1日成立，其人口有3.67亿，面积有2 130.7万平方公里，GDP超过10万多亿美元，贸易额占世界的1/5以上，经济实力足以与欧洲联盟相抗衡，是世界上出现的第一个由发达国家与发展中国家组成的贸易集团化组织。

北美自由贸易区起步虽晚，发展却很快，从成立之日起计划在15年内实现货物自由流动。目前，各国总体上消除了关税和非关税壁垒，实现了商品和投资的自由流动目标。

2. 北美自由贸易区产生的历程

《北美自由贸易协定》的签订，标志着北美自由贸易区的成立。《北美自由贸易协定》是美加自由贸易协定的扩大和延伸，它的签订和生效经历了一段漫长的发展过程。

早在20世纪70年代，美国就已提出在美、加两国之间开展双边自由贸易的倡议。进入20世纪80年代后，美、加之间的经济关系获得了进一步发展，双方在贸易、投资上相互渗透、相互依赖的关系进一步加深。然而，两国在经济上的矛盾又频频发生并不断扩大，以致危及双方的经济利益。1985年3月，加拿大总理马尔罗尼和美国总统里根首次正式提出建立北美自由贸易区的主张。1985年5月，美、加开始建立北美自由贸易区的协商谈判。1987年10月，两国达成《美加自由贸易协定》。1988年1月2日，美国与加拿大签署了美、加两国自由贸易协定，1989年1月1日正式生效。该协定规定，两国在10年内逐步取消两国间的一切关税，并有步骤地减少制造业、能源、农业及银行服务业等方面的其他贸易壁垒，从而扩大两国间的贸易往来。

《美加自由贸易协定》的签订和顺利实施，致使美国和墨西哥都产生了在美、墨两国之间早日开展双边自由贸易的愿望。1990年6月，两国就签订美墨自由贸易协定问题开始进行探索。加拿大意识到，如果美、墨一旦达成协议，将给加拿大经济带来明显的不利影响，因而要求参加美、墨谈判，以便达成一项三边自由贸易协定。实际上三国都认识到共同订立一个三边协定对各方都将更为有利。1991年6月，三边谈判正式开始，几经曲折，终于在1992年8月达成协议。1993年，为完善北美自由贸易协定，三国又达成了一项"补充协定"；1994年1月1日，《北美自由贸易协定》正式生效，它标志着北美自由贸易区的诞生。

3. 《北美自由贸易协定》的总目标

《北美自由贸易协定》的总目标是：将在15年时间内，分三个阶段逐步取消三国间的关税，实现商品和服务的自由流通；在三国9 000多种商品中，约50%的商品的关税立即取消，15％将在 5 年内取消，其余的大部分在 10 年内取消，少数商品在 15 年内取消。此外，还将开放金融市场，放宽对外资的限制，保护知识产权等，以形成一个拥有 3.6 万亿美元的世界最大的自由贸易集团。

北美自由贸易区是世界上第一个由最富裕的发达国家和发展中国家组成的经济一体化组织。它打破了传统的一体化模式，其成功实践，为在经济发达国家与发展中国家之间建立和实行南北型的区域经济一体化提供了范例。北美自由贸易区成立后，作为发展中国家的墨西哥与发达国家的美国、加拿大资源互补，共同发展，综合经济实力和人民生活快速提高的事实，充分证明了在相邻相近的发达国家与发展中国家之间是可以实行地区经济一体化的。对美国来说，在世界市场竞争日益激烈的情况下，还可增强它对日本和西欧的抗衡力量。

4. 北美自由贸易区的发展趋势

1994 年 12 月 10 日，在美国召集下，北美、南美和加勒比海地区除古巴以外的所有 34 个国家在美国迈阿密参加"美洲首脑会议"，讨论建立美洲自由贸易区。会上通过了《原则声明》和《行动计划》，并决定将 2005 年确定为完成谈判的最后期限。《原则声明》确定美国与其他国家的"发展与繁荣伙伴关系"，通过经济一体化和自由贸易区促进社会和经济的繁荣，在 2005 年前就贸易和投资障碍的逐步取消列出时间表。1998 年 4 月，在智利首都圣地亚哥召开了第二届美洲国家首脑会议，会议的中心议题和最大成果之一就是 1998 年 5 月正式启动将于 2005 年建立美洲自由贸易区的谈判计划。然而，美国同阿根廷、巴西、巴拉圭和乌拉圭等国在农产品补贴、农产品市场准入等问题上存在严重分歧，美洲自由贸易区谈判进展缓慢，最终陷入僵局。

北美自由贸易区在美国的大力推动下将最终发展成为"西半球自由贸易区"。从长远的战略考虑，美国还试图以北美自由贸易区为纽带把美洲与亚洲连接起来，组建"环太平洋经济圈"及促成北美自由贸易区与欧盟共同建立"大西洋共同体"。

5.3.3　亚太经济合作组织

1. 亚太经济合作组织的发展

亚太地区广义上所指的地理范围是十分广阔的，但重点是指亚洲乃至西南太平洋区域的一系列国家和地区，亚太经济合作组织（Asia-Pacific Economic Cooperation，APEC，简称亚太经合组织）由亚太地区的 21 个国家和地区组成，人口多，面积大，发展速度快，但情况也很复杂，地理上跨越亚洲、大洋洲、美洲。

20 世纪 80 年代，国际形势因冷战结束而趋向缓和，世界经济全球化、贸易投资自由化和地区集团化的趋势渐成潮流。亚太地区国家在资源、资金、技术和市场等方面有着极大的互补性。随着亚太地区的崛起，各国间经济贸易相互依存的不断加强，在世界经济一体化趋势日益发展的影响下，加强亚太地区的经济合作已成为普遍的要求和必然的趋势，从而提上了各有关国家的议事日程。

澳大利亚前总理霍克 1989 年 1 月提出召开亚太地区部长级会议，讨论加强相互间经济合作的倡议。这一倡议得到美国、加拿大、日本和东盟的积极响应。1989 年 11 月 6 日至 7 日，亚太地区的 12 个国家（美国、日本、澳大利亚、加拿大、新西兰、韩国、马来西亚、泰国、菲律宾、印度尼西亚、新加坡、文莱）在堪培拉举行了第一届部长级会议，这标志着亚太经合组织的成立。

1991年11月，在汉城举行了第三次部长级会议，签署了《汉城宣言》，中国以主权国家身份，中国台北和中国香港以地区经济名义正式加入亚太经合组织，首次确立了亚太经合组织的宗旨和目标："相互依存，共同利益，坚持开放的多边贸易体制和减少区域贸易壁垒。推动全球贸易投资自由化，加强成员间贸易、投资和技术领域的经济合作。"

1993年11月，在西雅图召开了第五次部长级会议和第一次领导人非正式会议，墨西哥、巴布亚新几内亚被接纳为成员，通过 APEC "贸易和投资框架宣言"，明确指出：APEC 的目标是实现自由化，推动亚太地区以市场为导向的经济合作，促进该地区贸易、投资自由化的发展，消除 APEC 成员间的贸易和投资障碍。

1994年11月，在雅加达召开的第六次部长级会议和第二次领导人非正式会议上，智利加入 APEC，各成员领导人在印度尼西亚茂物发表了《APEC 经济领导人共同决心宣言》，简称《茂物宣言》，决心把亚太地区实现贸易和投资自由化作为 APEC 的长远目标，确定发达国家及新兴工业化国家在2010年前、发展中国家在2020年前实现区域内贸易和投资自由化的目标。各国一致同意在人力资源、经济基础设施建设、科学技术、环境保护、中小企业发展和公共部门成员的参与等部门加强合作。宣言重申，APEC 反对成立一个同全球贸易自由化目标相偏离的、具有对外保护作用的内向型贸易集团。

1995年11月，APEC 第七届部长级会议和第三次领导人非正式会议在日本大阪举行，发表了《大阪宣言》，并通过了《执行茂物宣言的大阪行动议程》，公布了贸易和投资自由化的首次行动措施。

1996年11月，APEC 第八届部长级会议和第四次领导人非正式会议在菲律宾召开，会议正式公布了各成员提交的实施贸易与投资自由化的单边行动计划和具体措施。

1997年8月，APEC 在加拿大温哥华举行了第九届部长级会议和第五次领导人非正式会议，重申了实现贸易和投资自由化的决心，并宣布在医药等9个部门率先实行自由化。

1998年11月，APEC 第十届部长级会议和第六次领导人非正式会议在马来西亚吉隆坡举行，秘鲁、俄罗斯、越南加入 APEC。这次会议通过了《走向21世纪的亚太经合组织科技产业合作议程》和《吉隆坡技能开发行动计划》等重要文件，突出了亚太经合组织成员经济合作的努力。

截至2017年年底，亚太经合组织共召开25次领导人非正式会议。

※知识链接

截至2017年年末，亚太经合组织先后两次在中国召开领导人非正式会议。

2001年10月21日，亚太经合组织在中国上海举行第9次领导人非正式会议。中国国家主席江泽民主持会议并发表题为《加强合作，共同迎接新世纪的新挑战》的重要讲话，全面阐述了中国对当前世界和地区经济形势的看法，以及对推进 APEC 合作进程的主张。

2014年11月11日，亚太经合组织第22次领导人非正式会议在北京雁栖湖国际会议中心举行，中国国家主席习近平主持会议。各成员领导人围绕"共建面向未来的亚太伙伴关系"主题和"推动区域经济一体化""促进经济创新发展、改革与增长""加强全方位基础设施与互联互通建设"等重点议题深入交换意见，共商区域经济合作大计，并达成广泛共识。

（资料来源：新华网）

到目前为止，亚太经合组织共有 21 个成员：澳大利亚、文莱、加拿大、智利、中国、中国香港、印度尼西亚、日本、韩国、墨西哥、马来西亚、新西兰、巴布亚新几内亚、秘鲁、菲律宾、俄罗斯、新加坡、中国台北、泰国、美国和越南。1997 年温哥华领导人会议宣布 APEC 进入 10 年巩固期，暂不接纳新成员。亚太经合组织 21 个成员拥有 25 亿人口，占世界人口的 45%，各成员的国内生产总值（GDP）之和超过 19 万亿美元，占世界的 55%，贸易额占 46%。

2. 组织机构及运作方式

APEC 的组织机构分为 5 个层次。

（1）领导人非正式会议

领导人非正式会议是亚太经合组织最高级别的会议，每年下半年举行。会议就有关经济问题发表见解，交换看法，会议形成的领导人宣言是指导亚太经合组织各项工作的重要纲领性文件。首次领导人非正式会议于 1993 年 11 月在美国西雅图召开，此后每年下半年召开一次，在各成员之间轮流举行，由各成员领导人出席（中国台北只能派出主管经济事务的代表出席）。

（2）部长级会议

部长级会议是 APEC 决策机制中的一个重要组成部分，分为部长级会议和专业部长级会议。部长级会议实际是"双部长"会，即各成员的外交部长（中国香港和中国台北除外）和经济部长（或外贸部长、商业部长等）会议，在每年的领导人非正式会议前举行，开始于 1989 年。专业部长级会议是指讨论中小企业、旅游、环保、教育、科技、通信等问题的部长会议。

（3）高官会

高官会是亚太经合组织的协调机构，每年举行 3～4 次，一般由各成员司局或大使级官员组成，提出议题，相互交换意见，协调看法，归纳集中，然后提交部长级会议讨论。高官会的主要任务是负责执行领导人和部长级会议的决定，并为下次领导人和部长会议做准备。

（4）委员会和工作组

高官会下设 4 个委员会，即贸易和投资委员会（CTI），负责贸易和投资自由化方面高官会交办的工作；经济委员会（EC），负责研究本地区经济发展趋势和问题；经济技术合作分委员会（ESC），负责指导和协调经济技术合作；预算管理委员会（BMC），负责预算、行政和管理方面的问题。此外，高官会还下设 9 个工作组，4 个政策级专家组。

（5）秘书处

秘书处于 1993 年 1 月在新加坡设立，为 APEC 各层次的活动提供支持与服务。秘书处最高职务为执行主任，任期一年，由 APEC 当年的东道主指派；副执行主任由下届 APEC 会议东道主指派，一年之后成为执行主任。

3. 亚太经济合作组织的特点

与欧盟、北美自由贸易区相比，亚太经济合作组织具有其自身特点。

（1）参与国的广泛性

APEC 的 21 个成员均在环太平洋地区，位于美洲、亚洲和大洋洲，成员在历史、文化、宗教、政治制度及经济发展水平等方面都具有广泛的代表性。其中有富有、发达的国家，如美国、日本，也有像巴布亚新几内亚、越南这样的发展中国家；有世界面积大国，如俄罗斯、加拿大，也有像新加坡、文莱这样的小国。这就决定了 APEC 不会像欧盟和北美自由贸易区那样合作紧密，而只能是一种建立在共同利益基础上的松散合作。

（2）开放性

由于 APEC 的大多数国家和地区都是实行出口导向型战略发展起来的，因此 APEC 绝大多数成员主张亚太地区的区域性经济一体化应是开放性的，不应对外设置共同的贸易壁垒，不能损害该地区国家与区外国家之间的经济利益。

（3）功能性整合与制度性整合并存

APEC 成员的差异性决定了其经济一体化在逐步实行功能性整合与制度性整合并存的局面。APEC 以实现自由贸易区或共同市场为目标，因为这样既保持了一体化的开放性，又体现了其功能性整合的特点。

正是基于上述特点，APEC 目前还很难形成紧密度非常强、经济一体化程度较高的关税同盟、经济同盟等组织形式。

※知识链接

东南亚国家联盟（简称东盟）的前身是 1961 年由马来西亚、菲律宾和泰国三国建立的东南亚联盟（ASA）。1967 年 8 月 8 日，东南亚联盟三国加上新加坡、印度尼西亚，5 国在泰国曼谷举行会议，发表了《东南亚国家联盟宣言》（也称《曼谷宣言》），成立了东南亚国家联盟。1984 年文莱加入了东盟。1995 年越南成为东盟的第 7 个成员国。1997 年 7 月，缅甸、老挝入盟。1999 年 4 月 30 日，东盟在河内举行特别仪式，宣布接纳柬埔寨为东盟第 10 个成员。柬埔寨成为最后加入东盟的东南亚国家。现在东盟成员国一共有 10 个。

（资料来源：网络高交会）

5.4　地区经济一体化理论

地区经济一体化是世界政治、经济发展和演化的必然产物，它对世界经济和贸易产生深远的影响。关于地区经济一体化对世界经济和贸易的影响问题，西方经济学家也提出了许多理论来加以分析和解释。

5.4.1　关税同盟理论

关税同盟理论是最具代表性的地区经济一体化理论。系统提出关税同盟理论的是美国经济学家范纳（J. Viner）和李普西（K. G. Lipsey）。

1. 关税同盟的静态效果

关税同盟建立后，关税体制变为对内取消关税、对外设置差别待遇的共同关税，会产生以下静态效果。

（1）贸易创造效果（trade creating effect）

贸易创造效果由生产利得和消费利得构成。关税同盟成立后，在比较优势的基础上实行专业化分工。这样，关税同盟某成员国的一些国内生产品便被其他生产成本更低的产品的进口所替代，原来由本国生产的产品，现在从成员国进口，新的贸易得以创立。同时，由于从成员国进口成本低的产品代替原来成本高的产品，该国就可以把原来生产成本高的资源转向生产成本低的产品，从而获得利益。消费者可以用更低的价格消费从成员国进口的产品，消费者剩余增加。贸易创造的结果使关税同盟国的社会福利水平提高。

如图 5-1 所示，在一定的固定汇率下，某一商品 A 用同种货币在甲国表示的价格为 32元，在乙国为 25 元，在丙国为 21 元，设甲、乙两国结成关税同盟后互相取消关税。在缔结关税同盟前，甲国凭借征收 120% 的高关税有效地阻止来自丙国的 A 商品进口，乙国也同样如此，则甲、乙、丙三国的贸易被关税所隔断。若甲、乙两国建立关税同盟，互相取消关税，甲国根据比较优势从乙国进口 A 商品，用于生产 A 的资源转而生产其他商品，这样就扩大和充分利用了自然资源；对乙国而言，由于甲国市场消费的 A 商品均由乙国生产，则生产规模扩大，生产成本降低，乙国可获得生产规模扩大的利益。因而，在缔结关税同盟后，创造出了从乙国向甲国出口的新的贸易和国际分工。对丙国而言，由于它原来就在关税阻隔下，不能与甲、乙两国发生贸易关系，所以仍和新的贸易开始一样，没有不利。如果把关税同盟增加收入、增加其他商品的进口动态效果计算进去，丙国也会有利可图。因此，建立关税同盟对世界都是有利的。

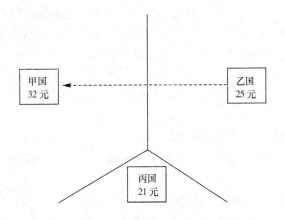

图 5-1　关税同盟理论的贸易创造效果

（2）贸易转移效果（trade diversing effect）

假定缔结关税同盟前成员国不生产某种商品而采取自由贸易的立场，免税（或关税很低）地从世界上生产效率最高、成本最低的国家进口产品；关税同盟成立后，同盟成员国的该产品转由同盟内生产效率最高的国家进口。如果同盟内生产效率最高的国家不是世界上生产效率最高的国家，则进口成本较同盟成立前增加，消费支出扩大，使同盟国的社会福利水平下降，这就是贸易转移效果。

如图 5-2 所示，缔结关税同盟前，设甲国自由地从乙、丙两国进口 A 产品，当然就会从成本和价格最低的丙国进口。设立关税同盟后，假定甲、乙两国的关税税率为零，而甲国和乙国对丙国 A 产品的关税统一定为 60%。于是，甲国 A 产品的进口从关税同盟以外的丙国转移到同盟内的乙国，从成本低的供给源向成本高的供给源转移。这就是贸易转移效果。甲国和丙国当然受到损失，同时因不能有效地分配资源而使整个世界福利降低。

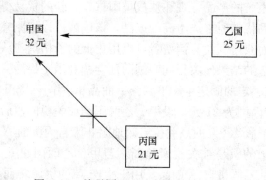

图 5-2　关税同盟理论的贸易转移效果

关税同盟的经济效果，就是由贸易创造获得的利益减去贸易转移造成的损失所得到的实际利益。据西方学者的估算，欧洲联盟由贸易创立形成的进口额远远大于从外部世界供应者向成员国转移的价值。两相抵消后，意味着关税同盟给成员国带来更多的净利益。

（3）贸易扩大效果（trade expansion effect）

贸易创造效果和贸易转移效果是从生产方面考察关税同盟的贸易影响的，而贸易扩大效果则是从需求方面进行分析的。关税同盟无论是在贸易创造还是在贸易转移情况下，由于都存在使需求扩大的效应，从而都能产生扩大贸易的结果。因而，从这个意义上讲，关税同盟可以促进贸易的扩大，增加经济福利，这就是贸易扩大效果。

（4）关税同盟成立后，可减少行政支出

关税同盟建立后，由于成员国之间的货物自由流通，取消或减少关卡，使政府及企业均减少支出，节省开支。

（5）关税同盟成立后，可以减少走私

由于内部取消关税，对外实行统一的较低的关税率，使高关税诱发的走私活动能较好地得到抑制。

（6）关税同盟成立后，可增强同盟国对外谈判的实力

关税同盟建立后，可以使同盟国作为一个整体与其他国家或地区进行经贸谈判，这必然使其谈判力量大大增强，讨价还价能力提高，能较好地维护成员国的经贸利益。

2. 关税同盟的动态效果

（1）资源合理配置

关税同盟的建立使成员国的市场竞争加剧，专业化分工向广度和深度扩展，生产要素和资源配置更加优化。

（2）获取规模经济利益

关税同盟成立后，成员国国内市场向统一的大市场转移，自由市场扩大，从而使成员国能获取规模经济利益。

（3）刺激投资

关税同盟的建立，使市场扩大、投资环境大大改善，从而吸引成员国厂商扩大投资，也能吸引非成员国的资本向同盟成员国转移。对同盟成员国而言，为提高货物竞争能力、改进货物品质、降低生产成本，需要增加投资。对非成员国，为了获得消除关税的好处、突破同盟成员国的歧视性贸易措施，会以扩大投资的方式提高本国厂商的竞争能力。

（4）加速经济发展

关税同盟建立后，由于生产要素可在成员国之间自由流动，市场趋于统一，竞争加剧，投资规模扩大，从而促进了研究与开发的扩大和技术的进步，加速了各成员国经济的发展。

5.4.2　自由贸易区理论

英国学者罗布森（Robson）将关税同盟理论应用于自由贸易区，提出了专门的自由贸易区理论。根据罗布森的分析，自由贸易区与关税同盟相比有两个特点：一个特点是成员国对非成员国的进口有制定关税的自主权；另一个特点是在自由贸易区适用原产地规则，即产品必需原产于区域内或产品的主要部分原产于区域内，这种产品才可以在区域内进行自由贸易。与关税同盟的情况一样，自由贸易区也可以有贸易创造效果和贸易转移效果，但与关税同盟的这两种效果在实际运作中存在差异。

罗布森认为，自由贸易区给成员带来消费者剩余的损失和负的生产效应较关税同盟小，而福利水平的提高优于关税同盟。自由贸易协定可以使生产厂商获得重大的内部经济利益与外部经济利益。内部规模经济主要来自对外贸易的增加，以及随之而来的生产规模的扩大和生产成本的降低。外部规模经济则来源于整个国民经济或一体化组织内的经济发展。此外，从外部世界来看，在关税同盟条件下，外部世界的出口会减少，社会福利水平随之下降；而在自由贸易区条件下，外部世界的出口不但不会减少，反而还会增加，这样外部世界的福利水平也可得到提升。

国际货币基金组织专家认为："自由贸易区可以使进口国避免因单边降低壁垒而蒙受不必要的贸易转移损失。这样就可以获得区域外低成本供应来源。同时，已经实行比较自由的贸易体制或愿意放开贸易政策的成员国将不再受自由贸易区的限制。"

说一说：

学生分小组讨论：关税同盟理论与自由贸易区理论相比哪个更有利于我国贸易发展？

5.4.3 共同市场理论与大市场理论

共同市场与关税同盟相比较，其一体化范围又更进了一步。共同市场理论与大市场理论有许多相近之处，大市场理论是在共同市场理论基础上发展起来的。

共同市场理论的代表人物是米德和伍顿，主要分析在生产要素可以自由流动的条件下，对共同市场内部各成员生产要素价格及收益的影响，认为建立共同市场可以产生净收益，使成员总的国民收入水平上升，并且还可能伴随技术与管理水平的转移，因而会使劳动生产率明显提高，进而带来经济增长效应。

大市场理论的代表人物为西托夫斯基和德纽，他们以共同市场为分析基础，主要论述了区域经济一体化的竞争效应。他们分别从"小市场"和"大市场"的角度分析了大市场理论的经济效应。西托夫斯基和德纽认为，以前各国之间推行狭隘的只顾本国利益的贸易保护政策，把市场分割得很狭小而又缺乏适度的弹性，这样只能为本国生产厂商提供狭窄的市场，无法实现规模经济和大批量生产的利益。西托夫斯基和德纽的理论核心是：通过国内市场向统一的大市场延伸，扩大市场范围，获得规模经济，从而实现经济利益。大市场的形成会促进和刺激经济的良性循环，带动经济蓬勃发展。与此同时，区外国家为了保持原来的市场和产品竞争优势，会选择将生产转移到区内，绕过关税和非关税壁垒。因此，区域经济一体化使外资通过区内设厂生产，绕开大市场的壁垒限制，从而产生了大量资本流入。大市场理论虽然是针对共同市场提出的理论，它同样适合于自由竞争与自由贸易的任何状况。

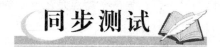

同步测试

一、单项选择题

1. 欧洲自由贸易联盟属于下列哪种经济一体化？（　　　）

　　A. 经济同盟　　　　B. 关税同盟　　　　C. 自由贸易区　　　　D. 优惠贸易安排

2. 欧盟是从（　　　）阶段起步的。

　　A. 优惠贸易安排　　B. 自由贸易区　　　C. 关税同盟　　　　D. 共同市场

3. 中国是下列哪个地区经济一体化的成员？（　　　）

　　A. 欧盟　　　　　　　　　　　　B. 北美自由贸易区

　　C. 东南亚国家联盟　　　　　　　D. 亚太经合组织

4. 地区经济一体化中最低级、最松散的一种形式是（　　　）。

　　A. 关税同盟　　　　B. 自由贸易区　　　C. 经济同盟　　　　D. 优惠贸易安排

5. 经济一体化的最高级阶段是（　　　）。

　　A. 自由贸易区　　　B. 共同市场　　　　C. 完全经济一体化　D. 经济同盟

6. 关税同盟的主要内容是（　　　）。

A. 成员国之间实行自由贸易政策

B. 同盟国外部实行独立的关税

C. 同盟国外部实行统一的关税

D. 同盟国内部实行自由贸易，对外实行统一的关税

二、多项选择题

1. 世界上已形成的两个最大的经济区域集团是（　　）。

    A. 欧洲经济共同体 　　　　　　　　B. 欧洲联盟

    C. 北美自由贸易区 　　　　　　　　D. 东南亚国家联盟

2. 美国是下列哪几个地区经济一体化的成员？（　　）

    A. 欧盟 　　　　　　　　　　　　　B. 北美自由贸易区

    C. 亚太经合组织 　　　　　　　　　D. 东盟

三、判断题

（　　）1. 区域经济一体化与经济全球化没有联系。

（　　）2. 欧洲联盟与欧洲共同体没有关系。

（　　）3. 目前欧盟成员国都统一使用了欧元。

（　　）4. 自由贸易区对外实行统一的关税。

（　　）5. 北美自由贸易区是世界上第一个由最富裕的发达国家和发展中国家组成的经济一体化组织。

（　　）6. 中国是东南亚国家联盟的成员。

（　　）7. 从贸易壁垒取消程度看，关税同盟要比自由贸易区更进一步。

（　　）8. 优惠贸易安排是区域经济一体化最低级、最松散的一种形式。

（　　）9. 欧盟是世界上成立最早、一体化程度最高的一体化组织，已经达到完全经济一体化。

（　　）10. 缔结关税同盟的国家的关境大于国境。

四、简答题

1. 什么是经济全球化与经济一体化？它们之间有什么联系？

2. 何为地区经济一体化？地区经济一体化的主要组织形式是什么？

3. 地区经济一体化的发展特点是什么？

4. 欧洲联盟、北美自由贸易区和亚太经济合作组织的发展概况是怎样的？

5. 关税同盟理论的内容是什么？它是如何解释国际贸易的？

案例分析

跨太平洋伙伴关系协定

　　跨太平洋伙伴关系协定（Trans-Pacific Partnership Agreement，TPP），也被称作"经济北约"，是目前重要的国际多边经济谈判组织，TPP 不仅涵盖国际贸易领域，还对劳工和环境、知识产权、国有企业等敏感议题进行了规范，因此也被称为"21 世纪的贸易协定"。TPP 的前身是跨太平洋战略经济伙伴关系协定（P4 协议），是由亚太经济合作组织中的新西兰、新加坡、智利和文莱四国发起，从 2002 年开始酝酿的多边关系的自由

贸易协定，原名为亚太自由贸易区，旨在促进亚太地区的贸易自由化，四国于 2005 年签署 P4 协议。

2009 年 11 月 14 日，奥巴马宣布美国将参与 TPP 谈判，强调这将促进美国的就业和经济繁荣，为设定 21 世纪贸易协定标准做出重要贡献。与此同时，秘鲁、越南和澳大利亚也宣布加入谈判，由此实现了 P4 向 P8 的转变，影响随之扩大。

2015 年 10 月 5 日，跨太平洋战略经济伙伴关系协定（TPP）终于取得实质性突破，美国、日本等 12 个国家就 TPP 达成一致。谈判的结果是产生了一份标准高、目标高、全面且平衡的协议，其宗旨是在缔约国促进经济增长，支持工作岗位的创造和维持，增进创新、生产力和竞争力，提高生活水平，减少贫困，进而促进透明度、良好治理及劳动和环境保护。

2017 年 1 月 23 日，美国总统特朗普签署行政命令，正式宣布美国退出跨太平洋伙伴关系协定。美国退出 TPP，这对其他看重 TPP 的国家无疑是个打击。美国退出 TPP 后，其余 11 国在日本的推动下修订了协定，并于 2018 年 3 月初签署"跨太平洋伙伴全面进展协定"（简称 CPTPP），预计会有更多国家将在较迟阶段加入该协定。

（资料来源：新浪财经）

讨论：
1. TPP 的发展历程是怎样的？达成了怎样的协议？
2. 中国是否是 TPP 成员？TPP 对中国有何影响？
3. 美国退出 TPP 对 TPP 协定的生效有何影响？

第 6 章
国际资本移动与跨国公司

引 例

可口可乐公司的跨国发展

可口可乐公司成立于 1886 年 5 月 8 日，总部设在美国佐治亚州的亚特兰大，是全球最大的饮料公司，拥有全球 48% 的市场占有率及全球前三大饮料的两项（可口可乐排名第一，百事可乐第二，低热量可口可乐第三），可口可乐在 200 个国家拥有 160 种饮料品牌，包括汽水、运动饮料、乳类饮品、果汁、茶和咖啡，亦是全球最大的果汁饮料经销商（包括 Minute Maid 品牌），在美国排名第一的可口可乐为其取得超过 40% 的市场占有率，而雪碧（Sprite）则是成长最快的饮料，其他品牌包括伯克（Barq）的 Root Beer（沙士）。2017 年 6 月 7 日，2017 年《财富》美国 500 强排行榜发布，可口可乐公司排名第 64 位。

可口可乐在欧洲的优势特别强，市场份额达到 50%。在日本，可口可乐控制了 80% 的销售。在 1990 年公司的总利润中，来自日本的利润占了 21%，欧洲占有 33%，其他国际市场总计 26%。可口可乐运用了几个策略发展其国际市场。在法国，可口可乐 1989 年收回了一个经营不善的特许协议。到了 1990 年，在法国的销售量增加了 23%。

1990 年，在柏林墙倒下的几天后，可口可乐就将苏打从敦刻尔克的一个新工厂运到了柏林。在 1989 年，可口可乐将其在哥伦比亚电影公司的 49% 的股份卖给索尼公司并将这笔钱重新投入其海外软饮料的经营上。可口可乐的首席执行官称公司"九十年代的商业将助长世界的发展"。可口可乐定下在国际市场上增长率为 8%～10% 的目标，并打算加速其在海外装瓶合资厂的少量利润的增长。

早在 20 世纪初"可口可乐"已在亚洲面世，首先在菲律宾生产，并运来中国出售，在上海等城市销售。1927 年可口可乐在上海及天津设厂生产，稍后更在青岛及广州生产。1933 年，在上海的可口可乐生产厂是美国以外最大的厂，在 1948 年，更是美国境外第一家年产量超过一百万箱的工厂。1978 年可口可乐重返中国，至今已在中国投资达 11 亿美元。经过几十年的发展，可口可乐公司已经在中国建立了 40 多家罐装饮料厂，形成了辐射全国的生产基地和销售网，年销售额近百亿元。在中国民族饮料工业的压力下，可口可乐公司营销策略开始改变并开始了在中国市场走向本土化的进程。

（资料来源：百度百科）

分析：可口可乐公司在欧洲及亚洲的跨国发展分别采取哪些策略？你还知道哪些公司的跨国发展？

国际资本移动是资本主义发展到垄断阶段后出现的重要经济现象，在当代世界经济中居于重要的地位。而跨国经营是一种以对外直接投资、就地生产、就地销售为主要形式，以全球资源和世界市场为基础的大规模经营方式，跨国经营的主体是跨国公司。国际资本移动尤其是跨国公司的发展，对世界经济和国际贸易的发展产生了极其重要的影响。

6.1 国际资本移动的含义及主要形式

讨 论

学生分小组讨论：

1. 什么是国际资本移动？
2. 国际资本移动的主要形式有哪些？

6.1.1 国际资本移动的含义

国际资本移动是指资本从一个国家或地区跨越国界向其他国家或地区移动，以便进行生产和金融等方面的投资活动。它是资本主义发展到垄断阶段后出现的重要经济现象，在当代世界经济中居于重要的地位。

6.1.2　国际资本移动的原因

引起国际资本移动的原因很多，有根本性的和一般性的、政治的和经济的，归结起来主要有以下几个方面。

（1）过剩资本的形成或国际收支大量顺差

过剩资本是指相对的过剩资本。随着资本主义生产方式的建立，资本主义劳动生产率和资本积累率的提高，资本积累迅速增长，在资本的特性和资本家唯利是图的本性的支配下，大量的过剩资本就被输往国外，追逐高额利润，早期的国际资本流动就由此产生了。随着资本主义的发展，资本在国外获得的利润也大量增加，反过来又加速了资本积累，加剧了资本过剩，进而导致资本对外输出规模的扩大，加剧了国际资本流动。近 20 年来，国际经济关系发生了巨大变化，国际资本、金融、经济等一体化趋势有增无减，加之现代通信技术的发明与运用，资本流动方式的创新与多样化，使当今世界的国际资本流动频繁而快捷。总之，过剩资本的形成与国际收支大量顺差是早期也是现代国际资本流动的一个重要原因。

（2）利用外资策略的实施

无论是发达国家，还是发展中国家，都会不同程度地通过不同的政策和方式来吸引外资，以达到一定的经济目的。美国目前是全球最大的债务国。而大部分发展中国家，经济比较落后，迫切需要资金来加速本国经济的发展，因此往往通过开放市场、提供优惠税收、改善投资软硬环境等措施来吸引外资的进入，从而增加或扩大了国际资本的需求，引起或加剧了国际资本流动。

（3）利润的驱动

增值是资本运动的内在动力，利润驱动是各种资本输出的共有动机。当投资者预期一国的资本收益率高于他国，资本就会从他国流向该国；反之，资本就会从该国流向他国。此外，当投资者在一国所获得的实际利润高于本国或他国时，该投资者就会增加对该国的投资，以获取更多的国际超额利润或国际垄断利润，这些也会导致或加剧国际资本流动。在利润机制的驱动下，资本从利率低的国家或地区流向利率高的国家或地区。这是国际资本流动的又一个重要原因。

（4）汇率的变化

汇率的变化也会引起国际资本流动。尤其 20 世纪 70 年代以来，随着浮动汇率制度的普遍建立，主要国家货币汇率经常波动，且幅度较大。如果一个国家货币汇率持续上升，则会产生兑换需求，从而导致国际资本流入；如果一个国家货币汇率不稳定或下降，资本持有者可能预期所持的资本实际价值将会降低，就会把手中的资本或货币资产转换成他国资产，从而导致资本向汇率稳定或升高的国家或地区流动。

（5）通货膨胀的发生

通货膨胀往往与一个国家的财政赤字有关。如果一个国家出现了财政赤字，该赤字又是以发行纸币来弥补的，则必然会增加通货膨胀的压力。一旦发生了严重的通货膨胀，为减少损失，投资者会把国内资产转换成外国债权。如果一个国家发生了财政赤字，而该赤字以出售债券或向外借款来弥补，也可能会导致国际资本流动。因为当某个时期人们预期政府会通过印发纸币来抵偿债务或征收额外赋税来偿付债务，就会把资产从国内转往国外。

（6）政治、经济及战争风险的存在

政治、经济及战争风险的存在，也是影响一个国家资本流动的重要因素。政治风险是指由于一国的投资气候恶化，可能使资本持有者所持有的资本遭受损失。经济风险是指由于一国投资条件发生变化而可能给资本持有者带来的损失。战争风险，是指可能爆发或已经爆发的战争对资本流动造成的影响。例如海湾战争，就使国际资本流向发生重大变化，在战争期间许多资金流向以美国为主的几个发达国家（大多为军费）。又如第二次世界大战后大量资本涌入中东，尤其是科威特等国。

（7）国际炒家的恶性投机

所谓恶性投机，包含两种含义。一是投机者基于对市场走势的判断，纯粹以追逐利润为目的，刻意打压某种货币而抢购另一种货币的行为。这种行为的普遍发生，毫无疑问会导致有关国家货币汇率的大起大落，进而加剧投机，形成恶性循环，投机者则在"乱"中牟利。这是一种以经济利益为目的的恶性投机。二是投机者不是以追求盈利为目的，而是基于某种政治理念或对某种社会制度的偏见，动用大规模资金对某国货币进行刻意打压，由此阻碍、破坏该国经济的正常发展。但无论哪种投机，都会导致资本的大规模外逃，并会导致该国经济的衰退，如1997年7月爆发的东南亚货币危机。一国经济状况恶化→国际炒家恶性炒作→汇市股市暴跌→资本加速外逃→政府官员下台→一国经济衰退——这几乎已成为当代国际货币危机的"统一模式"。

（8）国际商品市场争夺的加剧和贸易保护主义的盛行

20世纪初，特别是20世纪40年代以来，由于资本主义工业国经济持续较快发展，商品持续"相对过剩"，引起了国际商品市场争夺的不断加剧，贸易保持主义盛行。而对外投资能使商品销售绕过其他国家的关税和非关税壁垒，进入对方市场。显然，贸易保护主义刺激了对外投资的迅速增长。

（9）其他因素

如政治及新闻舆论、谣言、政府对资本市场和外汇市场的干预及人们的心理预期等因素，都会对短期资本流动产生极大的影响。

6.1.3 国际资本移动的主要形式

从不同的角度可将国际资本移动划分为以下类别。

1. 以投资时间长短划分

（1）中长期资本移动

期限在一年以上的投资称为中长期资本移动。

（2）短期资本移动

期限在一年以下的投资称为短期资本移动。

2. 以资本的来源及用途划分

（1）公共投资

公共投资是指由一国政府或国际组织出于公共利益的目的而进行的投资。政府贷款兴建公共设施、修路或兴修水利工程，或由国际金融组织贷款进行上述项目的发展，均属公共投资范围。

（2）私人投资

私人投资是指一国的个人或经济单位、法人以盈利为目的而对其他国家或地区进行的投资活动。但是，在国际直接投资的统计中，一国政府或国际组织的投资，有时也纳入私人投资的范围。

3. 以资本的特性和作用划分

1）对外间接投资

对外间接投资（foreign indirect investment）包括证券投资和借贷资本输出，其特点是投资者不直接参与所投资企业的经营管理。

证券投资是指投资者在国际证券市场上购买外国企业和政府的中长期债券，或在股票市场上购买上市的外国企业股票的一种投资活动。它同直接投资的区别在于：证券投资者一般只能取得证券、股票的股息和红利，对投资企业并无经营和管理的直接控制权。

借贷资本输出是以贷款或出口信贷的形式把资本借给外国政府和企业。借贷资本输出一般有以下几种形式。

（1）政府援助贷款

政府援助贷款是各国政府或政府机构之间的借贷活动。这种贷款往往带有援助性质，一般是指发达国家对发展中国家提供的贷款。这种贷款利息较低（约 3%），偿还期限较长（可达二三十年），有时甚至是无息长期贷款。这种贷款一般指定用途，如用于支付从贷款国进口的各种货物，或用于某些开发援助项目上。有些国家，如美国的政府对外援助贷款中，军事和粮食援助占了 50% 以上，其余投放在公共事业和农业等方面。

（2）国际金融机构贷款

国际金融机构一般包括国际货币基金组织、世界银行、国际开发协会、国际金融公司、各大洲的银行和货币基金组织及联合国的援助机构等。来自国际金融机构的贷款条件一般都比较优惠，但并不是无限制的，如世界银行只贷款给会员国政府或由政府担保的项目。贷款的重点是发展公共事业、教育和农业，贷款必须专款专用，并接受世界银行的监督。国际开发协会的贷款一般只向最不发达的会员国发放。

知识链接

亚洲基础设施投资银行（Asian Infrastructure Investment Bank，简称亚投行，AIIB）是一个政府间性质的亚洲区域多边开发机构，重点支持基础设施建设，成立宗旨是促进亚洲区域的建设互联互通化和经济一体化的进程，并且加强中国及其他亚洲国家和地区的合作，是首个由中国倡议设立的多边金融机构，总部设在北京。亚投行法定资本 1 000 亿美元。2013 年 10 月 2 日，习近平主席提出筹建倡议，2014 年 10 月 24 日，包括中国、印度、新加坡等在内的 21 个首批意向创始成员国的财长和授权代表在北京签约，共同决定成立亚洲基础设施投资银行。2015 年 12 月 25 日，亚洲基础设施投资银行正式成立。2016 年 1 月 16 日至 18 日，亚投行开业仪式暨理事会和董事会成立大会在北京举行。亚投行正式宣告成立，是国际经济治理体系改革进程中具有里程碑意义的重大事件，标志着亚投行作为一个多边开发银行的法人地位正式确立。

亚投行意向创始成员国按大洲分，亚洲 34 国，欧洲 18 国，大洋洲 2 国，南美洲 1 国，非洲 2 国，总计 57 国。截至 2017 年 5 月 13 日，亚投行有 77 个正式成员国。亚投行的治理结构分为理事会、董事会、管理层三层。理事会是最高决策机构，每个成员在亚投行有正、副理事各一名。董事会有 12 名董事，其中域内 9 名，域外 3 名。管理层由行长和 5 位副行长组成。

（资料来源：百度百科）

（3）国际金融市场贷款

国际金融市场分为货币市场和资本市场两种。前者是经营短期资金借贷的市场，贷款期限在一年以内；后者的贷款期限在一年以上，属中长期贷款，最长可达 10 年，贷款利率也较高。

（4）出口信贷

出口信贷是指一个国家为了鼓励商品出口，加强商品的竞争能力，通过银行对本国出口厂商或国外进口厂商或进口方的银行所提供的贷款。出口信贷按时间长短可分为：短期信贷，通常指 180 天以内的信贷，原料、消费品及小型机器设备的出口适用短期信贷；中期信贷，通常指为期 1～5 年的信贷，中型机器设备多利用中期信贷；长期信贷，通常指 5～10 年，甚至更长时间的贷款，大型成套设备与船舶等需长期信贷。

2）对外直接投资

对外直接投资（foreign direct investment，FDI），是指一个国家的投资者输出生产资本直接在另一个国家的企业进行投资，并由投资者直接对该企业进行经营和管理，以获取利润为目的的一种投资形式。

按不同的标准，对外直接投资可分为不同的种类。其中，按投资者对被投资企业拥有的股权比例的不同，对外直接投资可分为以下 4 种。

（1）独资企业

独资企业是指被投资企业的资本完全由一国的投资者提供，投资者对企业股权的拥有比例在 95% 以上的企业。它包括设立分支机构、附属机构、子公司等，可以通过收买现有企业或建立新企业来进行。

（2）合资企业

合资企业是指两国或两国以上的投资者在一国境内根据投资所在国（东道国）的法律，通过签订合同，按一定比例（或股份）共同投资建立一家企业，共同管理、共享利润、共同分担亏损和风险的股权式企业。合资企业一般为有限责任制企业（股份有限公司），并具有法人地位。

合资企业的合资各方可以在资本、技术、经营能力等方面相互补充，还可利用合资对象的销售网和销售手段进入特定地区市场或国际市场。但由于投资各方分享经营管理权，可能会因双方在文化、语言、管理方法和利益上的差别产生冲突，从而影响管理效率。

（3）合作经营

合作经营是指投资者根据所在国法律，与所在国企业通过协商签订合作经营合同而设立的契约式企业，也称为合作企业或契约式合营企业。签约各方可不按出资比例，而按合同条款的规定，确定出资方式、组织形式、利润分配、风险承担和债务清偿等。

合作经营通常是资源国利用国外投资开发本国资源的一种国际经济合作形式。合作经营通常由资源国政府与国外投资者共同签订协议、合同，在资源国指定的区域内，在一定的期限内，与国外投资者共同勘探、开发自然资源，共同承担风险、分享利润。我国在石油资源开采领域的对外合作中通常采用这种方式。

（4）兼并与收购

兼并与收购简称并购，是指一个企业通过购买另一个现有企业的股权而接管该企业的方式。兼并与收购一般是通过购买外国企业的股权并达到一定的比例。这个比例，不同的国家有不同的规定。按国际货币基金组织的定义，拥有 25% 投票权的股东，即可视为拥有直接控制权。美国规定，凡拥有外国企业股权 10% 以上者，均属于对外直接投资。

跨国并购的优点是：进入市场快、能获取市场上不易获得的资源（管理、技术及业务联系、市场知识等）；由于并购通常在股票价格降落时购买，比创建新企业需要的投资少。但并购也存在缺点，如并购企业与被并购企业的企业文化往往不一致，导致经营思想、管理制度和方法可能存在较大差异。

（5）投资者利润的再投资

投资者利润的再投资是指投资者在国外企业获得的利润不汇回本国，而是拿来对该企业进行再投资，这也是一种对外直接投资。

6.2　第二次世界大战后国际资本移动的特点及其对国际贸易的影响

1. 第二次世界大战后国际资本移动的特点

第二次世界大战后，尤其是 20 世纪 80 年代以来，国际资本流动与战前相比，发生了很大变化，主要特点如下。

（1）对外直接投资迅速发展并占主导地位，投资规模迅速扩大

第二次世界大战后的国际投资中，对外直接投资占主要地位，这与战前相比发生了很大变化。1914 年，国际资本流动的 90% 是以间接投资形式进行的。现在，主要工业发达国家国际资本流动的 75% 是对外直接投资。对外直接投资年平均增长率超过工业增长速度，这一特点在 20 世纪 70 年代以后表现得更加明显。据统计，全球对外直接投资额从 1991 年的 1 700 亿美元，上升到 2000 年的 1.39 万亿美元。FDI 流量的增长率超过了其他世界经济主要综合指标。进入 21 世纪特别是 2008 年的全球金融危机，致使对外直接投资额有所下降，2010 年世界对外直接投资总额为 13 462 亿美元，同比增长 5%，但距离 2007 年 1.97 万亿美元的历史高点还有很大距离。据联合国贸易和发展会议发布的《全球投资趋势监测报告》称，2014 年全球对外直接投资从 2013 年的 1.363 万亿美元，下降为 1.26 万亿美元，比2013 年下跌 8%。2016 年全球对外直接投资流入量下降 13%，至 1.52 万亿美元。

（2）国际资本移动的主体仍是发达国家，但发展不平衡

第二次世界大战前，国际资本移动几乎全由发达资本主义国家所垄断。第二次世界大战后，发达国家仍居主导地位，但这一格局发生了变化，美国、日本、联邦德国、法国、加拿大六国约占世界对外直接投资的 80% 以上。1992 年，发达国家对外直接投资存量为 1.86 万亿美元，占当年世界对外直接投资总存量的 96.3%，而同年发展中国家（地区）的这两项指标为 624 亿美元和 3%。美国是第二次世界大战后最大的对外投资国，其私人对外直接投资累计额从 1980 年的 2 201 亿美元增加到 1992 年的 4 887 亿美元。同期，英国对外直接投资总额从 807 亿美元上升到 2 212 亿美元。日本在发达资本主义国家对外投资中是后起之秀。日本私人对外直接投资额从 1986 年的 1 000 亿美元上升到 1992 年的 2 540 亿美元。20 世纪 70 年代以来，欧洲资本主义小国，如瑞士、荷兰、瑞典、比利时和意大利等国对外直接投资的增长十分迅速。

21 世纪以来，发达国家对外直接投资占比有所下降，但仍居主导地位。2000 年发达国家对外直接投资额为 10 463 亿美元，在全球占比 90.9%。据联合国贸易和发展会议（简称贸发会议，UNCTAD）数据显示，2010 年，世界对外直接投资额为 13 462 亿美元。其中，发达国家对外直接投资额为 9 695 亿美元，同比增长 9.9%，在全球占比为 72.1%。分区域看，欧洲地区 5 167 亿美元，增长 2.6%。其中，欧盟 4 500 亿美元，增长 3.8%。欧洲对外直接投资全球占比为 38.4%。美国仍是世界最大对外投资国，达到 3 255 亿美元，增长 31.2%，占全球比重高达 24.2%；瑞士 583 亿美元，增长 75.2%；日本 567 亿美元，下降 24.1%；加拿大 369 亿美元，下降 5.0%；澳大利亚 248 亿美元，增长 53.5%；中国 680 亿美元，同比增长 20.3%。

说一说：

国际资本移动的主体是哪些国家？结合经济总规模分析，在国际话语权上哪些国家居主导地位？

（3）国际资本移动的国别地区流向发生了较大变化

从第二次世界大战后到 20 世纪 60 年代，国际资本移动主要是单向型的。第二次世界大战后初期，发达资本主义国家对外直接投资的主要对象是发展中国家和一些前属领地；20 世纪 50 年代到 60 年代，主要是美国对西欧国家的；20 世纪 60 年代末 70 年代初，国际资本的流向有了很大变化。发达资本主义国家之间相互投资发展迅速，国际资本移动呈对流型。美国对发达国家及地区的直接投资占其对外投资总额的 70% 以上。20 世纪 70 年代以来，外国在美国的直接投资急剧增加，1992 年累计已达 4 192 亿美元。1984 年，在美国的全部对外直接投资中，有 85% 来自发达国家。英国、荷兰、日本和瑞士等国是美国的主要外国投资者，英国占首位，荷兰居第二，日本列第三。西欧国家之间及西欧和其他发达国家之间资本流动也呈对流型。20 世纪 70 年代以来，西欧各国对外直接投资迅速增长，并且主要转向发达国家和地区。西欧各国互相之间直接投资的数额增长最快，20 世纪 70 年代中期，曾占 40% 以上，进入 20 世纪 80 年代，由于对美国及某些发展中国家（地区）投资增加，西欧国家之间互相投资占其全部对外投资的比重有所下降，但仍保持在 30% 以上。日本对外投资地区流向与上述情况有所不同，资本输出"均衡"地流向美欧和发展中国家。

进入 21 世纪以来，国际资本移动的方向越来越呈现多样化、复杂化，包括了发达国家之间、发展中国家之间、发达国家与发展中国家之间相互投资等错综复杂的国际资本移动。而且，发展中国家的重要性日益凸显，2012 年发展中国家吸引的直接投资创纪录地首次超过发达国家，占比达到 52%。

知识链接

2016 年全球前十大外资流入经济体，依次为美国（3 850 亿美元）、英国（1 790 亿美元）、中国（1 390 亿美元）、中国香港（920 亿美元）、新加坡（500 亿美元）、巴西（500 亿美元）、法国（460 亿美元）、荷兰（460 亿美元）、澳大利亚（440 亿美元）、印度（420 亿美元）。

（资料来源：凤凰财经）

（4）流入新兴工业化国家和地区的国际资本持续稳定增长

流入发展中国家（地区）的国际资本越来越集中在少数新兴工业化国家和地区，特别是向国际金融条件好、经济增长快而又稳定的国家和地区集中。20 世纪 80 年代以来，亚太地区新兴工业化国家（地区）成为国际资本移动的热点。1981 年世界新兴工业化国家和地区接受的国际直接投资总额占全部发展中国家和地区的 44.2%。1975—1982 年，美国在这一地区私人直接投资从 59.5 亿美元增至 285 亿美元。日本直接投资的重点一直是亚太地区，主要集中在新加坡、韩国、泰国。

进入 21 世纪，新兴经济体成为吸引对外直接投资的主要来源，其中 2010 年吸引对外投资额占全球的 52%。东亚、东南亚和拉美等地区 2010 年吸引对外投资额同比增长近 200%。

（5）国际资本流动的部门结构向服务业、高新技术产业转移

国际资本流动的部门结构有了重大变化。第二次世界大战前和第二次世界大战后初期，发达国家的对外直接投资大部分投入资源开发，如采掘工业及公共事业。20 世纪 60 年代中期以来，越来越多的发达国家重视在制造业、商业、金融、保险等行业的对外直接投资，而且主要集中在一些发展迅速、以高技术为主的新兴工业部门。例如美国的一些外资经营的制造业部门，约有 60% 以上是从事化学工业、机器制造业、电子机械和仪表制造业、金属加工业及其他发展迅速的现代工业部门。另外，银行和其他金融服务是外资增长的最快行业。2001 年，美国吸收的外国直接投资中 1/3 投向了金融保险领域；欧盟吸收的外国直接投资业主要集中在公共服务、媒体、金融等领域；日本跨国公司在英国的投资 50% 以上集中在金融保险部门。银行和其他金融服务业是外资增长最快的行业。目前，流向服务业的对外直接投资已占全球资本移动总额的 50% 以上。

（6）发展中国家和地区开始加入对外投资的行列并稳步上升

从 20 世纪 60 年代后期起，一些发展中国家和地区在积极引进投资和引进技术的基础上，大力发展民族经济，使本国和本地区经济实力得到了很大的加强。在此基础上，它们开始涉足对外投资领域，对外直接投资不断增长，打破了长期以来由发达国家一统国际投资市场的局面。特别是 20 世纪 70 年代以来，新兴工业化国家和地区对外直接投资增长迅速，印度、韩国、新加坡、巴西、阿根廷、墨西哥及我国的香港、台湾，都是发展中国家和地区中

对外投资的佼佼者。从资本输出国或地区来看，香港地区的对外直接投资居发展中国家和地区对外直接投资的首位。在投资流向上，大部分是投向其他发展中国家和地区，并且主要集中于制造业。印度 30% 以上的对外投资是在制造业。发展中国家和地区对美国的直接投资增长迅速。20 世纪 80 年代以来，发展中国家和地区在美国的直接投资已占各国对外直接投资的 15%。2012 年，发展中国家对外直接投资占了全球的 1/3，继续了稳定上升趋势。从联合国贸发会议的分类来看，发展中国家的对外直接投资总体上呈增加态势，2013 年同比增长 4.0%，达到 4 600 亿美元，创历史新高。加上俄罗斯等转型经济体，新兴国家的对外直接投资在全球所占比重达到创纪录的 39%。

知识链接

2012 年，中国对外直接投资创下 878 亿美元的历史纪录，成为仅次于美国和日本的世界第三大对外投资国。

2013 年，在全球外国直接投资流出量较上年增长 1.4% 的背景下，中国对外直接投资流量创下 1 078.4 亿美元的历史新高，同比增长 22.8%，连续两年位列全球第三大对外投资国。

2014 年，中国对外投资流量创历史新高，达 1 231.2 亿美元，同比增长 14.2%。连续 3 年位列全球第三，双向投资首次接近平衡。

2016 年，中国对外直接投资 1 701 亿美元，同比增长 44.1%，成为全球仅次于美国的第二大对外直接投资国。

（资料来源：中华人民共和国商务部网站）

---

2. 国际资本移动对国际贸易的影响

资本的移动对生产国际化和各国的专业化协作产生了深远的影响，导致国际分工发生变化。所以，国际资本移动对国际贸易各方面均产生影响。

（1）国际资本移动加速了第二次世界大战后国际贸易的发展

第二次世界大战后，美国政府开始向西欧和日本等国和地区进行国家资本输出，从而大大地加速了美国与西方国家的贸易，并促进了国际贸易的发展。

发达国家对发展中国家的资本输出和私人出口信贷成为扩大其机械设备和成套设备出口的重要手段，扩大了发达国家与发展中国家的双边贸易。

（2）国际资本移动加强了国际贸易中的竞争

① 建立商业信息情报网络。在国外的生产和贸易部门进行投资的跨国企业可利用自身优势，及时、准确地搜集当地市场的商业信息，并与其他地区建成信息网络，这对企业根据市场状况适时地生产适销对路的产品，改进产品的销售都是极其有利的。

② 增强产品的竞争能力。通过对外直接投资，就地生产、就地或到邻近的地区销售商品，减少了运输成本和其他销售费用；利用东道国廉价的劳动力，既吸纳了东道国的劳动力，又有效地提高了商品的竞争能力。

③ 争夺市场份额。发达国家通常利用技术上的优势对外直接投资，主要方式是在国外建立使用本国专有技术或其他知识产权生产新产品的企业，在其他企业仿造或制造类似产品

以前抢占对方市场，从而垄断生产和销售。

④ 避免保护主义的贸易壁垒。国际资本移动可以使投资企业绕开东道国的贸易壁垒，在东道国建立生产基地，就地生产和销售产品，降低了生产成本。

（3）国际资本移动使国际贸易方式多样化

第二次世界大战后，国际资本移动中，跨国公司的对外投资迅速增加。跨国公司通过在海外设置自己的贸易机构或建立以贸易为主的子公司，经营进出口业务，并扩大跨国公司内部的交换范围，使跨国公司内部贸易扩大，传统的贸易中间商、代理商的地位相对下降。同时，国际贸易的方式变得多样化，出现了加工贸易、补偿贸易和国际分包等业务。

（4）国际资本移动使各国贸易政策也发生了变化

由于国际资本移动的加速发展，生产国际化日益扩大，跨国公司作为国际资本移动的载体起着重要的作用。跨国公司的经营活动与其所处的贸易环境是不可分的。跨国公司倡导贸易自由化原则，并影响本国政府的贸易政策，要求政府为其创造良好的自由贸易政策。所以，跨国公司及其代表的投资国不仅需要实现资本的自由移动，也更需要实现商品的自由流动。

6.3　跨国公司概述

6.3.1　跨国公司的含义

跨国公司，又称多国公司、国际公司和宇宙公司等，是指以母国为基地，通过对外直接投资，在两个或更多的国家建立子公司或分支机构，从事生产和经营活动的国际化企业。

历史上最早的跨国公司产生于 15 世纪末 16 世纪初。地理大发现和航海技术的发展，使得西班牙、葡萄牙、荷兰和英国的一批冒险家纷纷从事海外经商和远洋运输。当时的跨国公司以贸易为主，并拥有特许权，如东印度公司。

产业革命后的机器大工业，为跨国公司的发展奠定了雄厚的物质基础。19 世纪 60 年代，发达资本主义国家的一些大型企业通过对外直接投资，在海外设立分支机构和子公司。当时具有代表性的是三家制造业企业：1865 年，德国弗里德里克·拜耳化学公司在美国德奥尔班尼开设一家制造苯胺的工厂；1866 年，瑞典制造甘油、炸药的阿佛列·诺贝尔公司在德国汉堡开办炸药厂；1867 年，美国胜家缝纫机公司在英国的格拉斯哥建立缝纫机装配厂，这家公司可以称得上是美国第一家以全球市场为目标的早期跨国公司。美国的威斯汀豪斯电气公司、爱迪生电气公司及一些大石油公司也都先后到国外活动。英国的尤尼莱佛公司、瑞士的雀巢公司、英国帝国化学公司等都在这一时期先后到国外投资设厂，开始跨国性经营，成为现代跨国公司的先驱。

20 世纪 80 年代，跨国公司经历了一个良好的发展时期。据联合国《1995 年世界投资报告》，全世界已有 4 万家母公司和 25 万家外国子公司，1995 年对外直接投资累计达 2.6 万亿美元，全球销售额达 5.2 万亿美元。跨国公司在全球经济中的作用越来越大：1995 年，跨国公司的生产总值占全球各国国内生产总值的 25%，内部贸易占了世界贸易总额的 1/3，不同跨国公司相互之间的贸易占了世界贸易总额的 1/3；在全世界范围内，80% 的民用研究和开发活动是在跨国公司系统内进行的；跨国公司在商业发明中占了 50% 左右。

根据联合国贸易与发展会议发布的《2014 世界投资报告》指出：2013 年，发达经济体海外投资总量为 8 570 亿美元，其 FDI 流出构成自 2007 年至 2008 年危机后发生了显著变化。2007 年，从美、英、德这三大发达国家流出的 FDI 中，只有 30% 左右是跨国公司现金流出及收益再投资。而 2013 年，跨国公司现金流出和其他收益再投资在这三国海外投资总量中的占比大幅增至三分之二。跨国公司的发展不但表现在对外投资总量上的增加，而且从每个跨国公司的销售收入、资产规模等具体数据来看，其发展规模也令人刮目相看。

6.3.2　跨国公司的构成三要素

对跨国公司的判断，一般有以下 3 种标准。

1. 结构性标准

即通过研究一个公司的跨国范围及对子公司的股权安排和控制程度，来判断其是否属于跨国公司。

（1）跨国的程度

跨国公司应当是那些在两个或两个以上的国家从事生产和经营活动的企业。也就是说，除了它们的母公司所在国以外，在其他国家，它们拥有或控制一些生产或服务设施，设有子公司或分支机构。一般可能认为，跨国公司的规模越大，从事生产经营活动所跨越的国家数也越多。但事实并非完全如此，跨国数量的多少还与公司母国的市场规模及行业性质有关。所以，跨国的程度除了上述所说的条件以外，还由跨国指数决定。跨国指数是 3 个比率的平均数，即国外资产/总资产、国外销售额/总销售额、国外雇员数/雇员总数。

（2）所有权性质

在所有权性质这个问题上，大多数意见认为一个跨国公司不仅要在多个国家从事生产经营活动，而且要由两国或两国以上的所有者拥有其所有权。只有多国所有者拥有其所有权，一个企业才称得上是跨国公司。

（3）决策和控制

一家公司拥有国外企业股份的多少，关系到能否将这个国外企业视为子公司。关于这项标准，不同的国家有不同的规定。例如，日本规定为 25% 以上，而美国规定为 10% 以上，加拿大要求为 50% 以上。一般来说，如果拥有国外企业的股份较多，则这个公司就对该国外企业存在控制，因而该国外企业就可以视为一个子公司，而这个拥有控股权的公司就可以视为跨国公司。当然，在某些情况下，虽然只持有少数股但由于拥有核心技术，因此同样对国外企业拥有控股权，也可以将这家国外企业视为子公司。

2. 营业实际标准

跨国公司营业实际标准，是指通过研究一家公司在国外经营的资产额、销售额、雇员人数和利润等项指标来判断它是否属于跨国公司。很显然，一家跨国公司在国外的资产额、销售额、雇员人数和利润应占有不可忽视的比重，否则不能被称为跨国公司。所谓不可忽视的比重，一方面是指该比重是较大的，如多数人的意见倾向于不低于公司总量的 25%；另一方面是指该比重对跨国公司本身或东道国来说有较大影响。例如，对于一家销售总额为 1 000 亿美元的跨国公司，如果某个国外子公司销售额占其比重虽然只达到 10%，而该子公司销售额却为东道国国内生产总值的 5% 时，那么该跨国公司对这个东道国显然具有不可忽视的影响。

在此要指出的是，由于跨国公司内部母公司和子公司之间及子公司和子公司之间的商品交换通常是按内部转移价格结算的，因此在利用母公司或国外子公司的销售额、利润额来评价跨国公司时，会出现"形象失真"的现象。例如，如果以国外资产额、销售额、雇员人数和利润占公司总额的 25% 为分界线，则从 1968 年开始就已经在 24 个国家投资、但国外子公司的资产只占公司总资产的 15% 的美国通用汽车公司就不能被划入跨国公司的行列，这是难以令人信服的。

3. 行为特性标准

任何一家跨国公司都应当有全球性经营战略。为了抓住世界各地的市场机会，追求全球范围最大限度的利润，必须公平地对待和处理各国子公司的经营，把各国子公司的经营作为实施全球战略的手段与途径，通过对它们进行有机的组合与协调，形成最强的经营力量，以实现总公司的目标。也就是说，看一家企业是否是跨国公司，就要看它是否有全球的经营战略，是否客观地对待和处理各国的机遇与挑战，是否公平地管理、激励和调节各子公司的经营，是否重视整个公司资源的优化组合与协调发展。经营大师彼得·德鲁克认为，虽然跨国公司的总部设在某国，但其生产经营、组织形式都是全球性的。公司的高层主管不是局限或偏爱于本国市场或某国市场的企业家，而是关注全球经济形势变化、捕捉世界各地发展机会的企业家。由于受这些企业家的思维和决策行为所决定，公司才具有浓厚的"跨国经营"的色彩。

对跨国公司的判断，联合国跨国公司委员会规定，符合跨国公司标准必须具备以下三个要素。

① 跨国公司必须是一个经营实体，母公司通过股权和其他方式对在多国从事生产和销售的其他经营实体进行控制，亦即公司控制下的多国经营实体。

② 跨国公司必须具有一个统一的决策体系，有共同的政策和统一的战略目标。

③ 跨国公司中的各个实体分享资源、信息，共同承担责任。

6.3.3　跨国公司的类型

由于子公司和分公司等的生产经营功能不同，母公司对它们的控制方式和程度也有差异。因此，跨国公司有多种类型，不同类型的跨国公司之间在管理上存在程度不同的差异。

1. 按经营项目分类

跨国公司直接投资的领域最初主要局限于经济资源开发和初级产品生产领域，而后逐渐转向以制造业为主。现在投资制造业的比重又有所下降，而投资服务业的比重逐渐上升。从跨国公司的投资领域和经营范围出发，跨国公司可以分为以下三类。

（1）以经济资源为主的跨国公司

这类公司主要涉及种植业、采矿业和石油开采业的生产经营活动。现代跨国公司的先驱——特权殖民地贸易公司，对不发达国家（包括 19 世纪的经济不发达国家，如澳大利亚、加拿大和美国）的直接投资，始于种植业、采矿业和铁路。又如，当时的英、法、荷等国公司经营的矿产、热带农作物种植园，就已经相当发达，以后投资方式有所调整。迄今为止，从事以资源工业为主的公司，仍侧重于采矿业和石油开采业，但为了适应各国资源国优化的政策，大都采取了与当地合资经营的形式。

（2）以经营加工制造业为主的跨国公司

此类公司最初以加工装配为主，或者是原料加工后出口，或者是大部分投入的原料依靠进口，而所生产的消费品则在当地或附近市场上销售。随着当地工业化程度的提高，此类外国公司资本转向中间产品部门，生产诸如金属制品、钢材、机械及运输设备等产品。制造业公司在第二次世界大战后发展迅速，也为大多数东道国所欢迎。各国向这类公司提供良好的投资环境，以优惠的政策吸引外商投资。

（3）以提供服务为主的跨国公司

服务业主要是指为生产与消费提供劳务的部门，如与贸易和金融有关的商业、运输、财务、保险、电信、广告、银行咨询、信息，以及多国性银行、多国性咨询公司、多国性注册会计师事务所等，都可视为提供劳务的服务业跨国公司。它们的共同特点是提供技术、管理、营销决策等。

2. 按公司决策中心进行分类

跨国公司的决策哲学体现在公司的全球战略之中。全球战略的制定和执行，要求总公司和子公司进行世界范围的探索，关键是公司的世界目标和地区目标要一致。从决策上分类，跨国公司可分为：以民族为中心（面向本国）的跨国公司、以多元为中心（面向众多东道国）的跨国公司、以全球为中心（面向世界）的跨国公司。

（1）以民族为中心的跨国公司

该类公司的所有决策以保证本国权益为前提。实际上，公司本身的权益往往与国家的权益大相径庭，所谓以民族为中心，不过是指所有决策主要考虑母公司的权益。

（2）以多元为中心的跨国公司

该类公司的所有决策以众多子公司的权益为主。以多元为中心注重利用当地的资源，但对公司的全球发展利益缺乏考虑。

（3）以全球为中心的跨国公司

该类公司的所有决策以全公司在世界各地的权益的统筹考虑为依据。

3. 按公司内部经营结构分类

（1）横向型跨国公司

这种公司一般生产一种单一产品，母公司和子公司之间没有很多专业上的分工，基本上都制造同种产品，经营同类业务。它的主要特点是：在公司内部转移技术、市场营销技能和商标专利等无形资产，不必通过国际市场，从而使母公司和子公司之间在密切合作、增加产量、扩大规模经济，以及更充分地利用各国有利条件等方面加强协调。第二次世界大战后初期，横向型跨国公司约占全部跨国公司的一半，以后略有减少，至今仍占重要地位。

（2）垂直型跨国公司

这种公司是指母公司和子公司各自生产不同的产品，经营不同的业务，但它们之间有联系，其生产过程是相互衔接的。这种公司又有两种具体形式：一种是生产、经营不同行业的相互有关的产品，如自然资源的勘探、开采、提炼、加工制造及市场销售等；另一种是生产、经营同行业的不同加工程序的产品，如电子行业的零部件的装配、测试、包装、运输等不同的工序。垂直型跨国公司的主要特征是：投资多、规模大、生产分工复杂、相互联系密切；在公司内部转移中间产品，一个子公司的产出是另一个子公司的投入，便于公司按其全球战略发挥各子公司的优势，安排专业化生产和协作。

此类跨国公司兴起于 20 世纪 20 年代，并于 60 年代得到迅速发展，是目前西方跨国公司的一种重要类型。

（3）混合型跨国公司

此类跨国公司的特征是：在公司内部，母公司和子公司生产不同的产品，经营不同的行业，而且它们经营的产品和行业之间没有有机联系，且互不衔接。混合型跨国公司由于加强了生产和资本的集中，因而对整个公司发展规模经济会有一定的作用，但由于经营多种业务，业务的复杂性会给企业管理带来不利的影响。近 30 年来，随着企业兼并风的扩散，此种类型的公司发展较快。但有些企业在实践中发现，经营行业太多，在经济上并无重大意义，因而开始出现压缩经营范围的倾向。

6.3.4　跨国公司的经营与竞争特点

（1）公司内部贸易不断扩大

公司内部贸易是指跨国公司内部进行的产品、原材料、零部件、技术与服务的贸易活动。

公司内部贸易给公司带来的利益包括：降低外部市场造成的经营不确定风险；降低交易成本；能很快适应高技术产品生产的需要；增强公司在国际市场上的垄断地位和竞争能力，实现全球利益的最大化；有利于运用内部贸易价格（转移价格）。

（2）实行全球化经营战略

所谓全球化战略，是指跨国公司将其全球范围的经营活动视为一个整体，其目标是追求这一整体利益的最大化，而不考虑局部利益的得失。跨国经营的主要方式是商品贸易、直接投资和技术转让。为实现公司全球利益最大化，公司要合理安排生产，要在世界范围内考虑原料、雇用劳动力、销售产品和资金的利用；要充分利用东道国各个地区的有利条件；要同世界市场上同行业的垄断企业竞争。这客观上要求跨国公司把商品贸易、直接投资、技术转让三者结合起来，相互利用，从公司的整体利益及未来发展着眼，进行全面安排。

（3）实行一业为主，谨慎推行多样化经营

跨国公司一般都是在一个国家或地区范围内，在一个或几个部门处于垄断地位的大企业或企业联合体。在跨国公司总决策体系下的一体化生产体系中，无论是横向还是纵向，其产品都是趋向于多样化的，同时又有相对垄断性，集中于一个产业。这种一业为主、多样化经营可以更好地发挥跨国公司的经营优势，降低或分散经营风险。而一般的企业则限于规模、人力、财力、物力而难以充分实现多样化经营。多样化经营能满足不同层次、不同类型的市场需求，并且同一产品还可以进一步进行市场细分，从而最大限度地满足消费者的消费需求。例如，可口可乐、麦当劳、雀巢等都采取了"全球产品—地方口味"的经营策略，并相应地推出了系列化产品。

（4）竞争手段从价格竞争转向非价格竞争

价格竞争是指企业通过降低生产成本，以低于国际市场或其他同类货物的价格，在国外市场销售产品，打击和排挤竞争对手，扩大货物销路。

非价格竞争是指通过提高产品质量和性能，增加花色品种，改进货物包装装潢及规格，改善售前售后服务，提供优惠的支付条件，更新商标牌号，加强广告宣传和保证及时交货等手段，来提高产品的质量、信誉和知名度，以增强货物的竞争能力，扩大货物的销售。第二次世界大战后，随着市场竞争的加剧，跨国公司日益重视非价格竞争的作用，主要从以下几个方面提高货物非价格竞争能力：提高产品质量；提供信贷；加强技术服务，提高货物性能，延长使用期限；加速产品的升级换代，不断推出新产品，更新花色品种；不断设计新颖和多样的包装装潢，注意包装装潢的"个性化"；加强广告宣传，大力研究和改进广告销售技术；做好销售服务工作。

（5）通过战略联盟增强全球竞争力

跨国公司的联盟策略能更大限度地促进国际贸易。当代的跨国公司除了互相竞争之外，也越来越认识到互相之间的联盟或者联合能给各自带来种种好处。这种联盟，可以是有资产投资的联盟，如联合在某个地方设厂、合资建立研究开发机构、一起收购第三个企业等，也可以是无资产投资的联盟或者联合，如相互使用对方的经营渠道、研究开发成果的互换及专利技术或特许权利的协议转让等。不管是有资产投资的联盟或联合，还是无资产投资的联盟或联合，都有利于双方竞争实力的提高，有利于各自的进出口贸易和市场份额的扩大。应当说，当代跨国公司之间的联盟倾向正在超过过去的竞争倾向，对国际贸易起到了更积极的推进作用。

（6）跨国公司的研究与开发始终处于领先地位

在国际竞争日益激烈、新技术层出不穷的情况下，为了保持竞争优势或从一种优势转向另一种优势，就必须在研究与开发新技术、新工艺、新产品中始终保持领先地位。跨国公司始终在新技术部门占领先地位。第二次世界大战后迅速发展起来的新兴工业，如汽车、石油、制药和信息技术工业等，几乎全部为跨国公司所控制。

跨国公司注重对生产工艺的研究。每一个跨国公司都设有专门的研究机构，并得到政府的大量财政资助。20 世纪 70 年代中期，美国政府曾用预算拨款资助了民用科研项目的 1/4 以上。

各跨国公司为了维持技术领先的优势，投入大量的研究与开发费用进行新技术、新产品的研究与开发。各跨国公司都把研究与开发当作是获得技术优势的重中之重加以考虑。

说一说：

苹果公司、可口可乐公司等跨国公司在中国的经营特点是什么？

6.4　跨国公司对国际贸易的影响

第二次世界大战后，跨国公司和直接对外投资的发展变化对国际贸易产生了重要影响，主要表现如下。

1. 加速了国际贸易的发展

通过跨国公司的直接对外投资，可以直接带动机器设备的出口。跨国公司的海外子公司往往从母公司或其他子公司进口零部件，经组装后再出口。跨国公司对发展中国家原料产地的投资，扩大了原料的进口。跨国公司母公司与子公司、子公司与子公司之间的专业化协作，加大了中间产品在国际贸易中的流量。所有这一切，都大大加速了国际贸易的发展。

2. 影响国际贸易的地区分布

跨国公司对外直接投资的 3/4 集中在发达国家，所设立的子公司也有 2/3 在发达国家。

跨国公司的发展促进了国际贸易的发展，实际上主要是促进了发达国家对外贸易的发展。仅前 100 家世界大跨国公司之间的贸易额就占世界贸易总额的 1/3。跨国公司母公司和子公司之间的贸易额又占世界贸易额的 1/3。第二次世界大战后，发达国家一直占世界贸易总额的 70% 左右，这与跨国公司对外投资的方向有着密切的关系。

3. 影响国际贸易的商品结构

跨国公司的海外投资主要集中在制造业部门，尤其是资本密集型产业部门和技术密集型产业部门，从而使国际贸易商品结构中制成品贸易，特别是机器设备贸易的比重上升，初级产品贸易的比重下降。此外，跨国公司内部专业化协作的发展，跨国公司对发展中国家制造业部门投资的增加，也是使制成品贸易比重不断上升的重要因素。

4. 促进了国际技术贸易的发展

国际资本运动尤其是跨国公司，是国际技术贸易中最活跃、最有影响的力量，它控制了发达国家工艺研制的 80%、生产技术的 90%，国际技术贸易的 75% 以上属于与跨国公司有关的技术转让。

跨国公司为了在激烈的竞争中保持自己的地位，扩大自己的份额，需要不断地进行科学技术研究，不断地推出新产品。每家跨国公司都有自己专门的研究机构，每年投入大量的研究与开发费用，直接促进了新技术、新产品的研究与开发，加速了产品的更新换代。第二次世界大战后国际技术贸易的快速发展，使国际技术贸易额从 1965 年的 30 亿美元上升到 1975 年的 110 亿美元，再上升到 1985 年的 500 亿美元，20 年时间增长了 16 倍，这在很大程度上得益于跨国公司技术与技术转让的发展。以技术贸易最大的顺差国美国为例，在技术贸易的专利和专有技术使用费收入中，跨国公司占 80% 以上。

5. 加强了国际贸易的垄断程度

跨国公司的发展，也制造了若干障碍和垄断。跨国公司在其发展和扩张过程中，总是力图控制东道国的某些生产部门或产品价格。这种控制往往是通过一些非正常的经济手段进行的，于是便出现了某些产品的销售价格扭曲、非正常利润等与正常市场机制相违背的现象。跨国公司通过对国际生产和国际流通过程的垄断和控制，赚取了大量的垄断超额利润。

跨国公司对国际贸易的控制主要是通过公司内转移价格和公司外垄断价格进行的。公司内转移价格实质上是在损害东道国的利益，跨国公司的这种行为既损害了东道国的利益，也干扰了正常国际贸易的进行。公司外垄断价格也是跨国公司经常使用的一种手段。公司外垄断价格在使跨国公司获得高额利润的同时，人为地破坏了市场机制，使正常的国际贸易难以顺利进行。

同步测试

一、单项选择题

1. 第二次世界大战后国际投资的主要形式是（　　）。

A. 直接投资　　　　　　　　　　B. 间接投资

2. 对外直接投资包括（　　）。

A. 证券投资和借贷资本输出　　　B. 证券投资和独资企业

C. 独资企业与合资企业　　　　　D. 国际金融机构贷款和合作经营

二、多项选择题

1. 借贷资本输出包括（　　）。

A. 政府援助贷款　　　　　　　　B. 国际金融机构贷款

C. 国际金融市场贷款　　　　　　D. 出口信贷

2. 国际金融机构的贷款（　　）。

A. 贷款条件比较优惠　　　　　　B. 通常是有所限制的

C. 没有任何限制　　　　　　　　D. 贷款利率比较高

3. 跨国公司必须具备以下要素（　　）。

A. 跨国公司必须是一个经营实体　　B. 跨国公司必须具有一个统一的决策体系

C. 企业的各个实体分享权利和分担责任　D. 必须多元化经营

4. 跨国公司非价格竞争的主要手段有（　　）。

A. 提高产品质量　　　B. 加强技术服务　　　　　　C. 提供消费信贷

D. 加速产品升级换代　E. 不断设计新颖和多样的包装装潢　F. 降低价格

三、判断题

（　　）1. 跨国公司的发展对国际贸易没有影响。

（　　）2. 跨国公司的竞争手段已从价格竞争转移到非价格竞争。

（　　）3. 国际资本移动按资本持有者不同可分为对外直接投资和对外间接投资。

（　　）4. 跨国并购已经成为世界间接投资的主流。

（　　）5. 国际金融市场上的商业银行贷款是一种低利率贷款，借款国可以用于任何用途。

（　　）6. 第二次世界大战后国际资本移动的特点是对外间接投资迅速发展并占主导地位。

四、简答题

1. 分析国际资本移动的原因。

2. 第二次世界大战后国际资本移动的主要特点是什么？

3. 跨国公司与对外直接投资有什么关系？

4. 跨国公司对国际贸易有何影响？

5. 结合国际资本移动的方式分析我国吸引外资的方式。

案例分析

中国服装企业的跨国之路

中国服装企业很早就开始了跨国运作，并取得了可圈可点的成绩。

2007年11月6日，雅戈尔与美国 Kellwood Company 及其全资子公司 Kellwood Asia Limited 签订三方《股权购买协议》，收购其子公司新马公司100%的股权，总计出资额 1.2 亿美元。通过这一并购，雅戈尔将获得新马公司分布在斯里兰卡、菲律宾和中国广东、吉林、深圳等地的十四家生产基地，包括 POLO、Calvin Klein 在内的二十多个品牌的 ODM 加工业务，拥有 Nautica、Perry Ellis 等五个授权许可品牌，以及一个具有数十年国际品牌管理和设计经验的优秀团队，一个通达包括美国数百家百货公司销售网点在内的销售渠道，一个保证这些货品顺畅流入这些百货公司的强大的各级物流系统。

2008 年 5 月，中国动向收购日本 Phenix91％的股权。Phenix 旗下拥有包括全球滑雪及户外运动服装品牌 Phenix、滑雪板运动服装品牌 X-NIX、休闲品牌 Inhabitant，不过中国动向最满意的是，它拥有 Kappa 在日本市场的品牌所有权和永久经营权。

哈杉鞋业采取新建、并购与合作"三管齐下"策略：在研发领域，哈杉鞋业采取合作联盟方式，将意大利威尔逊公司的制鞋研究所搬到中国温州，同时与意大利鞋类设计学校合作，引进国际知名设计师；在生产领域，哈杉鞋业采取新建和收购两种方式，在尼日利亚以新建方式投资建厂，在意大利以收购方式获取威尔逊公司 90％的股份；在销售领域，哈杉鞋业采取并购方式，收购了台湾立将贸易公司和意大利威尔逊公司。

波司登首先通过与国外品牌营销网络的合作，开启跨国之行。波司登男装凭借卓越的制造工艺，进驻英国连锁品牌 GREENWOODS（格林伍兹）的强大营销网络，取得了骄人的销售业绩，并在英国开设了两家波司登男装专卖店，开创了中国自主品牌专卖店登陆欧洲市场的先河，成为后金融危机时代"中国制造"向"世界名牌"跃升的典型案例。

（资料来源：http://www.chinasspp.com/）

讨论题：

1. 中国服装企业分别采取什么策略开展跨国经营？
2. 你还知道中国哪些服装企业开展了跨国经营？

第7章

国际贸易政策

【知识目标】

通过本章的学习，要求学生理解一国对外贸易政策实施的目的，掌握对外贸易政策的构成，准确把握保护贸易和自由贸易政策的发展及我国的对外贸易政策新取向。

【技能目标】

● 能够对各国贸易政策内容的调整做出原因分析

● 能够对各国贸易政策改变产生的影响做出判断

● 能够理解和支持我国重大外贸政策的调整，并合理利用政策开展经营活动

【重点】

● 对外贸易政策的构成

● 自由贸易政策的发展

● 我国对外贸易政策的新取向

国际贸易政策对各国经济发展起着重要的作用，它已成为国际贸易环境的重要组成部分。从一国的角度而言，国际贸易政策就是对外贸易政策。各国为促进本国贸易的发展，在不同的时期，往往实行不同的贸易政策。

引 例

中美关税政策调整一瞥

中美两国元首于 2014 年 APEC 会议期间举行会晤，双方就尽快恢复和结束《信息技术协定》(ITA) 扩大产品范围谈判达成双边共识。根据新协议，ITA 将涵盖医疗设备、GPS 设备、视频游戏机、计算机软件和新一代半导体等领域的信息技术产品，涉及全球贸易额近 3 万亿美元，约 200 项信息技术产品关税将降至零。如扩围协议达成，它将是 WTO 成立 19 年来第一份关税减让协议，会增强人们对 WTO 多边谈判功能的信心。

《信息技术协定》是旨在将 IT 产品关税降为零的多边协定，1997 年 3 月由占全球信息技术产品 92.5％的 39 个国家和地区在日内瓦签订。该协议涉及计算机、电信产品、半导体、半导体制造设备、软件和科学仪器 6 大类共 200 多项产品，从 1997 年 4 月 1 日

开始实行，分 4 阶段，每个阶段减少关税 25%，到 2000 年 1 月 1 日将信息技术的关税削减到零。

2003 年 4 月，WTO 扩大信息技术产品贸易委员会第 35 次会议同意接受中国成为 WTO《信息技术协定》的第 43 个参加方。

目前中美双方在通信产品的准入、准出方面有很多壁垒，美国更是限制多多。准入方面，美国对中国的通信产品并未完全开放。在准出方面，美国最具优势的高技术通信产品限制向中国出口。

《信息技术协定》的意义并不仅仅在关税减免方面，还在于贸易主体身份的认定方面。以前美国出于安全保护考虑，不允许中国通信产品进入美国市场，而包括 IBM、微软、思科在内的美国大公司产品在中国却随处可见。

（资料来源：http：//www.163.com）

思考并讨论：《信息技术协定》达成后对我国有什么积极影响？给我们的日常生活又会带来哪些改变？如果你是一家高科技企业的经营者，你对这项政策的调整持什么观点和态度？

7.1　国际贸易政策概述

讨　论

学生分小组讨论：
1. 你对国际贸易政策有哪些了解？
2. 国际贸易政策有哪些类型？

7.1.1　对外贸易政策的含义与构成

1. 对外贸易政策的含义

对外贸易政策是各国在一定时期内根据国家经济发展战略总目标，运用经济、法律和行政手段，对对外贸易活动所实行的政策。对外贸易政策是各国政治与经济政策的重要组成部分。各国的对外贸易政策随着本国的经济体制、经济发展水平及其产品和服务在国际市场上的竞争能力而有所不同，并且随其经济实力的变化而不断调整。

2. 对外贸易政策的目的

各国制定对外贸易政策的目的大体上是一致的，其实质是代表本国统治阶级，为本国统治阶级利益及本国的经济发展服务。具体来说，对外贸易政策的目的主要表现在以下几个方面：

① 保护本国产品和服务的市场；

② 扩大本国产品和服务的出口市场；

③ 促进本国产业结构的改善；

④ 协调国际经济和政治关系；

⑤ 积累资本或资金；

⑥ 促进经济发展与稳定。

3. 对外贸易政策的构成

对外贸易政策通常由下述内容构成。

（1）对外贸易总政策

对外贸易总政策包括货物和服务进口总政策和出口总政策。它是从整个国民经济出发，根据本国国民经济的整体发展状况及发展战略，结合本国在世界经济格局中所处的地位而制定的。该政策在一个较长的时期内是发展对外贸易的基本方针和原则，例如是实行"保护贸易政策"，还是"自由贸易政策"或是"超保护贸易政策"等。它是各国发展对外经济关系的基本政策，是整个对外贸易政策的立足点。

（2）进出口货物与服务贸易政策

它是在本国对外贸易总政策的基础上，根据经济结构、国内市场状况而分别制定的政策。其基本原则是对不同的进出口商品实行不同的待遇，主要体现在关税的税率、计税价格和课税手续等方面的差异。例如，为了保护民族工业的发展，对某些外国同类商品实行进口限制。

（3）对外贸易国别政策

它是根据对外贸易总政策，依据对外政治经济关系的需要而制定的国别和地区政策。它在不违反国际规范的前提下，对不同国家采取不同的对外贸易政策和措施。对不同国家规定差别关税率和差别优惠待遇是各国国别政策的基本做法。

4. 对外贸易政策的层次

各国在管理对外贸易活动中，可以制定和实施自主的对外贸易政策，也可以实施协定的对外贸易政策。总体来看，对外贸易政策可以分为 4 个层次。

（1）单边贸易政策

单边贸易政策也称为自主贸易政策，它是由各国政府在完全自主情况下制定的对外贸易政策。

（2）双边贸易政策

双边贸易政策是由双边政府通过签订双边贸易条约和协定以协调双方管理贸易的政策。

（3）诸边贸易政策

诸边贸易政策也称区域贸易政策，是由多个国家政府通过签订诸边条约和协定以协调各方管理贸易的政策。

（4）多边贸易政策

多边贸易政策一般是指世界贸易组织制定的贸易和投资自由化规则。它是由世界贸易组织一百四十多个成员通过签订多边贸易条约和协定以协调各方管理贸易的政策。

为了使贸易政策更好地发挥作用，一个国家或地区的对外贸易政策通常是由以上几个层次的贸易政策组合起来的。

7.1.2　对外贸易政策的制定与执行

对外贸易政策属于上层建筑，它既反映了经济基础和当权阶级的利益与要求，同时又反过来维护和促进经济基础的发展。各国在制定对外贸易政策过程中，通常要考虑到以下因素：本国的经济安全与政治安全；本国产品和服务在国际市场上的竞争能力；本国经济结构与竞争优势；本国与他国在经济、投资方面的合作情况；本国国内物价、就业状况；本国与别国的政治关系；本国在世界经济贸易组织中享受的权利及应尽的义务；各国政府领导人、政策决策者的经济思想与贸易理论等。

1. 对外贸易政策的制定

各国对外贸易政策的制定与修改可分为两种情况：一是法律由国家立法机构负责；二是规章由国家行政主管部门负责。在制定和修改对外贸易政策及有关规章制度前，要征询各个经济集团的意见。例如，发达国家一般要征询大垄断集团的意见，各垄断集团可通过各种机构，如企业主联合会、商会的领导人，经常协调和确定共同立场，向政府提出各种建议，甚至派人参与制定或修改有关对外贸易政策的法律草案。

最高立法机关所颁布的对外贸易政策，既包括一国在较长时期内对外贸易政策的总方针和基本原则，同时又规定了某些重要措施及给予行政机构的特定权限。例如，美国国会往往授予美国总统在一定范围内制定某些对外贸易法令、签订贸易协定、进行对外贸易谈判、增减关税和确定数量限额等权利。

2. 对外贸易政策的执行

各国对外贸易政策是通过以下方式执行的。

① 通过海关对进出口贸易进行管理。海关是国家行政机关，是设置在关境的进出口监督管理机关。它的主要职能是：对进出过境的货物和物品、运输工具，进行实际的监督管理，稽征关税和代征法定的其他税费；查禁走私。一切进出国境的货物和物品、运输工具，除国家法律有特别规定的以外，都要在进出关境时向海关申报，接受海关检查。

② 国家广泛设立各种机构，负责促进出口和管理进口，例如美国商务部、美国国际贸易委员会、美国贸易代表办公室等。

③ 国家政府出面参与各种国际贸易、关税等国际机构与组织，进行国际贸易、关税方面的协调与谈判工作，如世界贸易组织内部的贸易协调与谈判。

7.1.3　对外贸易政策的基本类型与演变

1. 对外贸易政策的类型

各国政府制定的对外贸易政策，通常要根据不同历史时期的世界政治、经济形势的变化，本国的经济发展水平，不同的经济思想和外贸理论的发展而随时调整和改变。但从对外贸易产生与发展以来，不论如何变化，总不外乎两种基本类型：自由贸易政策和保护贸易政策。当然在不同的历史时期，其自由程度与保护程度一般有所不同。

自由贸易政策（free trade policy）的主要内容是：国家取消对进出口贸易的限制和障碍，取消对本国进出口货物和服务的各种特权和优待，允许货物自由进出口，自由经营服务贸易，使货物和服务在国家之间自由流动，在国内外市场上自由竞争。一国实行自由贸易政策并不意味着完全的自由。西方国家在推行自由贸易政策的同时，总是或明或暗地对某些产业实行保护。

保护贸易政策（protective trade policy）的主要内容是：国家广泛利用各种限制进口和控制经营范围的措施，保护本国商品在国内市场免受外国货物和服务的竞争，并对本国出口货物和服务给予优待和补贴以鼓励货物和服务出口。一国实行保护贸易政策也并不意味着完全的闭关锁国，只是对某些商品保护程度偏高。

2. 对外贸易政策的演变

15 世纪到 17 世纪的资本主义原始积累时期，主要实行的是重商主义。在资本主义原始积累时期，西欧各国广泛实行重商主义的强制性贸易保护政策，通过限制货币出口和扩大贸易顺差的办法来扩大货币的积累。

18 世纪中期到 19 世纪资本主义的自由竞争时期，自由贸易政策和保护贸易政策并行，但这个时期对外贸易政策的主流是自由贸易政策。英国带头实行自由贸易政策。由于各国经济发展水平不同，一些经济发展起步较晚的国家，如美国和德国奉行的是保护贸易政策。

资本主义垄断时期（19 世纪 90 年代到第二次世界大战前）主要实行贸易保护主义，但保护贸易政策的类型出现多样化。1929—1933 年资本主义出现了经济大危机，市场问题急剧恶化，出现了超保护贸易政策。第二次世界大战后到 20 世纪 70 年代初，随着生产国际化和资本国际化，出现了世界范围的贸易自由化。而广大的发展中国家和新生的社会主义国家，则实行了贸易保护主义。

20 世纪 70 年代中期以来，在世界贸易自由化的同时，兴起了新贸易保护主义。鉴于各国不能实行严格意义上的自由贸易与保护贸易，为此各国普遍实施管理贸易政策。在这种协调管理贸易政策制度下，国家对内制定一系列的贸易政策、法规及条例，加强了本国对外贸易有秩序、健康的发展；对外通过协商签订双边、多边贸易条约和协定，协调与其他国家对外经济贸易方面的权利与义务，维护自由、公平的贸易环境和竞争秩序。

7.2 国际贸易政策的发展

讨 论

学生分小组讨论：

1. 为什么在 19 世纪资本主义自由竞争时期，英国要大力推行自由贸易政策而德国要实行保护贸易政策？

2. 超保护贸易政策的出台有怎样的时代背景？

3. 当代各国都实行了怎样的国际贸易政策？

从对外贸易政策的发展历史来看，保护贸易政策与自由贸易政策总是交替进行的。在不同的历史时期，一国采取什么样的贸易政策主要由本国的经济实力决定。

7.2.1 保护贸易政策的发展

从 15 世纪至今，出现了不同类型的保护贸易政策，主要有重商主义贸易政策、保护幼稚工业贸易政策、超保护贸易政策、新贸易保护主义贸易政策和战略性贸易政策等。各国采取的保护贸易政策有所不同，但其中心内容主要是"奖出限入"。

1. 重商主义贸易政策

重商主义的对外贸易政策是 15 世纪到 17 世纪资本主义原始积累时期欧洲国家普遍采取的一种保护贸易政策。重商主义对外贸易政策的基本观点是：金银货币是财富的唯一表现形式。重商主义认为，只有金银才是真正的财富，除了开采金银矿和进行暴力掠夺外，只有对外贸易才能增加一国所拥有的金银量。因此，一国为增加财富，必须通过国家干预外贸，促进出口贸易，限制外国商品的进口。重商主义分为早期重商主义和晚期重商主义两个阶段。

（1）早期重商主义

早期重商主义又称重金主义，其基本思想是货币差额论。货币差额论的基本任务是防止货币外流并积累货币。他们强调要绝对禁止贵重金属外流，由国家垄断全部货币贸易，甚至要求外国人必须将其在本国销售货物的收入用于购买本国的货物。在对外贸易上，他们主张"多出口，少进口"，甚至"只出口不进口"。早期重商主义要求每笔贸易都应是顺差。

早期重商主义的主要代表人物是英国的威廉·斯塔福。斯塔福认为从国外输入商品对本国不利，从外国输入本国能够制造的商品害处更大。因为进口商品会引起货币的输出，主张用高关税和限制进口来阻止货币的外流。斯塔福极力主张实行保护贸易政策，禁止外国工业品，特别是奢侈品输入英国。当时，英国是实行这种政策最彻底的国家。

（2）晚期重商主义

晚期重商主义的基本思想是贸易差额论。晚期重商主义已经不再用守财奴的眼光来看待货币，他们开始用资本家的眼光来看待货币。他们认识到闲置不用的货币不会增值，不应当对货币的运动过分加以限制，于是由管制金银的进出口变为管制货物的进出口，试图用更多的出口来获取贸易顺差和金银进出口。在对外贸易中，他们不但主张多进口、少出口，甚至主张多出口和多进口，以扩大对外贸易。晚期重商主义者并不反对个别贸易或对个别国家的贸易逆差，只要国家总体贸易是顺差就可以，这样金银必然会流入国内，国家财富就会增加。因此，应采取补贴、免税、退税等各种强有力的鼓励出口的政策促进出口，并实行关税保护措施，限制外国商品进口，尤其是奢侈品的进口，以实现对外贸易的顺差。

贸易差额论的主要代表人物是英国的托马斯·孟，他的主要著作是《英国得自对外贸易的财富》，该书被认为是重商主义的"圣经"。托马斯·孟反对货币差额论的主张，认为增加英国财富的手段就是发展对外贸易，要求取消禁止货币输出的法令。他认为货币产生贸易，贸易增加货币，只有输出货物，才能输入更多的货币。

重商主义的政策和措施在历史上曾起过进步作用，它们在一定程度上促进了资本的原始积累，推动了资本主义生产方式的建立与发展。但它们对社会经济现象的探索只局限于流通领域，而未深入到生产领域，因此其经济理论是不科学的。马克思指出："现代经济的真正科学，是在理论考察由流通过程过渡到生产过程开始的。"

2. 保护幼稚工业贸易政策

在 19 世纪资本主义自由竞争时期，英国实行的是自由贸易政策，而以美国和德国为代表的后进资本主义国家先后实行了保护贸易政策。

（1）保护幼稚工业贸易政策的主张

美国是后起的资本主义国家，产业革命进行得比较晚，工业基础较薄弱，其工业品无法与英、法等国竞争，因此新兴的北方资产阶级不断实行保护贸易政策。19 世纪初的德国，工业发展水平远比英、法两国落后，德国受到英、法两国自由贸易政策的冲击，大量廉价商品冲击德国市场。德国工业资产阶级也迫切要求实行保护贸易政策，以免受外国自由竞争产品的强大竞争，保护和促进德国工业的顺利发展。

（2）保护幼稚工业贸易政策的理论依据

美国的第一任财政部长汉密尔顿代表独立发展美国经济的资产阶级的要求，在 1791 年12 月提出的"制造业报告"认为，为使美国经济自立，应当保护美国的幼稚工业，其主要的方式是提高进口商品的关税；政府应制定政策和措施，加强干预。汉密尔顿的保护贸易主张对于美国工业及制造业的发展有较大的影响。汉密尔顿还提出当美国的生产效率提高到可以与国外竞争的水平时，关税壁垒可以拆除，到时美国就可以实行自由贸易了。汉密尔顿的思想对后来的李斯特的保护幼稚工业贸易政策产生了巨大的影响。

> **你知道吗**
>
> 亚历山大·汉密尔顿（1755—1804）是美国建国初期的一位杰出的政治家。在独立战争时期，他曾担任华盛顿的副官，被称作是华盛顿的"堪属无价之宝的参谋"。1789 年联邦政府成立，华盛顿当选为第一任总统，汉密尔顿被任命为第一任财政部长。他深得华盛顿的赏识与信任，是华盛顿政府决策圈内的核心人物，政府各项内外政策的制定都有他的参与和主导。他还是当时主宰政治舞台的政党——联邦党的领袖。这一切都使他成为美国建国初期一位极有影响的政治人物。他在财政、外交、宪法等各领域都做出了不同凡响的贡献。他提出的整顿财政与发展经济的纲领，不仅使美国从根本上结束了财政混乱，而且为美国以后的经济发展规定了方向。

保护贸易理论，就其影响而言，李斯特的保护幼稚工业的理论具有代表性。李斯特是德国经济学家，早年在德国倡导自由贸易，自 1825 年出使美国之后，受到汉密尔顿的影响，并见到美国实施保护贸易政策的实效，因此转而提倡保护贸易政策。他在 1841 年出版的《政治经济学的国民体系》一书中，系统地阐述了保护幼稚工业理论。

李斯特批评了古典派自由贸易理论。他指出，"比较成本说"不利于德国生产力的发展。他主张，一国应根据国民经济发展的不同阶段确定自己的对外贸易政策，而不能仅仅局限于目前从贸易中获得的利益。他说，从国外购买廉价的商品，表面上看起来是合理的，但这样做的结果却会使德国的工业长期处于落后及从属的地位。相反，如果采取以保护关税为主的保护贸易政策，一开始会使国内工业品价格有所提高，但经过一段时间后德国工业将得到充分发展，生产力将会得到提高，生产成本将会下降，商品价格也会随之下降，甚至会低于从国外进口的商品价格。

　　李斯特主张实行的保护贸易并不是无条件的保护。他提出要对保护对象进行选择，认为农业不需保护；有竞争能力的工业无须保护；一国工业虽然幼稚，但是没有强有力的竞争者时也不需要保护；只有刚刚开始发展且有强有力的国外竞争者的幼稚工业才需要保护，特别是生产生活必需品的工业尤其要进行保护。李斯特提出保护的时间以 30 年为最长期限。在此期限内，被保护的工业若仍扶植不起来，则无须再给予保护，应任其垮台，产品从国外进口。保护的手段是禁止输入和征收高关税。同时，李斯特提出，国家应随着工业水平的不断发展而逐步降低关税。

　　李斯特的保护幼稚工业理论在德国工业资本主义的发展过程中起到了一定的积极作用，具有一定的进步意义。在保护贸易政策的扶持下，德国在较短时间内迅速发展，赶上了英、法等发展较早的资本主义国家。李斯特的保护贸易理论的许多观点是有价值的，对经济落后国家赶超先进国家提供了重要的借鉴与参考。他提出的以保护贸易为过渡而以自由贸易为最后目的，以及仅以幼稚工业为保护对象的主张是积极的。当然，李斯特的保护贸易政策也存在一定的缺陷，例如他错误地理解了生产力的概念、对影响生产力发展的各种因素的分析也很混乱等。

3. 超保护贸易政策

　　19 世纪末 20 世纪初，资本主义经济发生了重大的变化，其对外贸易政策也因此发生了巨大变化。在这一阶段，资本主义经济出现了以下特点：资本主义经济由自由竞争进入垄断竞争；国际经济制度发生了重大变化；1929 年至 1933 年资本主义世界爆发了空前严重的经济危机，使市场矛盾进一步尖锐。这一时期各国为维护国内市场的垄断价格和夺取国外市场，实行了更严厉的保护贸易政策，称为"超保护贸易政策"。超保护贸易政策在第一次世界大战和第二次世界大战之间盛行，其主要内容是：政府通过贸易壁垒限制外国商品进口，以维持垄断资本获取高额利润；通过各种奖励出口的政策鼓励垄断资本夺取国际市场，扩大对外贸易。此时的保护贸易政策从目标、战略、对象及措施上都发生了质的变化，成了进攻性的扩张保护贸易，即"超保护贸易"。

　　在这个时期，超保护贸易政策在英国与美国的表现尤为突出。英国由于战争和经济地位的下降，逐渐背离了原来的自由贸易政策。而美国由于 19 世纪实施的强有力的保护贸易政策，其工业发展迅速，到第一次世界大战期间，已成为世界最大的工业国家，逐渐取代了英国在世界经济中的地位。美国在第一次世界大战结束后，更加强化了其保护贸易政策。

　　（1）超保护贸易政策的特点

　　帝国主义时期的超保护贸易政策与第一次世界大战前的保护贸易政策相比，其主要特点如下。

　　① 保护的对象扩大了。超保护贸易政策不仅保护幼稚工业，而且更多地保护国内已经高度发展的或已出现衰落的垄断工业。

　　② 保护的目的变了。超保护贸易政策不再是为了培养和增强国内工业自由竞争的能力，而是为了巩固和加强对国内外市场的垄断。

　　③ 超保护贸易政策由保护转为进攻。超保护贸易政策不再是防御性地限制进口，而是在垄断国内市场的基础上对国外市场采取进攻性的扩大出口战略。

　　④ 保护的利益转移了。超保护贸易政策保护的阶级利益由一般的工业资产阶级转向大垄断资产阶级。

⑤ 保护的措施多样化。超保护贸易政策的保护措施不仅包括关税措施和贸易协定，还包括名目繁多的奖出限入的非关税措施。

⑥ 组成货币集团，瓜分世界市场。1931 年，英国放弃了金本位，引起了统一的世界货币体系的瓦解，主要帝国主义国家各自组成了排他性的相互对立的货币集团，如英镑集团、美元集团、黄金集团、法郎集团、德国双边清算集团等。

（2）超保护贸易政策的理论

在上述历史背景下，各国经济学者提出了各种支持超保护贸易政策的超保护贸易理论依据，其中最有影响的是凯恩斯主义推崇的重商主义学说。

凯恩斯是英国资产阶级经济学家，他的代表作是 1936 年出版的《就业、利息和货币通论》。凯恩斯本人没有一本全面系统地论述国际贸易的专著，但是他和他的信奉者们有关国际贸易方面的观点和论述却为超保护贸易政策提供了重要的理论依据。在资本主义大危机以前，凯恩斯是一个自由贸易论者。当时，他否认保护贸易政策会有利于国内的经济繁荣与就业。但在大危机以后，凯恩斯改变了立场，转而推崇重商主义，他认为重商主义保护贸易政策确实能够保护经济繁荣，扩大就业。

凯恩斯主义从理论上抨击了古典派自由贸易理论的自由贸易政策，推崇保护贸易政策。他们认为传统的理论已不适用于现代社会，自由贸易政策已无法应付大危机的局面，因而要求政府出面直接干预经济生活，通过制定一系列的政策，扩大出口，限制进口，争取对外贸易顺差，以刺激国内的"有效需求"，缓和经济危机，增加就业。同时，将部分垄断高额利润作为补贴，以倾销价格向国外市场进行倾销，占领国外市场。凯恩斯主义认为，在财政政策方面，应该增加政府开支（包括政府投资）和减税；在金融政策方面，应降低利率，扩大货币和信贷的供应量。凯恩斯主义大力鼓吹"奖出限入"的贸易政策，认为贸易顺差越大，国民收入的增加额就越大，解决失业和危机问题的作用就越大。他们认为国家通过贸易顺差所得到的好处与贸易顺差值成正比。同时凯恩斯主义还认为，贸易逆差能够造成诸如失业率攀升、贵金属外流和经济大萧条等一系列经济问题和社会问题，政府要不遗余力地制止贸易逆差现象的出现。

凯恩斯趣事：

凯恩斯和一个朋友在阿尔及利亚首都阿尔及尔度假，他们让一群当地小孩为他们擦皮鞋。凯恩斯付的钱太少，气得小孩们向他们扔石头。他的朋友建议他多给点钱了事，而凯恩斯回答道："我不会贬抑货币的价值。"

（3）对超保护贸易政策的评价

凯恩斯的超保护贸易主义为经济学的发展开辟了新的方向，被西方经济学界誉为"凯恩斯革命"。他的理论为资本主义国家找到了暂时摆脱经济危机的途径。发达资本主义国家通过加强政府对经济的宏观调控力度推行了一系列的财政政策、货币政策和社会保障政策，扩大了有效需求，保证了充分就业，增加了民众的购买能力，在一定时期内实现了经济的高速发展。但是自凯恩斯的《就业、利息和货币通论》出版以来，西方经济学界对它的抨击一直没有停止，因为凯恩斯主义无法解释和根除资本主义固有的通货膨胀与经济停滞并存的现象。即便如此，我们也不得不承认凯恩斯和他的超保护贸易政策在经济学界中的辉煌地位，直到今天其中的某些观点对我们国家经济政策的制定依然有很重要的借鉴价值。

4. 新贸易保护主义贸易政策

新贸易保护主义贸易政策是相对于自由竞争时期的贸易保护主义贸易政策而言的,它形成于 20 世纪 70 年代中期。1973—1974 年、1980—1982 年两次世界性的经济危机爆发,对西方国家经济是一个沉重打击,各国经济转入低速发展,市场问题日趋严重。在各国失业率居高不下的情况下,有关的产业要求政府加强贸易保护。国际贸易领域中自由化倾向逐渐减弱并趋于停顿,贸易保护主义不断加强,出现了新贸易保护主义。此外,20 世纪 70 年代中期以后,由于工业国家发展不平衡,美国对外贸易逆差迅速上升,特别是对日本、德国贸易逆差不断扩大。其主要工业产品,如钢铁、汽车、电器等,不仅受到日本、西欧等国家的激烈竞争,甚至面临一些新兴工业化国家及其他出口国的竞争威胁。为了减少贸易逆差,美国迫使对它有巨额顺差的国家对其开放市场,同时加强进口限制,成为新贸易保护主义的重要策源地。美国率先采取贸易保护主义措施,引起了各国贸易政策的连锁反应,各国纷纷效仿,致使新贸易保护主义贸易政策得以蔓延和扩张。

新贸易保护主义贸易政策不同于 20 世纪 30 年代的贸易保护主义贸易政策,其主要特点如下。

(1) 被保护的商品不断增加

被保护的商品从传统产品、农产品转向高级工业品和劳务部门。1977 年欧洲经济共同体对钢铁进口实行限制。1978 年,美国对进口钢铁采取"启动价格"。进入 20 世纪 80 年代以来,美国对日本的汽车实行进口限制,迫使日本实行汽车的"自愿出口限额"。1982 年,美国与欧洲经济共同体签订钢铁的"自愿"出口限额协议。

(2) 保护措施多样化

限制进口措施的重点从关税壁垒转向非关税壁垒。在这期间,非关税壁垒的种类显著增多,在 20 世纪 60 年代末 70 年代初,资本主义国家采用的非关税壁垒由大约 850 种增加到 1 000 多种。

(3) 从贸易保护制度转向更系统的管理贸易

20 世纪 70 年代末以来,随着贸易保护主义的日益加强,为了适应发达国家既要遵循其所倡导的自由贸易原则,又必须实行一定的贸易保护的现实需要,在对外贸易政策中出现了一种介于自由贸易与保护贸易之间、兼有两者特点的一种新的贸易政策倾向——管理贸易。

管理贸易是以国内贸易法规、法令和国际贸易条约与协定来约束贸易行为,可分为国家管理贸易和国际管理贸易。其主要内容是:国家对内制定各种对外经济贸易法规和条例,加强对本国进出口贸易的管理;对外通过协商,签订各种对外经济贸易协定等,以协调和发展缔约国之间的经济贸易关系,共同遵循达成的国际经济贸易法律。

(4) 奖出限入措施的重点从限制进口转向鼓励出口

20 世纪 70 年代中期以来,随着发达资本主义国家之间贸易战的日益加剧,各国政府仅靠贸易壁垒不仅难以达到限制进口的目的,而且往往会遭到其他国家的报复。因此,许多发达资本主义国家把奖出限入措施的重点从限制进口转向鼓励出口。世界贸易组织成立以后,新贸易保护主义贸易政策受到抑制。

5. 战略性贸易政策

所谓战略性贸易政策,是指国家从战略性的高度,用关税、生产补贴、出口补贴或保护国内市场等政策手段,对现有或潜在的战略性部门或产业进行支持和资助,增强其在国际市场上的竞争能力，提高经济效益和国民福利。战略性贸易政策是 20 世纪 80 年代由布兰德、斯潘塞、克鲁格曼等人发展起来的一种新的贸易政策理论。有些国家在之前就采取了此政策。

（1）措施

战略性贸易政策的主要措施是："以补贴促进出口""以关税保护国内市场，促进出口"等。

① 以补贴促进出口。政府通过对本国企业实施生产补贴和出口补贴，包括直接的资金转移和减免税等形式，人为地降低产品成本，从而使其产品在国际市场上占有更大的市场份额，实现规模经济，获取规模经济效益。

② 以关税保护国内市场，促进出口。一个受到保护的企业可以充分利用国内封闭市场来扩大生产，不断降低产品成本，获取规模经济效益。

（2）战略性目标产业的确定

① 高附加值产业。高附加值产业是指投入少而产出价值高的产业。国家通过扶植理想的具有战略性的目标产业，提高该产业的竞争力，扩大市场，从而提高整个国民的福利水平。

② 高科技产业。高科技产业是指依靠产品及生产过程的快速革新而获取成功的产业，包括生物工程、新型材料、远程通信、计算机软件等。

美国在农业和国防工业采取了类似战略性贸易政策与措施。20 世纪 50 年代和 60 年代，日本政府将目标产业转向高附加值的钢铁、汽车等重要的目标产业，这些产业得到出口补贴、税收和贷款优惠；20 世纪 70 年代以后，日本政府又把目标产业转向技术密集型产业，如集成电路和计算机工业。法国政府广泛运用补贴来扶植被认为是至关重要的航空工业等产业，同时为了与美国飞机制造业相竞争，20 世纪 60 年代以后，法国和英国共同开发协和式超音速飞机，并提供财政支持。欧盟各国成立空中客车公司，生产"空中客车"，公司的资本费用和其他成本由成员国政府补贴。

7.2.2 自由贸易政策的发展

1. 资本主义自由竞争时期的自由贸易政策

18 世纪中叶至 19 世纪末是资本主义自由竞争时期。在这一时期，产业资本逐渐战胜了商业资本，并开始居于统治地位，于是产生了适应于工业资产阶级利益的对外贸易政策。

（1）英国自由贸易政策的兴起

英国是最早实行自由贸易政策的国家。进入资本主义自由竞争时期，英国资产阶级革命和产业革命的胜利，开创了蒸汽机和大机器工业的时代。生产力迅速发展，资本主义生产方式开始确立，英国工业生产在世界市场上的"世界工厂"的地位已经确立并得到巩固，它需要世界其他国家为它提供大量的工业原材料、粮食和广阔的工业品销售市场。而重商主义的保护贸易政策则成了这一切的障碍，严重阻碍了英国新兴工业的发展。因此，英国新兴的工业资产阶级迫切要求废除重商主义时代所制定的限制性的对外贸易政策和措施。从 19 世纪20 年代开始，以伦敦和曼彻斯特为基地的英国工业资产阶级展开了一场大规模的自由贸易运动。1846 年 6 月 25 日，《谷物法》宣布废除，重商主义的大坝开始瓦解。在自由贸易政策的推动下，国际贸易成倍增长。从 1820 年至 1850 年，国际贸易量增加了两倍以上，从 1850 年到 1880 年又增加了将近两倍。

（2）自由贸易政策的理论

自由贸易理论起始于法国的重农主义，完成于古典派政治经济学。

法国的重农主义和英国的休谟都提出了自由贸易的主张。重农主义提倡商业自由竞争，鼓励农产品出口以换取工业品，反对重商主义的贸易差额论，反对课征高额关税。休谟主张自由贸易，提出"物价与现金流出入机能"的理论，驳斥重商主义的贸易差额论。

古典政治经济学的代表亚当·斯密在《国富论》中提出了国际分工，实行自由贸易的理论，大卫·李嘉图对其进行继承和发展。后来一些经济学家如穆勒、马歇尔等人进一步对此加以阐述、演绎。

（3）自由贸易理论的要点

① 自由贸易政策可以形成互利的国际分工。这种国际分工可以实现下列利益：可以增进各国各专业的特殊生产技能；使生产要素得到最优化的配置；可以节省社会劳动时间；可以促进市场发育。分工范围越广，市场越大，生产要素配置越合理，获取的利益越多。

② 扩大国民真实收入。自由贸易理论认为，在自由贸易环境下，每个国家都根据自己的条件发展最擅长的生产部门，使劳动和资本等资源得到正确分配和利用。同时，通过贸易以较少的花费换回较多的东西，就能增加国民财富。

③ 在自由贸易条件下，进口廉价商品，减少国民开支。

④ 自由贸易可以反对垄断，加强竞争，提高经济效率。

⑤ 自由贸易有利于提高利润率，促进资本积累。

（4）对自由贸易政策与自由贸易的评论

① 自由贸易政策的实施对英国资本主义的发展起到了一定的促进作用。马克思指出："1848 年到 1866 年期间不列颠工业和贸易的空前发展，无疑在很大程度上是由废除食品和原料的保护关税引起的。"自由贸易政策实施后，农业的发展也是惊人的。作为废除《谷物法》的补偿，地主们获得了低息贷款，大量资本投入到农业上来，最终使英国农业对外竞争能力增强。自由贸易政策使英国的经济跃居世界首位。1870 年英国在世界工业生产中所占的比重为 32％，在世界贸易总额中的比重上升到约 25％，几乎相当于法、德、美三国的总和。伦敦成了国际金融中心，世界各国的公债和公司证券都被送到这里推销。

② 自由贸易理论推动了自由贸易政策的实施。自由贸易理论成为促进自由贸易政策推行的有力武器。

③ 自由贸易理论也存在一些问题。第一，自由贸易理论掩盖了英国资本自由扩张的实质，抹杀了国际分工中的生产关系。英国的自由贸易政策对外实质上是一种经济侵略政策。英国资产阶级在国内大肆鼓吹自由贸易的同时，英国资本主义在对外进行更大规模的殖民扩张。第二，李嘉图所谓自由贸易能引起各国普享其利的国际分工，掩盖了以英国为中心的国际分工形成和发展的实际情况。第三，自由贸易论者的目的是英国应当成为世界工厂，其他一切国家要为其提供原材料、市场等服务。

2. 第二次世界大战后的自由贸易政策

第二次世界大战后，随着世界经济和贸易的发展，主要资本主义国家的对外贸易政策先后出现了两种主要倾向：20 世纪 50 年代至 70 年代初出现的贸易自由化和 70 年代中期以后出现的新贸易保护主义。

1）贸易自由化的主要表现

贸易自由化是指主要资本主义国家在世界范围内采取减低关税和放松其他进口限制以逐步实现国际商品自由流通的政策倾向。

（1）大幅度削减关税

① 在关税与贸易总协定成员范围内大幅度降低关税。从 1947 年以来，在关税与贸易总协定的主持下，举行了八轮多边贸易谈判。各缔约方的平均进口最惠国税率已从 50％左右下降到 5％以下。

② 在区域性经济贸易集团内部取消关税。如欧洲联盟的关税同盟，对内取消关税，对外通过谈判，达成关税减让的协议，使关税大幅度下降。

③ 通过普遍优惠制的实施，发达国家对来自发展中国家和地区的制成品和半制成品的进口给予普遍的、非歧视的和非互惠的关税优惠。这是 1968 年在联合国贸易与发展会议上通过的普遍优惠决议后实施的。

（2）降低或撤销非关税壁垒

发达国家在不同程度上放宽了进口数量限制，逐步放宽或取消外汇管制，实行货币自由兑换，促进了贸易自由化的发展。

2）贸易自由化的主要特点

① 美国积极推动贸易自由化。第二次世界大战后，美国成为资本主义世界最强大的经济和贸易国家。为了对外扩张，美国积极主张削减关税，取消数量限制，成为贸易自由化的积极推行者。

② 第二次世界大战后贸易自由化的经济基础雄厚。第二次世界大战后贸易自由化席卷全球，除去美国的对外扩张，还有更重要的原因，诸如生产的国际化、资本的国际化、国际分工的纵横发展、西欧和日本经济的迅速恢复和发展、跨国公司的大量出现，它们反映了世界经济和生产力发展的内在要求。而历史上的自由贸易则反映了英国一国工业资产阶级资本自由扩张的利益与要求。

③ 第二次世界大战后贸易自由化主要反映了垄断资本的利益。第二次世界大战后贸易自由化是在国家垄断资本主义日益加强的条件下发展起来的，主要反映了垄断资本的利益；而历史上的自由贸易则代表了资本主义上升时期的工业资产阶级的利益与要求。

④ 第二次世界大战后贸易自由化主要是通过世界贸易组织在世界范围内进行的。世界贸易组织的建立，使关税进一步下降，非关税壁垒进一步取消，加速了贸易自由化的发展。此外，区域性关税同盟、自由贸易区、共同市场等地区性经济合作，也均以促进国际商品的自由流通、扩大自由贸易为宗旨。

⑤ 第二次世界大战后的贸易自由化实际上是一种有选择性的贸易自由化。具体反映在：发达资本主义国家之间贸易自由化程度超过它们对发展中国家和社会主义国家的贸易自由化程度；区域性经济贸易集团内部的贸易自由化超过集团对外的贸易自由化；工业制成品的贸易自由化超过农产品的贸易自由化；机器设备的贸易自由化超过纺织品、鞋类、皮革制品等工业消费品的贸易自由化。

3. 贸易自由化向纵深发展

20 世纪 90 年代以来，随着世界经济的好转和经济全球化的加速及世界贸易组织的建立，贸易自由化在已有基础上进一步向纵深发展，成为世界各国对外贸易政策的主流。其主要表现如下。

（1）世界贸易组织建立后继续推动贸易自由化

1995 年世界贸易组织取代了 1947 年建立的关税与贸易总协定，成为多边贸易体制的重要组织。世界贸易组织建立后，继续坚持和扩展关税与贸易总协定的基本原则，根据有关协定和协议在国际货物贸易、服务贸易和投资等领域进一步推进贸易自由化向纵深发展。目前，世界贸易组织的成员已由 1995 年的 113 个增加到 2017 年 7 月的 164 个，还有一些国家正在进行加入世界贸易组织的谈判，这势必使世界贸易组织的多边贸易体制和贸易自由化更趋全球化。

（2）区域性经贸集团推行贸易自由化

从 20 世纪 80 年代中期以后，区域性经贸集团不断增加。区域性经贸集团对内实行贸易自由化，这势必推动贸易自由化向纵深发展。

（3）发展中国家和地区及转型国家积极推行贸易自由化

20 世纪 80 年代到 90 年代初，关税与贸易总协定的 72 个发展中国家中有 58 个实施了单方面的贸易自由化改革，一些过去实行计划经济的国家相继转向市场经济体制，改革和完善贸易体制，主动开放市场，加快了贸易自由化的步伐。

7.3　中国的对外贸易政策

> **讨　论**
>
> 2015 年 8 月 11 日，人民币汇率宣布贬值 2%。这是历史上最大的单日贬值，试讨论人民币贬值对同学们日常生活的影响。

自古以来中国就是对外贸易大国。早在秦汉时期，中国就已经同西方国家开始了经济文化交流，唐宋时达到顶峰。虽然鸦片战争后，中国对外签订了一系列不平等条约，外国势力不断渗透到中国经济的各个领域，使得我国对外贸易长期处于逆差和停滞状态。但新中国成立后，经过几代人的努力奋斗，我国的对外贸易又迎来了新的春天，达到了一个全新的高度。

7.3.1　中国发展对外贸易的理论基础

改革开放四十多年来，我国的对外贸易政策根据国内外形势不断调整，其理论指导依据是马克思主义国际贸易理论、邓小平的经济发展理论及西方经济学中的科学成分。

1. 马克思主义的国际贸易理论

（1）马克思主义的国际分工理论

马克思主义国际分工理论的基本内容如下。

① 国际分工是人类生产力发展到一定阶段的必然产物，国际分工的深化又为生产力的大发展创造了必要的前提。

② 国际分工和生产国际化进一步加强，世界各国、各民族经济的相互需要和相互依赖达到空前规模。

③ 社会生产力的不断发展是国际分工深化、细化，国际贸易迅速发展的客观基础；而国际分工的深化、细化，国际贸易的发展又反过来促进社会生产力的进一步发展。

（2）马克思主义再生产理论

马克思的再生产理论表明，社会生产的两大部类及两大部类之间必须保持一定的比例关系，社会总资本再生产才能顺利进行，即生产资料的生产和消费资料的生产要保持平衡的比例关系。但是由于各国的要素禀赋不同，只有互通有无、取长补短，才能同别国实现实物形态的转换，进而把生产资料转换为生活资料，把生活资料转换为生产资料，或者实现生产资料和生活资料的内部转换。

（3）马克思主义国际价值理论

马克思认为，价值规律是商品生产和商品交换的基本规律，商品的价值取决于商品生产的社会必要劳动时间。在国际市场上，商品交换的国际价值取决于国际社会必要劳动时间。由于各国的经济发展程度不同，不同国家在相同劳动时间内所生产的同种商品的量不同，所以劳动会生产出不同的国际价值。经济发展程度越高，获得的国际价值越高，反之则越低。

2. 邓小平的经济发展理论

邓小平同志总结世界各国现代化的共同经验和规律，深入揭示了发展中国家，特别是中国的具体国情。他从全球发展的高度认识到，当今世界已成为一个相互联系的整体，任何一个国家要发展，都要学习别的国家的长处，学习别国的先进科学技术和管理经验。发展中国家要实现经济发展和现代化，一定要立足本国，不能依赖外国，要主动迎接现实的挑战，不能"被动的抉择"。在党的十二大上，他庄严地宣告："我们坚定不移地实行对外开放政策，在平等互利的基础上积极扩大对外交流。"这就是说，我国的社会主义现代化建设，要利用两种资源——国内资源和国外资源，要打开两个市场——国内市场和国际市场，要学会两套本领——组织国内建设的本领和发展对外经济关系的本领，使我国的经济从封闭半封闭转向积极利用国际交换、国际分工的开放型经济。这是在总结我国历史经验教训和吸取各国经验的基础上，根据我国现代化建设的需要做出的正确战略决策。

3. 西方经济学对中国对外贸易政策的影响

西方经济学是资产阶级学者对资本主义国家市场经济做出的总结，对西方国家经济政策的制定起到了指导作用，并在实践中取得了巨大成就。虽然我国与资本主义国家在国家性质上有本质的区别，但市场经济体制本身却有共同的规律。西方经济学中对外贸经营、管理方面的研究为我们提供了参考的理论和方法，其中财政、银行、货币、统计、保险、会计、贸易等内容的分析对我国如何完善市场经济体制也有重要的借鉴价值。

7.3.2　中国对外贸易政策的演变

随着经济的发展和国际经济环境的不断变化，中国对外贸易政策在不同的经济发展阶段存在不同的特点。

1. 1949—1978 年国家统制型的封闭式保护贸易政策

此阶段为新中国成立后改革开放前，这一阶段中国对外贸易政策是"实行对外贸易的管制，并采用保护贸易政策"。在这个阶段，中国执行的是国家统制型的封闭式保护贸易政策：完全由政府取代市场进行资源配置；在政府的对外贸易管理手段上，主要靠计划和数量限制来直接干预进出口，不参与世界性的贸易组织，很少进行双边经济贸易合作；同时对外贸易的目的主要是创汇，为满足必须的进口对外汇的需求，采取人民币币值高估及外汇管制的汇率政策。

在对外贸易战略方面，中国此时基本上采取的是"进口替代"战略。在 1960 年之前选择的进口替代行业基本上是重工业，随后才开始有计划地引进部分基础工业。但是，完全的进口替代政策也导致国际收支状况日益恶化，外汇收不抵支；引进的技术和设备消化吸收不良；企业缺乏发展的动力，即使引进先进的技术设备，一段时间后就落后了。

在此阶段，政府也采取进出口管制、征收关税、海关监管和商品检验等具体的贸易措施。制定关税政策的目的是"保护国家生产"和增加财政收入，保护国家生产就是用较高的关税税率加重进口商品的成本，以保护中国已有一定基础的手工业和轻工业产品及其他新兴工业产品的正常生产和发展。

2. 1978—1992 年国家统制型的开放式保护贸易政策

1978 年 12 月，党的十一届三中全会明确了经济体制从严格计划经济体制转向有计划商品经济体制，从而中国对外贸易政策发生了改变。根据外贸体制改革的力度，可以把这一阶段区分为 1978—1987 年、1988—1992 年两个时期。前一时期是改革初期，对外贸易体制改革主要体现在下放对外贸易经营权、开始工贸结合的试点、简化对外贸易计划的内容，并实行出口承包经营责任制度。后一时期的对外贸易体制改革的重点则体现在外汇管制制度的放宽、出口退税政策的实行、进出口协调服务机制的建立、鼓励发展加工贸易。

这一时期，中国出口的主要是劳动密集型产品，进口的主要是资本和技术密集型产品。与改革开放前相比，这一阶段的对外贸易政策更注重奖出与限入的结合，实行有条件的、动态的贸易保护手段，因此称此阶段的对外贸易政策为国家统制下的开放式保护贸易政策。

对外贸易政策奖出限入体现在以下几点。

① 采取出口导向战略。鼓励和扶持出口型的产业，并进口相应的技术设备，实施物资分配、税收和利率等优惠，组建出口生产体系；实行外汇留成和复汇率制度；限制外资企业商品的内销；开始实行出口退税制度等一系列措施。

② 实施较严格的传统进口限制措施。通过关税、进口许可证、外汇管制、进口商品分类经营管理、国营贸易等措施实施进口限制。

③ 鼓励吸收外国直接投资的政策。鼓励利用两种资源、两个市场和引进先进技术。

3. 1992—2001 年入世前有贸易自由化倾向的保护贸易政策

1992 年 10 月后中国进入社会主义市场经济阶段，对外贸易政策开始进行广泛的改革。

中国在进口限制方面的改革体现在以下几个方面。

① 调整关税政策。1992 年 1 月 1 日采用了按照《国际商品名称和编码协调制度》调整的关税税则，降低了 225 个税目的进口税率。其后进行多次关税下调，到 1996 年中国的关税总水平已经下降到 23%。

② 减少、规范非关税措施。包括进口外汇体制的改革，实行单一的有管理的浮动汇率制度，大量取消配额许可证和进口控制措施，配额的分配也转向公开招标和规范化分配制度。

③ 依据 GATT/WTO 的规则对中国的涉外法律体系进行完善，其中包括建立了大量的技术法规、反倾销条例等。

在出口促进方面的改革体现在以下几个方面。

① 继续执行出口退税政策。

② 成立中国进出口银行，扶持企业的对外出口。

③ 采取有管理的浮动汇率制度。

④ 成立各类商会和协会，并积极组织和参与国际性贸易博览会和展览会等。

⑤ 大力发展出口援助等。

在这个阶段，中国政府干预对外贸易的目的是追求贸易顺差。但是，长期的越来越大的贸易顺差也为中国带来了越来越多的贸易摩擦。

4. 2001 年至今，入世后中国对外贸易政策的新走向

2001 年 12 月中国正式成为世界贸易组织成员，为履行入世的承诺，以及适应新的国际经济环境，中国的对外贸易政策出现了大幅度的调整。对外贸易政策目标已经成为：促进对外贸易发展，构造有利于经济均衡发展的产业结构，实现产业的持续升级，推动中国经济在适度内外均衡基础之上高速发展。

自 1996 年开始，机电产品的出口已经占据中国对外货物贸易的第一位，但主要的出口方式是加工贸易或代工贸易，出口产品的附加值仍然不高，所以对外贸易政策的选择倾向于出口商品结构的优化。

顺应全球区域经济一体化的发展趋势，中国在近年来更多地通过双边和多边磋商参与到区域经济一体化组织之中，为中国经济发展和对外贸易发展创造了良好的周边环境和国家环境。截止到 2016 年 1 月，中国已与东盟、澳大利亚等 22 个国家和地区签订了自贸协定。

目前，我国受世界经济复苏乏力、贸易保护主义尚未得到有效抑制、地缘冲突不断等诸多外部因素影响，外贸发展的国际环境依然不乐观。但是，我国政府依然积极推进贸易自由化，不断加大开放力度，在税收、货币、通关等方面出台了大量的优惠政策，鼓励发展对外贸易。

① 在税收政策方面，我国将继续完善出口退税分担机制：落实税收优惠及普遍降费政策，提高部分高附加值产品、玉米加工产品、纺织品服装的出口退税率，在全国符合条件的地区实施境外旅客购物离境退税政策，对服务出口实行增值税零税率或免税，优化财政支持重点和方式，促进外贸提质增效，充分利用出口信用保险等政策性金融工具，改善外贸融资环境，促进对外贸易平稳健康发展。

② 在货币政策方面，继续采取稳健的货币政策。稳健的货币政策是指：以币值稳定为目标，正确处理防范金融风险与支持经济增长的关系，在提高贷款质量的前提下，保持货币

供应量适度增长，支持国民经济持续快速健康发展。其中，2005 年 7 月 21 日，中国对汇率体制进行的由以前的单一盯住美元转变为以市场供求为基础、参考一篮子货币、有管理的浮动汇率制改革影响最为深远。

③ 在通关政策方面，海关总署在全国范围内推行区域通关一体化改革，在沿海各海运口岸推广国际贸易"单一窗口"试点，深化关检合作，"一次申报、一次查验、一次放行"；通关无纸化改革覆盖所有海关业务现场和领域，优化查验机制，进一步提高查验的针对性和有效性；改革税收征管模式，全面推广集中汇总征税，综合运用关税、保税、监管等手段，促进跨境电子商务、市场采购等外贸新业态发展。

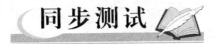

一、单项选择题

1. 资源条件较好的发展中大国，对外贸易的政策应选择（　　）。

    A. 进口替代型组合 　　　　　　　　B. 出口导向型组合

    C. 自由贸易型组合 　　　　　　　　D. 混合型组合

2. 自由贸易这一思想首先是由（　　）的工业资产阶级提出来的。

    A. 英国 　　　　　　　　　　　　　B. 美国

    C. 德国 　　　　　　　　　　　　　D. 中国

3. 在 19 世纪资本主义自由竞争时期，以（　　）为代表的后进资本主义国家先后实行了保护贸易政策。

    A. 英国 　　　　　　B. 法国 　　　　　　C. 美国和德国

二、多项选择题

1. 对外贸易政策主要包括（　　）。

    A. 对外贸易总政策 　　　　　　　　B. 国别对外贸易政策

    C. 进出口货物与服务贸易政策 　　　D. 对外贸易行业政策

2. 20 世纪 70 年代后的新贸易保护主义贸易政策的主要特点是（　　）。

    A. 被保护的商品不断增加 　　　　　B. 贸易保护措施多样化

    C. 转向更系统化的贸易管理制度 　　D. 受到保护的程度不断提高

    E. 组成货币集团，瓜分世界市场

3. 德国经济学家李斯特主张实行保护贸易政策不是无条件的保护，他提出（　　）。

    A. 农业不需保护

    B. 有竞争能力的工业无须保护

    C. 只有刚刚发展且有强有力国外竞争者的幼稚工业才需要保护

    D. 农业急需保护

    E. 保护的对象不限于幼稚产业

三、判断题

（　　）1. 对外贸易政策是各国总的经济政策的组成部分，是为各国经济基础和对外政策服务的。

（　　）2. 对外贸易政策的根本目的是保护本国的市场。

（　　）3. 对外贸易总政策是由进口总政策和出口总政策组成的。

（　　）4. 进出口货物和服务开放政策是根据对外贸易总政策、经济结构和国内市场状况分别制定的政策。

（　　）5. 各国在制定贸易政策的过程中，要考虑本国经济结构与比较优势。

（　　）6. 对外贸易政策的执行过程中，一般通过海关对进出口贸易进行管理。

四、简答题

1. 什么是对外贸易政策？其基本构成是怎样的？

2. 对外贸易政策的层次有哪些？

3. 对外贸易政策的基本类型有哪些？其演变过程是怎样的？

4. 保护贸易政策和自由贸易政策的发展过程分别是怎样的？

5. 超保护贸易政策的特点是什么？

6. 新贸易保护主义贸易政策的特点是什么？

7. 贸易自由化的主要表现是怎样的？

五、论述题

论述中国对外贸易政策的演变。

案例分析

美国的对外贸易政策

美国不仅是经济大国，同时也是贸易大国。美国的对外贸易政策不仅对其自身的经济发展有着重要的意义，而且对世界经济的运行起到重大影响。

2017年1月特朗普上台后，美国政府对外贸易政策发生了一系列的变化。特朗普宣称美国利益优先的公平贸易，实质上意味着要打破目前的贸易体系，以双边谈判的方式寻求对美国更为有利的贸易条件。2017年1月23日，美国总统特朗普23日签署行政命令，正式宣布美国退出跨太平洋伙伴关系协定（TPP），彻底推翻了他的前任贝拉克·奥巴马留下的一大政治遗产，并代之以双边自由贸易协定（FTA）谈判，从"团购"变为"单点"。特朗普还提到将很快与墨西哥、加拿大两国领导人讨论对北美自由贸易协定（NAFTA）的重新谈判。另外，美国于2018年2月启动了美国与墨西哥边境隔离墙的修建工程，将首先开始对加利福尼亚州南部卡莱克西科市市中心一段隔离墙的替换工程。

美国实行贸易保护主义政策将给全球贸易带来不确定性的影响，同时对中国也是机遇。特朗普提出的贸易保护主义政策将对全球贸易格局造成冲击。但是，中国也有在全球贸易和全球治理中发挥更大作用的潜力。特朗普的贸易保护政策使得美欧和中美的贸易关系都出现了裂缝，而也正因如此，特朗普为中欧贸易打开了新的大门。

（资料来源：新浪网）

讨论题:

1. 特朗普推行什么样的对外贸易政策?

2. 美国的对外贸易政策对我国有什么影响?

第8章

关税与非关税措施

【知识目标】
  通过本章的学习，要求学生理解关税及非关税的概念及特点，明确关税的分类，准确把握非关税的主要措施，理解关税及非关税对国际贸易的影响。

【技能目标】
- 能区别关税的不同类别
- 能辨别非关税的不同类别

【重点】
- 关税的分类
- 关税的主要措施
- 非关税的主要措施

引 例

我国进口汽车关税的变化

  自1986年至入世前几年，中国进口车关税几乎等同甚至数倍于整车到岸价，是名副其实的高关税保护。在中国汽车工业尚不发达的20世纪90年代，这样的关税保护政策维护了中国脆弱的汽车工业。在入世前，我国已经开始逐步放开关税保护。到2001年，中国进口汽车关税以3L排量为界限，分别降到70%和80%。从2002年开始，我国就已履行承诺，逐渐下调整车进口关税，缓冲期也仅有短短的5年时间。

  根据2001年12月11日中国入世的承诺，到2006年7月，进口轿车的关税降到25%，平均每年降低10%。直到2006年1月1日减为28%，同年7月1日减为25%。我国对汽车进口整车和零部件降税承诺在2006年7月1日已执行到位，从2006年7月1日起，中国小轿车、越野车、小客车整车的进口税率由28%降至25%，车身、底盘、中低排量汽油发动机等汽车零部件的进口税率由13.8%~16.4%降至10%。至此，中国加入世界贸易组织承诺的汽车及其零部件降税承诺已经履行完毕，汽车的高关税保护时代终结。

  （资料来源：http://auto.huanqiu.com）

  试分析：曾经的高关税对中国汽车产业发展起到了什么作用？中国为什么要降低关税？

为推行本国的对外贸易政策，各国政府主要采取关税措施、非关税措施，以促进本国对外贸易的发展。

8.1 关 税 措 施

关税是各国落实对外贸易政策的首要措施，也是世界贸易组织鼓励采取的措施。

8.1.1 关税的概念及特点

1. 关税的概念

关税（customs duties 或 tariff）是进出口商品经过一国的关境时，由政府所设置的海关向进出口商所征收的一种税。关税是国际贸易政策中最古老的政策，长期以来一直是各国最主要的国际贸易政策之一。

关税是通过海关征收的。海关是一个国家根据政治经济状况和需要，设置在关境（边境、沿海口岸或者境内的水陆空国际交往通道）上的国家行政管理机构。海关的任务是根据国家有关的政策、法令和规章对进出口货物、货币、金银、行李、运输工具、邮件等实行监督管理，对应税货物依照本国税法、税则征收关税，查禁走私货物，临时保管通关货物和编制海关统计等。海关还有权对不符合国家规定的进出口货物不予放行、罚款，甚至没收或销毁。征收关税是海关的重要任务之一。

关境是海关征收关税和执行海关各种法令和规章的领域，也称为关税领域。它是海关管辖和执行有关海关法令和规章的区域。

> **小提示：**
>
> 一个国家的关境与其国境通常是一致的。当一些国家在国境以内设置自由港或自由贸易区、出口加工区等免税区域时，该国的关境范围小于国境。有些国家相互之间结成关税同盟，参加同盟的国家在领土基础上合成统一的关境，成员国之间逐步削减甚至完全免除关税，对外则统一关税，这时对该国来说，关境范围就大于国境。

2. 关税的特点

关税主要有以下几个方面的特点。

（1）关税是一种间接税

关税不同于以纳税人的收入和财产作为征收对象的直接税。关税是由进出口商缴纳的，但作为纳税人的进出口商将关税作为成本的一部分，分摊在商品的价格上，最终由消费者承担。

（2）关税的税收主体和客体分别是进出口商和进出口货物

税收主体也称纳税人，是指根据法律规定，负责纳税的自然人或法人。税收客体也称课税对象，如消费品等。关税与一般国内税有所不同，关税的税收主体是本国的进出口商，当商品进出关境时，进出口商根据海关法规向当地海关交纳关税，他们是关税的纳税人。关税的税收客体是进出口货物。

（3）关税具有强制性、无偿性和固定性

关税和其他税赋一样具有强制性、无偿性、固定性。强制性是指关税由海关凭借国家权力依法征收，纳税人必须无条件服从；无偿性是指关税由海关代表国家单方面从纳税人方面征收，而国家不需给予任何补偿；固定性是指关税由海关根据预先规定的法律与规章加以征收，海关与纳税人双方都不得予以变动。

（4）现代关税制度是国境关税制

即进出口货物统一在一国国境上一次性征收关税，而在同一国境内不再重复征收。由于关境与国境并不总是一致的，因此确切地说，关税是进出口货物通过一国关境时，由海关向其进出口商所征收的一种税。

（5）关税具有涉外统一性，执行统一的对外经济政策

关税是一个国家的重要税种。国家征收关税不单纯是为了满足政府财政上的需要，更重要的是利用关税来贯彻执行统一的对外经济政策，实现国家的政治经济目的。

3. 关税的作用

关税是调节各国进出口贸易的一项重要措施，许多国家都是通过低税、免税和退税来鼓励商品出口；而在进口方面，则通过提高或降低税率来调节商品进口。关税的调节作用，主要表现在以下几个方面。

（1）增加财政收入

关税是由海关代表国家征收的一种税，关税收入是国家财政收入来源之一。随着社会经济的发展，税源的扩大，关税收入在国家财政收入中的比重已经相对下降。关税在发达国家财政收入的比重较低，一般为3%，发展中国家一般为13%左右。关税已被世界各国普遍作为限制外国货物进口、保护国内产业和国内市场的一种手段来加以使用。

（2）保护国内产业与市场

对进口商品征收关税，使其价格提高，削弱了进口商品与本国同类商品的竞争力，保护了国内同类产业或相关产业的生产与市场，限制了外国货物的进入，尤其是高关税可以大大减少有关货物的进口数量，减弱甚至消除进口商品的不利竞争。对出口商品征税，可以抑制这些商品的输出，防止本国紧缺资源的大量流失，保证国内市场的充分供应。

（3）关税具有很强的调节经济贸易的作用

关税是国家的重要经济杠杆，通过税率的高低和关税的减免，可以影响进出口规模，稳定国内市场价格，调节贸易差额，保持国际收支平衡，调整对外经贸关系等。当一个国家贸易逆差过大时，可征收进口附加税，以减少进口数量和外汇支出，缩小贸易逆差；当一个国家贸易顺差过大时，可降低或减免关税，以扩大进口，缩小贸易顺差。

8.1.2　关税的分类

关税的种类很多，可按不同的标准对其进行分类。

1. 按货物移动的方向分类

按货物移动的方向不同，关税可分为进口税、出口税和过境税三种。

（1）进口税

进口税（import duties）是进口国海关在外国货物输入时，根据海关税则对本国进口商所征收的关税，是关税中最重要的一种。进口税通常是在外国货物进入关境或国境时征收，或者在外国货物由自由港、自由贸易区或海关保税仓库提出运往进口国的国内市场销售时，在办理海关手续时征收。因为征收关税会提高进出口商品的价格，削弱进口商品在市场上的竞争力，所以习惯上将关税措施称为关税壁垒（tariff barrier）。

进口税率的高低，一般来说，是随着产品加工程度的提高而提高的。例如对工业制成品，特别是一些并非必需的奢侈品征收较高的关税；对半制成品或中间投入品征收较低的关税；对原料的进口税率最低或免税。进口税不仅可以作为限制进口的手段，而且经常是贸易谈判的重要谈判内容。

入世后，我国进口关税不断降低。自 2015 年 6 月 1 日起，我国降低了部分服装、鞋靴、护肤品、纸尿裤等日用消费品的进口关税税率，平均降幅超过 50%。其中，西装、毛皮服装等的进口关税由 14%～23% 降到 7%～10%，短统靴、运动鞋等的进口关税由 22%～24% 降到 12%，纸尿裤的进口关税由 7.5% 降到 2%，护肤品的进口关税由 5% 降低到 2%。我国已于 2016 年 9 月 15 日实施了部分信息技术产品的最惠国税率首次降税，2017 年上半年将继续实施，2017 年 7 月 1 日起将实施第二次降税，共涉及 280 多项商品。降税商品主要包括信息通信产品、半导体及其生产设备、视听产品、医疗器械、仪器仪表等。2017 年还将继续以进口暂定税率方式执行 APEC 环境产品降税承诺，并继续给予有关最不发达国家零关税待遇。

（2）出口税

出口税（export duties）是出口国的海关对本国产品输往国外时根据海关税则对本国出口商所征收的一种关税。征收出口关税的主要目的是保护本国稀缺的自然资源，保护国内生产或限制和调控某些特定商品的出口，或为了增加财政收入。由于征收出口税会提高本国货物在国外的销售价格，降低本国产品在国际市场上的竞争能力，不利于扩大出口，因此当今世界各国尤其是发达资本主义国家，纷纷削减或废除出口税。2015 年我国继续以暂定税率的形式对煤炭、原油、化肥、铁合金等产品征收出口关税。根据国内化肥、煤炭供需情况的变化，适当调整化肥出口关税，对氮肥、磷肥实施全年统一的出口关税税率，适当降低煤炭产品出口关税税率。2017 年还将取消氮肥、磷肥和天然石墨等商品的出口关税，适当降低三元复合肥、钢坯、硅铁等商品的出口关税。

（3）过境税

过境税（transit duties）又称通过税，是一国海关对于通过其关境运往其他国家或地区的外国货物征收的一种关税。这种税制产生并普遍流行于重商主义时代的欧洲各国，但由于过境货物对国内生产和本国市场没有影响，而且过境国还可以从交通运输、港口使用、仓储保管等方面得到一定的收入，所以第二次世界大战后，大多数国家对通过其领土的外国货物免征过境税，只收取少量的准许费、登记费、印花费和统计费等。我国海关不征收过境税。

2. 按征收关税的目的分类

按征收关税的目的不同，关税可分为财政关税和保护关税。

（1）财政关税

财政关税（revenue tariff）又称收入关税，是指以增加国家的财政收入为主要目的而征收的关税。为了达到财政收入的目的，对进口货物征收财政关税时，必须具备以下三个条件。

① 征税的进口货物必须是国内不能生产或无代用品而必须从国外进口的货物，对该货物征收关税后进口数量不会大量减少。

② 征税的进口货物在国内必须有大量消费，征税后仍然有较大数量的进口。

③ 关税税率要适中或较低，如税率过高，就会阻碍进口，达不到增加财政收入的目的。

征收关税，最初的目的多为增加国家财政收入，但随着各国经济的发展及其他税源的增加，关税在财政收入中的比重逐渐降低。现在，财政关税在大多数国家的财政收入中已不再占有重要地位，取而代之的是以限制进口、保护国内生产和市场为目的的保护关税。但是对于一些经济发展水平较低的发展中国家，关税仍然是国家财政收入的主要来源。

（2）保护关税

保护关税（protective tariff）是指以保护本国生产和市场为主要目的而征收的关税。保护关税税率较高，越高越能达到保护的目的。有时税率高达100％以上，等于禁止进口，成为禁止关税（prohibited duty）。现代各国关税保护的重点有所不同。发达国家要保护的通常是国际竞争性很强的商品，发展中国家重在保护本国幼稚工业的发展。过高的保护关税可能会形成关税壁垒。随着世界关税减让的日益推进，其保护作用已大大缩小，取而代之的则是名目繁多的非关税壁垒。

3. 按照差别待遇和特定的情况分类

按照差别待遇和特定的情况分类，关税可分为普通关税、最惠国税、普惠税、特定优惠关税（特惠税）、进口附加税、差价税。

1）普通关税

普通关税又称一般关税，是指对与本国没有签署贸易或经济贸易互惠等友好条约协定的国家原产的货物征收的非优惠性关税。普通关税一般由进口国自主制定，其税率较高。

2）最惠国税

最惠国税适用于与该国签订有最惠国待遇条款的贸易协定的国家或地区所进口的商品。其中，最惠国待遇是指缔约国现在和将来给予第三方的任何优惠、豁免和特权同样给予缔约对方。关税优惠是其中的一种优惠待遇，最惠国税是指在最惠国待遇条件下的优惠关税。

第二次世界大战后，大多数国家都加入了关税与贸易总协定（后为世界贸易组织），或者签订了双边贸易条约或协定，相互提供最惠国待遇，享受最惠国税，因此这种关税通常又被称为正常关税。通常所说的关税指的是最惠国税。最惠国税率低于普通关税的税率，高于特惠税率和普惠税率。我国对外贸易条约或协定中，也规定有最惠国待遇条款，以利于在平等互利的基础上扩大贸易往来，促进双方经济的发展，避免歧视待遇。

我国自 2004 年 1 月 1 日起施行的《中华人民共和国进出口关税条例》第九条规定：进

口关税设置最惠国税率、协定税率、特惠税率、普通税率、关税配额税率等税率。对进口货物在一定期限内可以实行暂定税率。普通税率适用原产于除上述最惠国税率、协定税率、特惠税率和关税配额税率国家或地区以外的国家和地区的进口货物。

3）普惠税

普惠税是指发达国家（给惠国）承诺对从发展中国家（受惠国）输入的商品，特别是制成品和半制成品，给予普遍的、非歧视的和非互惠的关税优惠待遇。普遍的、非歧视的和非互惠是普惠税的主要原则。其中"普遍的"是指发达国家应对发展中国家或地区出口的制成品和半制成品尽可能地给予关税优惠待遇；"非歧视的"是指所有的发展中国家都应不受歧视地、无例外地享受普惠税待遇；"非互惠的"是指发达国家应单方面给予发展中国家或地区关税优惠，而不要求发展中国家提供反向优惠。普惠税的目的是：增加发展中国家的外汇收入，促进发展中国家的工业化，提高发展中国家的经济增长率。

普惠税是发展中国家在联合国贸易与发展会议上进行了长期斗争，于 1968 年 3 月联合国第二届贸发会议上通过了建立普惠税的决议后取得的。它对打破发达国家的关税壁垒，扩大发展中国家货物进入给惠国市场，促进本国经济的发展有积极的意义。但在实施中，发达国家为了自身的经济利益设置了种种障碍和限制。

目前已有 40 个国家实行了普惠税，它们是欧盟 28 国、日本、挪威、新西兰、瑞士、加拿大、澳大利亚、保加利亚、美国、俄罗斯、白俄罗斯、哈萨克斯坦、乌克兰。享受普惠税的受惠国家和地区达 200 多个。从 1978 年开始到 2014 年年底，先后宣布给予中国普惠税的国家有 39 个。

普惠税的给惠国都是通过各自的普惠税方案来提供普惠税待遇的。普惠税方案以 10 年为一个实施阶段。这些普惠税方案虽各不相同，但都具有下述共同的内容。

（1）受惠国或地区

普惠税原则上是无歧视的，但各给惠国从各自政治经济利益出发，对受惠国或地区进行限制。例如美国公布的受惠国名单中，不包括石油输出国组织的成员、非市场经济的社会主义国家和贸易中与美国有歧视或敌对的国家等。

（2）受惠商品范围

各给惠国的方案都列有受惠商品清单或排除商品清单，只有列在受惠国商品清单上的商品才可以享受普惠税待遇。一般对发展中国家或地区工业制成品和半制成品都列入受惠范围。一般情况下，农产品受惠较少，工业品受惠较多，但一些敏感性商品，如纺织品、服装、鞋类及皮革制品和石油制品常被排除在外，有的即使列入受惠商品，但也受到一定的限制。

（3）减税幅度

受惠商品的减税幅度取决于最惠国税率和普惠税率的差额，即普惠税的差幅。假设某一商品的最惠国税率为 15%，普惠税率为免税，则其普惠差幅为 15%。通常工业品的减税幅度较大，农产品的减税幅度较小。但也有例外，如美国按照一定的标准，对受惠的农产品和工业品给予免税。有些给惠国按各类受惠国产品分别规定不同的减税幅度，以削弱某些受惠产品的竞争力。由于大多数发展中国家的出口均以农产品、初级产品为主，加之少量的劳动密集型制成品和半制成品，因此普惠税作用的发挥是有限的。

（4）保护措施

由于普惠税是一种单向的优惠，为了保护本国某些产品的生产和销售，给惠国一般都规定了保护措施。

① 免责条款。即当受惠商品进口量增加，对本国同类产品生产者造成或即将造成重大损害时，给惠国保留完全或部分取消关税优惠待遇的权利。

② 预定限额。对给惠商品预先规定优惠关税的进口限额，超过限额的进口按规定征收最惠国税率。

③ 竞争需要标准。即对来自受惠国的某种进口商品如超过当年所规定的限额，则取消下年度的该种商品的关税优惠待遇。例如，美国规定对来自受惠国的某项进口商品，如超过竞争需要限额或超过美国进口该项总额的一半，则取消下一年度该受惠国或地区该项商品的关税优惠待遇，若该项产品在以后进口额降至上述限额内，则下一年度仍可恢复关税优惠待遇。

④ 毕业条款。指给惠国以某些受惠国或地区由于经济发展，其产品已能适应国际竞争而不需要给予优惠待遇和帮助为由，单方面取消这些国家和地区的进口商品的普惠税待遇。毕业条款分产品毕业和国家毕业两种，由给惠国自行具体确定，一般以人均国民总收入为标准。美国自 1981 年 4 月 1 日启用毕业条款，到 1988 年年底，美国已终止了 16 个国家的受惠国地位，免除了 141 个发展中国家和地区的约 3 000 多种进口商品的普惠税待遇。欧盟自 2006 年 1 月 1 日起开始实施新的普惠税。中国内地、厄瓜多尔、马尔代夫及泰国于 2015 年 1 月 1 日从欧盟普惠税"毕业"。

（5）原产地规则

原产地规则（rule of origin）是普惠税的主要组成部分和核心。为了确保普惠税优惠的待遇仅仅给予发展中国家生产和制造的产品，各给惠国都制定了详细的原产地规则。原产地规则一般包括原产地标准、直接运输规则和原产地书面证明文件三个部分。按照原产地标准的规定，产品必须全部来自受惠国或地区，或者规定产品中所包含的进口原料或零件经过高度加工后发生实质性变化后，才能享受关税优惠待遇。所谓实质性变化，有两种标准，一是加工标准。欧盟、日本、挪威、瑞士等国家采用这项标准。它规定进口原料或零件在经过加工后的商品税则、税号发生了变化，就可以认为已经过充分加工，发生了实质性变化。例如进口棉花，织布后染色，再加工成服装出口，改变了产品原来的属性，使产品发生了实质性变化。二是增值标准，又称百分率标准。澳大利亚、加拿大、美国、新西兰等采用这项标准，但各国规定的百分比是不一样的。它规定，进口原料或零件的价值不能超过出口商品价值的一定百分比，或本国原料或零件的价值不低于规定的出口商品出厂价百分比，才可享受普惠税待遇。例如加拿大规定进口原料或零件的价值不得超过出口商品出厂价的 40%，美国规定本国原料和零件的价值不低于出口商品出厂价格的 35%，澳大利亚规定产品的最后工序要在该受惠国内进行，本国原料或劳务价值的百分比不得小于产品出厂成本的 50%。

4）特定优惠关税

特定优惠关税又称特惠税（preferential duties），是指对从某个国家或地区进口的全部或部分货物，给予的特别优惠的低关税或免税待遇。这种关税优惠待遇可以是互惠的，也可以是非互惠的。特惠税是世界贸易组织作为最惠国待遇的一个例外予以承认的，它只对有特殊关系的国家适用，非受惠国不能援引最惠国待遇条款来要求享受特惠税，因此它具有排他性。

第二次世界大战前，特惠税主要是宗主国与殖民地附属国之间的贸易，当时最有名的是英联邦特惠税。1932 年英国与英联邦成员及各联邦成员之间相互签订了 12 个排他性贸易与关税优惠协定，正式成立了英联邦特惠税。1977 年 7 月 1 日英联邦特惠税被取消。

第二次世界大战后，最主要的是洛美协定国家之间的特惠税。第一个《洛美协定》是1975 年 2 月 28 日，欧洲经济共同体 9 国与非洲、加勒比海和太平洋地区 46 个发展中国家（简称非加太地区国家）在多哥首都洛美开会，签订贸易和经济协定，全称为《欧洲经济共同体-非洲、加勒比和太平洋地区（国家）洛美协定》，简称"洛美协定"或"洛美公约"。欧洲经济共同体向参加协定的非洲、加勒比海和太平洋地区的发展中国家单方面提供特惠税。2000 年 2 月，非加太集团和欧盟就第五期《洛美协定》达成协议，并于同年 6 月在科托努正式签署，称《科托努协定》。《洛美协定》就此宣告结束。2015 年我国对原产于埃塞俄比亚、也门、苏丹等 41 个国家的部分商品实施特惠税，其中对埃塞俄比亚等 24 个国家的97％税目商品实施零关税特惠税率。

5）进口附加税

进口附加税（import surtaxes）是指一些国家对进口货物，除了征收一般关税以外，根据某种目的，再加征额外的关税。

进口附加税通常是一种特定的临时性措施，其目的主要有：应付国际收支危机，维持进出口平衡；防止外国货物低价倾销；对国外某个国家实行歧视或报复等。因此，进口附加税又称特别关税。

进口附加税是限制商品进口的重要手段。例如，1971 年美国出现了第二次世界大战后的首次贸易逆差，国际收支恶化。于是，在同年 8 月 15 日，尼克松总统为了应付国际收支危机，实行了"新经济政策"，宣布对进口商品一律征收 10％的进口附加税，以限制商品进口。除了对所有商品征收进口附加税以外，还可以针对个别国家和个别商品征收。进口附加税最常见的是反补贴税和反倾销税两种。

（1）反补贴税

反补贴税（countervailling duty）又称抵销关税，它是对直接或间接地接受任何奖金、津贴或补贴的进口货物所征收的一种进口附加税。凡进口货物在生产、制造、加工、买卖、输出过程中所接受的直接或间接的奖金、津贴或补贴都构成征收反补贴税的条件，不管给予这种奖金、津贴或补贴是来自政府、垄断组织还是同业工会。反补贴税的税额一般按不超过奖金或补贴的数额征收。征收反补贴税的目的在于增加进口货物的价格，抵消其享受的补贴金额，削弱其竞争能力，使它不能在进口国的国内市场上进行低价竞争或倾销，从而保护本国的商品生产和市场。

征收反补贴税必须同时具备三个条件：一是进口货物在生产、制造、加工、买卖、输出过程中接受了直接或间接的奖金或补贴；二是补贴的后果已对或正对国内某项已建的工业造成重大损害或产生重大威胁，或正在严重阻碍国内某一工业的新建；三是补贴和损害之间存在因果关系。

由于补贴与反补贴在国际贸易中被广泛使用，因此经过多边贸易谈判，世界贸易组织成员签署了《补贴与反补贴措施协议》，并于 1995 年 1 月 1 日生效。世界贸易组织的《补贴与反补贴措施协议》授权每一个缔约国一旦发现出口国存在出口补贴，即可征收反补贴税。

世界贸易组织为了防止有关国家滥用反补贴税，在《补贴与反补贴措施协议》中对补贴及反补贴税的征收做了明确的规定。该协议认为补贴是指"在某一成员的领土内由政府或任何公共机构提供的财政资助，包括政府的资金转移（即赠予、贷款或资产投入）、潜在的资金或债务的直接转移；政府本应征收收入的豁免或未予征收（如税额减免之类的财政鼓励）；政府对非一般基础设施提供货物或服务，或者购买货物；政府通过向基金组织或信托机构支付或指示某私人机构行使上述所列举的一种或多种通常应由政府承担的行为"。

世界贸易组织的《补贴与反补贴措施协议》将补贴分为三类：禁止性补贴、可起诉的补贴和不可起诉的补贴。

① 禁止性补贴。禁止性补贴是指成员方不得授予或维持的补贴。由于禁止性补贴直接扭曲进出口贸易，反补贴协议对此类补贴及维持此类补贴的行为予以严格禁止。禁止性补贴通常被称为"红箱补贴"。这种补贴包括出口补贴和进口替代补贴。

出口补贴是指在法律上或事实上根据出口业绩而提供的补贴。为便于执行，协议附录中明确列出了出口补贴典型情况，其主要如下。

第一，政府按出口实绩对企业或产业实行的直接补贴。例如以出口额或出口创汇额为基数给予一定比例的资金。

第二，外汇留成制度或其他类似的出口奖励措施。例如在外汇统一管制情况下，以出口额为基数，允许出口企业留存一定比例的外汇。

第三，政府提供或授权的使出口货物在国内享有更优惠的运输费用，即优于内销货物的运输费用。

第四，政府或其代理机构直接或间接地通过政府授权的方式对出口产品的生产提供该生产所需的货物或服务，同时这些条件比该国出口商通过世界市场以通用的商业途径取得的条件更优惠。

第五，全部或部分豁免、退税或缓缴工商企业已支付或应支付的社会福利费和与出口有关的直接税。

进口替代补贴是指政府给予以国产产品替代进口产品的国内使用者或替代产品的生产者的补贴。补贴的形式有：给予进口替代产业和企业以优惠贷款、优先提供商品或服务、外汇留成和使用条件优惠、减免或抵扣应纳税额等。进口替代补贴减少了进口及外汇支出，发展了国内产业，在客观上阻碍了外国产品进入本国市场。

② 可起诉的补贴。可起诉的补贴是指在一定范围内允许实施，但如果在实施过程中对其他成员方的经济贸易利益产生了负面影响，受影响的成员方可对其补贴措施提出申诉。这种补贴通常称为"黄箱补贴"。这种不利影响包括：对另一成员方的国内产业造成损害；使其他成员方根据《1994 年关税与贸易总协定》直接或间接地产生了利益减损或丧失；严重损害其他成员方的利益。对于"黄箱补贴"，提出起诉的成员方需证明该补贴对其利益产生的不良影响；否则，该补贴被认为是允许使用的。

③ 不可起诉的补贴。不可起诉的补贴是指政府出于经济发展的需要而采取的，并对国际贸易不会直接造成消极影响的补贴，包括不具有专向性的补贴，或虽具有专向性的补贴但符合《补贴与反补贴措施协议》中的一切条件的补贴。

不具有专向性补贴可普遍获得，它是不针对特定企业、产业和地区的补贴。符合特定要求的专向性补贴包括：研发补贴、贫困地区补贴、环保补贴。研发补贴是对企业或高等院校、科研机构在与企业合作基础上进行研究的资助；贫困地区补贴是在成员方的领土范围内根据地区发展总体规划并且非专向性对落后地区提供的资助；环保补贴是改造现有设备，使之适应由法律所提出的新环境要求而提供的资助。对于不可起诉的补贴，WTO 成员方不得提出申诉或采取反补贴措施。

《补贴与反补贴措施协议》第 17、18、19 条对反补贴措施规定了三类。第一类是临时措施。若反补贴调查当局确认初步存在补贴，并对进口成员国内产业造成实质性损害或严重威胁，为防止在调查期间继续造成损害，可采取必要的临时措施。临时措施可采用临时征收反补贴税的形式。临时反补贴税由按相等于初步确定的补贴额所交存的现金存款或债券来担保。临时措施不得早于自发起调查之日后的 60 天，临时措施的实施应限定在尽量短的时期内，不得超过 4 个月。第二类是承诺。如果在反补贴调查期间收到下述令人满意的和自愿的承诺，可以中止或终止调查程序，而不采取临时措施或反补贴税：一是出口成员政府同意取消或限制补贴，或采取其他减少补贴的措施；二是出口商同意修正价格，并使调查当局满意地认为补贴所造成的损害作用已消除。为此出口商必须提高价格，只要这种价格的提高已足以消除对进口国国内产业的损害，价格的提高少于补贴数量也是可以接受的。第三类是反补贴税。若反补贴调查最终裁定出口商品存在补贴和由于进口受到补贴的商品造成的损害，进口成员政府便可决定对受补贴的进口产品征收不超过补贴数额的反补贴税，但对于已撤销的补贴或做出承诺的进口商除外。

（2）反倾销税

反倾销税是指对进行倾销的进口货物所征收的一种进口附加税。征收反倾销税的目的是抵制货物倾销，保护本国产品的国内市场。

一国对原产于他国的进口产品征收反倾销税，一般须满足以下三个条件：出口价格低于正常价值、存在倾销实质性损害、倾销和损害之间存在因果关系。

《关税与贸易总协定》对倾销与反倾销的规定简单、笼统且约束力不强，这导致了各国滥用反倾销措施。因此，世界贸易组织于 1995 年 7 月 1 日生效了新的《反倾销协议》，它是当今国际法层面上反倾销的主要行为准则，也是各成员制定或修改反倾销法律的依据。新达成的《反倾销协议》的主要内容如下。

第一，倾销的确定。

倾销的确定是实施反倾销措施的必备条件之一。倾销的确定重点是倾销的概念与倾销幅度。根据《反倾销协议》第 2 条第 1 款的规定，如果一项产品从一国出口到另一国，其出口价格低于在该出口国正常贸易中用于消费的相同产品的可比价格，即以低于正常价值的价格进入另一国市场，则该出口产品即被视为倾销产品。这里所指的"可比价格"是指有关产品在出口国销售的"正常价格"。出口价格低于正常价格的差额即为倾销幅度。因此，确定是否存在倾销，必须首先明确正常价格的确定标准。

正常价格的确定一般有三种方法：一是相同产品在出口国正常贸易中用于消费时的国内销售价格；二是出口国向第三国正常贸易中的出口价格；三是结构价格。通常情况下，应首先采用第一种方法确定正常价格，如果没有这种国内价格或不能使用国内销售价格确定正常价格，《反倾销协议》规定可用第三国出口价格或结构价格作为正常价格。所谓第三国出口价格，是指相同产品在正常贸易情况下向第三国出口的最高可比价格，且以其出口产品价格具有代表性的可比价格作为正常价值。结构价格是指产品在原产地的生产成本基础上加上合理的销售费、管理费和其他费用及利润所形成的价格。上述正常价格的确定方法仅适用于对市场经济国家产品的正常价格或公平价值的确认。如果不存在出口价格或出口价格不可靠，则以进口产品首次转售给独立买主的推定价格，或者是在该产品不是在转售给独立买主的情况下，也不是以进口的条件转售，则当局可以在合理的基础上确定。

界定倾销的要素在于外国商品价格与正常价格之间差距的大小，即倾销幅度。倾销幅度的确定，应以出口产品的加权平均正常价格与全部交易的加权平均出口价格进行公平比较为依据。按照世界贸易组织的规定，倾销幅度不超过出口价格的2%或者倾销产品进口量占同类产品进口的比例不超过3%，都是可以忽略不计的；但若数个这种不足3%的单个国家的产品，合起来占进口国同类产品的7%时，则要进行反倾销调查。

第二，损害的确定。

这是进口方采取反倾销措施的第二个必要条件。《反倾销协议》中的损害分为三种情况：一是进口方生产同类产品的产业受到实质损害；二是进口方生产同类产品的产业受到实质损害威胁；三是进口方建立生产同类产品的产业受到实质阻碍。

实质损害是指对进口方国内生产同类产品的产业造成实质性的重大损害。对实质损害的确定应依据肯定性证据，并应审查以下内容：一是进口产品倾销的数量情况，包括调查期内被控产品的进口绝对数量或相对于进口方国内生产或消费的相对数量，是否较此前有大量增长；二是进口产品的倾销对国内市场同类产品价格的影响程度，包括调查期内是否使进口方同类产品的价格大幅下降或在很大程度上抑制价格的上涨，或本应该发生的价格增长；三是进口产品的倾销对国内同类产品、产业产生的影响。应考虑和评估所有影响产业状况的有关经济因素和指标，包括销售、产量、利润、市场份额、生产率、设备利用率或投资收益的实际和潜在的下降；影响国内价格的因素；倾销幅度的大小；对流动资金、库存、工资、就业、增长率、筹措资本或投资能力的实际和潜在的消极影响等。

实质损害威胁是指进口方的有关产业虽尚未受到实质损害，但可以明显预见倾销将对相关产业造成实质性损害，且这种情形非常迫近。对实质损害威胁的确定应依据事实，而不是依据指控、推测或极小的可能性。

产业建立受阻是指进口产品的倾销阻碍了新产业的实际建立过程，而不是阻碍建立一个新产业的设想或计划。产业建立受阻的确定必须有充分的证据。

第三，倾销和损害之间有因果关系。

《反倾销协议》规定，进口方主管机构应审查除进口倾销产品以外的、其他可能使国内产业受到损害的已知因素。这些因素包括：未以倾销价格出售的进口产品的价格及数量；需求萎缩或消费模式的改变；外国与国内生产商之间的竞争与限制性贸易做法；技术发展、国内产业的出口实绩及生产率等。但是，也不应把以上这些因素造成的产业损害都归咎于进口产品倾销。

这里需要特别说明的是，《反倾销协议》中的"国内产业"具有特定的含义。国内产业的范围应为国内同类产品的全部生产商，或是其产品合计总产量占全部国内同类产品产量的相当部分的那些生产商。但如果生产商与出口商或进口商是关联企业，或者该生产商本身就被指控为倾销产品的进口商，则可以不计算在内。

第四，反倾销调查。

《反倾销协议》规定，缔约国在采取反倾销措施之前必须事先进行反倾销调查。反倾销调查由进口方当局政府执行。一般情况下，反倾销调查应在开始调查的一年内结束，最长不能超过 18 个月。

反倾销调查通常由受损害产业有关当事人提出出口国进行倾销的事实，请求本国政府机构对其征收反倾销税。政府机构对该项产品价格状况及产业受损害的事实与程度进行调查，确认进口国低价倾销时，即征收反倾销税。政府机构认为必要时，在调查期间还可先对该项商品进口暂时收取相当于税额的保证金。如果调查结果属实，即作为反倾销税予以征收；如果倾销不成立，则予以退还。有的国家规定基准价格，凡进口价格在此价格以下者，即自动进行调查，不需要当事人申请。

第五，反倾销的措施。

反倾销的措施主要有以下三种。一是价格承诺，即被控倾销产品的生产商和出口商与进口方主管机构达成协议，出口商提高价格以消除产业损害，进口方相应地中止或终止案件调查。从实际效果讲，价格承诺也属于反倾销措施的一种形式。二是临时措施，即征收临时反倾销税或提供保证金。临时措施是在进口方主管机构自反倾销案件正式立案调查之日起 60 天后实施，实施时间一般不超过 4 个月，特定情况下延长到 6～9 个月。三是最终裁定，即征收最终反倾销税。反倾销税率不能高于倾销幅度。征税时间为自决定征收之日起不超过 5 年，由海关按规定征收。如果同时可以征收反倾销税和反补贴税，则只能征收其中的一种。

在国际范围内，反倾销已成为世界贸易组织所允许的一种各个国家都运用的、合法的贸易和产业保护手段。反倾销已成为贸易的重大障碍。虽然《反倾销协议》规定了对发展中国家应给予一定的特殊待遇，但反倾销法的执行仍主要依赖于各签字国国内立法的规定，因此各国在实施反倾销法上都有所不同，而且还有很大的随意性。历史上，美国、欧盟、澳大利亚、加拿大提出的反倾销、反补贴案件数量最多。从世界贸易组织成立至 2000 年年底，成员方发起反倾销调查案件 1 441 起。其中，绝大部分由发达成员发起，发展中成员的出口产品是这些反倾销案的主要对象。10 年前，发展中国家每年仅提出 1～2 个案件；而近年来，每年提出的案件超过 100 个，占世界总数的 50%。

中国一直是反倾销案件的焦点。从 2017 年相关数据来看，中国连续 23 年成为遭受反倾销调查最多的国家，中国仍然是贸易保护主义的最大受害国。仅 2016 年上半年就遭到反倾销调查 46 起。反倾销税税负往往都很高，从百分之十几到百分之几百，将直接导致丧失出口市场。例如 1997 年 7 月美国对中国出口小龙虾终裁征收的反倾销税税率平均是122.92%，最低的是 91.5%，最高的是 156.77%。2008 年美国对原产于中国的新鲜大蒜征收 376.67% 的反销倾税。2013 年 7 月欧盟对产自中国的熨衣板征收为期 5 年、最高税率达42.3% 的反倾销税。而且反倾销具有连锁反应，一国提出反倾销指控后，其他国担心廉价商品涌入自己国家，也会采用反倾销指控进行预防。

我国对外反倾销工作起步较晚，但发展很快，已初步建立了对外反倾销的法律法规体系。1994 年 7 月 1 日开始实施的《中华人民共和国对外贸易法》在第 30 条中规定了中国的反倾销原则；1997 年 3 月国务院将此项原则细化，制定和颁布了《中华人民共和国反倾销和反补贴条例》。随着中国加入世界贸易组织，为了适应对外反倾销工作的新变化，自 2001年 11 月起我国政府相继颁布了《中华人民共和国反倾销条例》《中华人民共和国反补贴条例》《中华人民共和国保障措施条例》《反倾销产业损害调查规定》《反补贴产业损害调查规定》《保障措施产业损害调查规定》等一系列法规文件。虽然我国有关反倾销法律体系出台较晚，但其基本原则与 WTO 的相关规则相一致。中国在 1997 年 3 月（中国通过了第一个《反倾销条例》）到 2015 年上半年间，提起了 224 起反倾销调查。

辩论赛：

学生分小组讨论：我国遭受反倾销调查数量众多的原因是什么？中国企业应如何应对？

6）差价税

差价税又称差额税。当某种本国生产的产品的国内价格高于同类的进口商品的价格时，为了削弱进口商品的竞争能力，保护国内生产和国内市场，按国内价格与进口价格之间的差额征收关税，就叫作差价税。由于差价税是随着国内外商品价格差额的变动而变动的，因此它是一种滑动关税。对于征收差价税的商品，有的国家规定按价格差额征收，有的国家规定在征收一般关税以外另行征收，这种差价税实际上属于进口附加税。

差价税分为部分差价税、全部差价税和倍数差价税 3 种具体类型。部分差价税是以小于国内市场商品价格与进口商品价格的差额水平征收关税。全部差价税即以价格差额水平征收关税，也称全额差价税。倍数差价税是指以价格差额的倍数征收关税。

实行差价税的典型例子是欧盟对进口农畜产品的做法。欧盟为促进本地区农业的发展和保护农场主的利益，使其谷物、猪肉、食品、家畜、乳制品等重要农畜产品免受外来低价农产品的竞争，对从非成员国进口的农产品征收差价税。通过实施共同农业政策，制定了农产品的目标价格，作为干预农畜产品市场的标准。差价税的计算是按欧盟所规定的门槛价格与实际进口的货物价格加运保费（CIF）之间的差额，即"差价税＝门槛价格－CIF"。门槛价格是欧盟根据欧盟境内谷物最短缺地区公开市场上可能出售的价格（境内谷物最高价格）减去从进境地到达该地区市场的运费、保险费、杂费和销售费用后所规定的价格。门槛价格是计算差价税的基准价格，外国农产品抵达欧盟港口（地）的 CIF 价格低于此价时，即按其差额征税，使税后的外国农产品进入欧盟的市场价格不低于欧盟同类产品的价格。征收差价税是欧盟实施共同农业政策的一项主要措施，其主要目的是保护和促进欧盟内部的农业生产。所征差价税款作为农业发展资金，用于资助和扶持内部农业生产的发展。征收差价税的农产品包括粮食及其制品，生猪、猪肉、家禽、蛋、动植物油、脂、奶制品、糖、食糖及糖浆等农畜产品及其制品。对使用部分农产品加工成的制成品，除按进口税则征收工业品的进口税则外，还对其所含农产品部分另征部分差价税。欧盟的共同农业政策，使欧盟成员国成为世界农产品的重要产地和出口地。

4. 按征税的方法或标准分类

按征税的方法或标准分类，可将关税分为从量税、从价税、混合税、选择税和滑动关税。

（1）从量税

从量税（specific duties）是指以货物的计量单位（重量、数量、容量、面积、尺度、件数等）为标准征收的关税。目前，只有一些国家对少数产品实行从量税。美国大约 9.6％的税目实行从量税，大部分是农业部门。2015 年，我国对原油、冻鸡、啤酒和胶卷等 47 种进口商品征收从量税。

$$从量税额 = 货物数量 \times 每单位从量税$$

各国征收从量税，大部分是以货物的重量（毛重或半毛重或净重）为单位计算征收的。毛重法又称总重量法，即以包括货物内外包装在内的总重量计征税额。半毛重法又称半重量法，即以商品总重量扣除外包装后的重量计征其税额。净重法又称纯重量法，即将商品总重量扣除内外包装的重量后，再计算其税额。

在每单位从量税额确定的情况下，从量税额与货物数量的增减成正比。从量关税的优点是无须审定货物的价格、品质、规格，计税简便，通关手续快捷，并能起到抑制低廉商品或故意低瞒价格的进口货物。其缺点是对同一税目的商品，在规格、质量、价格相差较大的情况下，按同一定额税率计征，税额不够合理，并且在物价变动的情况下，税收的收入不能随之增减。按从量方法征收进口税时，在货物价格下降的情况下，加强了关税的保护作用；反之，在货物价格上涨的情况下，则关税的保护作用减弱。第二次世界大战前，多数国家普遍采用从量税的方法计征关税。第二次世界大战后，由于商品种类规格的日益复杂和通货膨胀的不断加剧，大多数国家转而采用从价税的方法计征关税。

（2）从价税

从价税（ad valorem duties）是指以货物的价格为标准征收的关税，其税率表现为货物价格的一定百分比。目前，大多数国家对大部分商品均实行从价税。从价税的计算公式如下。

$$从价税额 = 货物总额 \times 从价税率$$

从价税额与货物价格的高低成正比。从价税的特点是：相对进口商品价格的高低，其税额也相应的高或低，即优质价高的商品税高，质劣价低的商品税低，从而可以体现税赋的合理性。但是，从价税也存在一些不足，如不同品种、规格、质量的同一货物价格有很大差异；海关估价有一定的难度，因此计征关税的手续也较繁杂。因此，确立对货物进行估价的规则，即如何确定完税价格便显得至关重要。完税价格是指进口货物按海关的有关规定进行审定后作为计税依据的货物价格，通常称为海关完税价格。

目前，各国在征收从价税中，采用的完税价格不尽一致，大体上可以分为三种：以 CIF价（成本、运费和保险费相加的价格）作为征税价格标准，如欧盟各国；以 FOB 价（装运港船上交货价格）作为征税价格标准，如美国、加拿大；以法定价格为征税价格标准。

目前，我国海关计征关税标准主要是从价税。进口税是以海关审定的正常 CIF 价格为完税价格；出口税是以海关审定的正常 FOB 价格扣除出口税为完税价格；如果货物的 CIF价格或 FOB 价格不能确定时，完税价格由海关估定。

（3）混合税

混合税（mixed or compound duties）又称复合税，是指对某项商品既征收从量税又征收从价税。课征时，或以从价税为主，加征从量税；或以从量税为主，加征从价税。混合税的计征手续较为烦琐，但在物价波动时，可以减少对关税收入的影响。混合税既可发挥从量税抑制低价进口货物的特点，又可发挥从价税税负合理、稳定的特点。2015 年我国仅对录像机、放像机、摄像机、数字照相机和摄录一体机等进口商品征收混合税。

混合税的计算公式如下。

$$混合税额 = 从量税额 + 从价税额 =$$

（货物数量×每单位从量税）＋（货物总额×从价税率）

（4）选择税

选择税（alternative duties）是对于一种商品同时定有从价税和从量税两种税率，在征税时可由海关选择其中一种计征。一般选择税额较高的一种征收关税。选择的基本原则是：在物价上涨时，使用从价税；在物价下跌时，使用从量税。但有时为了鼓励某种商品的进口，也会选择其中税额较低者征收。

（5）滑动关税

滑动关税（sliding duties）也称滑准关税或伸缩关税，是指根据商品的市场行情相应调整关税税率的一种关税。滑动关税的经济功能是通过关税水平的适时调节影响进出口价格水平，以适应现时国际、国内市场价格变动的基本走势，免受或少受国内外市场价格水平波动的冲击。滑动关税包括滑动进口关税和滑动出口关税。滑动进口关税根据同类商品国内市场价格水平确定该种进口商品的关税率。国际市场价格较高时，相应降低进口税率；国际市场价格较低时，相应提高进口税率，以保持国内外价格水平大致相等。2018年，我国仅对关税配额外进口一定数量的棉花实行滑动关税。

8.1.3　海关税则与通关手续

1. 海关税则

海关税则（customs tariff）又称关税税则，是一国对进出口货物计征关税的规章和对进出口的应税与免税货物加以系统分类的一览表。海关凭海关税则征收关税，海关税则是一国关税政策的具体体现。

海关税则一般包括两部分：一部分是海关课征关税的规章条例及说明；另一部分是关税税率表。关税税率表主要包括：税则号列（简称税号）、货物分类目录、税率三部分。除此之外，还包括商品名称、征税标准、计税单位等。

1）海关税则的货物分类方法

海关税则将所有进出口货物进行分类、组合、排列，将种类繁多的商品归纳成类、章、组和税目的分类体系，对不同货物规定不同的关税税率，以便对进出口货物进行统计。但各国海关税则的分类方法不尽相同，大体上有以下几种。

① 按照货物的自然属性分类，如动物、植物、矿物等。

② 按照货物的加工程度或制造阶段分类，如原材料、半制成品和制成品等。

③ 按照货物的成分或按工业部门的产品分类，如钢铁制品、塑料制品、化工产品等。

④ 按照货物的用途分类，如食品、药品、燃料、仪器、乐器等。

⑤ 按照货物的自然属性分成大类，再按加工程度分成小类。

货物分类的排列层次，一般可分为三级到五级。一般先按自然属性、用途或组成成分等分成若干大类，再进一步分成章或组，其下列出商品项目。项目税则中的基本税目，可以"具体列名"一种商品，也可把相类似的商品综合在一起，成为"一般列名"，或把两者未包括的同类产品合为一个"未列名商品"的项目。每个项目按顺序列出税号，在项目之下根据征税或统计的需要可细分为子目、分目（称为细目）。大类和章或组两级只作检索查找之用，项目及细目逐目列出相应的税率。

长期以来，资本主义国家税则中的货物分类非常繁细。它不仅是商品种类的日益增多和技术上的需要，更主要的是要保护国内市场和实行差别关税及歧视政策。对同类货物的不同类别，规定不同的税则号列，对内可以更有针对性地限制某些商品进口，对外可以成为贸易谈判的资本。

2) 税则分类的国际协调

为了减少各国在海关税则商品分类上的矛盾，更好地促进国际贸易的发展，经过多方的谈判和斗争，出现了税则分类的国际协调。主要税则分类的国际协调有《海关合作理事会税则目录》和《商品名称及编码协调制度》两种。

(1)《海关合作理事会税则目录》

《海关合作理事会税则目录》(CCCN)是国际上使用最广泛的商品分类目录之一。欧洲关税同盟研究小组于 1952 年 12 月在布鲁塞尔召开的关税合作理事会上制定了《海关合作理事会税则目录》，因该税则目录是在布鲁塞尔制定的，故又称为"布鲁塞尔税则目录"。除去美国、加拿大，世界上约有 150 个国家和地区采用了该目录，其中包括 20 个对中国给予最惠国待遇的国家。

《海关合作理事会税则目录》对货物的分类原则是以货物的自然属性为主，结合加工程度、制造阶段、最终用途、使用目的来划分的。它将全部货物划分为 21 类，99 章，1015 项税目号，1～24 章（前 4 类）为农畜产品，25～99 章（5 至 21 类）为工业制成品。税目号都用四位数表示，中间用圆点隔开，前两位数表示商品所属章次，后两位数表示该章项下的某种商品的税目号，即从 01·01 直到 99·06。例如，男用外衣属于第 61 章第 1 项，其税目号为 61·01。按分类目录解释规则的规定，税则目录中的类、章、项这三级的税目号排列及编制，各会员国不得随意变动；项下的细目以 A、B、C……排列，各会员国对这些细目的编制则有一定的机动权。

《海关合作理事会税则目录》由英、法两种文字合并而成。正文部分分三栏：第一栏为税目号；第二栏为联合国的"国际贸易标准分类目录"号（SITC）；第三栏为商品名称。该税则目录中设有相应的国际贸易标准分类号，是为了保证这两种分类体系——对应的互换关系及协调统一。为此，联合国和海关合作理事会一致建议各国采用这两种体系的分类办法：海关合作理事会税则目录用于海关管理，国际贸易标准分类用于贸易统计。

(2)《商品名称及编码协调制度》

为了适应国际贸易不断发展的客观要求，使国际贸易商品分类体系进一步协调和统一，以兼顾海关税则、贸易统计、运输等方面的共同需要，20 世纪 70 年代海关合作理事会在《海关合作理事会税则目录》的基础上，结合联合国的《国际贸易标准分类》，研究制定了《商品名称及编码协调制度》，简称《协调制度》(HS)。参加这项工作的国家共有 60 个，经过 10 多年的努力，该协调制度终于在 1988 年 1 月 1 日在国际上开始正式实施，一般每 4 至 6 年全面修订一次，目前实施的为 2017 版《协调制度》。现在世界上包括欧盟、美国、加拿大、日本和中国在内的绝大多数国家都采用了这一新的分类目录编码制度——《协调制度》，并在此基础上编制出本国的关税税则目录。我国已于 1992 年 1 月 1 日正式开始实施以《协调制度》为基础的新的海关税则。

与《海关合作理事会税则目录》相比，《协调制度》的使用更广泛，它是一个新型的、系统的、多用途的国际贸易商品分类体系。《协调制度》除了用于海关税则和贸易统计外，还大量地用于运输商品的统计与计费、计算机数据的传递、国际贸易单证的简化及普遍优惠制的利用等方面。

《协调制度》是一部多功能的结构式的商品分类目录，共21类97章，其中第97章留空备用，因此实际上是21类96章。另外，第98章和第99章保留供签约国备用。第1～24章为农畜产品，从第25章起为工业制成品。章以下设有1 241个四位数的税目，5 019个六位数的子目。在四位数的税目中，前两位数表示项目所在的章，后两位数表示项目在有关章的排列次序。例如，绵羊、山羊税目为01·04，前两位数表示该项目在第1章，后两位表示该商品为第1章的第4项。六位数的子目，即表示包括税目下的子目，如5202为废棉，5202·10即为废棉纱线。四位数字的税目编号主要用于海关计税，六位数的子目号主要用于海关统计。

我国海关在《协调制度》六位数编码的基础上，根据实际需要，加列了7位数子目和8位数子目，并根据需要不断调整税目。2018年我国税则税目由2017年的8 547个增加到8 549个。

3）海关税则的种类

（1）按税率的种类分类

海关税则按税率的种类可分为单式税则和复式税则两种。

① 单式税则。单式税则（single tariff）又称一栏税则，是指一个税目里只有一个税率，适用于来自任何国家的产品，没有差别待遇。在资本主义自由竞争时期，各国都实行单式税则。到垄断资本主义时期，发达资本主义国家为实行对外差别或歧视待遇，或为争取关税上的互惠，纷纷实行复式税则。目前，只有少数发展中国家，如巴拿马、委内瑞拉、冈比亚等国采用这种税则。

② 复式税则。复式税则（complex tariff）又称多栏税则，是指一个税目下设有两个或两个以上的税率，对来自不同国家的进口商品采用不同的税率，实行差别或歧视待遇。目前，世界上绝大多数国家采用复式税则，各国采用的复式税率名目繁杂，栏数从两栏到五栏不等，基本的税率一般有普通税率、最惠国税率、协议税率、普惠税率、特惠税率等。普通税率一般比优惠税率高1～5倍，有的高达十几倍。例如，美国订有普通税率、最惠国税率、普惠税率三栏税率；日本采用基本税率、协定税率、特惠税率、暂定税率四栏税率，暂定税率适用于没有签订贸易协定但与日本友好的国家。我国也采用复式税则。发达资本主义国家规定差别税率的目的在于实行差别待遇和贸易歧视政策，发展中国家为了反对发达国家的歧视待遇，保护本国的民族权益，大多也实行复式税则。

在单式税则或复式税则中，依据进出口商品流向的不同，可分为进口货物税则和出口货物税则。有的国家将进出口货物的税率合在同一税则中，分列进口税率栏和出口税率栏。我国现行的进出口税则就属于这种。

（2）按制定海关税则的权限分类

依据制定权限，海关税则可分为自主税则和协定税则。

① 自主税则。自主税则（autonomous tariff）又称国定税则或通用税则，是指一国立法机构根据关税自主原则独立制定而不受对外签订的贸易条约或协定约束的一种税率。

自主税则又可分为自主单式税则、自主复式税则两种。自主单式税则是由国家自主地以法律形式规定的单一税则。这种税则税率单一，适用于从任何国家或地区进口的同一种商品。自主复式税则是一国自主地对每一税目的商品制定两种或两种以上的税率，分别适用于来自不同国家和地区的同一种商品的复式税则制度。自主复式税则制度相对于自主单一税则制度具有灵活性，更能够适应当代国际经济贸易发展的特点。自主复式税则又可分为最高税则和最低税则。一般前者适用于来自未与该国签订贸易条约或协定的国家或地区的商品，后者适用于来自与该国签订贸易条约或协定的国家或地区的商品。

② 协定税则。协定税则（conventional tariff）是指一国与其他国家或地区通过贸易与关税谈判，以贸易条约或协定的方式确定的关税税率。这种税则是在本国原有的固定税则的基础上，通过关税减让谈判，另行规定一种税率，不仅适用于该条约或协定的签字国，而且某些协定税率也适用于享有最惠国待遇的国家。协定税则制度分为双边协定税则制度、多边协定税则制度和片面协定税则制度三种形式。关税及贸易总协定是最典型的多边协定税则。片面协定税则制度是指国与国之间通过订立不平等的贸易条约或协定，使部分协定国单方面获得其他协定国关税优惠待遇的关税税则制度。第二次世界大战前，宗主国与殖民地国家之间片面协定税则制度很普遍。

2. 通关手续

通关手续（或报关手续）是指进出口商或其代理人向海关申报出口或者进口，接受海关监督和检查，履行海关规定的手续。海关要对当事人呈交的单证和申请进出口的货物依法进行审核、查验、征缴税费，最后批准进口或出口。进出口货物的通关，一般来说，可分为 4 个基本环节：货物的申报、单证的审核、货物的查验、货物的征税与放行。现以进口为例加以说明。

（1）货物的申报

货物的申报是指货物运抵进口国的港口、车站或机场时，在海关规定的期限内，向海关提交有关单证和填写由海关发出的表格，向海关申报进口，审查放行的行为，即通常所说的"报关"。申报是进出境货物通关的第一个环节。为了保证申报行为的合法性，海关在进出口货物的申报资格、申报时间、申报单证、申报内容等方面均作了明确的规定，主要是提交进口报关单（import declaration）、提单、商业发票或海关发票。有时根据海关的特殊规定，还要提交原产地证明书、进口许可证或进口配额证书、品质证书和卫生检验证书等。

我国海关规定报关时应交纳的单据、证件有：进出口货物报关单、进出口货物许可证、商品检验证书、动植物检疫证书、食品卫生检验证书及提货单、装货单、运单、发票、装箱单等。

（2）单证的审核

当进口商填写和提交有关单证后，海关按照海关法令与规定，审核有关单证。审核的具体要求是：单证必须齐全、有效；报关单填报的内容必须正确、全面；所申报货物必须符合有关政策与法规的规定。当审核发现单证不符合要求时，海关应通知申报人及时补充或更正。

（3）货物的查验

货物的查验是海关在接受报关单位的申报后，对进口货物进行检查，核实单证与实际货物是否相符，防止非法进口。海关查验货物，一般在进出口口岸码头、车站、机场的仓库、场院等海关的其他监管场所进行。

（4）货物的征税与放行

海关在审核单证、查验货物后，按照国家的有关政策、法规对进出口货物收缴应纳税款等费用。一切海关手续办妥以后，海关在提单上盖海关放行章以示放行。海关在决定放行进出口货物后，需在有关报关单据上盖"海关放行"章，进出口货物的收货人凭此办理提取进口货物手续，进口货物便可以通关了。

货物到达后，通常进口商应在货物到达后所规定的工作日内办理通关手续。许多国家的通关手续十分繁杂，为了及时通关提货，进口商也可委托熟悉海关规章的报关行代为办理通关手续。

8.1.4 关税对国际贸易的影响

关税对国际贸易的发展和变化有着重大的影响，这种影响主要表现在以下几个方面。

（1）对世界贸易发展的影响

一般情况下，在其他条件不变时，世界市场上主要贸易国家的关税税率的增减幅度与国际贸易发展的速度成反比关系。当世界市场的主要国家普遍提高关税，加强关税壁垒时，国际贸易的发展速度将趋向放慢；反之，当这些国家普遍大幅度降低关税时，国际贸易的发展速度将趋向加快。例如，1929—1933年世界经济危机时期，发达国家高筑关税壁垒，使得国际贸易的发展速度放慢。1932年美国的平均关税高达53%，由于其他国家相继采取了关税报复措施，结果提高关税的浪潮遍及全世界，国际贸易额急剧下降。1929—1933年，国际贸易额下降了2/3，国际贸易量减少了1/3。第二次世界大战后，特别是20世纪50年代至70年代初，由于发达资本主义国家推行贸易自由化，大幅度降低关税，结果促进了国际贸易的迅速发展。1950—1973年，国际贸易额年平均增长率为10.3%，国际贸易量年平均增长率为7.2%。

（2）对商品结构与地理方向的影响

关税还在一定程度上影响国际贸易商品结构和一些国家或地区对外贸易地理方向。从20世纪50年代到70年代初，发达资本主义国家工业制成品进口关税下降幅度超过了农产品，发达资本主义国家之间的关税下降幅度超过了它们对发展中国家和社会主义国家的下降幅度，经济集团内部关税下降幅度超过其对集团外的下降幅度。这种关税下降幅度的差异，导致关税对国际贸易商品结构的影响为工业制成品贸易的增长超过农产品贸易；对国际贸易地理方向的影响为发达资本主义国家之间的贸易增长超过了它们与发展中国家和社会主义国家之间的贸易，某些集团内部贸易的增长超过了其对集团外贸易的增长。

（3）对商品价格、生产和销售的影响

一般情况下，对进口货物征收关税后，会导致该产品在进口国的国内价格提高，进口数量减少，从而一定程度上起到保护和促进本国产品生产和销售的作用。通常，进口关税税率越高，进口商品在国内市场上的价格也越高，限制进口的作用将越大。但关税对进口国同类产品生产和销售的保护和促进作用是有一定限度的。如果对某些产品实行长期的高关税保护，不仅会加重消费者的负担，严重损害消费者的利益，而且会阻碍有关企业改进产品技术，降低成本，使受保护的产品消费数量反而减少，使其在高关税的保护下长期落后于世界先进水平，在国际市场上缺乏竞争能力。所以，过度保护，实质上是保护落后，最终会影响本国产品生产和销售的发展。

（4）对贸易差额和国际收支的影响

当一国出现严重的贸易逆差和国际收支逆差时，如果对进口货物提高关税，可能会暂时抑制进口，从而缩小贸易逆差，改善国际收支状况。但是，从长期来看，提高关税不但不能达到改善国际收支的目的，反而会产生相反的后果。由于征收高额进口税，限制了国外商品进口，于是国内价格上涨，从而使某些产品的生产成本提高，使出口下降，这时贸易逆差将可能重新产生和扩大。另外，一国提高关税，常常会引起有关国家的连锁反应，结果相互抵消了提高关税对于缩小和改善贸易收支的作用，最终促使世界各国的关税达到一个更高的水平，既影响了本国出口贸易的发展，也影响了世界贸易的持续稳定发展。

8.2　非 关 税 措 施

讨　论

1. 什么是非关税措施？

2. 你了解哪些非关税措施？

3. 非关税壁垒对国际贸易有什么影响？

第二次世界大战以后，随着关税与贸易总协定的诞生，各国进口关税水平已大幅度下降，关税在贸易保护中的作用日渐减弱，各国纷纷采取各种非关税措施来限制进口贸易。

8.2.1　非关税措施概述

非关税措施也称非关税壁垒，它是当今世界各国限制进口的主要措施。

1. 非关税壁垒的概念

非关税壁垒（non-tariff barrier，NTB）是指一国或地区采取的除关税以外的所有限制进口贸易方面的措施。非关税壁垒是相对于关税而言的，其措施包括各种国家法律、法令、行政性措施。在国际贸易中存在各种各样的非关税措施。

2. 非关税壁垒的产生及发展

从历史上看，早在重商主义时期，限制和禁止进口的非关税壁垒就开始盛行。到了1929—1933 年资本主义经济危机时期，为了摆脱危机，西方发达国家纷纷高筑非关税壁垒，推行贸易保护主义，非关税壁垒作为贸易壁垒的重要组成部分开始广泛盛行。20 世纪 70 年代中期之后，资本主义国家又出现了两次大的经济危机，发达国家的贸易战日趋激烈，各国竞相采取非关税壁垒限制货物进口，出现了以非关税壁垒为主、关税壁垒为辅的新贸易保护主义。

各国广泛采用非关税壁垒的原因主要有以下几个方面。首先，各国经济发展不平衡是非关税壁垒迅速发展的根本原因。美国的相对衰落，日本和欧盟的崛起，特别是 20 世纪 70 年代中期爆发的经济危机，使得市场竞争问题变得更为严峻，以美国为首的发达国家纷纷加强了贸易保护手段。其次，世界平均关税水平不断下降。经过关税与贸易总协定的八轮贸易谈判，成员的平均关税水平大幅下降。发达国家的平均进口关税率由第二次世界大战前的40%下降到5%以下，发展中国家也下降了13%～14%，关税对国内市场的保护作用已下降了很多，于是各国纷纷转向以非关税壁垒来限制进口，保护国内生产和国内市场。第三，发展中国家或地区为了更好地保护本国利益和发展本国工业，也为了对付发达国家的非关税壁垒，也逐步采取一些非关税壁垒。第四，非关税壁垒的灵活性使得实行的国家能更快、更有效地达到限制进口的目的，这也是各国纷纷采取非关税壁垒的主要原因。最后，各国在实施非关税壁垒时相互效仿，也使非关税壁垒迅速扩大。

3. 非关税壁垒的特点

非关税壁垒与关税壁垒都有限制进口的作用，但二者比较起来，非关税壁垒具有以下几个特点。

（1）具有更大的灵活性和针对性

一般来说，各国关税税率的制定或调整均须通过较为烦琐的立法程序，在特殊情况下做相应调整比较困难，灵活性差，难以针对不同情况采取相应的措施，因此不能及时起到限制进口的作用。而非关税措施的制定和实施，一般只需经过行政程序，手续比较简单，灵活性强，能随时就贸易中出现的情况采取有针对性的限制进口的措施，较快地达到限制进口的目的。

（2）能更直接地达到限制进口的目的

关税壁垒是通过征收高额进口关税，提高进口商品的成本和价格，削弱进口商品的竞争能力，从而间接地达到限制进口的目的。但如果出口国采用如出口补贴等措施降低出口商品成本或价格，关税往往很难起到限制商品进口的作用。而非关税措施主要是依靠行政机制来限制进口的，如进口配额、进口许可证、自动出口限额制等直接地控制进口数量，从而直接达到减少进口的目的。所以，非关税措施更能直接地、严厉地、有效地保护本国生产与本国市场。

（3）更具隐蔽性和歧视性

一般情况下，一国关税税率确定后往往以法律形式公布于众，依法执行；而一些非关税措施往往不公开，隐蔽性较强。另外，一些国家还往往针对某个国家采取相应的限制性非关税措施，从而更加强化了非关税壁垒的差别性和歧视性。绿色壁垒已成为新的行之有效的贸易壁垒，一些国家特别是发达国家往往借环境保护之名，实行贸易保护。

（4）具有更大的复杂性

非关税壁垒种类繁多，十分复杂。据不完全统计，非关税壁垒从20世纪60年代末的800多项已上升至21世纪初的2 000多项。所以，非关税壁垒能更有效地对本国市场进行保护，起到限制进口的作用。

8.2.2 非关税壁垒的主要类型

非关税壁垒名目繁多，大致可以归纳为如下几种类型。

① 控制数量的非关税壁垒，如进口配额制、自动出口配额制、进口许可证制。

② 金融及税收控制，如外汇管制、进口押金制度、国内税。

③ 价格限制，如进口最低限价制、海关估价制。

④ 经营及采购限制，如歧视性政府采购、进口和出口国家垄断制。

⑤ 对进口产品技术标准上的非关税壁垒，即技术性贸易壁垒。

现就几种重要的非关税壁垒阐述如下。

1. 进口配额制

进口配额制（import quotas system）又称进口限额制，它是指一国政府在一定时期内（一季度、半年或一年），对于某些商品的进口在数量上或金额上加以直接的限制。在规定的期限内，在配额之内的货物准许进口，超过配额的货物不准进口或交纳高关税或罚款后才能进口。进口配额的高低与对进口商品限制作用的大小成反比。进口配额制是实行进口数量限制的重要手段之一。进口配额的实施方式多种多样，常见的主要有绝对配额和关税配额两种。

1）绝对配额

绝对配额（absolute quotas）是指一国政府在一定时期内，对某些商品的进口在数量上或金额上规定一个最高限额，超过这个限额便不准进口。绝对配额在数量限制上非常严格，因而它是强有力的市场保护措施之一。绝对配额在实施中又可分为全球配额和国别配额两种形式。

（1）全球配额

全球配额（global quotas）属于世界范围的绝对配额，即一国政府在一定时期对某种商品的进口规定一个全球性的总限额，对来自任何国家或地区的商品一律适用。进口国通常按进口商的申请先后或过去某一时期的进口实际额批给一定的额度，直到配额总额用完为止，超过配额总额便不准进口。

全球配额的分发方式通常包括：根据过去某一时期的进口实绩，对信誉好的企业优先发放配额；按照先申请者先获得的原则分发配额；按竞争原则出售进口配额。由于全球配额不限定进口国别或地区，因而进口商取得配额后可从任何国家或地区进口。全球配额有利于进口国对进口产品的价格、质量、信誉等方面进行选择。但实际实施的结果是：邻近国家或地区因地理位置接近、到货迅速，处于有利的地位，而地理位置较远的国家或地区则处于不利的地位。这种情况使进口国家在配额的分配和利用上难以贯彻国别政策，所以很多国家转而采用国别配额。

（2）国别配额

国别配额（country quotas）是指在总配额内按国别和地区分配固定的配额，超过规定的配额便不准进口。为了区分来自不同国家和地区的商品，在进口商品时进口商必须向进口国海关提交原产地证明书。进口国往往根据它与有关国家或地区的政治经济关系分别给予不同的额度，具有很强的选择性和歧视性。国别配额有利于进口国从总体上调节贸易平衡，同时兼顾特殊利益关系；不利的是不能最大限度地进口优质优价产品，且容易造成配额指标的浪费。

国别配额根据配额分配的方法，又可分为自主配额和协议配额。自主配额又称单方面配额，是指由进口国完全自主地、单方面地强制规定在一定时期内从某个国家和地区进口某种货物的配额额度，而不需征求出口国的同意。自主配额一般参照某国过去一定时期内的出口实绩，按一定比例确定新的进口数量或金额。由于自主配额由进口国自行制定，往往带有不公正性和歧视性，而且分配额度的差异容易引起某些出口国家或地区的不满或报复，因而更多的国家趋于采用协议配额，以缓和进出口国之间的矛盾。协议配额又称双边配额，是指由进口国和出口国双方通过谈判达成协议而确定的某种商品的进口配额。

2）关税配额

关税配额是指对某项商品进口的绝对数不加以限制，而在一定时期内，对在规定配额以内的进口商品给予低税、减税或免税待遇，对超过配额的进口商品则征收较高的关税或征收附加税甚至罚款。关税配额是一种将征收关税同进口配额结合在一起的限制进口的措施，具有一定的灵活性。关税配额按商品进口的来源，可分为全球关税配额和国别关税配额；按征收关税的差别，可分为优惠性关税配额和非优惠性关税配额。优惠性关税配额是对配额内进口的商品，给予较大幅度的关税减让，甚至免税；对超过配额的进口商品按原来的最惠国税率征收关税。欧盟在普惠税实施中所采取的关税配额就属此类。非优惠性关税配额则是在配额内仍征收原来的进口税，一般按最惠国税率征收，但对超过配额的进口商品，征收很高的进口附加税或罚款。2018 年我国继续对小麦等 8 类商品实施关税配额管理，税率不变。其中对尿素等 3 种化肥继续实施 1% 的暂定配额税率。

> **小提示：**
>
> 绝对配额和关税配额的不同之处在于：绝对配额规定一个最高进口额度，超过限额就不准进口；而关税配额在额度内可以享受优惠关税或减免，对超过最高额度的进口不加以限制，但对超过部分要征收附加税或罚款。两者的共同点是：都以配额的形式出现，可以通过提供、扩大或缩小配额向贸易对方施加压力，使之成为贸易歧视的一种手段。

2. 自动出口配额制

自动出口配额（voluntary export quotas）又称自动或自愿出口限制，是指出口国或地区在进口国的要求或压力下，被迫自动规定在一定时期内（一般为 3～5 年）某些货物对该国的出口在数量或金额上进行限制，在限定的数额内自行控制出口，超过限额则禁止出口。自愿出口限制通常是两国谈判的结果，导致出口国自动限制它向进口国的出口。例如，第二次世界大战后美国对日本的钢铁、汽车等就采用了这种做法，迫使日本自动限制向美国的出口数量，否则美国则采取相应的报复措施。

自动出口配额制属于世界贸易组织的"灰色区域"，即在世界贸易组织中无明确适用条款，其法律地位不明确，既不是合法的，也不是非法的，它具有选择性、双向性和隐蔽性等特点。一些西方国家经常利用该措施调节贸易关系，以避免直接冲突。

自动出口配额与绝对配额有类似的地方，但也有着很大的区别。一是配额的控制方不同，绝对配额是由进口国直接控制进口配额来限制商品的进口，自动出口配额是由出口国家直接控制这些商品对指定进口国家的出口。二是配额表现形式不同，绝对配额是由进口国主动控制的，而自动出口配额是出口国在进口国的强大压力下被迫采取的控制出口的措施，并非真正出于出口国的自愿。进口国往往以某些商品的大量进口威胁到其国内某些工业，即所谓的"市场混乱"为借口，要求出口国实行"有秩序增长"，自愿限制出口数量，否则将采取报复性贸易措施。三是配额的适用时限不同，绝对配额的期限较短，一般为一个季度、半年或一年，而自动出口配额的期限较长，一般为三至五年。四是配额的影响范围不同，绝对配额通常应用于大多数商品的出口国，而自动出口配额仅应用于几个甚至一个特定的出口国，具有明显的选择性。

自动出口配额制主要有非协定的自动出口配额和协定的自动出口配额两种形式。

（1）非协定的自动出口配额

即不受国际协定的约束，而是由出口国迫于进口国的压力，自行单方面规定出口配额，以限制某些商品的出口。这种配额有的是由政府有关机构规定配额，并予以公布，出口商必须向有关机构申请配额，领取出口授权书或出口许可证才能输出，如 20 世纪 50 年代日本对美国出口的纺织品；有的是由本国大的出口厂商或协会根据政府的意图，在规定额度内自动控制出口。

（2）协定的自动出口配额

即进出口双方通过谈判签订"自限协定"或"有秩序销售协定"，在协定中规定有效期内某些商品的出口配额，出口国应据此配额实行出口许可证制或出口配额签证制，自行限制这些商品的出口；进口国则根据海关统计进行检查。自动出口配额大多属于这一种。协议达成的谈判形式主要有：政府间的双边谈判；政府间的多边谈判，如多边纤维协定；进口国政府与出口国企业间的谈判；进出口国家的双边企业谈判等。

3. 进口许可证制

进口许可证制（import licence system）是指进口国规定某些商品进口必须事先向政府主管部门申请，经过审批并领取许可证后才可进口，否则一律不准进口。

从进口许可证与进口配额的关系上看，进口许可证可分为有定额的进口许可证和无定额的进口许可证两种。

① 有定额的进口许可证。即国家有关机构预先规定有关商品的进口配额，然后在配额的限度内，根据进口商的申请，对有关商品的进口发给进口商一定数量或金额的进口许可证。通常情况下，进口许可证是由进口国向提出申请的进口商颁发的，但也有将这种权限交给出口国自行分配使用的。

② 无定额的进口许可证。即进口许可证不与进口配额相结合。进口国政府机构预先不公布进口配额，只是在个别考虑的基础上颁发有关商品的进口许可证。因为这种许可证的发放权完全由进口国主管部门掌握，没有公开的标准，更具有隐蔽性，所以就给正常贸易的开展造成了更大的困难。

从对进口商品有无限制上看，进口许可证一般又可分为自动进口许可证和非自动进口许可证两种。

① 自动进口许可证。又称公开一般许可证，它对进口国别或地区没有限制，只要进口商申请进口许可证，有关管理机关就毫无限制地签发。因此，它起不到限制进口的作用，属于这类许可证的商品实际上是"自由进口"的商品。其目的主要是方便海关凭许可证直接对商品进行分类统计，同时监督进口商品的情况。一国政府通过发放进口许可证可以知道可能损害国内产业的产品的进口情况，这种监督制度又称为事先保障制度。

② 非自动进口许可证。又称特种进口许可证，进口商必须向政府有关部门提出申请，经政府有关部门逐笔审查批准后才能进口某些商品。

为了区分自动进口许可证和非自动进口许可证所进口的商品，有关部门通常定期公布有关的商品项目并根据需要随时进行调整。

一国除了通过实施许可证来限制进口外，往往还故意制定烦琐复杂的申领程序和手续（如推迟盖章等）来限制进口贸易，使得进口许可证制度成为一种拖延或限制进口的措施。而且，许可证常常与配额、外汇管制等结合起来运用。

世界贸易组织规定，在一个国家的对外贸易中，哪些商品的进口受到许可证的限制及受到何种限制，通常应事先公布，并在公布时确定不同的商品使用何种进口许可证；同时规定成员国必须承担简化许可证程序的义务，确保进口许可证本身不会构成对进口的限制，并保证进口许可证的实施具有透明性、公正性和平等性。

讨论：

学生分小组讨论：目前我国哪些产品有进出口许可证的限制？为什么？

4. 外汇管制

外汇管制（foreign exchange control）是指一国政府为了平衡国际收支和维持本国货币汇率的稳定，通过法令对国际结算和外汇买卖等直接加以限制所实行的一种制度。

实行外汇管制的国家，一般设有专门机构或专业银行（通常为中央银行）进行管理，出口商必须把出口所得外汇按官方汇率卖给国家外汇管制机关，进口商进口所需外汇也必须向外汇管制机关按官方汇价申请购买；本国货币的携出入国境也受到严格的限制等。通过这些措施，进口国就可以通过确定官定汇率、集中外汇收入、控制外汇供应数量和成本，来达到限制进口商品品种、数量和进口国别的目的。例如，日本在分配外汇时趋向于鼓励进口高、精、尖产品和发明技术，而不是鼓励进口消费品。

外汇管制的方式极为复杂，各国管制外汇的方法也有很大的差别，但一般可分为以下3种。

（1）数量性外汇管制

数量性外汇管制是指国家外汇管理机构对外汇买卖的数量直接进行限制和分配。其目的是集中外汇收入，控制外汇支出，实行外汇分配。一些国家实行数量性外汇管制时，往往规定进口商必须获得进口许可证后，方可得到所需的外汇。

（2）成本性外汇管制

成本性外汇管制（即实行复汇率制）是指国家外汇管理机构对外汇买卖实行复汇率制，利用外汇买卖成本的差异，间接影响不同商品的进出口。复汇率制是指一国的汇率有两个以上的汇率。其作用是：根据出口商品在国际市场上的竞争力，为不同商品规定不同的汇率以加强出口；根据保护本国市场的需要为进口商品规定不同的汇率以限制进口等。

一般来说，各国复汇率制的主要原则有：进口方面，对于国内需要而又供不应求或不生产的重要原料、机器设备和生活必需品，给予较为优惠的汇率；对于国内可大量供应和非重要的原料与机器设备，适用一般的汇率；对于奢侈品和非必需品适用最不利的汇率；出口方面，对于缺乏国际竞争力但又要扩大出口的某些出口商品，给予较为优惠的汇率；对于其他一般商品出口适用一般汇率。

（3）混合性外汇管制

混合性外汇管制是指同时采用数量和成本性的外汇管制。混合性外汇管制对外汇实行更为严格的控制，以影响商品进出口。

外汇管制在一定时期内能达到：限制进口商品的数量、种类和来源地，改善国际收支；防止资金外逃；稳定汇价，提高社会公众对本国货币的信心；保护民族工业，保护国内消费市场等作用。同时，外汇管制也存在一定的弊端，如进口商无法自由地选择市场、商品，难以从最具有比较优势的市场购买最廉价的商品；引起进口商品在国内价格的上涨；阻碍了外国资金的流入，阻碍了贸易发展。

外汇管制从第一次世界大战期间开始出现，20 世纪 30 年代资本主义世界金融危机爆发后，多数资本主义国家采用这种手段管理国际收支。第二次世界大战后初期，由于国际收支长期失衡，黄金外汇储备短缺，许多资本主义国家不得不继续实行外汇管制。20 世纪 50 年代以来，随着资本主义国家经济的恢复和发展，国际收支状况改善，大多数发达国家都不同程度地放宽了外汇管制。20 世纪 90 年代以来，一些发展中国家也逐渐放宽了外汇管制。

5. 进口押金制

进口押金制（advanced deposit）又称进口存款制，是指进口商在进口商品时必须预先按进口金额的一定比率，在规定的时间内向指定银行无息存入一笔现金才能进口的制度。这无形中加重了进口商的资金负担，增加了进口成本，影响了资金周转，从而起到了限制进口的作用。

意大利、芬兰、新西兰、巴西等国均采用了这种措施。巴西的进口押金制规定，进口商必须按进口商船上交货价格缴纳与合同金额相等的为期 360 天的存款，才能进口。意大利在 20 世纪 70 年代曾对 400 多种商品实行这种制度，要求进口商必须向中央银行缴纳相当于进口货值一半的现款押金，无息冻结 6 个月。据估计，这项措施相当于征收 5% 以上的进口附加税。

6. 国内税

国内税（internal taxes）是指一国政府对本国境内生产、销售、使用或消费的商品所征收的各种税，包括消费税等。

有些国家对某些进口商品除征收进口关税外，还与国内产品一样征收各种国内税，以此来限制进口。这是一种比关税更灵活、更易于伪装的贸易政策手段。国内税的制定和执行属于本国政府机构的权限，有时甚至由地方政府机构制定和执行，其他国家难以通过贸易谈判对其进行限制。国内税通常不受贸易条约或多边协定的限制，比关税更灵活。例如，美国、瑞士和日本进口酒精饮料的消费税都高于本国制品；法国曾对引擎为 5 马力的汽车每年征收养路税 12.15 美元，对于引擎为 16 马力的汽车每年征收养路税高达 30 美元，当时法国生产的最大型汽车为 12 马力，因此实行这种税的目的在于抵制进口汽车。

7. 进口最低限价制和禁止进口

最低限价（minimum price）是指一国政府规定某种进口商品的最低价格，凡进口货物价格低于规定的最低价格的，则征收进口附加税或禁止进口。进口国一般把最低限价定得很高，使得进口商无利可图，以此达到限制进口的目的。1977 年，美国为了抵制西欧和日本等国的低价钢材和钢制品的进口，实行的"启动价格制"就是一种进口最低限价制。这种价格的限制标准是以当时世界上效率最高的钢材生产者的生产成本为基点来计算的最低价格为最低限价，如果进口的该类商品价格低于这个价格（启动价格），则要求出口商必须调高价格，否则将对其征收反倾销税。2007年1月11日，乌兹别克政府出台了《关于向居民供应国产优质分装茶叶的补充措施》，其中规定，对从其他国家进口的茶叶设置每吨600美元的最低限价。

禁止进口是进口限制的极端措施。当一些国家感到实行数量和价格限制难以解决经济与贸易困境时，往往颁布法令在一定时期内禁止某些商品的进口。例如，1976年墨西哥因偿还外债，国际收支发生困难，即宣布几百种商品自当年2月到6月禁止进口。

8. 专断的海关估价

海关估价是指进口国海关对进出口货物征收关税时所确定的完税价格。它是海关征收关税的依据，并据以计算应缴关税税额。有些国家根据某些特殊规定，故意提高某些进口货物的海关估价，以增加进口货物的关税负担，进而阻碍商品的进口。

用专断的海关估价来限制商品进口曾经以美国最为突出。长期以来，美国海关是按照进口商品的外国价格（进口商品在出口国国内销售市场的批发价）或出口价（进口商品在来源国市场供出口用的售价）两者之中较高的一种进行征税。这实际上提高了缴纳关税的税额。美国的"美国售价制"的特殊估价标准使焦油产品、胶底鞋类、蛤肉罐头和毛手套等商品的国内售价很高，从而使这些商品的进口税收负担大大增加。后因其他国家的强烈反对，美国才不得不废除这种制度。关税与贸易总协定进行的"乌拉圭回合"达成了《海关估价协议》，该协议对此做了明确规定：海关对进口货物的估价，应以进口货物的实际成交价格作为海关完税价格的新估价制度，而不能采取武断的或虚构的估价来提高计征的从价税。

9. 进口商品征税的归类

进口商品应缴关税税额取决于进口商品的价格大小与税率高低。在海关税率已定的情况下，税额大小除取决于海关估价外，还取决于对征税商品的归类。海关将进口商品归在哪一税号下征收关税，具有一定的灵活性。进口商品的具体归类的税号必须在海关现场决定，在税率上一般就高不就低。这就增加了进口商品的税收负担和不确定性，从而起到了限制进口的作用。例如，美国对一般打字机进口不征收关税，但进口商品若被归为玩具打字机，则要征收高达35%的进口关税。

10. 歧视性政府采购政策

歧视性政府采购政策是指进口国通过立法形式，规定本国政府部门在采购物品时要优先购买本国产品的做法。例如，美国从1933年开始实行、并经1954年和1962年两次修订的《购买美国货法案》就是一个明显的例子。该法案规定：凡是美国联邦政府要采购的货物，应该是美国制造的或用美国原料制造的。同时还规定：只有在美国自己生产的数量不够或者国内价格太高，或者不买外国货就会损害美国国家利益的情况下才能购买外国货。美国国防部和财政部常常采购比外国商品贵50%的美国商品。《购买美国货法案》直到"东京回合"，美国签订了政府采购协议后才废除。英国、日本、意大利等国也有过类似的制度。英国规定，使用通信设备必须是本国产品，此项规定对欧盟国家有重要的影响。日本有几个省规定，政府部门需用的办公设备、计算机、汽车、机床、导线、电缆等，必须采购本国货，不得采购外国产品。

鉴于歧视性政府采购政策对贸易有一定的阻碍，世界贸易组织于1994年4月15日在摩洛哥马拉喀什会议上达成了《政府采购协议》。《政府采购协议》以诸边协议方式为"乌拉圭回合"谈判各方所签署，成为WTO所管辖协议的一部分。《政府采购协议》的宗旨是允许政府采购在一定金额的基础上实现贸易自由化。

11. 进口和出口国家垄断

进口和出口国家垄断是指在对外贸易中，对一些商品的进出口规定由国家机构直接经营或者是把某些商品的进出口专营权授予某些垄断组织。其目的在于：保证国内的供应和生产，防止国内市场的混乱。通过国家垄断，可以贯彻政府的意图，限制部分商品的进口和出口。

发达资本主义国家进口和出口的国家垄断主要集中在三类商品上。第一类是烟和酒。发达资本主义国家的政府机构从烟和酒的进出口垄断中，可以取得巨大的财政收入。第二类是农产品。发达资本主义国家把对农产品的对外垄断销售作为国内农业政策措施的一部分。美国的农产品信贷公司，就是发达资本主义国家最大的农产品贸易垄断企业。它高价收购国内的"剩余"农产品，然后以低价向国外倾销，或按照所谓"外援"计划向缺粮国家，主要是发展中国家大量出口。第三类是武器。资本主义国家的武器贸易多数是由国家垄断。

一些发展中国家为了打破外商在对外贸易上的垄断，成立了国有贸易机构，直接控制进出口业务和主要进出口商品的品种和数量。有些发展中国家对其他国家国有贸易机构的贸易往来，采取了由国有贸易机构直接经营的办法。

12. 技术性贸易壁垒

1) 技术性贸易壁垒的含义

技术性贸易壁垒（technical barriers to trade，TBT）是非关税壁垒中发展最为广泛的一种形式，是指一国以维护国家安全，保护人类、动植物生命和健康，阻止欺诈，保护生态环境，保证产品质量为目的，通过颁布法律、法令、条例、规定等，所采取的强制性或非强制性的技术法规、技术标准及合格评定程序等技术性措施。这些措施在主观上或客观上成为自由贸易的障碍。

随着世界经济一体化步伐的加快，关税壁垒已渐显脆弱，贸易壁垒的重点正向非关税壁垒尤其是技术贸易壁垒转移。据统计，在目前的国际贸易中，技术性贸易壁垒已占非关税壁垒的30％，其重要性越来越大。这些技术措施不仅日益复杂，而且经常变化，手续繁杂，标准也不透明，使外国商品难以适应，增加了商品进口的难度。这些规则通常以维护国家安全、保护人类健康和安全、保护动植物生命、保护环境为由，因此它具有科学、合理、合法的一面，其本身可能不是有意设置贸易壁垒，但这些规则往往被滥用，于是就产生了贸易壁垒的作用，形成技术性贸易壁垒。有些国家为了维护本国工业的利益，对进口商品规定特殊的要求，实行双重标准。为了规范技术性贸易壁垒，关税与贸易总协定通过了《技术性贸易壁垒协议》，并成为世界贸易组织管理货物贸易协议的组成部分，所有成员都要接受并实施。

2) 技术性贸易壁垒的主要内容

技术性贸易壁垒主要包括以下几方面。

（1）技术法规

技术要求可分为强制性技术要求和非强制性技术要求，强制性技术要求称为技术法规。技术法规是指规定强制执行的有关产品特性或其相关工艺和生产方法，主要包括国家政府部门或经授权的非政府机构制定的法律、法规、指令、决定及条例，有关产品、工艺或生产方法的专门术语、符号、包装、标志或标签要求等。许多强制性标准也是技术法规的组成部分。技术法规一般涉及国家安全、产品安全、环境保护、劳动保护、节能等方面。

当前，一些国家尤其是发达国家的技术法规种类繁多，如《食品、药品、化妆品法》《公共卫生服务法》《消费产品安全法》《设备安全法》《产品含毒物质限制法》等。有时，一些国家的技术法规就是针对某个国家制定的。例如，美国对来自墨西哥的土豆，规定了成熟度、个头大小等详细指标，直接给墨西哥种植的土豆出口美国设置了障碍。

（2）技术标准

技术标准（technical standards）是指经公认机构批准的、非强制执行的、供通用或重复使用的产品或其相关工艺和生产方法的规则、指南或特性的文件，包括有关的专门术语、符号、包装、标志或标签要求等。目前存在大量的技术标准，有行业标准、国家标准，也有许多国际标准。由于各国工业化程度、科技发展水平不同，导致各国技术标准存在差异。有些国家有意识地、有针对性地制定某些技术标准，把这些标准作为进口商品入门的通行证，从而使这些技术标准成为贸易保护的工具，进而使出口国特别是发展中国家难以适应而形成贸易障碍。截至 2007 年 2 月，日本共有现行工业标准 10 124 个。尽管日本新制定的国家标准 90％以上采用 ISO 标准，但仍有不少技术标准和法规与国际通行标准不一致。日本要求进口化妆品与之指定的化妆品成分标准（JSCL）、添加剂标准（JSFA）和药理标准（JP）必须一致，只要其中一项不符合要求，商品就被拒之门外。

（3）合格评定程序

合格评定程序（conformity assessment procedures）是指任何直接或间接地用以确定某一产品是否满足技术法规或技术标准中的相关技术要求的程序。合格评定程序主要包括：抽样、检验和检查；评估、验证和合格保证；注册、认可和批准及上述各项程序的组合。一般来说，许多产品没有取得认证就无法进入这些国家的市场。

合格评定程序一般包含认证、认可、相互认可 3 种基本形式，影响较大的是第三方认证。

① 认证。认证是指由授权机构出具的证明。认证可分为产品认证和体系认证。产品认证是由授权机构出具证明，证明产品符合技术法规或标准。产品认证包括安全认证和合格认证。许多国家制定了专门的安全法规，并对许多类别的产品专门制定了安全标准。特别是对产品的安全性，由于它直接关系到消费者的生命健康和安全，所以安全认证为强制性认证。例如，美国保险商实验室的安全评定体系（UL），美国大型连锁店基本上不销售未取得 UL 安全认证的电器；欧盟对玩具、锅炉、建筑用品、通信设备等 20 多类产品实行安全认证并要求加贴 CE 安全合格标志，否则不得在欧盟市场销售。产品的合格认证尤其是质量认证，属于自愿认证。

体系认证是确认生产或管理体系是否符合相关法规或标准。体系认证属于自愿认证。当前世界上最流行的国际体系认证有 ISO 9000 质量管理体系认证和 ISO 14000 环境管理体系认证，行业体系认证有 TL 9000 电信产品质量管理体系认证、QS 9000 汽车行业质量管理体系认证等。

20 世纪 90 年代以来，欧美等发达国家又实行所谓社会责任管理体系认证，如美国的社会责任认证体系（Social Accountability 8000，SA 8000），是全球第一个社会责任认证标准。企业社会责任是指企业在赚取利润的同时，主动承担对环境、社会和利益相关者的责任。SA 8000 是依据该标准的要求审查、评价组织是否与保护人类权益的基本标准相符，在全球所有的工商领域均可应用和实施 SA 8000。其标准包括：不使用或不支持使用童工；为劳工提供安全、健康的工作环境；尊重劳工的集体谈判权；遵守工作时间的规定；保证达到最低工资标准等。这项标准的实施无疑会增加广大发展中国家出口产品的成本。SA 8000 是继 ISO 9000、ISO 14000 之后的又一个重要的国际性标准。虽然目前它只涉及人身权益及与健康、安全、机会平等等与核心要素有关的初始审核，但随着对其的不断修订和完善，该标准最终可能发展成一个覆盖道德、社会和环境等范围广泛的国际性标准。

② 认可。认可是指权威机构依据程序确认某一机构或个人从事特定任务或工作的能力。例如产品认证机构的认可、管理体系认证机构的认可、实验室认可、审查机构认可、培训机构的注册等。

③ 相互认可。相互认可是指认证或认可机构之间通过签署相互承认协议，彼此承认认证或认可结果。《技术性贸易壁垒协议》鼓励成员接受其他成员的合格评定程序。

（4）产品检疫、检验制度与措施

基于保护环境和生态资源，确保人类和动植物免受污染物、毒素、微生物、添加剂、外来病虫害传入等所产生的风险，许多国家特别是发达国家都制定了严格的产品检疫、检验制度。产品检疫、检验的措施包括：所有与产品检疫、检验相关的法律、法规、要求和程序，特别是最终产品标准；工序和生产方法；检测、检验、出证和审批程序；各种检疫处理；有关统计方法、抽样程序和风险评估方法的规定；与食品安全直接有关的包装和标签要求等。一般而言，对农副产品、食品、药品、化妆品都要实行严格的检疫和检验。

各国在产品检疫和检验方面的规定越来越严，对要求检疫和检验的商品也越来越多。例如日本、加拿大、英国等要求花生黄曲霉素含量不超过百万分之二十，花生酱不超过百万分之十，超过者不准进口。美国、加拿大规定陶瓷制品含铅量不得超过百万分之七。欧盟关于农产品（食品）质量安全的法律有 20 多个。在农药残留限量方面，美国已制定标准 8 100多项。欧盟拥有技术标准 10 万多个，涉及农产品的占 1/4，其中农药残留限量标准就有17 000多项。但由于各国的文化背景、生活习惯，维护人身健康、安全及生活环境的差异，特别是收入水平的差异，发展中国家的产品往往难以达到发达国家的近乎苛刻的要求。

（5）商品包装和标签

商品包装和标签规定（packaging and labeling regulation）也成为贸易壁垒，许多国家对在本国市场销售的商品订立了多种关于包装和标签的条例，进口商品必须符合这些规定，否则便不准进口或禁止进口。这些规定内容繁杂、手续麻烦且经常变换，出口商为了符合这些规定，不得不按规定重新包装和改换商品标签，费时费工，且增加了商品的成本，削弱了商品的竞争力。一些发达国家对于包装物料、罐头、瓶型均有具体的规定和要求。这些规定都在不同程度上限制了外国商品的进口，特别是限制了从发展中国家的进口。例如，对包装物料要求，填充物不能用稻草、废棉絮等。美国对木质包装要求经过高温处理、熏蒸或防腐剂处理，这就大大增加了进口成本。美国还要求进口食品在包装上必须标明所含的各种成分及比例，说明中不得写有该食品具有治疗效果的文字，如"止咳生津、消暑止咳"等字样，否则就列入药品范围，药品则需特殊批准才能进口。

（6）绿色贸易壁垒

绿色贸易壁垒是近年来出现的贸易保护措施，是技术性贸易壁垒的一个重要组成部分。

绿色贸易壁垒是指各国以保护有限资源或生态环境，保护人类和动植物的生命、健康及安全为由，采取的直接或间接限制甚至禁止某些产品贸易的法律、法规、政策及措施。这些措施可通过技术法规和技术标准的形式颁布，也可采用认证与合格评定的方式执行。在划分上，一般把涉及环保或以环保名义而采取的技术措施单分出来，这就是绿色技术壁垒。

绿色贸易壁垒起因于全球日益严重的生态灾难。长期以来，企业忽视环境保护，在产品生产过程中过度甚至任意消耗人类赖以生存的自然资源，加深了地球和人类自身的灾难。出于保护生态环境和人类健康安全、减少对人类环境的危害及破坏的要求，20 世纪 80 年代后期，产生了绿色贸易壁垒。20 世纪 90 年代，联合国召开的世界环境与发展大会将环境保护运动推向了一个高潮，全球掀起了绿色消费的浪潮。绿色消费运动的兴起，也促进了绿色贸易壁垒的形成并使其有所发展。乌拉圭回合谈判结束以后，作为主要贸易壁垒形式的关税逐步降低，同时传统的非关税壁垒也逐步拆除，因而用关税和传统的非关税贸易壁垒来限制进口的余地已经很小。因此，贸易保护主义的抬头是绿色贸易壁垒产生和发展的另一个重要因素。

绿色贸易壁垒具有名义上的合理性、提法上的巧妙性、形式上的合法性及手段上的隐蔽性等特点。乌拉圭回合谈判达成的《技术贸易壁垒协议》中明确规定，不得阻止任何国家采取必要措施保护人类、动物或植物的生命健康及环境。

当前绿色贸易壁垒主要有以下几种形式。

① 绿色技术标准。发达国家的科技水平较高，处于技术垄断地位。它们在保护环境的名义下，通过立法手段，制定严格的强制性环保技术标准，限制国外商品进口。这些标准都是根据发达国家生产和技术水平制定的，对于发达国家来说，是可以达到的，但对于发展中国家来说，是很难达到的，因而势必导致发展中国家的产品常常被排斥在发达国家市场之外。例如，欧盟启动的 ISO 14000 环境管理体系，要求欧盟的产品从生产前到制造、销售、使用及最后的处理都要达到规定的技术标准，否则任何国家都有权拒绝进口。ISO 14000 环境管理体系提供了以预防为主、减少或消除环境污染的办法，为世界各国在统一的环境管理标准下平等竞争提供了条件，但同时也为发达国家设置绿色贸易壁垒提供了依据。

② 绿色环境标志。绿色环境标志是一种在产品或包装上的标志，它由政府管理部门或民间团体按严格的程序和环境标准颁发给厂商，并要求复印于产品包装上，以向消费者表明，该产品从研制开发到生产使用，直至回收利用的整个过程均符合生态和环境保护要求。例如，德国的"蓝色天使"标志、加拿大的"环境选择方案"标志、日本的"生态"标志、欧盟的"欧洲环保"标志等。目前，许多发达国家都已建立环境标志制度并向协调一致、相互承认的方向发展。要将产品出口到这些国家，必须经审查合格并拿到"绿色通行证"。绿色环境标志为发达国家市场形成了巨大的保护网，使发展中国家的出口受到阻碍。

③ 绿色包装制度。各国的绿色包装制度要求包装必须节约资源，减少废弃物，使用后利于回收再利用或易于自然分解等。一般采取的措施包括：通过立法形式规定禁止使用某些包装材料，如含有铅、汞和硝等成分的包装材料，不能再利用的容器等；建立存储返还制度，如规定啤酒、软性饮料和矿泉水一律使用可循环使用的容器；制定强制包装再循环或利用的法律，如日本的《回收条例》和《废弃物清除条件修正案》、德国的《包装物废弃物处理法令》等；税收优惠或处罚，即对生产和使用包装材料的厂商，根据其生产包装的原材料或使用的包装中是否全部或部分使用可以再循环的包装材料而给予免税、低税或征收较高的

税赋，以鼓励使用可再生资源。

④ 绿色卫生检疫制度。为了保护环境和生态资源，确保人类和动植物免受污染物、毒素、微生物、添加剂等的影响，许多国家尤其是发达国家都制定了严格的环境与技术标准。日本对食品的安全卫生指标十分敏感，尤其对农药残留、放射性残留、重金属含量要求日趋严格。其中，农药残留标准日本有 5 万多个，美国有 1.1 万个。我国自 2013 年 3 月 1 日起实施的《食品中农药最大残留限量》中农药最大残留限量标准有 2 293 个。

⑤ 禁止进口与环境贸易制裁。这是绿色贸易壁垒中最为严厉的措施，一般采取禁止输入甚至报复的措施。例如 1991 年，美国宣布禁止从墨西哥进口金枪鱼，理由是墨西哥使用超过美国标准的大型渔网，在捕获金枪鱼时也捕杀了应受保护的海豚。

⑥ 绿色补贴制度。即国家对生产绿色产品，并将资源、环境成本内在化的企业给予财政补贴，鼓励出口。主要是因为治理污染费用高昂，一些企业难以承受投资于新的环保技术、设备或无力开发清洁技术产品时，政府采用环境补贴方式予以帮助。

（7）信息技术壁垒

EDI（电子数据交换）和电子商务是 21 世纪国际贸易的主要表现形态，许多发展中国家由于信息技术水平较低而受到影响。发展中国家在电子商务时代处于明显劣势：信息不透明，如合格认定程序；信息传送不及时，如技术标准更改；信息传递途径不畅等。这样，在发达国家与发展中国家之间形成了信息技术壁垒。

> **讨论：**
> 　　学生分小组讨论：举例说明我国农产品、食品、纺织服装、玩具、家具分别受到发达国家哪些技术性贸易壁垒的影响。

8.2.3　非关税壁垒对国际贸易发展的影响

1. 对国际贸易的影响

（1）对国际贸易发展的影响

一般来说，非关税壁垒对国际贸易发展起着严重的阻碍作用。在其他条件不变的情况下，全世界非关税壁垒加强的程度与国际贸易增长的速度成反比关系。当非关税壁垒趋向加强时，国际贸易的增长将趋向下降；反之，当非关税壁垒趋向缓和或逐渐拆除时，国际贸易的增长速度将趋于加快。例如，第二次世界大战后的 20 世纪 50 年代到 60 年代初，在关税大幅度下降的同时，发达资本主义国家还大幅度地放宽和取消进口数量限制等非关税壁垒，因而在一定程度上促进了国际贸易的发展。从 1951 年到 1973 年，世界贸易量年平均增长率达到 7.2%。但到 20 世纪 70 年代中期以后，非关税壁垒进一步加强，形形色色的非关税壁垒层出不穷，形成了一个以直接进口数量限制为主的非关税壁垒网，严重阻碍了国际贸易的发展。1973 年到 1979 年，世界贸易量年平均增长率仅为 4.5%，1980 年到 1985 年降为 3% 左右。

（2）对商品结构和地理方向的影响

第二次世界大战后，特别是 20 世纪 70 年代中期以来，农产品贸易受到非关税壁垒的影响程度超过工业制成品，而工业制成品中劳动密集型产品贸易受到非关税壁垒影响的程度超过技术密集型产品。同时，发展中国家或地区对外贸易受到发达资本主义国家非关税壁垒影响的程度超过发达资本主义国家本身。这种情况在一定程度上影响了国际贸易商品结构与地理方向的变化，阻碍和损害了发展中国家对外贸易的发展。与此同时，发达资本主义国家之间及不同的经济集团之间相互限制某些商品的进口，加强非关税壁垒，加剧了它们之间的贸易摩擦和冲突。

2. 对进口国的影响

非关税壁垒与关税壁垒一样，也起到限制进口、使进口商品的供应量减少、引起进口国国内市场价格上涨和保护本国市场的作用。例如，美国通过"自限协定"限制日本汽车的进口，结果在美国市场上日本汽车每辆价格在 1981 年至 1983 年分别提高了 185 美元、359 美元和 831 美元，美国国内自产的汽车价格也随之上涨。

一般来说，在一定的条件下，进口数量限制对价格的影响程度是不同的：进口限制的程度越大，其国内市场价格上涨的幅度将越大；进口国的国内需求量越大，而外国商品进口受到限制的程度也越大时，其国内市场价格上涨的幅度将越大。

进口数量限制等措施导致价格上涨，成为进口国同类产品生产的"价格保护伞"，在一定条件下起到保护和促进本国有关产品生产的作用。但是，由于国内价格上涨，使得进口国消费者必须支出更多的钱购买同样的商品，而有关的厂商，特别是资本主义的垄断组织却从中获得高额利润。同时，随着国内市场价格的上涨，其出口商品成本和价格也将相应提高，削弱了出口商品的竞争能力。而为了进一步扩大出口，发达国家采取出口补贴等措施来鼓励出口，这又增加了国家预算支出，加重了人民的税赋负担。

3. 对出口国的影响

一般来说，进口国加强非关税壁垒，特别是实行直接的进口数量限制，将使出口国商品的出口数量和出口价格受到严重的影响，造成出口数量减少，出口价格下跌，出口增长率下降。

由于各出口国的经济结构和出口商品结构不同，各种出口商品的供给弹性不同，其出口商品受到非关税壁垒的影响也可能不同。一般来说，发展中国家或地区出口商品的供给弹性较小，这些商品的价格受到进口国的非关税壁垒所引起的价格下跌将较大；相反，发达国家出口商品的供给弹性较大，其所引起的价格下跌将较小。所以，发展中国家或地区遭受非关税壁垒限制的损失超过发达国家。

发达国家还利用非关税壁垒对各出口国实行差别性和歧视性待遇，使得各出口国受到的影响也有所不同。例如，一国实行绝对进口配额时，由于进口配额的方式及配额的分配不同，对各出口国的影响也将不同。如果进口国对某种商品实行全球配额，则进口国的邻近出口国就处于较有利的地位，可能增加该种商品的出口，而距离较远的国家则处于不利的地位，因而可能减少该种商品的出口。如果进口国对某种商品实行国别配额，若配额采用均等分配法，则实施配额前出口较多的国家不得不减少该种商品的出口，而出口较少的国家可能会增加该种商品的出口；若配额参照过去的出口实绩按比例分配，则各出口国所分配的新额度会有所不同；若配额按双边协议分配，则各出口国的新配额也将有所差异。

在非关税壁垒日趋加强的情况下，发达国家一方面采取各种措施鼓励商品的出口，另一方面采取报复性和歧视性措施限制商品的进口，从而进一步加剧了它们之间的贸易摩擦和矛盾。

同步测试

一、单项选择题

1. 目前各国普遍征收（ ）。

A. 进口税　　　　　B. 出口税　　　　　C. 过境税

2. 根据不同国家之间的经济关系，对来自与我国没有互惠条约或协定国家的进口货物，应按（ ）税率征收关税。

A. 普通税　　　　B. 最惠国税　　　　C. 普惠税　　　　D. 特惠税

3. 发达国家征收的关税税率，一般来说（ ）。

A. 对原料的进口征收高关税　　　　B. 对半成品的进口征收高关税

C. 对制成品的进口征收高关税　　　　D. 对原料和工业制成品的进口征收高关税

4. 一个国家的进口附加税是一种（ ）。

A. 普遍采用的措施　　　　B. 经常性的措施

C. 特定的临时性措施　　　　D. 一直采用的措施

5. 确定征收反倾销税的依据是（ ）。

A. 海关估价　　　　B. 倾销差额　　　　C. 倾销时间

6. 目前大多数国家都采用（ ）标准计征关税。

A. 从量　　　　B. 从价　　　　C. 混合　　　　D. 选择

7. 下列非关税壁垒中能直接起到限制进口作用的是（ ）。

A. 海关估价　　　　B. 外汇管制　　　　C. 进口押金制　　　　D. 进口许可证

二、多项选择题

1. 普惠税的主要原则是（ ）。

A. 普遍的　　　　B. 非歧视的　　　　C. 非互惠的　　　　D. 互惠的

E. 有条件的

2. 一国除对进口商品征收一般关税外还加征进口附加税，其主要目的在于（ ）。

A. 增加财政收入　　　　B. 应付国际收支危机

C. 防止外国商品低价倾销　　　　D. 保障国内市场供应

E. 对其他国家实行歧视或报复

3. 按货物征税的一般方法分类，关税可分为（ ）。

A. 从量税　　　　B. 从价税　　　　C. 混合税　　　　D. 选择税

4. 进口配额分为（ ）。

A. 绝对配额　　　　B. 全球配额　　　　C. 国别配额　　　　D. 关税配额

5. 技术性贸易壁垒的主要内容有（　　　）。

　　A. 技术标准　　　　　　　　　　　B. 环境标准

　　C. 产品检疫制度　　　　　　　　　D. 商品包装和标签的规定

6. 与关税壁垒相比，非关税壁垒具有以下特点（　　　）。

　　A. 在限制进口的作用上，非关税壁垒不如关税壁垒

　　B. 非关税壁垒比关税壁垒具有更大的灵活性和针对性

　　C. 非关税壁垒比关税壁垒更具隐蔽性和歧视性

　　D. 非关税壁垒比关税壁垒更能达到限制进口的目的

三、判断题

（　　）1. 我们通常所讲的关税壁垒是指进口税以外的进口附加税。

（　　）2. 普惠税是发达国家之间实行的一种关税优惠制度。

（　　）3. 最惠国待遇原则与普惠税原则一样都具有互惠性。

（　　）4. 一般来说，关税壁垒只能间接起到限制进口的作用，而非关税壁垒则可起到直接限制进口的作用。

（　　）5. 从量税简单易行，因此目前世界上大多数国家都采用这种方式计征关税。

（　　）6. 一般来说，有定额的进口许可证比无定额的进口许可证能起到更大的限制进口的作用。

四、简答题

1. 什么是关税？其特点是什么？

2. 如何按不同的标准对关税进行分类？

3. 什么是海关税则？其种类有哪些？

4. 通关需经过哪些手续？

5. 关税对国际贸易有哪些影响？

6. 什么是非关税壁垒？

7. 非关税壁垒具有什么特点？

8. 非关税壁垒的主要内容是什么？

9. 非关税壁垒对国际贸易有哪些影响？

案例分析

中国首例反倾销案例——新闻纸产业反倾销调查案

　　中国首例反倾销案例——吉林造纸（集团）有限公司等国内九家造纸厂，联名申诉美国、加拿大和韩国向中国大量倾销新闻纸一案，以中国企业的胜诉而告终。从 1995 年起，加拿大、韩国和美国向中国大量出口低于国际市场正常价格与产品正常价值的新闻纸，致使中国九家新闻纸企业总产量下降 20.57%，库存增长 2.55 倍，失业率上升了 13%，使中国的新闻纸产业遭到严重的冲击。代表国内新闻纸产业的吉林造纸（集团）有限公司、广州造纸有限公司、宜宾纸业股份有限公司、江西纸业有限责任公司、岳阳造纸（集团）有限公司、石岘造纸厂、齐齐哈尔造纸厂、鸭绿江造纸厂、福建南平造纸厂等九大新闻纸厂曾就此于 1996 年 10 月在四川宜宾召开产业会议并达成一致意见：认为

近期中国新闻纸厂家陷入困境不是其自身原因所致，而是国外进口的新闻纸倾销所造成的。由于当时我国未出台反倾销条例，利用反倾销法律武器维护产业合法权益尚没有具体的法律规定，因此当时未采取法律行动。1997 年 3 月 25 日《中华人民共和国反倾销和反补贴条例》生效，九大国内新闻纸生产企业迅速达成协议，授权北京市环中律师事务所全权代理中国新闻纸产业向中国外经贸部提出新闻纸反倾销调查的申请。中国外经贸部和国家经贸委在实地调查和核实的基础上，决定对原产于美国、加拿大和韩国的进口新闻纸征收 9％～78％ 的反倾销税，期限为自 1998 年 7 月 10 日起五年。

（资源来源：http：//www.china.com.cn/chinese/zhuanti/wtobg2003/351819.htm）

讨论题：

1. 中国第一例胜诉的反倾销案是关于什么商品的？
2. 为什么中国能够胜诉？
3. 此案的胜诉对国内外企业会产生什么影响？
4. 请跟踪中国的新闻纸市场，并写出小调查报告。

第9章

鼓励出口和出口管制方面的措施

【知识目标】
　　通过本章的学习，要求学生掌握鼓励出口的措施，明确出口管制的各项措施，理解不同经济特区的区别与联系。

【技能目标】
● 能辨别出口补贴和出口退税的内涵
● 能识别鼓励和促进出口的各项措施
● 能区别出口信贷和出口信贷国家担保制

【重点】
● 鼓励出口的措施
● 出口管制的各项措施

引 例

上海自贸区的设立

　　2013年8月国务院正式批准设立上海自贸区，并于9月29日挂牌。其建立的意义如下。

　　首先，上海自贸区的设立实际上是中国主动选择的一个新的开放试点，其核心是以开放倒逼改革提速。上海自贸区的设立将会带动并推进金融、税收、贸易、政府管理等一系列改革措施的出台。同时，这些改革举措可为全国性的改革提供巨大的示范效应，最终推动中国经济实现转型升级。

　　其次，自贸区是打造中国经济升级版的重要引擎。当前，中国经济正处于转型升级的重要阶段。2013年以来，我国对外贸易大幅回落，对国内经济造成了巨大冲击。在经济全球化的大背景下，国际经济合作显得更加重要，而加速资源要素的流通也势在必行。建立自贸区有助于提振外贸，稳定经济发展，为中国经济转型升级营造良好的发展环境。从国际角度看，建立自贸区符合当今国际贸易的发展趋势。我国同自由贸易协定伙伴的贸易额占我国外贸总额的24%，如剔除台港澳地区，则只有11%。因此，加快自贸区建设是中国经济转型升级的需要。

　　最后，对于资本市场来说，上海自贸区的设立也有着非常重大的积极意义。这是因为自贸区经济有着巨大的长期发展潜力，辖区内的上市公司和与这些公司有业务关系的辖区外公司将获得经营方面实质性的积极影响。同时，这些上市公司将会受到场内外资金的重点关注。

　　（资料来源：百度文库）

　　思考：上海自贸区的建立有何意义？你还知道哪些鼓励出口的措施？

　　世界各国在采取各种贸易措施限制进口的同时，还采取了各种措施鼓励出口和管制出口，以促进本国对外贸易的发展。

9.1　鼓励出口措施

讨论

　　学生分小组讨论：
　　你了解哪些鼓励出口的措施，分小组讨论，各组派代表发言。

　　鼓励出口的政策一般被视作保护贸易政策的一种表现，也是对对外贸易的干预，但其隐敝性较强。在当今国际贸易中，各国鼓励出口的做法很多，其中主要的鼓励措施有以下几种。

9.1.1　出口补贴

　　出口补贴（export subsidy）又称出口津贴，是指一国政府在商品出口时给予出口商的现金补贴或财政上的优惠待遇。出口补贴的目的是降低出口商品的价格，增强其在国外市场的竞争力。长期以来，出口补贴已经成为当今国际贸易中运用最广泛的一种手段。实施出口补贴的产品具有"双重价格"，即国内市场的销售价格（内销价）和销往国外市场的价格（外销价），外销价低于内销价。

　　政府对出口商品可以提供补贴的范围非常广泛，但不外乎两种基本方式：一种是直接补贴，另一种是间接补贴。

　　（1）直接补贴

　　直接补贴（direct subsidies），即政府在出口商出口某种商品时直接用现金给予补贴。这种补贴往往根据国内外市场的差价来确定补贴的幅度和期限。第二次世界大战后，美国和欧盟一些发达国家对某些农产品的出口就采用这种补贴。这些国家农产品的国内价格一般要比国际市场价格高，向国外销售的价格损失由政府补贴来补偿，有时补贴金额甚至超过实际差价。由于美国和欧盟是全球最大的农产品出口国，出口份额占世界市场的 35% 以上，因此它们的农产品出口补贴对国际市场价格有着重要的影响。

（2）间接补贴

间接补贴（indirect subsidies），也称隐蔽性补贴，是指政府对某些出口商品给予如减免税、退税、减低运费等财政上的优惠待遇。例如给予某些商品的出口商减免出口税，对加工出口商品而进口的原料、半成品实行暂时免税或退税，对于出口商品减低运费等，这些方法都是为了减少出口成本，扩大销路。

世界贸易组织允许对农产品实行补贴，但很少承认工业品补贴的合法性。在《补贴与反补贴协议》中，对国际贸易中的补贴与反补贴行为有严格的规定，作为约束各成员进行公平贸易的重要规则。欧盟和美国长期以来在出口补贴问题上争论不休，尤其是在农产品补贴方面，由于受到 WTO 规则的限制，它们不得不降低出口补贴。

> **讨论**
>
> 学生分小组讨论：
>
> 国家为什么要实行出口补贴？你知道我们国家目前有哪些出口补贴？美国与欧盟的出口补贴是怎样一种发展趋势？

9.1.2 出口退税

出口退税，是指政府对出口商品的原料的进口税和其在国内生产及流转过程中已缴的国内税税款全部或部分地退还给出口商。出口退税的主要目的是降低外销成本，使本国产品以不含税成本进入国际市场，与国外产品在同等条件下进行竞争，从而增强竞争能力，并以出口带动国内工业。发展中国家在采取高关税保护国内产业时往往以此为配套措施。由于高关税使出口产业的投入物进口成本上升，所以不利于出口产业的发展。世界贸易组织允许采取出口退税的措施，但规定出口退税不能超过出口产品实际所含国内税负，否则将视为出口补贴。

出口退税虽然对一国的出口产业发展有积极作用，但是这种退税同样也会对国内经济产生负面影响。具体包括税收的征、纳双方工作繁重，造成出口商资金积压负担；骗税现象，不良企业利用假出口真退税，冒领进口税款；企业急功近利，偏向于加工工业，而不愿投资于基础工业；利益分配平均的难度大等。

9.1.3 出口信贷

出口信贷（export credit）是一个国家为了鼓励商品出口，加强商品的竞争力，由银行对本国出口商或国外进口商（或其银行）提供利率较低的贷款。出口信贷是一国出口商利用本国银行的贷款来扩大商品出口，特别是金额较大、占用资金较多、期限较长，如成套设备、船舶等大型设备出口的一种重要手段。出口信贷是当今世界贸易中常用的一种方式。

1. 出口信贷的主要类型

1）按时间长短出口信贷可分为短期出口信贷、中期出口信贷、长期出口信贷

① 短期出口信贷。一般指贷款期限在 180 天以内的信贷，也有国家规定信贷期限为 1 年。对原料、消费品及小型机器设备的出口适用短期出口信贷。

② 中期出口信贷。一般指 1～5 年的信贷。中型机器设备多利用中期出口信贷。

③ 长期出口信贷。一般指 5～10 年甚至更长时间的信贷。大型成套设备与船舶等多适用长期出口信贷。

2）按信贷关系出口信贷可分为卖方信贷和买方信贷

（1）卖方信贷

卖方信贷（supplier's credit）是指出口国银行向本国出口商（即卖方）提供贷款。这种贷款协议由出口商与银行签订。卖方信贷常用于机器设备、船舶的出口，由于这些商品出口所需的资金额较大，进口商通常采用延期付款的方式，出口商为了加速资金的周转，维持生产的正常运行，往往需要取得银行的贷款，从而促进商品出口。卖方信贷一般要 4～5 年，甚至 7～8 年才能全部收回贷款。它的本质是一国通过借贷资本的输出带动货物的输出。所以，卖方信贷实际上是银行直接资助出口商，以促进商品出口的一种方式。

卖方信贷的优点是手续简便，缺点是将商业利润、银行利息、手续费、附加费混在一起，买方不易了解进口货物的真正价格且报价偏高。以卖方信贷方式购入商品的价格一般比现汇购入的商品价格高出 30%。

（2）买方信贷

买方信贷（buyer's credit）是指出口国银行直接向外国的进口商（即买方）或进口国银行提供贷款。其附带条件是贷款必须用于购买债权国的商品，因而起到了促进商品出口的作用，这就是所谓的约束性贷款。在买方信贷中，出口商以即期付款的方式出口商品，由出口国银行向进口商或进口国的银行提供贷款，以满足其支付货款的需要，从而促进本国商品的出口。买方信贷由于具有约束性，因而能达到扩大出口的目的。

买方信贷的报价较低，进口商对货价以外的费用比较清楚。多数买方信贷都是出口国银行贷给进口国银行，再贷给进口商。所以，买方信贷实际上是一种银行信用。在一个国家出口信贷发展的初级阶段，卖方信贷是出口信贷的主要形式；但随着出口信贷的发展，买方信贷逐渐占据主要地位。买方信贷是目前各国广泛采用的一种方式。

由于出口信贷能有力地扩大和促进出口，因此西方国家通常设立专门银行来办理此项业务，如美国的进出口银行、日本的输出入银行、加拿大的出口开发公司、法国的对外贸易银行等。这些专门银行除对成套设备、大型交通工具的出口提供出口信贷外，还向本国私人商业银行提供低利率贷款或给予贷款补贴，以资助这些商业银行的出口信贷业务。我国也于 1994 年 7 月 1 日正式成立了中国进出口银行。这是一家政策性银行，其任务主要是对国内机电产品及成套设备等货物的进出口给予必要的政策性金融支持，从根本上改善我国出口商品的结构，促进出口商品结构的升级换代。

2. 出口信贷的主要特点

① 出口信贷的利率一般低于相同条件国际金融市场贷款的利率，利差由出口国政府补贴。

② 出口信贷必须联系出口项目，即贷款必须全部或大部分用于购买提供贷款国家的出口商品。

③ 出口信贷的贷款金额通常只占出口合同金额的 80％～85％，其余 15％～20％由进口商以订金的方式用现汇支付。

④ 出口信贷的发放与出口信贷担保相结合，以避免或减少出口国银行发放的出口信贷资金的风险。

⑤ 出口信贷的还款期限较长。

9.1.4 出口信贷国家担保制

出口信贷国家担保制（export credit guarantee system），是指政府设置专门的机构或专业银行，对于本国出口商或商业银行向外国进口商或银行提供的信贷，由国家设立的专门机构出面担保。当外国债务人拒绝付款时，该国家机构或专业银行即按照承保的数额给予补偿。这是国家用承担出口风险的方法，鼓励商品出口和争夺海外市场的一个重要手段。

出口信贷国家担保制的主要内容如下：

1. 担保项目

出口信贷国家担保的业务项目，通常都是商业保险公司不承担的出口风险的所有项目。国家担保制保险的范围，不仅包括一般性风险，还包括由政治因素、外汇管制、货币贬值等所引起的不能按时付款或拒绝付款的风险。一般各国规定投保的最高额度为贷款总额的80％～90％，债务人如果丧失支付能力，其损失完全由国家承担，个人厂商不承担任何风险。

2. 担保对象

担保对象主要分为以下两种。

（1）对出口商的担保

出口商输出商品时所需的短期或中长期信贷均可向国家担保机构申请担保。国家担保机构还可以为出口商从本国银行得到出口信贷提供有利条件。例如，有的国家采用保险金额抵押方式，允许出口商将所获得的承保权利以"授权书"的方式转移给供款银行而取得出口信贷。一旦作为债务人的进口商不能按期还本付息，供款银行即可以从担保机构得到补偿。

（2）对银行的直接担保

通常银行所提供的出口信贷均可申请担保，如果出现过期未能清偿贷款，担保机构将给予偿付。有些国家为了鼓励出口信贷业务的开展和提供贷款安全保障，往往给银行更为优厚的待遇。例如，英国出口信贷担保署对商业银行向出口商提供的某些信贷，一旦出现过期未能清偿付款，可给予 100％的偿付，而不追究未清偿的原因，但保留对出口商要求偿付的追索权。如果出口商不付款的原因超出了它所承保的风险范围，出口信贷担保署可要求出口商偿还。这种办法有利于银行扩大出口信贷业务，从而促进商品出口。

3. 担保期限

担保期限通常分为短期、中期和长期。短期信贷担保一般为 6 个月左右，承保范围一般包括出口商所有海外的短期信贷交易。有的国家为了简化手续，采取综合担保的方式，出口商只须一年办理一次投保，就可承保在该年内对海外的一切短期信贷交易，如发生外国债务人拒付时，均可得到补偿；中、长期信贷担保，通常为 2～15 年，由于金额较大，时间较长，因而采用逐笔审批的特殊担保方式。其承保时间既可从出口合同成立日起到最后一笔款项付清为止，也可从货物装运出口到最后一次付款为止。

4. 担保的费用

担保机构的主要目的是降低出口商与供款银行在海外的风险，以扩大商品出口，因此所收的费用一般不高，以减轻出口商和银行的负担。通常保险费率根据出口担保的项目、金额大小、期限长短和输往的国别或地区的不同而有所不同。另外，各国保险费率也不一样，德国为 1%～1.5%，英国一般为 0.25%～0.75%。

随着出口信贷业务的扩大，国家担保制也日益加强。目前，世界上许多发达国家和发展中国家都设立了国家担保机构，专门办理出口信贷保险业务。例如美国的进出口银行、英国的出口信贷担保署、法国的对外贸易保险公司、德国的信贷保险公司、日本的输出入银行等都以不同形式在不同程度上为本国供款银行承担保险责任，当外国进口商不能按时付款或拒付货款时，由出口国政府担保支付一部分或全部货款，以减少贷款银行的风险。我国的中国进出口银行除了办理出口信贷业务外，也办理出口信用保险和信贷担保业务。此外，在2001 年 12 月，由财政部出资，中国人民保险公司和中国进出口银行联合组建了中国出口信用保险公司，为企业提供出口信用保险、资金运作、咨询等业务，支持国内企业在国际市场的生存和发展。

9.1.5　商品倾销

商品倾销（dumping）是指出口商以低于该商品国内市场的售价，甚至低于商品成本的价格在国外市场上出售商品的行为。

实行商品倾销的具体目的在不同情况下有所不同，主要包括：开辟新的销售市场；打击或摧毁竞争对手，以低价把对方从某一国外市场挤走，扩大和垄断其产品销路；阻碍当地同种产品或类似产品的生产和发展，以继续维持其在当地市场上的垄断地位；推销积压的过剩产品；打击发展中国家的民族经济，以达到经济上、政治上控制这些国家的目的。一些国家设立了专门的机构，直接对外进行商品倾销。

商品倾销按倾销目的和时间的不同可分为以下 4 种。

（1）偶然性倾销

偶然性倾销是指以倾销方式在国外市场抛售企业积压的或过时的商品，以加速资金周转。这种倾销的时间短暂，发生也较偶然，一般不会对进口国同类产业造成较大的不利影响，所以进口国通常较少采用反倾销报复措施。偶然性倾销一般是在换季、货物尚有积压或因公司改营其他业务等情况下，为处理存货、收回部分资金、减少损失而采取的措施。

（2）间歇性或掠夺性倾销

这种倾销是指先以低于国内价格，甚至低于成本的价格在国外市场倾销商品，迫使对手退出这个市场，然后再提高价格，以获取高额利润，其目的是占领国外市场。这种倾销严重损害了进口国家的利益，因而许多国家都采取征收反倾销税等措施进行抑制。

（3）长期性倾销

长期性倾销又称持续性倾销，是指长期以低于国内商品的价格在国外市场出售某种商品，其目的是彻底占领一国市场。长期倾销尽管不具有占领或掠夺外国市场的目的，但由于它持续时间长，在客观上进行了不公正的国际贸易行为，损害了进口国生产商的利益，因此通常受到进口国反倾销法的追究。

长期性倾销带来的利润损失一般用以下办法进行弥补。

① 用时间价格差进行弥补。即倾销时的低价损失，用占领市场后再抬高价格所攫取的高额利润来弥补。

② 用地区价格差进行弥补。即用维持国内市场上的垄断高价或压低工人的工资等办法来弥补国外市场的低价损失。

③ 用政府给予的优惠和补贴来弥补倾销损失。

（4）隐蔽性倾销

隐蔽性倾销是指出口商按照国际市场上的正常价格出售商品给进口商，而进口商则以倾销性的低价在进口国国内市场上抛售，其亏损部分由出口商给予补偿。

通常认为，一国对外实行商品倾销，必须具备如下两个条件。首先，需要建立独立自主的关税制度，否则该国无法利用关税制度来限制倾销商品向国内市场的回流，以低价倾销来占领国外市场的目的就无法达到。其次，要拥有国内市场中较大的垄断力量，不然国内价格就会因激烈的竞争而被压低，从而使其对外倾销的实力大受影响。

商品倾销给正常国际贸易关系带来的危害是不可小视的，各国都通过制定反倾销法来抑制和对抗倾销行为。

9.1.6　外汇倾销

外汇倾销是指出口企业利用本国货币对外贬值的机会，降低用外国货币表示的本国商品的价格，以达到争夺国外市场的目的。当一国货币贬值后，出口商品以外国货币表示的价格降低，提高了该商品的竞争能力，从而扩大了出口。同时，货币贬值后，货币贬值的国家进口商品的价格会上涨，从而削弱了进口商品的竞争力。因此，货币贬值起到了促进出口和限制进口的双重作用。

但是，外汇倾销不能无限制、无条件地进行，通过外汇倾销达到扩大出口的目的，必须具备以下两个条件。

① 本国货币贬值的幅度必须高于国内物价上涨的幅度。如果物价上涨幅度超过货币贬值的幅度，对外贬值和对内贬值差距因此消失，那么外汇倾销的条件也就不存在了。但是，国内价格与出口价格的上涨总要有一个过程，不可能本国货币一贬值，国内物价立即就上涨。并且在一定时期内，国内物价上涨的幅度通常落后于货币贬值的程度，于是一国就可通过外汇倾销得到好处。

② 其他国家不同时采用同等程度的货币贬值和其他报复性措施。如果其他国家或地区也实行同等程度的贬值，那么两国或地区货币贬值程度就相互抵消，汇价仍与贬值前一样，货币贬值国家或地区就得不到外汇贬值的利益。如果外国采取提高关税等其他限制进口的报复性措施，也会起到抵消出口国外汇倾销的作用。

9.1.7　促进出口的行政措施

许多国家还采取各种行政措施来鼓励和扩大出口，这些措施主要如下。

① 设立专门组织，研究与制定出口战略，以扩大出口。美国有商务部、国际贸易委员会、贸易政策委员会，英国有海外贸易委员会，日本有贸易会议、通产省、日本银行、日本输出入银行、日本贸易振兴会等。

② 建立商业情报网，甚至设立专门机构为出口企业提供信息。例如，日本的贸易振兴会就是一个由政府设立的从事国际市场调查并为出口企业提供信息服务的机构。

③ 组织国际贸易中心、商品交易会及贸易展览会。贸易中心可提供展览场所、办公地点和咨询服务等，商品交易会可促进本国商品的宣传及对外出口。此外，许多国家还十分重视贸易展览会。有些国家一年组织15～20次国外展出，并由政府进行费用补贴。例如，意大利对外贸易协会对由政府发起的展出负担80%的费用，对参加其他国际贸易展览会的公司也给予30%～35%的补贴。

④ 组织贸易代表团互访。许多国家为了发展对外贸易，经常组织贸易代表团出访，并由政府负担大部分出国的费用。例如，加拿大组织的经贸代表团出访，就由政府承担大部分费用。另外，许多国家还设立专门机构接待来访团体。例如，英国海外贸易委员会设有接待处，专门接待官方代表团、社会团体、协助公司、工商界协会等，以加强贸易伙伴间的来往。

⑤ 组织出口商的评优评奖活动。各国还对出口商采取各种精神奖励，以扩大出口。例如，美国设立了总统"优良"勋章，得奖厂商可以把奖章样式印在它们公司的文件、包装和广告上。日本把每年6月28日定为贸易纪念日，在每年的贸易纪念日，由通商产业大臣向出口贸易成绩卓著的厂商和出口商社颁发奖状。

9.1.8　促进出口的其他措施

各国除了实行行政措施鼓励出口外，还采取其他的措施促进出口。

① 外汇分红。外汇分红是指政府允许出口商从其所得的出口外汇收入中提取一定比例的外汇用于进口，以鼓励其出口的积极性。

② 复汇率。政府规定不同的出口商品适用不同的汇率，对鼓励出口的商品规定较低的汇率，以促进这些商品的出口。

③ 出口奖励证制。政府对出口商出口某种商品颁发一种奖励证，持有该证的出口商可以进口一定数量的外国商品，或将该证在市场上自由转让或出售，从中获取利润。

④ 进出口连锁制。政府规定出口商必须履行一定的义务才可获得一定的输入商品的权利，或获得一定的进口权利的进出口商必须承担一定的出口义务。

9.2　出口管制的措施

出口管制或出口控制（export control），是指出口国政府通过各种行政措施和法令，对本国出口贸易进行管制的行为。一般而言，世界各国都会努力扩大商品出口，积极参与国际贸易活动。但是，许多国家出于政治、经济、军事或履行协议的目的，对某些商品尤其是战略物资与高科技产品都实行出口管制、限制或禁止出口。

9.2.1　出口管制的目的

出口管制的目的一般有政治与军事和经济两个方面。

1. 出口管制的政治与军事目的

一些国家为了干涉和控制进口国的政治经济局势，在外交活动中保持主动地位，遏制敌对国或臆想中的敌对国家的经济发展，维护本国或国家集团的政治利益和安全等，通过出口控制手段，限制或禁止某些可能增加其他国家军事实力的物资，特别是战略物资和可用于军事的高技术产品的对外出口。同时，通过出口控制手段对进口国施加经济制裁压力等，迫其在政治上妥协。

2. 出口管制的经济目的

出口管制的经济目的一般包括：为了保护国内稀缺资源或再生资源，维护国内市场的正常供应，从而利用本国的资源来发展国内的加工工业；促进国内有关产业部门或加工工业的发展；防止国内出现严重的通货膨胀；稳定国内市场商品价格；保持国际收支平衡；避免本国贸易条件的恶化等。

9.2.2　出口管制的商品

出口管制的商品主要有以下几大类。

① 战略物资及有关的先进技术资料。如武器、军事设备、军用飞机、军舰、计算机等高科技产品及有关技术资料。大多数国家对这类商品与技术资料实行严格的出口管制，如需出口，必须经过申请并取得特殊出口许可证。各国尤其是发达国家控制这类物资出口的措施十分严厉，主要是防止它们流入政治制度对立或政治关系紧张的国家。

例如，美国对古巴实行禁运，给古巴经济造成了极为恶劣的影响。日本为防止武器尤其是大规模杀伤性武器扩散，规定武器、与核能相关产品、化学及生物武器相关产品、导弹相关产品、常规武器等的出口必须经经济产业大臣许可。

② 国内生产所需的原材料、半制成品及国内供应不足的某些商品。对这些商品实行管制的主要目的是保证国内生产或满足国内需求。一般情况下，石油、矿产、木材等农矿产品更容易被施以限量出口管制。例如，美国对某些化工产品、药品、活牲畜、可可等实行出口管制；日本对矿产品、肥料、某些食品等控制出口；瑞典的废金属、生铁等都是控制出口的商品。

③ 为了缓和与进口国的贸易摩擦，在进口国的要求或压力下，实行"自动"出口限制的商品。其主要目的是缓和与进口国在贸易上的摩擦，在进口国的要求下或迫于对方的压力，不得不对某些具有很强国际竞争力的商品实行出口管制。例如，发展中国家根据纺织品"自限协定"，自行控制纺织品的出口；日本按照与美国达成的"自限协定"，对美国出口的汽车、钢铁采取自我管制出口的措施。

④ 国家实行出口许可证的商品。其目的是国家有计划地安排生产和统一对外。例如，我国对原油、玉米、轮胎、机床、人参等实行出口许可证，控制出口。

⑤ 对某国或地区采取经济制裁而限制或禁止出口的商品。

⑥ 本国在国际市场上占主导地位的重要商品和出口额大的商品。对发展中国家来说，这类商品实行出口管制尤为重要。因为发展中国家出口商品通常比较单一，出口市场集中，出口商品价格容易出现较大的波动。当国际市场价格下跌时，发展中国家应控制该类商品的过多出口，从而促使这类商品国际市场价格的提高，增加出口效益。

⑦ 对某些重要的历史文物、珍贵艺术品、黄金、白银等特殊商品，大多数国家都规定需特许才能出口。例如，英国规定古董或艺术品的生产或制作的年代比出口日期早 100 年以上的，必须领取出口许可证才能出口。

讨　论

学生分小组进行讨论：我国目前禁止进出口的货物有哪些？各组派代表来回答。

9.2.3　出口管制的主要措施

出口管制的措施很多，一般包括以下几种。

1. 实行出口许可证制

一般而言，执行出口管制的国家一般先由其有关机构根据出口管制的有关法案制定出口管制货单和输往国别分组管制表，而列入出口管制的商品，必须办理出口申报手续，获取出口许可证后方可出口。

以美国为例，美国的出口管制由总统指令美国商务部执行，商务部设立贸易管制局具体办理出口管制事宜。美国商务部贸易管制局是办理出口管制工作的具体机构，它负责制定出口管制货单和输往国别分组管制表。在管制货单中列有各种需要管制的商品名称、商品分类号码、商品单位及其所需的出口许可证类别等；在输往国别分组管制表中，按从严到宽的顺序把有关输往国家和地区分成 Z、S、Y、P、W、Q、T、V 八个组，实行不同的出口管制。对 Z 组国家的所有出口都必须领取特种出口许可证；对 Y 组国家的非战略性物资可按一般许可证出口，战略性物资需按特种出口许可证出口。

美国出口商出口受管制的商品，必须向商务部贸易管制局申请出口许可证。美国的出口许可证可分为以下两类。

（1）一般许可证

也称普通许可证。根据管制货单和输往国别分组管制表，属于普通许可证项下的商品，即按一般许可证的程序办理出口。这种许可证的管理很松。一般而言，出口这类商品时，出口商在出口报关表上填清管制货单上这类商品的普通许可证编号，再经海关核实即为办妥出口手续。

（2）特种许可证

也称有效许可证，这种许可证必须向商务部贸易管制局专门申请。出口商在许可证上要填清商品的名称、数量、管制编号，注明输出用途，再附上有关交易的证明书和说明书，上交有关机构审批，经批准后，方能出口商品。如再出口，须注明再出口国家名称和输往目的地的说明。那些涉及所谓"国家安全"的商品，还必须经有关各部门共同组成的出口政策咨询委员会的管理委员会进行审批。例如，属于巴黎统筹委员会管制的商品，必须提交该委员会进行批准。当申请书获得批准后，申请书即作为有效许可证，出口商凭此证向海关报关出口。如未能批准，商务部以"拒发出口许可通知"驳回，禁止出口。可见，出口管制是美国等西方国家对外实行政治歧视和贸易歧视的重要工具。

2. 国家专营

国家专营又称国家垄断，是指某些商品的生产和交易由政府指定的机构和组织直接掌管。通过国家专营，政府可以鼓励发展一定类型的出口方式，促进某些产品的出口，控制一些重要或敏感产品的进出口，寻求最佳的出口地理分布及商品生产结构。对进出口商品的国家专营主要集中在烟酒、农产品和武器这三类商品上。

3. 征收出口税

出口关税是指针对某些特殊商品的出口征收的税赋。出口关税一方面限制商品出口，但同时会限制出口量，并对本国的生产、消费和社会福利带来影响，其影响也会因各国在世界市场上地位的不同而不同。

4. 实行出口配额制

出口配额是指由政府有关部门规定的某些商品出口的最大限额。出口配额经常与出口许可证配合使用。有些出口配额是本国政府主动设立的，也有些配额是应进口国政府要求而设立的，即"自愿出口限制"。例如，中国输往欧美的纺织品出口配额就是在欧美政府的要求下设置的，因此也叫被动配额。

5. 出口禁运

出口禁运有时是针对商品，有时是针对国家或地区，因此它也是实施歧视性出口政策的手段。出口禁运一般是一国对其战略物资或急需的国内短缺物资进行严格控制的主要手段。在大多数情况下，出口禁运仅限于原材料或初级产品。而贸易禁运则是一些国家为了制裁其敌对国家而实行的贸易控制措施。出口禁运往往针对所有或多数贸易伙伴，禁止只涉及本国出口，并不限制进口；而贸易禁运往往只针对某个或某些目标国家，所禁止的不仅是出口，同时还禁止从这些国家进口。

9.2.4 出口管制的形式

出口管制的形式可分为两种：一种是单方面出口管制，另一种是多边出口管制。

1. 单方面出口管制

单方面出口管制是指出口国根据具体情况，通过设立专门机构对本国某些出口商品进行审批和颁发出口许可证，实行单方面的管制。例如，美国商务部设立贸易管制局，专门办理出口管制的管理工作。为了加强单方面的出口管制，许多资本主义国家根据国内外情况和对外政策的变化，制定和修改出口管制法等。例如，美国在 1949 年为了针对当时存在的社会主义国家实行"禁运"，通过了《出口管制法案》。该法案对管制出口商品的具体范围、审批手续、管制程序等都做了详细的规定。

由于出口管制，美国的出口商丧失了大量的世界市场份额，让外国竞争者乘虚而入。高科技产品和服务是美国最重要的出口产品之一，而处于快速发展中的中国对美国高技术产品和服务有着巨大需求。对美国公司而言，这种需求无疑是巨大的商机。然而，在中国的主要贸易伙伴中，美国的出口管制政策被认为是最严厉的。按照规定，对我国出口军民两用商品的美国企业要申请出口商品许可证，手续很严格；美国出口到中国的高科技产品必须指定终端用户，并且美国方面可以对其进行现场核查。这一漫长的审批和核查过程，往往导致中国企业转向其他国的同类商家。据估计，美国制造业每年出口损失高达 300 亿美元，计算机业每年也不得不损失 102 亿美元的海外订单。美国在 1995 年推出了新的出口控制法案，力图使美国国家安全和出口商的商业利益达到更好的平衡。

2. 多边出口管制

所谓多边出口管制，是指几个国家的政府，为了协调出口政策，通过一定的方式建立国际性的多边出口管制机构，协商和制定统一的出口管制政策和措施，以达到共同的政治和经济目的。例如，1949 年由美国一手操纵成立的"巴黎统筹委员会"就是一个国际性的多边出口管制机构。该委员会负责编制、修订和审批多边"禁运货单"、规定"禁运"对象（主要是针对社会主义国家）、确定"禁运"的审批程序、加强出口管制、讨论例外程序、交换情报等，有关出口管制的商品的具体管理程序和出口申报手续仍由各参加国自行办理。该委员会于 1994 年正式解散。

总之，出口管制是发达国家对外实行差别待遇和歧视政策的重要工具。20 世纪 70 年代以来，一些发达国家的出口管制有所放松，但随着一些发达国家对外政策的需要，其出口管制也出现时松时紧的变化。

9.3　经济特区措施

许多国家和地区，为了促进本国经济和对外贸易的发展，采取了建立经济特区的措施。经济特区是指一个国家或地区在其关境以外所划出的一定区域内，建筑或扩建码头、仓库、厂房等基本设施，为外国投资者提供减免关税和劳动力、市场等优惠条件，吸引外国企业从事贸易与出口加工工业等业务活动。它是一种对外开放、对内实行不同于国内其他地区的管理方式并适当隔离的特殊经济区域。特殊经济区域的目的是促进对外贸易的发展，鼓励转口贸易和出口加工贸易，繁荣本地区和邻近地区的经济，增加财政收入和外汇收入。

经济特区的发展已有很长的历史，它与对外贸易的发展有着密切的关系。早在 16 世纪欧洲就已出现了自由港，其中最早的一个自由港是 1547 年在意大利的热那亚设置的雷格亨自由港，它是通行的自由港的雏形。第二次世界大战后，许多国家为了加强本国的经济实力和扩大对外贸易，不仅在现有经济特区内放宽了对外国投资的限制，而且增设了更多的经济特区，以促进贸易的发展。

目前发展中国家参与设立的经济特区占世界经济特区总数的三分之二以上。20 世纪 80 年代以来，经济特区向多行业多功能综合型发展。各国的经济特区的形式概括起来，主要有以下几种。

1. 自由港和自由贸易区

自由港（free port），又称自由口岸，是指全部或绝大多数外国商品可以免税进出的港口，一般设置在港口城市或地区。例如，香港就是典型的自由港。自由港的设立主要是为了发展过境贸易，吸引外国船只或货物过境，从中获取运费、堆栈费、加工费等收入。自由贸易区（free trade zone）又称对外贸易区、自由区、工商业自由贸易区或免税贸易区等，是在关境以外，准许外国商品自由免税进出的地区。自由港或自由贸易区都是划分在关境以外，对进出口商品全部或大部分免征关税，并且准许在港内或区内开展商品自由装卸、销售、储存、展览、拆散、改装、重新包装、整理、加工和制造等业务活动，以促进本地区的经济和对外贸易的发展，增加财政收入和外汇收入。

一般来说，自由港或自由贸易区可以分为两种类型。一种是北美型，即把港口或设区的所在城市都划为自由港或自由贸易区，自由港或自由贸易区与非自由港或非自由贸易区之间无明显的区域界限，并且比较分散，不连成一片，如我国的香港地区。在整个香港，除了个别商品外，绝大多数商品可以自由进出，免征关税，甚至允许任何外国商人在那里兴办工厂或企业。另一种是欧洲大陆型，即把港口或设区的所在城市的一部分划为自由港或自由贸易区。这种自由港或自由贸易区有明显的区域界限，有关产品的作业、仓储、产品的加工或装配等都在同一区域内进行。

世界各国设立的自由港或自由贸易区的规定大同小异，归纳起来，主要有以下三点。

（1）关税减免

对于允许自由进出自由港或自由贸易区的外国商品，不必办理报关手续，免征关税。少数已征收进口税的商品，如烟、酒等的再出口，可退还进口税。但是，若自由港或自由贸易区内的外国商品转运到所在国的国内市场上销售，则必须办理报关手续，缴纳进口税。这些报关的商品，既可以是原来货物的全部，也可以是一部分；既可以是原样，也可以是改样；既可以是未加工的，也可以是加工品。有些国家对在港内或区内进行加工的外国商品往往有特定的征税规定。例如，美国规定，用美国的零配件和外国的原材料装配或加工的产品，进入美国市场时，只对该产品所包含的外国原材料的数量或金额征收关税。同时，对于该产品的增值部分也可免征关税。

（2）活动自由

对于允许进入自由港或自由贸易区的外国商品，可以储存、展览、修理、拆散、分类、分级、改装、重新包装、重新贴标签、清洗、整理、加工和制造、销毁，也可与外国的原材料或所在国的原材料混合，再出口或向所在国国内市场出售。

（3）特殊商品受限制

许多国家通常对武器、弹药、爆炸品、毒品和其他危险品及国家专卖品，如烟草、酒、盐等禁止输入或凭特种进口许可证才能输入；有些国家对少数消费品的进口要征收高关税；有些国家对某些生产资料在港内或区内使用也征收关税。例如，意大利规定在第里雅斯特自由贸易区内使用的外国建筑器材、生产资料等包括在应征关税的商品之内。此外，有些国家，如西班牙等，还禁止在区内零售商品。

各国设立的自由港或自由贸易区，一般具有以下几方面的便利之处。

① 关税优惠和免除海关手续，不受配额限制和外汇管制，可免除大多数的统计申报，不受保护消费者利益法的限制。

② 节省费用。自由港和自由贸易区一般都设在近海港的城市内，为外商提供接近终点市场的商品储存与加工基地，这样可减少运费、关税等费用。

③ 自由贸易区也是商品的展销窗口，通过它可以进一步进入当地市场。例如纽约、汉堡、旧金山的储存仓库都附设有外国货物展览推销部。

④ 企业可在合适的免税区从事加工装配工作，既可省去税赋，又能降低成本、运费、厂房租金、工资及保险费等。

2. 保税区

保税区（bonded area）又称保税仓库区，是在本国领土内、国家关税区外由海关所设置的或经海关批准注册的，受海关监督的特定地区和仓库。外国商品进入保税区，可暂时不缴纳进口税；如再出口，也不缴纳出口税；如要进入所在国的国内市场，则需办理报关手续，缴纳进口税。保税区内的商品可以自由储存、展览、分类、混合、改装、重新包装、整理、加工和制造等。此外，有的保税区还允许在区内经营金融、保险、房地产、展销和旅游等业务。保税区通常是一些国家（如日本、荷兰等）在没有设立自由港或自由贸易区的情况下设立的，因此这些保税区实际上起到了类似自由港和自由贸易区的作用，只是其地理范围一般相对较小。各国在保税区的仓库，有的是公营的，有的是私营的；有的货物储存期限为 1 个月，有的长达 3 年；有的允许进行加工和制造，有的不允许加工和制造。

根据职能不同，保税区可以分为以下 5 种。

（1）指定保税区

指定保税区是指为了在港口或国际机场简便、迅速地办理报关手续，向外国货物提供的装卸、搬运或暂时储存的场所。指定保税区一般都设在港口或国际机场附近。在指定保税区内储存商品的期限较短，限制较严，一般不超过 1 个月。

（2）保税货棚

保税货棚是指经海关批准，由私营企业设置的用于装卸、搬运或暂时储存进口货物的场所。保税货棚主要用于补充指定保税区的不足，它和指定保税区的区别是：指定保税区是公营的，而保税货棚是私营的。因为保税货棚是经由海关批准的，所以须缴纳规定的手续费，储存的外国货物如有丢失须缴纳关税。

（3）保税仓库

保税仓库是经海关批准和监管，外国货物可以不办理进口手续、暂不缴纳关税而连续长时间储存的专门仓库。未经海关许可，不得将货物搬出仓库，必须在缴清关税及其他费用后才准许运入国内。如果重运出口，则不需纳税。保税仓库储存货物的期限为 2 年，如有特殊需要还可以延长。

（4）保税工厂

保税工厂是指由海关监管，供外国货物进行加工、分类及检修等业务活动的专门工厂。

（5）保税陈列场

保税陈列场是经海关批准在一定期限内用于陈列外国货物，进行展览和宣传，促进交易的保税场所。这种保税场所通常设在本国政府或外国政府、本国企业组织或外国企业组织等直接举办或资助举办的博览会、展览会和样品陈列所中。

3. 出口加工区

出口加工区（export processing zone）是专门为加工、制造和装配出口产品而开辟的特定区域。出口加工区一般设置在港口或邻近港口、国际机场的地方，提供码头、车站、仓库和厂房等基础设施及免税等优惠待遇。各国设置出口加工区的主要目的是引进外资、先进技术和经营管理方法，利用本国劳动力资源与国际市场，发展出口加工工业，以扩大设区国的出口贸易，增加劳动就业与外汇收入，取得工业方面的收益，促进本地区和本国的经济发展。

出口加工区与自由港、自由贸易区的区别是：其功能主要是开发外向型的加工或精加工业务，发展具有国际竞争力的工业；其优惠政策主要是对经过加工后增值并最终产品是销往国外的厂商给予减免优惠。

出口加工区一般可以分为两种类型。一种是综合性出口加工区，即在区内可以经营多种出口加工工业。例如，菲律宾的巴丹出口加工区所经营的项目包括服装、鞋类、电子或电器产品、食品、光学仪器和塑料产品等的生产加工。目前世界各地的出口加工区大多是综合性出口加工区。另一种是专业出口加工区，即在区内只准经营某些特定的出口加工产品。例如，印度在孟买的圣克斯飞机场附近建立的电子工业出口加工区，专门发展电子工业的生产和增加这类产品的出口。在区内经营电子工业生产的企业可享受免征关税和国内税等优惠待遇，但全部产品必须出口。

知识链接

自 1992 年 3 月中国内地设立第一个保税区——上海外高桥保税区开始，中国的保税区进入了快速发展阶段。近年来，保税区等海关特殊监管区域经过整合发展，转型升级为综合保税区。截止到 2016 年 9 月，我国经国务院批准设立综合保税区 46 个，综合保税区集保税区、出口加工区、保税物流、港口的功能于一身，可以发展国际中转、配送、采购、转口贸易和出口加工等业务，综合保税区是我国开放层次最高、优惠政策最多、功能最齐全、手续最简化的特殊开放区域，综合保税区在我国对外经济贸易中的作用越来越大。

4. 多种经营的经济特区

多种经营的经济特区简称多种经营特区，是指一国在其港口或港口附近等地划出一定的范围，新建或扩建基础设施或提供减免税收等优惠待遇，以吸引外国或境外企业在区内从事贸易、加工工业、农畜业、金融业和旅游业等多种经营活动。

多种经营的经济特区具有以下三方面的特点。

① 综合性多种经营的经济特区，包括工业、农业、商业、房地产、旅游、运输、金融和保险等行业。

② 对前来投资的外商，在税收和利润汇出等方面给予特殊的优惠和方便，改善投资环境，以便吸引较多外资，促进特区的经济与对外贸易的发展。

③ 经济特区的经济发展资金主要是外资，产品主要供出口。

> **知识链接**
>
> 　　我国为贯彻与实行对外开放政策，先后在深圳、珠海、汕头、厦门和海南省设立的经济特区就属于多种经营的经济特区。经济特区对于引进外资、技术和设备、经营管理经验，扩大出口贸易，扩大就业机会，赚取外汇，促进国内经济发展发挥了具大的作用。

5. 自由边境区

自由边境区（free perimeter）是指设在本国的边境省、市地区，按照自由贸易区或出口加工区的优惠措施，吸引国内外厂商投资，以开发边区经济为目的的自由区域。凡是在区内使用的机器、设备、原材料和消费品，都可以免税或减税进口，但商品从自由边境区进入海关管辖区，则必须照章纳税。外国货物可在区内进行储存、展览、混合、包装、加工和制造等业务活动。

与出口加工区相比，自由边境区内的进口货物加工后大多数在区内使用，只有少数是用于再出口。设立自由边境区的目的是利用外国投资开发边区经济。所以，有些国家对优惠待遇规定期限，当这些地区的经济得到较大的发展后，就逐渐取消某些货物的优惠待遇。

6. 过境区

过境区（transit zone）是指沿海国家为了便利内陆邻国的进出口货运，在某些海港、河港或国境城市所开辟的货物过境区。过境区对过境货物简化了海关手续，免征关税或只征小额的过境费用。过境货物一般可在过境区内作短期储存，重新包装，但不得加工。

经济性特区的设立，促进了设区国现代化工业的发展，使传统工业及出口商品结构得到了改造。经济性特区不仅推动了世界范围内的资金流动和技术的转移，推动了各国经济合作和技术交流，推动了世界市场的发展，也加速了世界范围内的产业结构调整和国际分工的加深，促进了世界经济的发展。

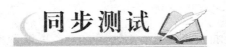

同步测试

一、单项选择题

1. 一国对外国商品进口实行限制，往往会导致该商品在进口国（　　　）。

　　A. 国内价格上涨　　　　　B. 国内价格下降　　　　　C. 国内价格不受影响

2. 商品倾销的主要目的是（　　　）。

　　A. 提高商品的价格竞争能力　　　　　　　　B. 提高商品的非价格竞争能力

　　C. 打击竞争对手，占领国外市场　　　　　　D. 广告宣传

3. 利用本国货币对外贬值机会扩大出口的手段叫（　　　）。

　　A. 商品倾销　　　　　B. 价格垄断　　　　　C. 外汇倾销　　　　　D. 剩余倾销

4. 本国货币对外贬值一般（　　）。

A. 对本国出口商有利　　　　　　　　B. 对本国进口商有利

C. 都有利　　　　　　　　　　　　　D. 都不利

二、多项选择题

1. 下列能起到鼓励或促进出口作用的措施有（　　）。

A. 出口配额　　　　B. 出口信贷　　　　C. 出口许可证　　　　D. 出口退税

2. 买方信贷（　　）。

A. 是出口方银行直接向进口商或进口方银行提供的贷款

B. 是进口方银行向国外出口商提供的贷款

C. 其利率较低

D. 又称约束性贷款

E. 是国际上比较流行的一种出口信贷方式

3. 出口信贷国家担保是（　　）。

A. 由商业保险公司承担风险　　　　　B. 其担保对象是本国进出口商

C. 主要担保经济风险和政治风险　　　D. 分短期、中期和长期三种

4. 外汇倾销（　　）。

A. 是指把本国外汇储备以低价在国际市场上抛售

B. 利用本币贬值机会扩大出口

C. 是政府扩大出口的重要手段

5. 一国货币对外贬值，可以（　　）。

A. 扩大该国商品出口　　　　　　　　B. 扩大该国商品进口

C. 使该国出口减少　　　　　　　　　D. 使该国进口减少

E. 改善贸易逆差

6. 商品倾销的方式包括（　　）。

A. 偶然性倾销　　　　B. 掠夺性倾销　　　　C. 隐蔽性倾销　　　　D. 长期性倾销

E. 包销

三、判断题

（　　）1. 卖方信贷是指出口方银行向本国出口商提供贷款，以促进出口的一种信贷方式。

（　　）2. 出口补贴一般有直接补贴和间接补贴两种方式。

（　　）3. 出口许可证制是促进出口的一种措施。

（　　）4. 出口配额制是限制出口的一种措施。

（　　）5. 自由港的设立主要是为了发展过境贸易，吸引外国船只或货物过境，从中获取运费、堆栈费、加工费等收入。

四、简答题

1. 什么是出口信贷？其主要类型有哪些？

2. 什么是出口信贷国家担保制？其担保对象和担保期限是怎样的？

3. 出口补贴的方式有几种？商品倾销有哪几种类型？

4. 促进出口的行政措施有哪些？

5. 出口管制的商品一般有哪几类？

6. 出口管制的措施主要有哪些？

7. 试分析经济特区的主要形式。

8. 联系实际谈谈中国经济特区的发展情况。

案例分析

美国推出新举措以促进农村出口

出口对美国经济发展起着重要的推动作用。2014 年美国对外货物与服务出口总额达到 2.35 万亿美元。2013 年，出口为美国贡献了约 1 130 万个就业岗位，较 2009 年增长了 160 万个。在美国，与出口有关的职位比其他职位多出 18%。世界上超过 95% 的潜在消费者和约 80% 的购买力存在于美国之外，这意味着美国经济增长的关键是将商品销往国外。

出口贸易在美国经济复苏过程中扮演重要角色。2014 年，美国 62% 的出口货物流向目前正在参与跨太平洋伙伴关系协定（TPP）和跨大西洋贸易与投资伙伴协议（TTIP）谈判的国家。对这些国家的出口在 2013 年为美国贡献了约 420 万个就业岗位。

美国政府一直致力于为美国农村地区创造就业机会，保障农村地区的经济安全。作为奥巴马 2014 年 2 月推出的"美国农村制造行动计划"的组成部分，美国政府正在整合联邦资源，帮助美国农村企业和社区利用新的投资机会，拓展新的国内外市场。美国政府即将实施的新举措将推动美国农村经济的发展，支持就业增长，保障农村社区的经济稳定，并确保全世界的消费者熟悉"美国农村制造"产品和服务的特性。

这些措施如下。

① 通过与国家区域性贸易协会（SRTGs）合作，邀请国外贸易访问团并举办宣传活动，为美国农村企业和国外买家、合作伙伴和贸易专家牵线搭桥。

② 通过合作伙伴（包括阿巴拉契亚区域委员会、三角洲地区管委会和其他经济发展合作伙伴）的帮助和赞助，使参加国际贸易展会和贸易代表团的农村企业数量翻一番。

③ 成立国家性农业出口创新小组，帮助更多农村企业获得与出口有关的援助、信息和活动机会。

④ 与社区银行建立新的合作关系，使当地贷款方了解农村出口商的需求，帮助农村出口商获得更多资金。

⑤ 与美国邮政总局建立合作，在美国农村地区 75 个邮政服务点举办"让您的企业发展"研讨会，为农村企业提供机会，使这些企业了解出口和电子商务，并学习如何在线填写报关表格、计算出口运费等。

⑥ 推出针对农村基础设施项目的财务指标。这将有助于增加道路、桥梁、内陆港、供水系统、信息技术、公共设施的投资，这些基础设施对于制造业和出口的发展是十分重要的。

⑦ 在农村社区推动"创业生态系统指导计划"，旨在使农村社区明白如何利用其现有资产，构建资源，营造一种指向创新和企业家精神的文化氛围。

⑧ 推出"i6 农村竞赛"项目。该项目致力于通过加强各机构之间的合作并为竞赛获

奖者提供奖金的方式，为农村社区提供资金，培养社区将技术商品化的能力。

（资料来源：中国经济网）

讨论题：

1. 根据案例分析，美国为什么要鼓励出口？

2. 美国采取了哪些措施鼓励农村出口？有什么意义？对我国促进农村出口有何启发？

第 10 章

国际贸易条约与协定

【知识目标】

理解国际贸易条约与协定的基本概念，掌握贸易条约与协定中所适用的主要法律待遇条款。

【技能目标】

● 熟练掌握国际贸易条约与协定的内容；
● 能熟练使用国际贸易中常用的条约与协定。

【重点】

● 国际贸易条约与协定的定义；
● 贸易条约与协定中所适用的主要法律待遇条款；
● 国际贸易条约与协定的主要种类。

引 例

中澳自由贸易协定

中澳自由贸易协定是中国与澳大利亚之间正在进行谈判的一个自由贸易协定，简称中澳自贸协定。中澳自由贸易协定谈判于 2005 年 4 月启动，2014 年 11 月 17 日，中国与澳大利亚签署了实质性结束中澳自由贸易协定谈判的意向声明。2015 年 6 月 17 日，中、澳正式签署自由贸易协定。中澳自贸协定在内容上涵盖货物、服务、投资等十几个领域，是我国与其他国家迄今已商签的贸易投资自由化整体水准最高的自贸协定之一。中国现已成为澳大利亚最大的贸易伙伴和主要的投资来源国，而澳大利亚对中国的经济发展也十分重要。

中澳自由贸易协定带来的福利涉及以下领域：澳洲奶粉——关税将在未来四年中逐步取消；澳洲牛羊肉——接近 25% 的对牛肉和羊肉征收的关税在 9 年内解除；澳洲葡萄酒——14% 的关税将在四年内消除；澳洲矿产——铝、锌、镍、铜及铀等矿产品将全部获得免减关税。目前中国对澳大利亚焦煤的 3% 的关税在协议签署之后将立刻免除，对燃煤征收的 6% 的关税则将在未来的两年里逐渐免除；每年 5 000 个澳洲度假工作签证——给中国年轻人提供的在澳洲打工旅游机会；每年 1 800 个入境配额——为中医师、中文教师、中国厨师和武术教练提供去澳学习交流机会；其他领域——澳洲海鲜、园艺产品、化妆品等澳洲出口产品在 2019 年前关税都将消减。

中澳自贸协定谈判实现了全面、高质量和利益平衡的目标，协定的签署将实现两国经济优势互补和互利双赢，促进双边经贸关系深入发展。

（资料来源：搜狗百科）

分析：什么是贸易协定？贸易协定的签署对各国有何意义？

贸易条约与协定的发展由来已久，随着国际贸易的发展，贸易条约与协定不仅在数量上大大增加，在内容上也越来越复杂，并且已成为发展国际贸易、进行国际协调的重要途径。

10.1 国际贸易条约与协定概述

10.1.1 国际贸易条约与协定的含义

贸易条约与协定（commercial treaties and agreements）是指两个或两个以上的主权国家为确定彼此的经济关系，特别是贸易关系方面的权利和义务而缔结的书面协议。

各国签订贸易条约与协定的主要目的是协调各自的对外经济贸易政策与措施，协调各国之间的经贸利益。原则上来讲，关税与非关税措施是各国主权范围内的事情，由各国立法机关与行政机关予以制定和实施。但一国对外经济贸易活动的结果必然影响其他国家和地区的经贸利益和经济发展，因此当贸易伙伴意识到，通过经济贸易政策的协调可以共同促进双方或多方的经济贸易发展时，他们往往会签署国际经贸条约与协定。

贸易条约与协定按照缔约国的多少，可分为双边贸易条约与协定和多边贸易条约与协定。前者是两个主权国家之间所缔结的贸易条约与协定，后者是两个以上主权国家共同缔结的贸易条约与协定。这些贸易条约与协定一般都反映了缔约国对外政策和对外贸易政策的要求，并为缔约国实现其对外政策和对外贸易政策的目的服务。在国际经济关系中，由于各国的社会经济制度和政治经济实力的差异，它们之间所缔结的贸易条约与协定的内容和作用也有所不同。

贸易条约与协定是国际条约和协定的一种，但其同其他政治性的国际条约与协定相比又有一定的特殊性。从内容上看，贸易条约与协定主要是确定缔约国之间的经济和贸易关系；从国际法角度看，贸易条约与协定往往订入要遵守某些国际法通用的法律条款，如最惠国待遇条款和国民待遇条款等；从国际惯例上，贸易条约与协定既可在建立正式外交关系的国家之间签订，也可在没有建立正式外交关系的国家之间签订，既可在不同国家的政府间签订，也可在不同国家的政府与民间团体之间或双方的民间团体之间签订。但政治性的国际条约和协定一般只能在建立正式外交关系后由有关国家的政府签订。

作为对外贸易政策之一的贸易条约与协定，同关税壁垒、非关税壁垒等对外贸易措施相比，有其不同之处。许多关税壁垒和非关税壁垒是由主权国家的政府以立法或行政措施来实现的，因而属于国内法范畴；而贸易条约与协定必须由两个或两个以上的主权国家进行协商达成协议，所以它受到国际法规的约束。但是，贸易条约与协定与其他对外贸易措施之间又有着密切关系和相互配合的作用。这些国内立法和行政措施往往是一个国家政府与其他国家政府进行贸易条约与协定谈判的基础。当一个国家的立法或行政措施同其他国家的立法和行政措施发生利益上的冲突时，就必须通过双边或多边谈判，采取协议的方式进行解决。当一个国家立法和行政措施的某些规定转变为贸易条约与协定的条款或规定时，缔约国一方的政府就应承担贸易条约与协定的义务。

> **讨　论**
>
> 学生分小组讨论：
> 1. 国际贸易条约与协定的主要作用是什么？
> 2. 你了解哪些国际贸易条约与协定？

10.1.2　国际贸易条约与协定的发展

从历史上看，早在资本主义以前就有贸易条约与协定。在公元前 508 年，罗马与加太基签订的条约中，就有贸易方面的条款。到 10 世纪时，俄罗斯公爵与拜占庭曾缔结过条约，这个条约中除一般和平条款外，也有贸易方面的条款。到了资本主义生产方式准备时期，欧洲新兴的资产阶级力图以国家权力保护本国工场手工业，为了限制进口和鼓励出口，它们利用贸易条约与协定作为争夺市场和保障自己有利条件的手段。例如，英国在 1654 年与葡萄牙缔结了贸易条约，规定葡萄牙在其海上贸易中必须只租用英国船舶；1707 年英国又与葡萄牙缔结了麦图安贸易条约，规定葡萄牙许可英国呢绒进口，而英国则减低葡萄牙酒类进口税。

在资本主义自由竞争时期，随着国际贸易的发展，各国之间对于关税征收的税率、船舶往来口岸的待遇、一国商人在另一国经营贸易的条件等都复杂到必须通过一定的法律形式来加以调整。这样，贸易条约的缔结就成为必然。因此，在资本主义自由竞争时期，贸易条约不仅在数量上大大增加，而且在内容上也远比以往复杂。

到了帝国主义时期，帝国主义垄断组织为了追求高额利润，更需要利用贸易条约与协定作为实现对外经济扩张、夺取市场、原料来源和投资场所的重要手段。贸易条约与协定已成为帝国主义国家剥削和奴役弱小国家的工具。

第二次世界大战后，许多发展中国家为了维护国家主权和保护民族经济的发展，在平等互利的基础上与其他国家签订了一些贸易条约与协定。社会主义国家为了加强同世界各国的经贸往来，促进社会主义经济建设和对外贸易的发展，根据独立自主的原则，在平等互利的基础上与许多国家签订了贸易条约与协定。

我国已经同世界上绝大部分国家和地区建立了贸易关系，并同许多国家签订了贸易条约与协定。

10.1.3　贸易条约与协定的内容结构

贸易条约与协定一般由序言、正文和结尾 3 个部分组成。

序言通常载明缔约双方发展经济贸易关系的愿望及缔结条约或协定所遵守的原则。

贸易条约与协定的正文是贸易条约与协定的主要组成部分，它是有关缔约各方权利、义务的具体规定。不同种类的贸易条约与协定，其正文所包括的条款和内容不同。

贸易条约与协定的结尾包括条约与协定的生效、有效期、延长或废止的程序、份数、文字等内容，还有签订条约与协定的地点及双方代表的签名。缔结条约与协定的地点，对于需要经过批准的条约与协定有特别的意义，如果条约是在缔约国一方首都签订的，按惯例批准书就应在对方国家的首都交换。贸易条约与协定一般以缔约各方的文字写成，并且规定两种文本具有同等的效力。

10.1.4 贸易条约与协定中所适用的主要法律待遇条款

在贸易条约与协定中，通常所适用的法律待遇条款是最惠国待遇条款和国民待遇条款。

1. 最惠国待遇条款

（1）最惠国待遇条款的含义与种类

最惠国待遇条款是贸易条约与协定的一项重要条款。它的基本含义是：缔约国一方现在和将来所给予任何第三国的一切特权、优惠及豁免，也同样给予缔约对方。最惠国待遇的基本要求是使缔约一方在缔约另一方享有不低于任何第三国享有的待遇。换言之，即要求一切外国人或外国企业处于同等地位，享有同样的待遇，不能给予歧视待遇。

最惠国待遇条款可分为无条件的最惠国待遇条款和有条件的最惠国待遇条款两种。无条件的最惠国待遇是指缔约国一方现在和将来给予任何第三国的一切优惠待遇，立即无条件地、无补偿地、自动地适用于对方；有条件的最惠国待遇是指如果一方给予第三国的优惠是有条件的，则另一方必须提供同样的补偿，才能享受这种优惠待遇。无条件的最惠国待遇条款首先是英国采用的，所以又叫"欧洲式"最惠国待遇条款；有条件的最惠国待遇条款最先是美国采用的，所以又叫"美洲式"最惠国待遇条款。有条件的最惠国待遇与无条件的最惠国待遇的区别在于受惠国享有优惠、豁免或特权是否需要提供某种条件。现在的国际贸易条约与协定一般都采用无条件的最惠国待遇条款。

（2）最惠国待遇条款适用的范围

最惠国待遇条款可以适用于缔约国经济贸易关系的各个方面，也可以只在贸易关系中的某几个具体问题上适用。在签订贸易条约与协定时，缔约双方往往对最惠国待遇的范围加以列举。在列举范围以内的事项适用最惠国待遇条款，在列举范围以外的，则不适用最惠国待遇条款。

最惠国待遇条款的适用范围很广，通常包括以下几个方面。

① 有关进口、出口、过境商品的关税及其他各种捐税。

② 有关商品进口、出口、过境、存仓和转船方面的海关规则、手续和费用。

③ 进、出口许可证的发给和行政手续。

④ 船舶驶入、驶出和停泊时的各种税收、费用和手续。

⑤ 关于移民、投资、商标、专利及铁路运输方面的待遇。

在所有的最惠国待遇条款中，最主要的是进出口商品的关税待遇。在具体签订贸易条约与协定时，缔约双方可以根据两国的关系和发展贸易的需要，在最惠国待遇条款中具体确定其适用的范围。

（3）最惠国待遇条款适用的限制和例外

在贸易条约与协定中，一般都规定了适用最惠国待遇条款的限制或例外情况。

最惠国待遇条款适用的限制，是指将适用范围限制于若干具体的经济和贸易方面。例如，在关税上的最惠国待遇只限于某些商品或最惠国待遇条款只包括缔约国的某些地区等。

最惠国待遇条款适用的例外，是指某些具体的经济和贸易事项不适用于最惠国待遇。在现代的贸易条约与协定中最常见的最惠国待遇的例外有以下几种：边境贸易、国内法令和规章中的某些规定、关税同盟、沿海贸易和内河航行、多边国际条约或协定承担的义务、区域性特惠条款等。

2. 国民待遇条款

国民待遇条款是法律待遇条款之一。它的基本含义是缔约国一方保证缔约国另一方的公民、企业和船舶在本国境内享受与本国公民、企业和船舶同等的待遇。

国民待遇条款一般适用于外国公民或企业的经济权利，其范围主要包括：外国公民的私人经济权利（私人财产、所得、房产、股票）、外国产品所应缴纳的国内捐税、利用铁路运输和转口过境的条件、船舶在港口的待遇、商标注册、著作权及发明专利权的保护等。但是，国民待遇条款的适用是有一定范围的，其中沿海航行权、领海捕鱼权、购买土地权等，通常都不包括在国民待遇条款的范围之内。

国民待遇条款是互惠的，并且不得损害当地国家的独立、安全和国家主权，体现了平等、非歧视的贸易原则。但在实际运用中，由于各国经济实力相差悬殊，主要发达国家可以利用国民待遇条款把它的商品和资本自由无阻碍地渗入到对方国家中去；而经济不发达国家，特别是发展中国家往往做不到，所以在享受国民待遇条款时就处于不同的地位。

10.2　国际贸易条约与协定的主要种类

讨　论

国际贸易条约与协定有哪些种类？同学们分小组进行讨论，各组派代表来回答。

贸易条约与协定的种类很多，现仅就常见的几种介绍如下。

1. 通商航海条约

通商航海条约（treaty of commerce and navigation）又称通商条约、友好通商条约等，是全面规定两国间经济和贸易关系的条约。其内容比较广泛，常涉及缔约国之间经济和贸易关系的各方面问题。

一般来说，这种贸易条约的正文主要包括以下内容：缔约国双方的进出口商品的关税和通关的待遇、缔约国双方公民和企业在对方国家所享有的经济权利、船舶航行和港口使用、铁路运输、转口和过境、知识产权保护、进口商品的国内捐税、进出口数量限制问题及仲裁裁决的执行等。

这种条约一般是由国家首脑或其特派的全权代表签订，并经最高权力机关批准才能生效，其有效期较长。

2. 贸易协定和贸易议定书

（1）贸易协定

贸易协定（trade agreement）是缔约国家为调整和发展彼此之间的贸易关系而签订的一种书面协议。与贸易条约相比，贸易协定所涉及的面较窄，对缔约国之间的贸易关系规定得比较具体，有效期较短，签订的程序也较简单，一般只须经签字国的行政首脑或其代表签署即可生效。

贸易协定正文的内容一般包括：最惠国待遇条款、进出口商品货单和进出口贸易额、作价原则和使用货币的规定、支付和清算的办法、关税优惠及其他事项的规定等。

（2）贸易议定书

贸易议定书（trade protocol）是指缔约国就发展贸易关系中某项具体问题所达成的书面协议。在国际贸易中，贸易议定书一般是对已签订的贸易协定进行补充、解释或修改，也可在未签订贸易协定的情况下，先签订贸易议定书作为临时依据，有的贸易议定书是协定的附件，有的则不作为附件。此外，在签订长期贸易协定时，往往通过贸易议定书来规定年度贸易的具体事项。贸易议定书的签订程序和内容比贸易协定更简单，一般由签字国有关行政部门的代表签署后即可生效。

3. 支付协定

支付协定（payment agreement）是缔约国之间关于贸易和其他方面债权、债务结算办法的书面协议。支付协定的主要内容包括：规定清算机构、规定清算账户、规定清算项目与范围、规定清算货币和清算方法及清算账户的差额处理等。

支付协定是外汇管制的产物，在实行外汇管制的条件下，一种货币往往不能自由兑换成另一种货币，对一国所拥有的债权不能用来抵偿对第三国的债务，结算只能在双边基础上进行。支付协定有助于克服外汇短缺的困难，有利于双边贸易的发展。

1929年至1933年世界经济危机发生后，签订支付协定的国家日益增多，其中绝大部分是双边支付协定。但自1958年以来，主要发达国家相继实行货币自由兑换，放松外汇管制，双边支付清算逐渐为多边支付结算所代替，已不再需要签订支付协定。至于一些仍然实行外汇管制的发展中国家，有时还需要通过支付协定来清算对外债权和债务。

10.3 国际商品协定和国际商品综合方案

讨　论

国际贸易中有哪些重要的商品协定？分小组进行讨论，各组派代表来回答。

国际商品协定是指某项商品的主要出口国和进口国之间为了稳定该项商品价格和保证供销等目的所缔结的政府间的多边协定。

国际商品协定的主要对象是发展中国家的初级产品。由于这些产品受世界经济动荡不定、市场行情变化异常的影响，价格经常波动。发展中国家希望通过协定，维持和稳定这些商品的合理价格和保证这些产品的生产与销售，作为主要消费国的发达国家希望通过协定保证价格不致涨得太高，并能保证供应。

1. 国际商品协定

第二次世界大战后，国际商品协定（international commodity agreement）的数量有所增加，共签订了小麦（1949 年签订）、糖（1953 年签订）、锡（1956 年签订）、橄榄油（1958 年签订）、咖啡（1962 年签订）、可可（1973 年签订）、天然橡胶（1979 年签订）7 种国际商品协定。这些协定在后期都有修订。

国际商品协定一般由序言、宗旨、经济条款、行政条款和最后条款等部分构成，并有一定的格式。国际商品协定主要通过经济条款来稳定价格。

经济条款是确定各成员权利和义务的依据，它关系到各成员的具体权益，是国际商品协定中最重要的内容。由于商品不同，有关经济条款的内容也不尽相同。从现行的国际商品协定来看，经济条款主要有以下几种规定。

（1）缓冲存货的规定

缓冲存货（buffer stock），就是由某一商品协定的执行机构建立缓冲库存（包括存货与现金），并规定最高限价和最低限价，以干预市场和稳定价格。当市场价格涨到最高限价时，抛售缓冲存货以维持价格在最高限价之下；当市场价格跌到最低限价时，利用缓冲存货的现金在市场上收购，把价格保持在最低限价以上。这种规定要求协定成员提供大量资金和存货，否则难以起到应有的调节作用。国际锡协定和国际天然橡胶协定等采用缓冲存货的方法来调整价格。

（2）出口配额的规定

这种条款是规定一个基本的出口配额，每年再根据市场需求和价格变动进行相应的增减，确定当年平均的年度出口配额。国际咖啡协定曾采用这种做法。

（3）多边合同的规定

多边合同（multilateral contracts）条款规定，进口国在协定规定的价格幅度内，向各出口国购买一定数量的有关商品；出口国在协定规定的价格幅度内，向各进口国出售一定数量的有关商品。进口国在完成所应进口的数量后，可在任何市场，以任何价格，购买任何数量的有关商品。出口国在完成所应出口的数量后，可在任何市场，以任何价格，出售任何数量的有关商品。因此，它实际上是一种多边性的商品合同。国际小麦协定就属于这样的规定。

（4）出口配额与缓冲存货相结合的规定

这是指同时采用出口配额与缓冲存货这两种办法来控制市场和稳定价格。国际可可协定就采用这种办法。其具体办法如下。

① 规定可可豆的最高限价和最低限价。

② 确定指示价格。指示价格是纽约可可交易所和伦敦可可集散市场 15 个连续营业日的每日价格的平均数。

③ 当指示价格超过最高限价或低于最低限价时，可可理事会就采取出口配额和缓冲存货所规定的办法调节价格，使价格恢复到最高限价与最低限价的幅度内。

2. 国际商品综合方案

国际商品综合方案（integrate programme for commodities）是发展中国家在 1964 年 4 月第六届特别联大会议上第一次提出来的，1976 年 5 月联合国第四届贸易和发展会上正式通过了国际商品综合方案的决议。这项方案的主要内容如下。

（1）建立多种商品的国际储存或称"缓冲存货"

这是为了稳定商品价格和保证正常的生产和供应。国际储存的商品选择标准有以下两条。

① 这项商品对发展中国家具有重要利害关系。

② 这项商品便于储存。国际储存的主要商品有：香蕉、咖啡、可可、茶、糖、肉类、植物油、棉花、黄麻、硬纤维、热带木材、橡胶、铝、铁、锰、磷、铜和锡。

（2）建立国际储存的共同基金

共同基金（common fund）是国际商品综合方案的一种国际基金，用来资助这些国际初级产品的缓冲存货和改善初级产品市场，提高初级产品的长期竞争性，如开发研究、提高生产率、改进销售等。初步提出的共同基金金额为 60 亿美元。

（3）商品贸易的多边承诺

为了稳定供应，参加国际商品综合方案的各国政府，承诺在特定时间内各自出口和进口某种商品的数量。

（4）扩大和改进商品贸易的补偿性资金供应

当出口初级产品的发展中国家的出口收入剧减时，国际货币基金组织将给予补偿性贷款。

（5）扩展初级产品的加工和出口多样化

为达到此目的，要求发达国家降低或取消对来自发展中国家初级产品中加工产品的进口关税和非关税壁垒，并采取促进贸易的措施等。

国际商品综合方案是发展中国家为了打破旧的国际经济贸易秩序，建立新的国际经济贸易秩序所采取的一个重要措施。但由于触动了发达国家在世界市场的垄断地位和利益，因此要将方案的内容变成现实，还需经过长期艰苦的斗争。尽管国际商品综合方案一直没有得到实施，但它对各种国际商品协定产生了一定的影响。从 20 世纪 60 年代开始，一些生产初级产品的发展中国家还组成各种原料输出国组织，共同对付发达国家的垄断与控制，以维护初级产品出口国的权益。第一个成立的组织是石油输出国组织（OPEC），以后其他一些组织也相继成立，如铜出口国政府间委员会（IGCEC）、铁矿砂出口国协会（AIOEC）、国际铝土协会、钨生产者协会（ATP）、天然橡胶生产国协会（ANRPC）等。

同步测试

一、单项选择题

1. 现在的国际贸易条约与协定一般都采用（   ）的最惠国待遇条款。

A. 无条件　　　　B. 约束性　　　　C. 无约束　　　　D. 有条件

2. 作为贸易协定的补充、解释或修改的协议是（　　）。

　　A. 通商航海条约　　　B. 贸易议定书　　　C. 支付协定　　　D. 国际商品协定

二、多项选择题

1. 常见的最惠国待遇条款的例外有（　　）。

　　A. 边境贸易　　　　B. 关税同盟　　　C. 沿海贸易　　　D. 内河航行

2. 贸易条约与协定按照缔约国的多少可分为（　　）。

　　A. 双边贸易条约与协定　　　　　　B. 诸边条约与协定

　　C. 多边贸易条约与协定　　　　　　D. 单边条约与协定

3. 贸易条约与协定中比较常用的法律待遇条款是（　　）。

　　A. 最惠国待遇条款　　B. 国民待遇条款　　C. 授权条款　　D. 保障条款

4. 最惠国待遇条款通常适用于（　　）。

　　A. 进出口货物的关税、捐税　　　　B. 有关商品的海关规则、手续和费用

　　C. 关税同盟　　　　　　　　　　　D. 边境贸易

　　E. 船舶驶入、驶出和停泊时的税收、费用和手续

5. 国民待遇条款的例外有（　　）。

　　A. 沿海航行权　　　　　　　　　　B. 领海捕鱼权

　　C. 船舶在港口的待遇　　　　　　　D. 利用铁路运输

6. 国际商品综合方案设计的内容有（　　）。

　　A. 建立多种商品的国际储备或缓冲存货　　B. 建立国际储备共同基金

　　C. 扩大和改进商品贸易的补偿性资金供应　　D. 扩展初级产品的加工和出口多样化

三、判断题

（　　）1. 贸易协定是缔约国家为调整和发展彼此之间的贸易关系而签订的一种书面协议。

（　　）2. 支付协定是缔约国之间关于贸易和其他方面债权、债务结算办法的一种书面协议。

（　　）3. 贸易条约与协定是国际条约与协定的一种。

（　　）4. 贸易条约与协定与其他对外贸易措施之间有着密切关系和相互配合的作用。

（　　）5. 国民待遇条款一般适用于外国公民或企业的经济权利。

（　　）6. 贸易条约与协定和关税一样都受到国内法的约束。

四、简答题

1. 什么是国际贸易条约与协定？其内容结构是怎样的？

2. 国际贸易条约与协定所适用的主要法律待遇条款是什么？

3. 什么是最惠国待遇条款？它与国民待遇条款有何不同？

4. 什么是贸易协定？这种协定的正文通常有哪几方面的规定？

5. 什么是国际商品协定？其主要条款是什么？

6. 国际商品综合方案包括哪些主要内容？

案例分析

美国石油歧视案

1991 年，美国环保局提出了对于国内和国外炼油商不同的标准，它们认为国外炼油商缺乏 1990 年检测的、足以证明汽油质量的真实数据，只能通过一个"法令的底线"显示它们汽油的质量。而国内炼油商可以通过 3 种可行方法制定"独立的底线"。这一标准对外国炼油商采取了歧视政策，造成了市场竞争的不均衡，从而引发了一场贸易纷争。

委内瑞拉在给 WTO 的诉状中强调，美国石油标准违背了关税与贸易总协定（GATT）中的最惠国待遇，因为它对从某一第三国（加拿大）进口的石油采用了"独立底线"方案。同时，美国也违背了国民待遇，因为对美国国内石油公司采取了更优惠的待遇。

裁决结果是：美国败诉

（资料来源：百度文库）

试分析：

1. 你对最惠国待遇如何理解？
2. 委内瑞拉是如何赢得这场贸易纠纷的？
3. 谈一谈我国应如何利用好最惠国待遇原则。

第11章

世界贸易组织

【知识目标】

　　理解关税与贸易总协定的基本概述，掌握世界贸易组织的主要特点及运行机制。

【技能目标】

● 辨别关税与贸易总协定八轮多边贸易谈判内容的变化；

● 掌握多哈回合谈判的主要议题、内容与最新进展；

● 能辨别世界贸易组织的宗旨与基本原则；

● 明析世界贸易组织的主要协议与组织结构；

● 明确中国复关与入世的历程。

【重点】

● 多哈回合谈判的主要议题、内容与最新进展；

● 世界贸易组织的基本原则。

引 例

世界贸易组织成"最激烈"的贸易诉讼场所

　　世界贸易组织创立的争端解决机制承担起了"全球重任"，成为诸多双边和区域贸易协定成员方之间"最激烈"的贸易诉讼场所。

　　2015 年 7 月在上海举行"世界贸易组织二十周年论坛"，提出世界贸易组织自 1995 年成立以来，20 年间累计受理了约 500 个案子，其中 201 个已结案，22 个尚在处理中，119 个成为诉讼期超过 5 年的"休眠案"，78 个通过磋商得以解决，24 个撤诉，其余的尚在磋商中。

　　世界贸易组织副总干事卡尔·布劳纳认为，世界贸易组织越来越繁忙的争端解决机构既是近年来全球贸易演变的一面镜子，也反映出各经济体投入巨大精力的双边和区域贸易协定存在局限性。展望未来，世界贸易组织争端解决机制还将发挥更大作用。

　　据世界贸易组织上诉机构成员、墨西哥国立大学国际贸易法项目主席里卡多·拉米雷斯·埃尔南德斯介绍，近年来，世界贸易组织争端解决机制受理的起诉不仅数量逐年增加，复杂程度也越来越深；涉及的领域从货物贸易扩展至服务贸易、投资、知识产权、消费者意识等领域；相关起诉既有发达经济体发起，也有发展中经济体发起，相互关系混杂。"双边和区域贸易协定没有秘书处，也没能力成立专家组，无法处理争端解决，仍需依赖世界贸易组织的争端解决机制。"里卡多·拉米雷斯·埃尔南德斯说。

据华东政法大学教授、世界贸易组织争端解决机构专家朱榄叶统计，从 2001 年 12 月中国加入世界贸易组织至今，作为投诉方，中国向世界贸易组织争端解决机构提出了 13 个起诉，有 33 个案子成为被诉，两项数值均位列世界贸易组织 161 个成员的第三位，表明作为发展迅速的贸易大国，中国正在积极掌握并运用争端解决机制。

（资料来源：新华网）

思考：世界贸易组织对解决世界贸易争端有何重要意义？我国为何要加入世界贸易组织？

11.1 从关税与贸易总协定到世界贸易组织

讨 论

学生分小组讨论：

在生活中对世界贸易组织有哪些体会？体会最深的是什么？

1. 关税与贸易总协定的产生与发展

关税与贸易总协定（General Agreement on Tariff and Trade，GATT），简称关贸总协定或总协定，是在美国策动下由 23 个国家于 1947 年 10 月 30 日在日内瓦签订并于 1948 年正式生效，它是关于调整缔约国对外贸易政策和国际贸易关系方面的相互权利、义务的国际多边协定。世界贸易组织正式运行之前，关贸总协定是协调和规范缔约方之间关税与贸易政策方面相互权利和义务的主要多边协定。

关贸总协定的产生可以一直追溯到 20 世纪 30 年代。第二次世界大战期间，美国经济发展较快，第二次世界大战后初期美国在经济上处于领先地位。美国为了称霸世界，就积极策划在第二次世界大战后世界经济、政治领域中建立霸权地位，从国际金融、投资和贸易各方面进行对外扩张。为此，美国提出了"贸易自由化"口号。1945 年 11 月，美国首先倡导组建一个以实现贸易自由化为目标的国际贸易组织（international trade organization，ITO），且把它作为与国际货币基金组织、国际复兴与开发银行并重的，专门协调各国对外贸易政策和国际经济贸易关系的第三个国际性的组织机构。1946 年 2 月，联合国经济和社会理事会（以下简称"经济理事会"）开始筹建国际贸易组织，并成立了筹备委员会。同年 10 月，经社理事会在伦敦召开第一次筹委会，讨论美国提出的"国际贸易组织宪章"草案，并成立了起草委员会对草案进行修改。1947 年 4 月在日内瓦举行的第二次筹备会议上通过了"国际贸易组织宪章"草案。在审议期间，考虑到短期内难以建立国际贸易组织，当时亟待解决的问题是各国的高关税，于是在美国积极策动下，包括美国、英国、法国、加拿大与中国在内的 23 个国家就具体产品的关税减让进行了谈判，这次谈判后来被称为关贸总协定第一轮多边贸易谈判。23 国还将达成的双边关税减让协议与"国际贸易组织宪章"草案中有关商业政策的部分加以合并，命名为《关税与贸易总协定》（GATT），并于 1947 年 10 月 30 日在日内瓦签署了该协定。为尽快实施关税谈判的成果，美国联合英国、法国、比利时、荷兰、卢森堡、澳大利亚和加拿大 8 国于 1947 年 11 月 15 日签署了《关税与贸易总协定临时适用议定书》，宣布从 1948 年 1 月 1 日起临时适用关贸总协定。1948 年又有 15 个国家签署该议定书，签署国达到 23 个，这 23 个国家就成为关贸总协定的创始缔约方。关税与贸易总协定原为一个"临时规则"的协定，准备一旦各国政府批准"国际贸易组织宪章"后就取而代之。但是由于"国际贸易组织宪章"没有被有关国家批准，关贸总协定就成为缔约国调整对外贸易政策和措施，以及国际经济关系方面的重要法律准则。关贸总协定从 1948 年 1 月 1 日开始实施到 1995 年 1 月 1 日世贸组织正式运行后与之并行一年，共存续了 48 年。

关贸总协定顾名思义只是一项"协定"，但是随着形势的发展才在总协定的基础上逐渐形成了一个临时性国际经济组织。关贸总协定的最高权力机构是缔约国大会，一般每年召开一次会议讨论和决定有关重大事项，在两届缔约国大会期间由理事会处理日常和紧急事务。在理事会下还设立各种委员会，如国际收支委员会、关税减让委员会、补贴和反补贴委员会、反倾销委员会、进口许可证手续委员会、海关估价委员会、技术贸易壁垒委员会等。关贸总协定还在日内瓦设立秘书处，除处理有关上述各项会议的准备、记录和编写报告外，还进行关贸总协定必要的各项调查，负责各缔约国之间的联络工作等。

关贸总协定的每个成员有一张表决票，总协定一般采用协商"一致同意"方式作出决定，如不能一致同意再采用表决方式，在大多数的情况下，以简单多数通过，只是在特殊情况下，才要求以三分之二的多数票通过。

关贸总协定的宗旨是通过彼此削减关税及其他贸易壁垒，消除国际贸易上的歧视待遇，以充分利用世界资源，发展商品生产与交换，提高生活水平，保证充分就业，保证实际收入和有效需求的巨大持续增长。关贸总协定成立时，在很大程度上由美国控制。随着西欧国家、日本经济的迅速发展，经济实力对比发生了重大变化，关贸总协定逐步成为美国、西欧共同市场、日本之间较量经济实力和争夺市场的场所，所以关贸总协定素有"富人俱乐部"之称。但是，随着发展中国家成员的逐渐增加，情况有所改变。虽然在关贸总协定中，谈判的主要对手仍然是美国、西欧共同市场和日本等，但发展中国家在关贸总协定中的发言权在逐步增加，它们的利益受到一定程度的重视，并争取享受有利于发展中国家的优惠待遇。

关贸总协定的正式成员由原来的 23 个增加到 1994 年年底的 128 个，这些成员方的总贸易额约占世界贸易额的 90% 以上。我国是关贸总协定的创始国之一，1971 年 1 月关贸总协定通过决议逐出中国台湾地区，1984 年我国取得了观察员地位，并于 1986 年 7 月正式提出申请恢复我国在关贸总协定的正式成员席位，并进行"复关"谈判。

2. 关税与贸易总协定的八轮多边贸易谈判

长期以来，关税与贸易总协定的条款是以多边贸易谈判所达成的协议进行补充和修改的。关贸总协定在 48 年中积极致力于国际贸易政策的协调，成功主持了八轮世界范围的多边关税与贸易谈判。

第一轮谈判于 1947 年 4 月至 10 月在瑞士日内瓦举行，包括中国在内的 23 个国家参加了谈判。通过谈判达成双边减税协议 123 项，达成 45 000 项商品的关税减让，使占应税进口值 54％的商品平均降低关税 35％。

第二轮谈判于 1949 年 4 月至 10 月在法国的安纳西举行。有 33 个国家参加谈判，共达成双边协议 147 项，达成近 5 000 项商品的关税减让，使应征关税进口值 56％的商品平均降低关税 35％。

第三轮谈判有 39 国参加，于 1950 年 9 月至 1951 年 4 月在英国的托奎举行。通过谈判共签订 150 项关税减让协议，达成 8 700 多项商品的关税减让，使占进口值 11.7％的商品平均降低关税 26％。

第四轮谈判于 1956 年 1 月至 5 月在瑞士日内瓦举行。由于美国国会对其政府授权有限，影响了这一轮谈判的规模，只有 28 个国家参加，达成近 3 000 项商品的关税减让，使占应税进口值 16％的商品平均降低关税 15％。

第五轮谈判于 1960 年 9 月至 1962 年 7 月在日内瓦举行，称为"狄龙回合"。有 45 个国家参加，达成 4 400 项商品的关税减让，使占进口值 20％的商品平均降低关税 20％。

第六轮谈判于 1964 年 5 月至 1967 年 6 月在日内瓦举行，称为"肯尼迪回合"。共有 54 个国家参加，使工业品进口税率平均下降 35％，影响约 400 亿美元的进口额。这次谈判首次涉及非关税壁垒谈判，还通过了第一个《国际反倾销法》。

第七轮谈判是 1973 年 9 月在日本东京召开的部长级会议，通过了"东京宣言"。因此，这次谈判又称为"东京回合"，后来谈判改在日内瓦进行，到 1979 年 4 月结束。共有 102 个国家参加，最终关税减让涉及 3 000 多亿美元贸易额。根据协议从 1980 年 1 月 1 日起 8 年之内，全部商品的关税平均下降约 33％，减税的范围从工业品扩大至部分农产品。这次谈判的内容，除减让关税外，还涉及降低非关税壁垒的谈判，通过了给予发展中国家优惠待遇的"授权条款"，要求发达缔约方给予发展中缔约方优惠待遇，发展中缔约方可以在实施非关税措施协议方面享有差别待遇和优惠待遇。

第八轮谈判于 1986 年 9 月 15 日在乌拉圭首都埃斯特角举行，称为"乌拉圭回合"。这次谈判至 1993 年 12 月 15 日在日内瓦完成，于 1994 年 4 月 15 日在摩洛哥马拉喀什城举行会议，由参加乌拉圭回合的谈判方，草签了乌拉圭回合最后文件和建立世界贸易组织协议，宣告正式结束，历时 8 年。参加乌拉圭回合谈判的国家和地区从最初的 103 个，增加到 1994 年 4 月谈判结束时的 128 个。乌拉圭回合达成了 28 个内容广泛的协议；减税商品涉及贸易额高达 1.2 万亿美元，货物贸易减税幅度近 40％，近 20 个产品部门实行了零关税；农产品非关税措施实行关税化，纺织品的配额限制在 10 年内取消；关贸总协定扩大到服务贸易、知识产权和与贸易有关的投资措施协议。1995 年 1 月 1 日世界贸易组织正式成立，1947 年的关贸总协定失效，由世界贸易组织协议及其附件所替代。

纵观关贸总协定 48 年的存续期，它在推动国际贸易自由化、建立国际贸易新秩序上发挥了巨大的作用。首先，经过八轮谈判，全体缔约方的平均关税水平从 20 世纪 40 年代末的 40％左右下降到 20 世纪 90 年代末发达国家的 4％左右和发展中国家的 12％左右；缔约方还在非关税措施上达成协议，非关税措施的应用受到了约束。其次，关贸总协定的管辖范围从商品扩展到了服务贸易、知识产权和与贸易有关的投资措施等。再次，关贸总协定建立了一套有关国际贸易的原则和协议，提高了国际贸易管理的透明度，还协商处理了 100 多起缔约方之间的贸易纠纷等。最后，关贸总协定的正式缔约方从最初签署临时议定书的 23 个发展到 1994 年年底的 128 个，缔约方的贸易量占世界贸易总量的 90％以上，充分体现了多边贸易体制的广泛性。

3. 乌拉圭回合关于建立世界贸易组织的决定

世界贸易组织（World Trade Organization，WTO），简称世贸组织，它的建立是乌拉圭回合多边贸易谈判的一项重大意外成果。

1986 年乌拉圭回合谈判启动时，拟订的 15 项谈判议题中没有涉及建立世贸组织的问题，只是设立了一个完善关贸总协定体制职能的谈判小组。但是由于乌拉圭回合谈判不仅包括传统的货物贸易议题，而且还涉及服务贸易、与贸易有关的知识产权及与贸易有关的投资措施等新议题，这些重大问题的谈判成果，很难在关贸总协定的框架内辅助实施，创立一个正式的国际贸易组织的必要性日益显现。关贸总协定虽然取得了巨大成就，但由于它毕竟只是一项临时性的多边协议，缺乏一定的组织框架，法律地位不明确，又缺乏强有力的约束机制，而且它对贸易争端的解决主要采用协商形式，因此规则并没有得到普遍遵守。由于这种先天不足，关贸总协定显然已无法适应日趋复杂的国际经济与贸易现实，在新的使命面前力不从心，因此有必要在其基础上建立一个正式的国际贸易组织来协调、监督和执行乌拉圭回合谈判的成果。

在此背景下，1990 年 7 月欧共体首先将建立一个多边贸易组织的倡议以 12 个成员国的名义向乌拉圭回合体制职能谈判小组提出。随后加拿大、瑞士与美国也分别向关贸总协定体制职能小组提出设想，经过反复磋商，1991 年 12 月 20 日在乌拉圭回合谈判中正式提出建立"多边贸易组织"的决定。1993 年 11 月中旬，多边贸易组织协议的起草工作完成，在美国代表的提议下，决定将"多边贸易组织"易名为"世界贸易组织"，于同年 12 月将多边贸易组织协议定名为《建立世界贸易组织协定》。1994 年 4 月在摩洛哥马拉喀什会议上签署了乌拉圭回合最后文件和关于建立世界贸易组织协定。乌拉圭回合谈判的各项议题的协议均获得通过，并采取"一揽子"方式（无保留例外）和"单一整体"形式加以接受，经 104 个参加方政府代表（包括中国政府）签署，通过了于 1995 年 1 月 1 日正式建立世界贸易组织，并将最后文件中的其他协定和协议列为世界贸易组织的附件。我国政府代表团团长被授权在最后文件和关于建立世界贸易组织协定上签字，为世界贸易组织的建立做出了贡献。至此，一个前所未有的世界贸易组织正式宣告成立。世界贸易组织在与关贸总协定并存一年后，自1996 年 1 月 1 日起完全担当起全球经济与贸易组织管理者的角色。

11.2　世界贸易组织的宗旨与基本原则

11.2.1　世界贸易组织的宗旨

世界贸易组织是对关贸总协定的继承和发展。《建立世界贸易组织的协定》序言中阐明了世界贸易组织的宗旨：提高生活水平，保证充分就业和大幅度、稳步提高实际收入和有效需求；扩大货物和服务的生产与贸易；按照可持续发展的原则实现全球资源的最佳配置，保护和维护环境；努力确保发展中国家，尤其是最不发达国家在国际贸易增长中获得与其经济发展水平相适应的份额和利益；建立一体化的多边贸易体制；通过实质性削减关税等措施，建立一个完整的、更具活力的、持久的多边贸易体制；以开放、平等、互惠的原则，逐步调降各会员关税与非关税贸易障碍，并消除各会员在国际贸易上的歧视待遇。

世贸组织的宗旨与 1947 年关税与贸易总协定的宗旨基本相似，但根据形势发展作了以下三点补充：一是将服务业的发展纳入世贸组织体系；二是提出了环境保护和可持续发展问题；三是要考虑到各国经济发展水平的需要，要确保发展中国家尤其是最不发达国家在国际贸易增长中获得与其经济发展相适应的份额。在《建立世界贸易组织的协定》序言中还明确指出实现这一宗旨的途径是："通过互惠互利的安排，导致关税和其他贸易壁垒的大量减少和国际贸易关系中歧视性待遇的取消。"

11.2.2　世界贸易组织的基本原则

世界贸易组织取代关贸总协定后，继承了关贸总协定的基本原则。世贸组织的基本原则是各成员方公认的、具有普遍意义的适用于世贸组织全部规则体系一切效力范围的，并构成该规则体系基础的最高共同准则。

1. 非歧视原则

非歧视原则（rule of non-discrimination），又称无差别待遇原则，是世贸组织首要的基本原则，是各国间平等进行贸易的重要保证。非歧视原则规定：一成员在实施某种优惠或限制措施时，不得对任何其他成员采取歧视待遇。该原则主要包括最惠国待遇原则和国民待遇原则。

（1）最惠国待遇原则

最惠国待遇原则（rule of most-favored-nation treatment）是指一成员将在货物贸易、服务贸易和知识产权领域给予另一成员的优惠待遇，立即和无条件地给予其他各成员。也就是说，如果一成员与另一成员进行了贸易壁垒减让谈判，其谈判结果应适用于所有成员。可见，通过最惠国待遇，世贸组织将双边互惠推广到了多边，这种多边无条件最惠国待遇使成员方享受到了比双边协议中更为稳定的最惠国待遇。

最惠国待遇适用于进出口商品的关税和费用的征收、征收方式及进出口规章手续等方面。但边境贸易、关税同盟和自由贸易区，以及关贸总协定的一般例外和安全例外是最惠国待遇原则的例外。

（2）国民待遇原则

国民待遇原则（rule of national treatment）要求在国内税费和规章等政府管理措施方面，进口商品与本国商品享受同等待遇。国民待遇具体来讲就是一成员给予其他成员的贸易等方面的待遇，不能低于本国的相同待遇。这是一成员处理本国与其他各成员贸易关系应遵循的基本原则。这一原则保证了进口商品和本国商品在国内市场上以同等条件进行竞争，避免成员利用征收国内税费的办法保护国内产业、抵消关税减让效果。

> 小提示：
> 　分析最惠国待遇原则与国民待遇原则有什么联系与区别。

2. 关税保护原则

关税保护原则（rule of customs duties as means of protection）是指世贸组织主张各成员主要通过关税来保护国内产业和市场，也就是说，关税是唯一合法的保护手段。这是因为关税措施的保护程度显而易见，并且各成员之间容易就关税措施的使用进行谈判。关税保护原则强调通过关税来保护本国生产，不允许采用非关税壁垒，同时削减关税水平，开放市场，促进自由贸易的发展。关税保护原则也有例外规定，例如发展中国家以促进经济发展或国际收支平衡需要等为由修改或撤销已做出的关税减让。

3. 透明度原则

透明度原则（rule of transparency）是指各成员应公布所制定和实施的有关贸易措施及其变化情况（如修改、增补或废除等），不公布的不得实施，同时还应将这些贸易措施及其变化情况通知世界贸易组织。透明度原则要求：各成员在互惠基础上迅速公布现行有效的有关对外的贸易法律、法规、条例等；各成员政府及政府机构间签署的影响国际贸易政策的条约与协定也应公布；各成员在其境内应以统一、公正和合理的方式实施所有应予公布的法律、法规、规章等。透明度原则的目的是保证各成员在货物贸易、服务贸易和知识产权保护方面的贸易政策实现最大限度的透明，以便各成员的政府与企业对其了解熟悉。

4. 公平贸易原则

公平贸易原则（rule of fair trade）也称公平竞争原则，是指各国在国际贸易中应避免采用不公正的贸易手段进行竞争，纠正不公平贸易行为，在货物贸易、服务贸易和与贸易有关的知识产权领域，创造和维护公开、公平、公正的市场环境。公平贸易原则要求不应以倾销或补贴方式出口商品，进口国如果遇到其他国家出口商以倾销或补贴方式出口商品，就可以采取反倾销或反补贴措施来抵制不公平竞争，维护公平竞争的贸易环境，但不可滥用反倾销和反补贴措施。

5. 市场准入原则

市场准入原则（rule of market access）是指一成员允许其他成员的货物、服务与资本进入本国市场的程度。市场准入原则要求各成员根据自身经济发展水平，在一定期限内对其他成员的货物、服务与资本逐步开放国内市场，降低关税和取消对进口的数量限制，允许外国商品进入本国市场与本国产品竞争，并不断加大开放程度。市场准入是一个渐进的过程，并且是可预见和不断增长的市场准入。

6. 鼓励发展与促进改革原则

世贸组织认为，发达国家成员有必要认识到促进发展中国家成员的出口贸易和经济发展能带动整个世界贸易和经济的健康发展。世贸组织在各项协议中，允许发展中国家成员在相关的贸易领域，在非对等的基础上承担义务。

7. 公平解决争端原则

公平解决争端原则（rule of fair settlement of disputes）是世贸组织争端解决的基本原则。世贸组织争端解决机制以公正、平等为原则，这些原则体现在调节程序、上诉机构、从关贸总协定的全体一致通过到世贸组织的全体一致否决机制的转变、对违反上诉和非违反上诉的规定、对发展中国家及最不发达国家的特殊规定等方面。公平解决争端原则要求缔约方之间一旦出现国际贸易争端，应通过公正、客观、平等和友好的方式解决。

11.3　世界贸易组织的主要协议与组织结构

11.3.1　世界贸易组织的主要协议

世界贸易组织的诸多协议是全面性的多边经贸条约，它是世界贸易组织规则的具体体现，是世界贸易组织运行的法律框架。

1. 有关货物贸易的协议

（1）1994 关税与贸易总协定

这是世界贸易组织法律框架的重要组成部分，也是货物贸易领域其他协议的原则与法律基础。它是对原总协定进行修改后形成的。该协定的主要内容包括：最惠国待遇条款、国民待遇条款、透明度条款、关税减让条款、取消数量限制条款、以国际收支为由的限制条款、国营贸易条款、贸易救济措施条款、争端解决条款、对发展中国家的特殊待遇条款、例外与免责规定条款等。

（2）《农产品协议》和《纺织品与服装协议》

《农产品协议》旨在建立一个公平、公正、以市场为导向的农产品贸易体制。它要求各成员扩大市场准入、维护公平竞争，进一步规范了政府支持农业的措施和出口补贴，要求各成员提高植物卫生检疫的科学性和合理性。

《纺织品与服装协议》是一个阶段性协议，其主要目的是：在 1995 年 1 月 1 日至 2004 年 12 月 31 日的 10 年有效期内，逐步取消纺织品与服装贸易限制，使长期背离多边贸易规则的纺织品与服装贸易最终纳入世界贸易组织规则的框架之内，从而进一步推动贸易自由化。

（3）关于非关税措施的协议

世界贸易组织货物贸易多边协定中，有一些协议专门处理可能对贸易造成障碍的非关税措施问题，这些协议主要有：《技术性贸易壁垒协议》《海关估价守则》《装运前检验协议》《原产地规则协议》《进口许可证程序协议》《卫生与植物卫生措施协议》《与贸易有关的投资措施协议》等。

（4）贸易救济措施协议

为维护公平贸易和正常的竞争秩序，世界贸易组织允许成员在进口产品倾销、补贴和过激增长等给其国内产业造成损害的情况下，可以使用反倾销、反补贴和保障措施手段，以保护国内产业不受损害。这些协议主要有《反倾销协议》《补贴与反补贴措施协议》《保障措施协议》等。

2. 服务贸易总协定

《服务贸易总协定》的宗旨是：通过建立服务贸易多边规则，在透明和逐步自由化的条件下扩大服务贸易。《服务贸易总协定》兼顾了各成员间服务贸易发展的不平衡，允许发展中国家成员在开放服务业方面享有更多的灵活性。

3. 与贸易有关的知识产权协定

《与贸易有关的知识产权协定》的宗旨是：加强对知识产权的有效保护，防止与知识产权有关的执法措施或程序变成合法贸易的障碍，以减少对国际贸易的扭曲。

4. 争端解决机制

《关于争端解决规则与程序的谅解》是世贸组织关于争端解决的基本法律文件，它是促使各成员遵守规则、保障贸易活动顺利进行的关键。当成员方认为其权利遭受损害时，可以诉诸 WTO，以求解决争端。世贸组织的争端解决机制适用于多边贸易体制所管辖的各个领域。该体制鼓励争议双方尽量采取友好协商的原则来解决问题，如不能协商解决，可以采取成立专家小组审查案件和上诉的程序。世贸组织总理事会同时作为负责争端解决的机构，履行成员方之间争端解决的职责。GATT 从 1947 年至 1994 年共解决争端 300 起，WTO 从 1995 年到 2015 年 6 月共解决争端 201 起。

5. 贸易政策审议机制

《贸易政策审议机制》赋予总理事会对各成员方的贸易政策及其对多边贸易体制的影响进行定期、全面审议的职能。该机制的目的是：通过公开各成员方的贸易政策促使他们提高贸易政策和措施的透明度，履行所做的承诺，更好地遵守世贸组织规则，从而有助于多边贸易体制平稳运行。

6. 诸边协议

世贸组织的诸边协议包括《政府采购协议》《民用航空器贸易协议》，成员方可自愿参加，签署协议的成员方受其约束，未签署的成员方不受其约束。

11.3.2　世界贸易组织的组织机构及其职能

1. 部长级会议

部长级会议是世界贸易组织的最高权力机构和决策机构，由所有成员主管外经贸的部长、副部长级官员或其全权代表组成，讨论和决定涉及世界组织职能的所有重要问题，并采取行动。部长级会议至少每两年召开一次。部长级会议具有广泛的权力，主要有：立法权、准司法权、豁免某个成员在特定情况下的义务、批准非世贸组织成员所提出的取得世贸组织观察员资格申请的请示。

2. 总理事会

总理事会是在部长级会议下设立的一个机构，由所有成员方的代表组成，定期召开会议。总理事会在部长级会议休会期间，行使部长级会议的职权和世界贸易组织赋予的其他权力。总理事会负责监督各项协议和部长级会议所作决定的贯彻执行，总理事会下设若干附属机构分管有关协议或有关事宜。总理事会还可视情况需要随时召开会议，自行拟定议事规则。总领事会还是争端解决机构和贸易政策审议机构。

3. 理事会和专门委员会

在总理事会下分设三个理事会：货物贸易理事会，负责 1994 年关贸总协定和各项货物贸易协议的贯彻执行；服务贸易理事会，监督《服务贸易总协定》的贯彻执行；与贸易有关的知识产权理事会，监督与贸易有关的知识产权（包括冒牌货交易）协议的贯彻执行。此外，总理事会下还建立若干负责处理相关事宜的专门委员会，如贸易与环境委员会、贸易与发展委员会、国际收支限制委员会等相对独立的机构。

4. 秘书处

世界贸易组织还在日内瓦设立了秘书处，负责处理日常工作。它由部长级会议任命的总干事领导。部长级会议任命总干事并明确规定其权力、职责、服务条件及任期，总干事任命副总干事和秘书处工作人员并按部长级会议通过的规则确定他们的职责。在履行职务中，总干事、副总干事和秘书处工作人员均不得寻求和接受部长级会议之外任何政府或世界贸易组织以外组织的指示，各成员方应尊重他们职责的国际性。

5. 其他机构

除上述常设机构外，世贸组织还根据需要设立一些临时机构，即所谓的工作组，如加入世贸组织工作组、服务贸易理事会下的专业服务工作组、《服务贸易总协定》规则工作组等。工作组的任务是研究和报告有关专门事项并最终提交相关理事会作决定。有的工作组则直接向总理事会报告，如加入世贸组织工作组。

> **说一说：**
> 世界贸易组织当前面临的新议题有哪些？

11.4 中国与世界贸易组织

11.4.1 关税与贸易总协定与中国的关系

1. 中国是关贸总协定的创始国之一

1946年12月6日，在筹建"国际贸易组织"时，美国邀请了15个国家进行关税减让谈判。当时的国民党政府代表中国接受邀请并参加了谈判。1947年4月至10月联合国经济社会理事会在日内瓦召开国际贸易与就业会议筹备会第二次会议，中国政府派代表参加了会议，并参加了第1轮多边减税谈判。中国在这次会议上又与其他国家一起参加了拟订《关税与贸易总协定》的工作，并于1947年10月30日签署了《关税与贸易总协定》。1948年3月24日，中国在古巴哈瓦那召开的联合国世界贸易和就业会议的最后文件上签字，从而成为国际贸易组织委员会执行委员会的成员。同年4月21日，根据关贸总协定"临时适用议定书"第3条和第4条所规定的程序，作为最后文件签字国之一的中国政府签署了议定书，在议定书签署后第30天，即5月21日，中国成为关贸总协定创始缔约国。

由上可知，1948年我国已是关贸总协定的创始国之一。1949年10月1日，中华人民共和国成立并成为代表中国的唯一合法政府。当时中国获得GATT减让关税的产品都来自大陆。1950年3月6日，台湾当局非法宣布退出关贸总协定，退出于1950年5月5日起生效，中国从此失去了在关贸总协定的席位，中断了与关贸总协定的联系。1965 年 1 月，台湾当局非法取得关贸总协定的缔约国大会"观察员"的地位，列席了关贸总协定缔约国第 22 届大会。中华人民共和国成立后，台湾已无权代表中国，台湾当局以中国名义的任何行为，在国际法里均无效力。根据联合国、世界银行、国际货币基金组织及其他国际组织的惯例，中国的成员国资格应追溯到中华人民共和国成立以前。因此，中国也应按此惯例恢复在关贸总协定中缔约国地位。然而由于国际和国内的历史原因，特别是由于我国对关贸总协定权利与义务复杂的契约性质缺乏了解，虽然中国政府不承认台湾当局退出关贸总协定的合法性，当时却没有朝这一目标做出努力，未能于 1949 年新中国成立后立即参加关贸总协定活动或与关贸总协定保持联系，因此错过了恢复缔约国地位的最佳时机。

2. 中国复关的原则与过程

1971 年 10 月，联合国恢复中国席位，关贸总协定按照在政治问题上服从联合国决议的原则，于同年 11 月取消了台湾当局的"观察员"资格。接着，中国成为联合国贸发会议和总协定下属机构国际贸易中心的成员，逐步恢复了与关贸总协定的联系。1980 年 8 月，中国派代表出席了国际贸易组织临时委员会执委会会议，参加选举了该委员会的执行秘书。

随着中国对外开放政策的贯彻和对外经济贸易关系的发展，中国与关贸总协定的联系和交往明显增加，中国与关贸总协定各成员之间的贸易已占我国对外贸易总额的 85% 以上，关贸总协定的原则和规章对中国进出口贸易的影响日益加深，中国重返关贸总协定已显得十分重要。1986 年 7 月 10 日我国正式向关贸总协定提出恢复我国缔约国地位的申请，并于1987 年 2 月 13 日向关贸总协定提交了《中国对外贸易制度备忘录》。在这份备忘录中，全面介绍了我国经济体制改革、对外开放政策、对外贸易政策和体制及组织机构等，以便关贸总协定理事会把这个问题尽早列入议程，进行谈判解决。1987 年 3 月成立了中国缔约方地位问题工作组，进行了恢复中国关贸总协定缔约国地位的谈判，简称复关谈判。1988 年后，中国在原来改革开放成果的基础上，继续深化改革，扩大对外开放，以适应关贸总协定的要求。1992 年 2 月，中国谈判代表团出席了在日内瓦召开的关贸总协定中国工作组第 10 次会议，会议基本结束了对中国贸易制度的审议，开始进入到有关中国议定书内容的实质性谈判阶段。

在恢复我国关贸总协定缔约国地位的谈判中，我国坚持以下 3 项原则。

① 中国要求恢复关贸总协定的创始缔约国席位，而不是加入或重新加入关贸总协定。

② 中国恢复缔约国地位是以关税减让为基础，不承担进口增长的义务。

③ 我国是发展中国家，应以发展中国家的身份复关，享受发展中国家的待遇。

讨　论

在中国恢复关贸总协定缔约国地位的谈判中，为何要坚持以发展中国家身份加入？

概括起来，中国的复关谈判经历了以下 4 个阶段。

第一阶段，从 1980 年到 1986 年 7 月，这一阶段为酝酿准备阶段，对申请恢复我国在关贸总协定缔约国地位进行探讨。

第二阶段，从 1986 年 7 月中国提出复关申请到 1989 年 6 月。中国正式提出复关申请后，关贸总协定缔约方对中国提出了 2 600 多个问题，这些问题主要集中在中国的外经贸体制和经济运作体制方面，中国一一给予了答复。这期间，中国与主要缔约方进行了十几次双边磋商，就复关的一些核心问题基本达成了谅解与共识。中国工作组召开了 7 次会议，基本结束了对中国外贸制度的答疑和综合评估工作。中国复关议定书框架草案基本形成。

第三阶段，从 1989 年 6 月到 1992 年 2 月中国工作组第 10 次会议召开。在这一阶段，以美国为首的西方国家对我国实行经济制裁，把暂时不让中国复关作为经济制裁的一项主要内容，加之我国国内经济处于治理整顿阶段，复关谈判涉及的双边磋商和以日内瓦中国工作组会议形式进行的多边谈判均陷入停滞阶段。

第四阶段，从 1992 年 2 月到 1994 年 12 月。党的十四大又确立了建立社会主义市场经济的目标，并做出了深化改革的一系列重大举措，从而为中国的复关谈判注入了新的动力。在 1992 年 2 月的中国工作组第 10 次会议上，复关谈判重新启动并且有了重大转折和突破性进展，进入到权利与义务如何平衡的实质性谈判阶段。但由于美国、欧盟及日本等国家无视中国现实的经济发展水平，不断提出超出我国承受能力的过高要求，导致最终未能达成协议，中国未能在乌拉圭回合一揽子协议生效前恢复关贸总协定缔约国席位，未能成为世贸组织的创始成员。

11.4.2 中国加入世界贸易组织的历程

1995 年 1 月 1 日，世界贸易组织正式成立，并与关贸总协定并存 1 年。

世贸组织成立后，中国的复关谈判转为加入世贸组织的谈判，这种谈判简称"入世"谈判。1995 年 7 月 11 日，中国正式提出加入世贸组织的申请，自此从复关转为入世。同年 11 月，应中国政府的要求，"中国复关谈判工作组"更名为"中国入世工作组"。中国政府根据实际情况，多次重申了入世的基本立场，概括起来为以下 3 个基本原则：第一，根据权利与义务对等的原则承担与本国经济发展水平相适应的义务；第二，以乌拉圭回合多边协议为基础，与有关世贸组织成员进行双边和多边谈判，公正合理地确定入世条件；第三，作为一个低收入的发展中国家，中国坚持以发展中国家身份入世，享受发展中国家的待遇。

1996 年 3 月，世贸组织中国工作组第一次正式会议在日内瓦召开，中国代表团出席了会议。同时，为加快经济建设及国内经济与世界经济接轨的速度，1996 年 4 月 1 日和 1997 年 10 月 1 日，我国政府两次大幅度降低关税税率，逐步取消了各种名目繁多的非关税壁垒。在 1998 年 4 月中国工作组第 7 次会议上，中国代表团向世贸组织秘书处提交了一份近 6 000 个税号的关税减让表。但总体而言，这一阶段的工作组会议与双边磋商进展缓慢。

1999 年后，中国入世步伐明显加快。1999 年 4 月，时任总理朱镕基访美，中美双方签署了中美双边协议中最重要的《中美农业合作协议》，并就中国加入世贸组织问题发表联合声明。然而 1999 年 5 月 8 日，以美国为首的北约轰炸了中国驻南斯拉夫大使馆，中国入世谈判暂时终止。1999 年 9 月 11 日，江泽民主席和克林顿总统在新西兰亚太经济合作组织领导人非正式会议上举行会晤，同意恢复双边谈判。1999 年 11 月 10 日，美国贸易代表团访华，与中国就中国入世问题进行双边谈判，最终在 11 月 15 日双方签署了《中美关于中国加入世界贸易组织的双边协议》，这标志着中国与美国就此正式结束双边谈判，从而为中国入世扫除了最大的障碍，也为中国与其他主要贸易伙伴的谈判奠定了基础。

2000 年 5 月 19 日，中国与欧盟达成中国加入世界贸易组织协议。2001 年 9 月 13 日中国与墨西哥签署双边协议。至此中国和要求与中国进行双边谈判的 37 个世贸组织成员全部结束了谈判。

2001 年 9 月 17 日，世贸组织中国工作组第 18 次会议举行正式会议，通过了中国入世的所有法律文件，其中包括中国工作组报告书、入世议定书及货物贸易减让表和服务贸易减让表等附件，同时也结束了世贸组织中国工作组的全部工作。2001 年 11 月 10 日，在多哈举行的世贸组织第 4 次部长级会议上审议并批准了中国加入世贸组织。按照世贸组织的规则，一个月后，中国于 2001 年 12 月 11 日正式成为世贸组织成员。这标志着我国改革开放与经济发展从此进入了一个崭新的阶段。

11.4.3　加入世界贸易组织对中国的影响

世界需要中国，中国需要世界。目前，世贸组织成员间的贸易量占全球贸易的 95％。我国加入世贸组织这个全球最大的多边贸易体系，为我国的对外开放扩展了新的空间，有助于推进我国社会主义市场经济体制的完善，为国民经济持续、快速、健康发展注入新的活力，与我国改革开放和建立社会主义市场经济体制的目标是一致的。当然，我国加入世贸组织机遇与挑战并存，权衡得失，利大于弊。我国将在更大范围内和更深程度上参与全球化进程，抓住机遇，迎接挑战。

1. 对我国经济贸易发展的机遇

加入世贸组织，将大大改善我国的国际环境，为我国扩大对外开放提供良好的外部空间。

（1）拓展国际市场

世界组织通过制定各国参与国际贸易竞争的共同标准，为每个成员开展国际贸易提供了比较公平的竞争环境。加入世界组织后，中国将在国际贸易事务中享有更多的权利，获得更加稳定的国际经贸环境，享受其他国家和地区贸易投资自由化的便利，这对于充分发挥中国的比较优势、拓展国际市场、发展同各国和地区的经贸往来与合作必将起到积极的作用。

（2）改善贸易环境

加入世界组织后，中国企业将在国际贸易事务中享有稳定、平等、公正的进入国际市场的权利，可使我国出口商品享受非歧视的、无条件的最惠国待遇的关税税率，间接地提高我国出口商品的竞争力，有利于我国企业进一步扩大产品和服务的出口，更好地参与国际竞争。我国企业还可以在世界贸易组织规则的范围内自动享受发达国家经过世界贸易组织及关贸总协定八轮贸易谈判已多次下降的低关税；同时，可获得各成员贸易政策和统计资料等方面的各种信息，增强我国企业对外部竞争环境的适应能力，有利于开拓市场；对于引进国外先进技术、资金和管理经验，开展国际合作和优化组合起到积极的推动作用。

（3）有利于贸易争端的解决

加入世界组织后，可把我国在国际贸易中遇到的摩擦和纠纷提交世界贸易组织争端解决机构，利用世界贸易组织争端解决机制、程序，公正合理地解决争端，减少或避免单边制裁和歧视待遇，保护自身的合法权益。

（4）有利于我国参与国际经贸规则的制定

加入世贸组织后，中国可享受世界贸易组织法规制定和修改的权利，使有关协议更加公平，为我国创造有利的国际经济贸易环境；可以参加世界贸易组织各个机构的活动，维护我国的权益；可以有比较规范的国际贸易环境；可以利用世界贸易组织的多边贸易规则来争取国际市场上的发展空间，减少国外对我国的各种贸易、投资歧视和反倾销行为。

（5）争取更多的优惠待遇

如普惠税、发展中国家之间的优惠贸易安排，以及一些优惠的过渡安排等；可在幼稚工业保护、知识产权等方面享受一定的权利，促进我国企业转变经营机制和改革市场经济体制。

2. 对我国经济贸易发展的挑战

加入世界贸易组织后，我国的法律环境、政府管理经济的方式、企业经营机制、经济运行规则等都需要进行深刻的变革，这将给我国的某些企业和产业带来严峻的挑战。

（1）经营管理体制上的震动

中国多数企业竞争能力不强，在很大程度上就是经营机制问题。中国制造业企业与发达国家的差距大致是：总体技术水平低，产业结构不合理，投资分散，产业集中度低，产品趋同化严重，经营管理能力较弱等。

同时，我国外贸经营权要逐步由审批制过渡到登记制，这样我国从事国际货物和服务贸易的企业将大量增加，出口市场竞争压力将增大，对外贸易经济效益在一定时期内难以提高。

（2）法律环境的改变

一是修订、制定各种经济贸易和行政法律、法规，加快进行司法人员培训，建立与世界贸易组织规则相适应的法律体系和司法队伍；二是在政府、企业和全体公民中进一步强化法律意识，并在世界贸易组织的规则下，重新认识和确立政府、企业和公民之间的关系，尤其是法律关系。如果违反世界贸易组织规则且又处理不当，很可能引起成员间的贸易争端，若司法违反公平、公正原则，也可能导致国与国之间的争端。

（3）对农业的冲击

农业是中国加入世贸组织后受到较大冲击的部门。中国农业就业人口占人口总量的60％以上。农业的贸易自由化将使农村居民的收入减少。我国政府尚未形成对农业的国内支持体系，农业生产力水平低、成本高，农村人口严重过剩。加入世界贸易组织后，廉价的国外农产品大量进入国内市场，对农业的冲击将是最大的。

（4）对服务业的影响

中国加入世界贸易组织后，必须在较短的时间内开放服务业市场，从而会对国内服务业造成激烈的冲击，甚至会在一定时期内给国民经济带来许多困难。我国整个服务业只占GDP 的 35％，发达国家已经占到 70％，而且我国服务行业大多数企业经营效率低，管理水平、服务质量不高，一些国内服务企业可能在竞争中被淘汰。我国国内的服务贸易市场尚未发育成熟，服务贸易立法还未起步，出口严重滞后，在世界服务贸易市场上竞争力弱，所占份额极少。服务贸易对我国的挑战极为严峻，特别是金融、电信、航空、保险业及高层次的服务业受到了比其他产业更大的冲击。

同步测试

一、多项选择题

1. 世界贸易组织的基本原则有（　　　）。
   A. 公平贸易原则　　　　B. 非歧视规则　　　　C. 透明度原则　　　　D. 市场准入原则
   E. 关税保护原则

2. 非歧视原则包括（　　　）。
   A. 最惠国待遇原则　　　B. 公平贸易原则　　　C. 国民待遇原则　　　D. 透明度原则

3. 世界贸易组织管辖范围广泛，包括了（　　　）。
   A. 服务贸易　　　　　　　　　　　　　B. 货物贸易
   C. 与贸易有关的知识产权　　　　　　　D. 国际投资

4. 世界贸易组织的最高权力机构和决策机构是（　　　）。
   A. 总理事会　　　　　B. 部长级会议　　　　C. 秘书处　　　　D. 专门委员会

二、判断题

（　　　）1. 关税与贸易总协定主要经历了八轮贸易谈判。

（　　　）2. 决定建立世界贸易组织的关税与贸易总协定谈判是东京回合谈判。

（　　　）3. 世界贸易组织的宗旨是对关贸总协定的继承和发展。

（　　　）4. 最惠国待遇原则与国民待遇原则是一样的。

（　　　）5. 世界贸易组织的主要协议都是针对货物贸易签订的。

三、简答题

1. 简述关贸总协定的产生与发展过程。

2. 简述关贸总协定的八轮贸易谈判。

3. 世界贸易组织的宗旨是什么？

4. 世界贸易组织的基本原则是什么？

5. 世界贸易组织的主要协议有哪些？

6. 我国复关和加入世界贸易组织谈判的主要原则是什么？

案例分析

柯达与富士的较量

　　故事发生在乌拉圭回合期间。日本对彩色和黑白胶卷的进口关税承诺已降到了零税率，即外国产品，如美国柯达进入日本市场已经不存在任何障碍。众所周知，富士和柯达是世界上胶卷业的两个霸主，而在日本市场上，美国柯达时时刻刻都在寻找击败自己最大对手的机会。

　　既然在市场准入问题上，柯达很难挑剔日本。那么如何利用 WTO 规则寻找打败对手的突破点呢？柯达使用了 GATT 第 23 条第 1 款。美国说日本并没有违背 WTO 的某一特别的义务条款，日本实现了其在历次回合中关于关税减让的承诺。但是，日本政府却制定了关于胶卷销售的措施，使日本胶卷市场销售体制从多种商标的大商场出售转变到单一商标的专卖销售，从而制约了进口胶卷的销售能力，使美国因日本在肯尼迪回合、东京回合和乌拉圭回合中所做的关税减让努力而应带来的好处逐步丧失或减损，从而阻碍了柯达的市场开拓能力。美方认为在这一点上日本方面违背了 GATT 第 23 条第 1 款。

　　最终美国在该案中败诉。WTO 专家组认为，要确定某一情况在谈判时是否可以预见，最简单的办法就是看这一情况是在谈判前出现的还是在谈判后出现的。日本用充分的材料证明在谈判过程中，专卖销售体制已经存在。

（资料来源：百度文库）

试分析：

1. 美国是如何争取日本市场的？
2. 日本是如何抵制美国的指控的？
3. 日本的胜诉给我国在 WTO 框架下贸易纠纷的启示是什么？

第 12 章

国际服务贸易与国际技术贸易

【知识目标】

通过本章的学习，要求学生理解国际服务贸易的概念、特点，了解国际服务贸易的分类，理解国际技术贸易的概念及主要方式，了解我国国际服务贸易和国际技术贸易的发展情况。

【技能目标】

● 能够结合各国服务贸易现状，进行国际服务贸易时事分析；
● 根据我国服务贸易的发展现状，明确我国服务贸易的发展趋势；
● 根据我国技术贸易的发展现状，明确我国技术贸易发展思路。

【重点】

● 国际服务贸易的概念、特点；
● 国际技术贸易的概念、主要方式。

引 例

中国与欧盟服务贸易的差距

欧盟统计局数据显示，过去十年，欧盟服务贸易增长巨大，服务出口由 2004 年的 3 670 亿欧元增长至 2015 年的 8 315 亿欧元，服务进口则由 3 210 亿欧元增至 6 857 亿欧元，贸易顺差则翻两番，由 450 亿欧元增至 1 458 亿欧元。2015 年欧盟服务贸易居全球第一位。2015 年欧盟与中国的服务贸易总额达 617 亿欧元，中国是欧盟的第三大服务贸易出口目的地和第三大进口来源国。

中国是欧盟的主要服务贸易伙伴，但中国与欧盟服务贸易存在较大的差距。

首先，欧盟成员国服务业及服务贸易发展比较均衡，而中国存在地区发展不平衡的问题。欧盟几乎各成员国均拥有自己独具竞争力的优势服务行业，从而使得欧盟服务业整体竞争力较强。例如居于世界第一位的德国会展业，每年为德国举办约 150 场国际性展会，逐渐成为推动其他服务业部门发展的载体。

其次，中国服务贸易出口对象主要集中在美国、欧盟、日本、中国香港和东盟五个地区。而欧盟的服务贸易对象除了集中在发达经济体上，还在出口时优先考虑其成员国市场。例如 2007 年，欧盟服务贸易对象第一位为欧盟内部成员国（9 183.49 亿美元），占服务贸易总额的 57.9%。

此外，中国的金融、保险和通信等技术密集型服务行业是服务业发展的薄弱环节，而这些新兴服务业是欧盟服务业的优势产业。并且，从竞争力指标来看，欧盟服务业开放度和市场占有率均优于中国，中国服务出口的国际市场占有率较低，在国际市场整体竞争力较弱。2000 年到 2008 年，欧盟服务出口国际市场占有率几乎是同期中国服务出口国际市场占有率的 20 倍，欧盟服务出口的总体出口能力远远高于中国。

在法律方面，与欧盟相比，中国服务业及服务贸易法律体系还不完备，行业法律法规仍存在盲点，整个体系还不能为服务行业的发展起到有力的规范和保护作用。

（资料来源：中华人民共和国商务部）

试分析： 中国与欧盟服务贸易的差距在哪里？应如何提高我国的服务贸易？

在当今的国际贸易中，服务贸易和技术贸易已经成为与货物贸易并驾齐驱的三驾马车，共同推动着世界贸易的快速发展。要充分了解国际贸易的全貌，就不能忽视服务贸易和技术贸易的现状和发展趋势。

12.1　国际服务贸易的分类与特点

讨　论

学生分小组讨论：

1. 如何理解"服务业"一词的含义？
2. 国际服务贸易是如何分类的？
3. 国际服务贸易具备哪些特点？

随着世界经济的发展和全球产业结构的调整，服务业在各国国民经济中所占比例不断提高，发达国家的服务业在国民生产总值中的比例平均高达 80% 以上；发展中国家也在积极地优化产业结构，从以制造业为主的第二产业向以服务业为主的第三产业转变。各国服务业的兴旺带动了国际服务贸易的迅速发展，服务贸易水平的高低成为一国经济发展水平高低的重要标志之一。

12.1.1　国际服务贸易的概念

1. 服务的概念

一般来说，服务就是服务提供者通过直接或间接接触为服务接受者提供有益的工作或帮助行为。服务的主体和客体是自然人、法人、社会团体或政府部门。但服务并不等同于服务贸易，因为服务并非一定要索取报酬，不少服务具有广泛的社会意义，是一种公益性的社会服务，如公共图书馆、大众广播等社会公益机构或公共福利机构。这些机构所提供的服务是非营利性质的，自然就不存在贸易的基础。只有当服务作为交易行为进行贸易或等价交换时，它才是可支付的或有报酬的，才会产生服务贸易。

2. 国际服务贸易的概念

国际服务贸易是不同国家之间发生的服务交易活动，它在概念上有狭义和广义之分。狭义的国际服务贸易是有形的，一般指发生在国家之间的直接劳务输出与输入活动。广义的国际服务贸易既包括有形的劳动力的输出与输入，也包括在没有实体接触情况下的无形交易活动。例如，卫星传送和传播、专利技术贸易等。关贸总协定主持下的乌拉圭回合谈判于1994 年 4 月签订的《服务贸易总协定》（GATS）把国际服务贸易定义为如下 4 类。

① 跨境交付（cross-border supply），即从一成员国的国境内向另一成员国的国境内提供服务。这种服务一般不涉及人员、物资或资金的流动，服务提供者和服务消费者分处不同国家，而是通过电信、邮电、计算机网络等实现的服务，如视听、国际电视转播、信息咨询和国际金融中的清算与支付等。这是国际服务贸易的基本形式。

② 境外消费（consumption abroad），是指一成员国的消费者到另一成员国境内消费，接受服务提供者提供的服务。这是一种仅消费者移动，而生产者不移动的服务贸易。最典型的是接待外国游客、为国外病人提供医疗服务、接收外国留学生等。

③ 商业存在（commercial presence），即通过一成员国提供的服务实体（法人）在另一成员国以商业存在的形式提供服务，是一种仅生产者移动，而消费者不移动的国际服务贸易，表现为一缔约方在其他缔约方境内设立机构并提供服务。例如，一国到另一国开办银行、商店，设立会计师事务所、律师事务所等，这是服务贸易的最主要形式。这种类型的服务贸易一般要涉及市场准入和直接投资。

④ 自然人流动（movement of personnel），即一成员国的自然人在其他任何成员国境内提供服务。这种方式主要是一成员国的自然人（服务提供者）过境移动，在其他成员国境内提供服务而形成贸易。例如一国的医生、教授或艺术家到另一国从事个体服务，这是最古老的服务贸易方式之一。

据世界贸易组织统计，以上四种方式的服务贸易占国际服务贸易总额的比重分别为跨境交付（25%）、境外消费（14%）、商业存在（60%）、自然人流动（1%）。

12.1.2　国际服务贸易的分类

由于服务业和国际服务贸易的多样性、复杂性，目前国际上尚未形成一个统一的分类标准。在国际服务贸易中，采用《服务贸易总协定》项下的分类已成为一种惯例，而且成员国也是按照该方法进行承诺的。WTO 统计和信息系统局于 1995 年 7 月公布了国际服务贸易的具体分类表，将服务贸易归纳在 12 个部门 155 个分部门中。

1. 商业性服务

商业性服务主要指在商业活动中涉及的服务交换活动。服务贸易谈判小组列出如下 6 种服务，其中既包括个人消费的服务，也包括企业和政府消费的服务。

（1）专业性（包括咨询）服务

专业性服务涉及的范围包括法律服务、工程设计服务、旅游机构服务、城市规划与环保服务、公共关系服务，以及涉及上述服务项目的有关咨询服务活动、安装及装配工程服务

（不包括建筑工程服务）。

（2）计算机及相关服务

这类服务包括计算机硬件安装的咨询服务、软件开发与执行服务、数据处理服务、数据库服务及其他。

（3）研究与开发服务

这类服务包括自然科学、社会科学及人类学中的研究与开发服务。

（4）不动产服务

不动产服务是指不动产范围内的服务交换，但不包括土地的租赁服务。

（5）设备租赁服务

设备租赁服务主要包括交通运输设备，如汽车、卡车、飞机、船舶等和非交通运输设备，如计算机、娱乐设备等的租赁服务。但是，不包括其中有可能涉及的工作人员的雇用或所需人员的培训服务。

（6）其他服务

其他服务是指生物工艺学服务，翻译服务，展览管理服务，广告服务，市场研究及公众观点调查服务，管理咨询服务，与人类相关的咨询服务，技术监测及分析服务，与农、林、牧、采掘业、制造业相关的服务，与能源分销相关的服务，人员的安置与提供服务，调查与保安服务，与科技相关的服务，建筑物清洁服务，摄影服务，包装服务，印刷、出版服务，会议服务，其他服务等。

2. 通信服务

通信服务主要是指所有有关信息产品、储存设备和软件功能等服务。通信服务由公共通信部门、信息部门、关系密切的企业集团和私人企业间进行信息转接和服务提供，主要包括：邮电服务、信使服务、电信服务、视听服务、其他电信服务等。

3. 建筑服务

建筑服务主要指工程建筑从设计、选址到施工的整个服务过程，具体包括：选址服务，涉及建筑物的选址及国内工程建筑项目，如桥梁、港口、公路等的地址选择；建筑物的安装及装配工程；工程项目施工建筑；固定建筑物的维修服务；其他服务。

4. 销售服务

销售服务是指产品销售过程中的服务，主要包括：批发零售服务，与销售有关的代理、特许经营服务，其他销售服务等。

5. 教育服务

教育服务主要指各国在高等教育、中等教育、初等教育、学前教育、继续教育、特殊教育和其他教育中的服务交往，如互派留学生、访问学者等。

6. 环境服务

环境服务主要指污水处理服务、废物处理服务、卫生及相关服务等。

7. 金融服务

金融服务主要指银行和保险业及相关的金融服务活动，主要包括以下两大类。

① 银行及其相关的服务，包括银行存款服务；与金融市场运行管理有关的服务；贷款服务；其他贷款服务；与债券市场有关的服务，主要涉及经纪业、股票发行和注册管理、有价证券管理等；附属于金融中介的其他服务，包括贷款经纪、金融咨询、外汇兑换服务等。

② 保险服务，包括货物运输保险，其中包括海运、航空运输及陆路运输中的货物运输保险等；非货物运输保险，包括人寿保险、养老金或年金保险、伤残及医疗费用保险、财产保险服务、债务保险服务；附属于保险的服务，如保险经纪业、保险类别咨询、保险统计和数据服务；再保险服务等。

8. 健康及社会服务

健康及社会服务主要指医疗服务、其他与人类健康相关的服务、社会服务等。

9. 旅游及相关服务

旅游及相关服务主要指旅馆、饭店提供的住宿、餐饮服务、膳食服务及相关的服务，旅行社及导游服务。

10. 文化、娱乐及体育服务

文化、娱乐及体育服务主要指不包括广播、电影、电视在内的一切文化、娱乐、新闻、图书馆、体育服务，如文化交流、文艺演出等。

11. 交通运输服务

交通运输服务主要包括：货物运输服务，如航空运输、海洋运输、铁路运输、管道运输、内河和沿海运输、公路运输服务，也包括航天发射及运输服务，如卫星发射等；客运服务；船舶服务（包括船员雇用）；附属于交通运输的服务，主要指报关行，货物装卸、仓储、港口服务，起航前查验服务等。

12. 其他服务

其他服务是指除上述内容以外的服务。

12.1.3　国际服务贸易的特点

与国际货物贸易相比，国际服务贸易的特点可归纳为以下几个方面。

1. 服务商品的不可感知性或贸易标的无形性

这是服务贸易最主要的特征。对于国际货物贸易而言，人们在特定的时间和确定的地点是可以看见商品、资本或信息媒介的跨国界流动的，故其标的是有形的，如原材料、粮食、食品、机器设备的进出口等。而国际服务贸易的标的并不是单纯的商品，而是服务，服务本身具有无形性的特点，在被购买之前，不可能去品尝、感觉、触摸、观看、听见或嗅到，所以大部分服务产品属于不可感知性产品，消费者对它们的价值量也很难评估。

2. 服务贸易的不可分离性和不可储存性

实物产品贸易从其生产、流通，最后到消费的过程，一般要经过一系列的中间环节。例如，卖方要将货物交给承运商，承运商要委托船务（海洋运输）公司进行托运，最后由承运商交给买方，这中间存在一系列复杂的过程（如保险、装运、适用的价格术语及索赔等问题）。而服务贸易与之不同，它具有不可分离的特征，即服务的生产过程与消费过程同时进行，如理发、看病等服务。服务发生交易时间，也就是消费者消费服务的时刻，这两个过程同时存在，不可分割。同时，顾客在消费服务产品的时候，必须加入到服务的生产过程中，才能最终消费到服务，而且这种服务特征随着科学技术的发展、全球一体化进程的加快，越来越显示出国际化的趋势。此外，由于服务的特殊属性，它无法像实物商品那样可以储存使用，因此国际服务贸易还具有不可储存性，但新科技革命的发展已使服务的可贸易性得到了很大提高。它使得"无形"的服务能以高科技"有形"物作为载体，从而实现部分服务贸易的可储存性。

3. 服务贸易的差异性

服务贸易的差异性表现为服务的生产者所生产的服务产品的质量水平不同。服务质量的差异受两方面因素的影响——生产者和消费者。同样是一种服务，由于其生产者的不同，提供给消费者的产品也就可能不同，例如不同厨师炒菜的水平各不相同。即使是同一个服务的生产者，也会因为时间、地点，乃至气候、心情等诸多偶然因素，导致生产出不同质量水平的产品。此外，服务产品的消费者，由于其不同的个人偏好，也会直接影响服务的质量与效果。例如，由于患者对医疗人员的偏见或不信任感，往往直接影响其治疗效果等。因此，服务产品的质量很难像有形产品一样用产品质量标准进行规范，服务贸易的质量也很难统一界定。

4. 服务贸易市场的高度垄断性

国际服务贸易在发达国家和发展中国家表现出较为严重的不平衡性，这与服务市场所提供的服务产品受各个国家的历史特点、区域位置及文化背景等多种因素的影响有关。例如，医疗工程、航空运输、教育及网络服务等直接关系到国家的主权、安全和伦理道德等敏感领域，会更多地受到外界制度或自身情况的限制。因此，国际服务贸易市场的垄断性较强，表现为少数发达国家对国际服务贸易的垄断优势。据 GATT 统计，全球服务贸易壁垒达 2 000多种，并且这种高度垄断性不可能在短期内得以消除。因此，相对于国际货物贸易自由化而言，国际服务贸易自由化不仅起步较晚，而且遇到的阻力更大。

5. 保护方式更具刚性和隐蔽性

由于服务贸易标的具有的无形性及国际服务交换的不可储存性等特点，使得各国政府对本国服务业的保护无法采取关税壁垒的方式，而只能采取在市场准入方面予以限制或进入市场后不给予国民待遇等非关税壁垒的方式，并通过国内立法的形式加以实行。这种以国内立法形式实施的非关税壁垒，使国际服务贸易受到的限制和障碍更具刚性和隐蔽性。

6. 服务贸易的约束条例相对灵活

《服务贸易总协定》是世界贸易组织处理多边服务贸易的原则和规则的框架性文件，对各缔约方均具有约束力。但这种约束具有一定的灵活性。GATS 条款中规定的义务分为一般性义务和具体承诺义务。一般性义务对于 GATS 缔约方的所有服务部门都具有约束力，不论缔约方这些部门是否对外开放。具体承诺义务是指必须经过双边或多边谈判达成协议之后才承担的义务，包括市场准入和国民待遇，且只适用于缔约方承诺开放的服务部门，不适用于不开放的服务部门。

7. 营销管理具有更大的难度和复杂性

无论是从国家宏观方面，还是微观方面，国际服务产品的营销管理比实物产品的营销管理具有更大的难度与复杂性。从宏观层面上讲，国家对服务进出口的管理，不仅仅是对服务产品载体的管理，还必须涉及对服务的提供者与消费者的管理，例如对劳动力的衣、食、住、行等各项活动的管理，具有复杂性。有的行业如通信、影视文化市场的服务贸易等还直接涉及输入国的主权、机密、安全及文化与价值观等非常敏感的政治问题，这无疑加大了国家宏观管理的难度。从微观层面上讲，由于服务产品本身的特性，如质量水平的不确定性，使得企业在进行服务产品营销管理过程中经常会受到不确定性因素的干扰，控制难度较大。

12.1.4　第二次世界大战后国际服务贸易的发展

最初的国际服务贸易是作为货物贸易的附属物产生的，如航运业就是较早出现的服务贸易行业。随着经济的进一步发展，其他服务行业如铁路运输、金融、保险、通信等也随着货物贸易的发展而有了长足的进步。第二次世界大战以后，特别是 20 世纪 70 年代以来，国际服务贸易开始了真正意义上的快速发展，并作为一个独立的概念提出来被普遍接受，进而成为世界经济的重要组成部分。尤其到了 20 世纪 90 年代，国际服务贸易出现了迅猛增长，但是自 2008 年下半年金融危机以来，国际服务贸易出现了负增长，反弹后进入缓慢增长阶段。

1. 服务贸易增长速度快，贸易规模不断扩大

20 世纪 60 年代以来，经济全球化迅猛发展，由于各国产业结构的调整，服务业在世界经济中的地位持续攀升，带动了服务贸易的迅速发展，其增长速度远远超过了货物贸易的增长速度。1970—1980 年，世界服务贸易年均增长 18.7%，1979 年世界服务贸易的增长速度为 24%，首次超过了世界货物贸易的增长速度 21.7%。进入 20 世纪 80 年代以后，世界服务贸易的增长速度均高于世界货物贸易的增长速度。1990 年，全球服务业占 GDP 的比例突破 60%，标志着全球服务型经济格局的形成。到 2004 年，这一比例上升至 68%。其中，发达国家高达 72%，发展中国家也达到 52%。伴随服务型经济的发展，全球经济竞争的重点正从货物贸易转向服务贸易。近年来，全球服务贸易一直保持着较快的增长速度，根据世界贸易组织统计，1990—1995 年服务贸易年平均增速为 8%，1995—2000 年年平均增速为 5%，2000—2005 年年平均增速上升至 11%，2005—2010 年年平均增速也有 9%。2013 年服务贸易比 2012 年增长 6.1%，相比全球货物贸易 2.1% 的增长速度明显加快。2015 年，虽然服务贸易总额下滑 6.4%，但服务贸易增速下滑速度仍低于货物贸易，服务贸易发展继续优于货物贸易。2015 年，服务贸易占世界贸易比重较 2014 年提高 1.1 个百分点，上升至 22.2%。2017 年服务贸易占世界贸易额的比重达到 35% 左右，预计未来两年，其比重将达到 50% 左右。服务贸易在全球贸易中的角色越来越重要。

伴随着服务贸易的高速增长，全球服务贸易规模持续扩大。据世界贸易组织（WTO）统计，2000 年世界服务出口额为 1.49 万亿美元，2008 年达到 3.85 万亿美元的最高历史水平。世界服务贸易出口规模从 1994 年开始超过 1 万亿美元到 2004 年超过 2 万亿美元，大约用了 10 年时间，而从 2 万亿美元扩大到 3 万亿美元，只用了 4 年时间。2014 年全球服务贸易总额 98 006.90 亿美元，同比增长 4.4%。其中，服务出口 49 404.00 亿美元，同比增长 4.2%；服务进口 48 602.90 亿美元，同比增长 4.7%。2005 年至 2015 年，全球服务贸易规模翻一番，接近 10 万亿美元。2000 年到 2015 年服务贸易出口额占世界贸易总额（货物加服务）的比重基本保持在 20% 左右。

在今后 20～30 年间，服务贸易在整个国际贸易中的比重大约每年提高 1 个百分点。预计，21 世纪 30 年代，服务贸易的比重将与货物贸易的比重大体相当，甚至超过货物贸易的比重，成为国际贸易的主要对象和主要内容。

2. 服务贸易结构趋向高级化，新兴服务贸易快速增长

20 世纪 80 年代以来，伴随着服务贸易的快速发展，全球服务贸易结构不断优化，传统的劳动密集型服务贸易比重趋于下降，知识与技术密集型服务贸易开始居于主导地位，主要

表现在运输、旅游等传统服务贸易在整个全球服务贸易中的比例逐步下降，而以通信、计算机和信息服务、金融、保险为代表的其他服务的比重则不断上升。1990—2015 年，运输和旅游服务合计占世界服务贸易的比重从 62.5% 下降到 43.7%；而包括计算机与信息服务等新兴服务在内的其他服务在出口中占比不断提高，由 1990 年的 37.5% 提高到 2015 年的 56.3%，占服务贸易出口的一半以上。在其他服务贸易中，计算机与信息服务、通信服务、技术服务等新兴服务增速较快，正在成为未来国际服务贸易新的增长点。其中，计算机与信息服务增速最快，2005—2013 年，平均年增速为 14%。因此，伴随着全球服务贸易结构的不断优化与升级，新兴服务贸易将会成为未来服务贸易新的增长点与竞争点。

3. 服务贸易地区格局不平衡性

由于经济发展水平的不平衡，世界各国的服务贸易水平及在国际服务市场上的竞争实力相差悬殊，服务贸易发展的地区不平衡性突出，预计这种不平衡性将在较长时间内存在。不平衡性表现为发达经济体依然占据全球服务贸易的优势地位，发展中国家同发达国家相比仍存在较大差距，不过部分新兴经济体开始迎头赶上。自 2003 年以来，美国在世界服务贸易中居绝对主导地位，服务出口和进口均雄居世界榜首，与其巨额的货物贸易逆差相比，美国服务贸易处于顺差状态。德国和英国是欧洲两个最重要的服务贸易国家，长期位居世界第二位和第三位。如表 12-1 所示，2016 年，美国服务贸易总额仍居全球首位，当年共实现服务贸易进出口总额 12 150 亿美元，占全球服务贸易总额的 12.9%。中国服务贸易总额为 6 560 亿美元，列全球第二位。新兴经济体中，中国和印度服务贸易发展迅速。2016 年印度服务贸易总额位居世界第 10 位。总体来看，发达国家依然占据世界服务贸易的主导地位，发达国家的服务贸易发展水平处于领先优势。

表 12-1 2016 年世界服务贸易进出口总额前 10 位排名

排名	国家/地区	进出口金额/亿美元	全球占比/%
1	美国	12 150	12.90
2	中国	6 560	6.97
3	德国	5 710	6.06
4	英国	5 200	5.52
5	法国	4 700	4.99
6	日本	3 500	3.72
7	荷兰	3 390	3.60
8	爱尔兰	3 380	3.59
9	新加坡	3 040	3.22
10	印度	2 940	3.12

资料来源：WTO官网。

4. 服务贸易逐渐成为各国特别是大国竞争的焦点

服务业是全球 GDP 增长和就业创造的重要源泉。从全球经济发展来看，人类已经步入了服务经济发展和制度创新的新时代。2015 年联合国贸发组织公布的最新数据显示，全球 GDP 的 2/3 来自服务业。国际劳工组织的数据显示，服务业对全球就业的贡献率由 2000 年的 39.1% 提高到 2013 年的 45.1%，超过工业和农业。特别是国际金融危机之后，服务业更成为全球就业机会的主要提供者。因此，当今世界各国纷纷制定了加快发展服务贸易的发展战略，世界贸易的竞争将更多地体现于服务贸易的竞争中。

美国是世界上最大的服务贸易国，服务业占到其 GDP 的 3/4 和就业的 4/5，欧盟的服务业也分别占其 GDP 的 3/4 和就业的 3/4。为了扩大本国优势产业出口，在 WTO 多边服务贸易谈判受阻的情况下，美欧正积极推动由 22 个 WTO 成员参与的国际服务贸易协定谈判（TISA 谈判），试图重构全球服务贸易规则。根据 WTO 数据，TISA 成员覆盖了全球约 70% 的服务贸易。新的服务贸易谈判覆盖金融服务、专业服务、海上运输服务、空中运输服务、快递服务、能源服务、商人临时进入、政府采购、国内管制的新规则等。TISA 谈判的目的是更新 1994 年的《服务贸易总协定》，并由诸边协议转向多边协议，这意味着全球将迎来新一轮服务贸易自由化。

知识链接

国际服务贸易协定（TISA，简称服务贸易协定）谈判是由美国、澳大利亚及欧盟在 2013 年共同发起，依循 WTO 架构推动的特别服务贸易协定，目前获准加入的 53 个国家服务业贸易总额占全球 70% 以上，尤其是政府采购的服务业占比更是超过了 85%。中国已于 2013 年 9 月正式宣布申请加入服务贸易协定谈判。

12.2　国际技术贸易的含义及主要方式

自进入 20 世纪 90 年代以来，知识经济的浪潮席卷全球，科技知识在一国经济发展和企业竞争中的地位日益提高，发挥的作用不断增大。国际技术贸易和高新技术产品进出口已经成为当代国际贸易中最有活力、发展最快的部分，成为国际贸易新的增长点。世界各国都普遍把发展技术贸易和高新技术产品出口作为战略举措来抓，学习和总结国际技术贸易的相关知识就显得至关重要。

12.2.1　国际技术贸易的含义

国际技术贸易的标的物是技术，在了解国际技术贸易的有关知识之前有必要先对技术有一个基本的认识。

1. 技术的含义及特征

国际工业产权组织认为：技术是指制造一种产品或提供一项服务的系统的知识。技术有如下几个特点。

（1）无形性

相对于一般商品（物质产品）而言，技术商品是无形的，技术是一种看不见摸不着的知识性的东西，它只能靠理解去把握。有些技术可用语言来表达，而有些技术只存在于"能人"的经验中。非物质的知识与物质产品有着本质的不同，但又与物质产品的联系紧密，因为只有高新技术才能生产出高新技术产品，而高新技术产品本身又需要掌握高新技术的人来运用和生产。

（2）系统性

零星的技术知识不能称之为技术。只有关于产品的生产原理、设计、生产操作、设备安装调试、管理、销售等各个环节的知识、经验和技艺的综合，才能称之为技术。它是人们在长期生产实践中不断积累起来的一整套系统化知识，是人类智慧的结晶。

（3）可实施性

单纯的理论，如数学原理、公式、定理等都不是技术，技术必须能够实现工业实施，即能够制造某种产品、使用某种工艺方法或提供某种服务。

（4）可传授性

技术应是可以传授的，即人们可以通过"教与学"来实现技术转移。凡因人的特殊技能和条件而获得的、无法传授的专门技艺都不属于技术。

（5）商品属性

技术是无形的特殊商品，它作为人类的共同财富，既可以被发明技术的所有者使用，也可以通过传授、转让、出售而供他人使用，并获取相应的报酬。因此，技术不仅有使用价值，而且也具有交换价值，具有商品属性，所以它才能充当技术贸易的交易标的物。

2. 国际技术贸易的含义和特点

国际技术贸易是不同国家的企业、经济组织或个人之间按照一般商业条件将技术的使用权进行转让的一种贸易行为，包括技术转让和技术引进两方面。

技术转让是指拥有技术的一方通过某种方式将其技术出让给另一方使用的行为。技术转让一般只是技术使用权的转让。一项技术可同时完整地转让给多个对方，且原有技术的持有者并不因转让而失去对该技术的所有权。

使国外的技术转让到国内，就是技术引进。具体地说，技术引进是指一个国家或企业引入国外的技术知识和经验，以及所必需附带的设备、仪器和器材，用以发展本国经济和推动科技进步的做法。

国际技术贸易是以无形的技术知识作为主要交易标的的，这些技术知识构成了国际技术贸易的内容，它主要包括：专利技术、商标和专有技术。商标虽不属技术，但它与技术密切相关，所以常将它作为国际技术贸易的基本内容之一。

国际技术贸易主要有以下特点。

（1）技术贸易的标的物比较特殊

首先，它的对象是无形的技术知识，很难用某种尺度衡量、检验其质量，而商品贸易则容易衡量；其次，同一技术贸易项目的标的可以同时授予多人（方）使用，可以不经"再生产"而多次许可，而且在许可之后，技术所有者并不丧失技术的所有权，所许可的仅仅是技术的使用权，而商品贸易的同一标的物不可能同时出售给多个买主；最后，技术贸易的标的具有增值性，商品贸易的标的则不具有上述特点，它因为使用而被消耗。

（2）技术贸易的复杂程度较高

技术贸易除涉及双方权利、责任、义务之外，还涉及工业产权的保护、技术保密、不正当竞争及技术风险和使用费的确定等特殊而复杂的问题。而且这些问题贯穿在技术转让合同的整个有效期间，并不因支付了报酬、提供了技术而终止。而在正常情况下的商品贸易中，随着货物的交付、货款的收讫，买卖双方的权利、义务关系就中止了。此外，技术贸易所涉及的法律也比商品贸易更为繁多和复杂。以我国为例，技术贸易所涉及的法律有专利法、商标法、外国企业所得税法、个人所得税法、涉外经济合同法等；而一般商品贸易所涉及的法律仅为涉外经济合同法。

（3）政府干预技术贸易较多

技术贸易所受的政府管制较严。许多发展中国家都在有关技术转让的法律中规定，凡重要的技术引进协议都必须呈报政府主管部门审查、批准或登记后才能生效，而对于一般商品贸易合同则没有这样的要求。这是因为技术引进不仅涉及有关企业的利益，而且与国家的发展战略和国民经济的发展有着密切关系，因此有必要采取法律和行政手段加强对技术贸易的管理和干预，以维护本国的政治、经济利益。此外，技术输出方的国家为了控制尖端、保密技术的外流往往也对输出技术的合同进行审查、批准；而对于一般商品贸易，各国政府的干预程度则相对较低。

12.2.2　国际技术贸易的主要方式

国际技术贸易的标的是技术，技术是一种无形的商品。但在国际技术贸易的实际运作中，只有发达国家之间的技术贸易才会有单纯的软件贸易，而发展中国家在开展技术贸易时，由于技术落后和应用科学技术的能力较差，往往在进行软件贸易的同时，还伴随着硬件贸易，即引进技术与进口设备相结合。与此同时，许多发展中国家为解决资金的严重短缺，又往往将引进技术和设备与利用外资相结合。因此，国际技术贸易在国际贸易中的地位日益重要，其实际操作也日益复杂。国际技术贸易采用的基本交易方式主要有以下几种。

1. 许可贸易

许可是指知识产权所有人依据法律，在一定条件下许可他人使用其知识产权。许可贸易是国际技术贸易中最常见、使用最广泛的交易方式，是技术有偿转让的主要形式。它是指专利权人或商标所有人或专有技术所有人作为许可方，向被许可方授予某项权利，允许按照许可方拥有的技术实施、制造、销售该技术项下的产品，并由被许可方支付一定数额的报酬。一般按照许可方授权程度大小，将许可贸易分为如下 5 种形式。

① 独占许可。它是指在合同规定的期限和地域内，被许可方对转让的技术享有独占的使用权，即许可方自己和任何第三方都不得使用该项技术和销售该技术项下的产品。独占许可中被许可人取得了该地区的独占经营权，不仅排斥第三方，同时也排斥技术的所有者本人，即所有人向许可人本人订购货物，只要涉及其已经转让的技术，许可人即无权经营，必须将订单转向被许可人。因此这种许可的技术使用费是最高的，并且许可人享有较高比例的提成。

② 排他许可，又称独家许可。它是指在合同规定的期限和地域内，被许可方和许可方自己都可使用该许可项下的技术和销售该技术项下的产品，但许可方不得再将该项技术转让给第三方。

③ 普通许可。它是指在合同规定的有效期限和地域内，除被许可方允许使用转让的技术和许可方仍保留对该项技术的使用权之外，许可方还有权再向第三方转让该项技术。普通

许可是许可方授予被许可方权限最小的一种授权，其技术使用费也是最低的。按照国际许可贸易惯例，如果许可合同中未特别指明是什么性质的许可，则一般视为普通许可。

④ 可转让许可，又称分许可、再许可或者从属许可，是指在许可贸易合同规定的有效期限和区域内，被许可方有权利用许可标的从事使用、制造、进口和销售等活动，并经许可方同意，被许可方有权以许可人的身份允许第三方在规定地域内使用许可方获得的许可标的，即被许可方拥有许可标的的转让权。这种由被许可方向第三方授权的合同，称为"可转让许可合同"。可转让许可合同是与原合同完全独立的合同，原技术许可方与再许可的第三方没有契约关系，原许可方对分许可方不负责任。同时，可转让许可合同是在普通许可合同下产生的，其授权的范围不得超过原合同的授权范围。如果许可方不愿意授予可转让许可权，一般会在合同中明确规定"许可证是不可转让的"。如果原许可合同未明确注明授予可转让许可权，被许可方就不得与第三方签订可转让许可合同。

⑤ 互换许可，又称交叉许可。它是指交易双方或各方以其所拥有的知识产权或专有技术，按各方都同意的条件互惠交换技术的使用权，供对方使用。互换许可常见于原发明的专利权人与派生发明的专利权人之间，后者要实施其发明，难免要侵犯前者的权利，因此要得到原专利发明人的许可；而前者要更新其专利产品又需采用后者的派生专利技术，也要得到派生发明的专利权人的许可。除此以外，合作开发、合作制造合同，以及技术贸易合同的回授条款，也都有可能导致互换许可。

小案例：

日本东洋人造丝公司曾花1000万美元向美国杜邦公司引进生产尼龙的技术，而杜邦公司为了研究生产尼龙的工艺方法却花费了2700万美元。因此该技术引进等于无形之中为日本东洋人造丝公司节省了1700万美元的研发费用，并且在非常短的时间内，该公司就把新产品投入市场，抢占了市场先机。

由此可见，许可贸易具有节省研发支出、效率高、技术进步快等优势。

在以上许可贸易中，各方的权利不同，费用也就不同，如表12-2所示。一般而言，提供同一项技术，独占许可的费用是最高的，排他许可次之，普通许可最低。究竟选择哪一种，主要看在同一地域可能应用同一技术生产相同产品的竞争者的情况而定。

表12-2 许可贸易中各方的权利

许可种类	被许可方权利	许可方权利	第三人是否可获得使用权
独占许可	有使用权	无使用权	不能获得使用权
排他许可	有使用权	保留使用权	不能获得使用权
普通许可	有使用权	保留使用权和转让权	能获得使用权
可转让许可	有使用权和转让权	保留使用权和转让权	能获得使用权
互换许可	有使用权、无转让权	保留使用权、无转让权	不能获得使用权

2. 技术服务与咨询

技术服务与咨询是指双方当事人通过签订协议或合同，由技术提供方就某项工程技术课题、人员培训、企业管理和产品销售等向技术接受方提供咨询或传授技术、经验的一种营利性的服务。由于所提供的一般是专利、专有技术以外的资料，所以接受方一般无须对此承担保密义务。技术服务与咨询内容广泛，涉及政治、经济、技术、法律、财务等多方面的内容，灵活性很大。最常见的技术服务与咨询的形式有以下几种。

① 人员培训。由技术提供方派遣技术人员到接受方进行现场指导，或者技术接受方派人员到技术提供方接受培训和实际操作。

② 工程服务、包括工程设计、设备的挑选和购置、技术的研究、技术方案的设计、土建工程的可行性研究、设备的安装、试车等。

③ 提供技术资料和相关服务。利用自己的技术经验提供对方所需的技术情报、资料、图纸、信息等，并为对方提供如草拟公司章程、合同、招标书，进行贸易谈判、法律诉讼、财务审计等相关服务。

④ 项目咨询服务。向接受方提供某一工程项目的设计，设计的最终成果必须保证符合双方签订合同的规定。

⑤ 销售和管理咨询服务。对产品推销和产品售后服务技术、销售渠道、市场信息、经营技巧、项目投产后的员工管理、质量管理、成本和价格管理、经营组织机构设置提供咨询服务。

3. 合作生产

合作生产是指两个不同国家的企业根据所签订的协议，在某项或某几项产品的生产、销售上所采取的联合行动，通过合作的过程，由技术上较强的一方将有关该产品的生产技术知识传授给另一方。合作生产作为技术转让的一种方式，可以使双方各自发挥其技术特长，互相传授技术，比单纯转让专利和专有技术的合作期限长。经过长期合作，技术接受方逐步掌握国际先进技术，逐步扩大在国际市场贸易份额。合作生产对方提供的技术和硬件都要分别计价，分别支付价款，双方都是买卖关系，设备硬件部分属于一次性买断。技术转让的计价和支付可以按许可贸易形式进行。合作双方分工明确、责任清楚，各自完成自己的任务。合作生产的基本形式有以下 3 种。

① 提供零部件的合作生产。双方分别生产不同的部件，由一方或双方装配成完整的成品出售。这种方式通常是在生产的部件方面按各自的特长或技术力量强弱加以分工，一般由技术力量较强的一方生产关键性的部件，并提供全套图纸和技术指导，然后互相提供各自生产的部件，分别组装成完整的成品出售。

② 一方提供技术或生产设备。由技术较强的一方生产关键部分并提供图纸，并在其指导下，由较弱的一方生产次要部件，并组装成完整产品，在本国市场或国际市场销售。技术较强的一方不收取图纸资料费，其报酬从出售的关键部件中得到补偿；而技术力量较弱的一方可以在合作生产的过程中引进技术。

③ 专业化分工生产。由一方提供生产或设备，按各自的专业分工制造某种零部件、配套件或生产某种产品，再相互交换，各自组装成品。

4. 国际工程承包

国际工程承包是指通过国际劳务市场上的某一方式，譬如通过投标或直接接受委托等，按照一定的条件，承包某项工程建设的项目。这类项目包括：工程项目的设计，制定工程技术经济指标，编制方案、技术文件、预算，购买设备和材料，承担工程项目的建筑、设备的安装、调整和试车，使工程项目达到设计指标等。由于在国际承包工程项目建设过程中包含技术转让内容，特别是项目建设的后期，承包公司要培训技术人员，提供所需的技术知识，如专利技术、专有技术等，以保证项目的正常运行，因此成为国际技术贸易的一种形式。国际工程承包的主要方式有以下 3 种。

① 单独承包。指承包公司从外国业主那里独立承包某项工程。这种方式下，承包公司对整个工程项目负责，工程竣工后，经业主验收才结束整个承包活动。工程建设所需的材料、设备、劳动力、临时设施等全部由承包公司负责。

② 总承包。总承包是指一家承包公司总揽承包某一项工程，并对整个工程负全部责任。但是它可以将部分工程分包给其他承包商，该分承包商只对总承包公司负责，而不与业主直接发生关系。国际工程承包普遍采用总承包的方式。

③ 联合承包。指几家承包公司根据各自所长，联合承包外国的一项工程，各自负责所承包的一部分建设任务，并各自独立向业主负责。

5. 特许经营

特许经营是 20 世纪 60 年代以来迅速发展起来的一种国际技术买卖方式。这种方式最初出现在美国，现在在整个世界范围内广为流行。特许经营是指由一家已经取得成功经验的企业（特许人）将其一揽子的工业产权或知识产权的使用权以收费的方式特许加盟者（被授权人）有偿使用，以此获得直接或间接的经济效益。特许内容具体包括出售商品或提供劳务时所使用的商标、商号名称、招牌、外观设计、专利、专有技术、配方、经营管理模式等。在采用特许经营方式时，被授权人得到特许人的技术和经验，并且它所提供的商品和服务，其质量标准、形式乃至风格都必须与特许人的商品和服务完全相同。也就是说，特许经营的双方，提供同样的商品或服务，使用同样的商号名称、商标或招牌，甚至商店的门面装潢、用具、职工服装、产品的制作方法及程序、提供服务的方式都完全一样。所以，特许经营方式更适合于商业、餐饮等服务业，它是发达国家的厂商进入发展中国家的一种非常有用的形式。由于风险小，发展中国家的厂商也乐于接受。例如，美国的肯德基快餐店在世界各地几乎都有它的被授权人，他们所提供的服务同美国一样，所生产和销售的汉堡包的味道也完全一样。

6. 利用外资引进技术

利用外资引进技术是将利用外资与引进技术结合起来，在利用外资的同时，又能引进国外的先进技术和设备。这是国际经济领域中的一个新的潮流，它对一国经济的发展起着重要的作用。目前，国际上利用外资引进技术的方式主要有如下几种。

（1）合资经营

合资经营是指由两个或两个以上不同国家的公司、企业、其他经济组织或个人依据东道国的法律，在东道国共同投资、共同经营某一企业，并由双方共担风险和共享利润的经营方式。它包括股权式合资企业和契约式合资企业两种形式。

（2）外汇贷款

外汇贷款是指一国银行为支持本国企业从国外引进技术和进口设备而从国外借贷的款项。这一方式的好处在于：本国企业有在国际市场上自由选择技术和设备的主动权，从而可以保证引进的技术和进口的设备先进、适用、可靠，同时可以扩大本国产品的出口，增强本国商品的出口竞争能力。

（3）补偿贸易

补偿贸易是指交易的一方向另一方提供技术、设备，而引进技术或设备的一方在约定的时间内以其产品或双方商定的其他商品偿还技术、设备价款本息的做法。补偿贸易有直接补偿和间接补偿两种形式。补偿贸易主要用于对现有老企业进行技术改造和技术革新，从而提高现有企业的生产能力和改进产品质量。

（4）BOT 模式

BOT 是英文 build-operate-transfer 的缩写，即"建设—运营—转让"，有时也被称为"公共工程特许权"，是一国利用外资引进大型工业技术和进行基础设施建设的一种较新的、有效的国际经济技术合作方式。它是指建设方承担一个既定的工业项目或基础设施的建设，包括建设、经营、维修和转让，在一个固定的期限内运营设施，并被允许在该期限内收回对该项目的投资、运营与维修费用及一些合理的服务费用、租金等，在规定的期限届满后，建设方将该项目转让给项目方的政府。它通常被政府作为吸引非官方资本加入基础设施建设的一种融资方式来使用。由于公共项目一般集中在电力、通信、交通、市政、环保等基础产业和公用事业，而往往这些项目所需投资额大、回收期长，政府或私营部门单方都难以完全独立承担，采用 BOT 方式利用外资有利于减少政府直接财政负担，大大分散了政府的投资风险。

12.2.3　世界技术贸易的发展

在科技革命日新月异的知识经济时代，国际技术贸易得到迅速的发展。以信息技术为代表的新兴产业技术不仅改变了技术本身的发展方向，而且还深刻影响了整个国际技术贸易的内容、规模与方法，国际技术贸易出现了新的发展趋势。

1. 国际技术贸易高速增长，规模迅速扩大

早在 20 世纪 70 年代，发达国家的对外贸易就开始向技术贸易方向发展。据统计，1965 年国际技术贸易总额仅为约 30 亿美元，1975 年达到 110 亿美元，1985 年增加到约 500 亿美元，1995 年又上升到 2 600 亿美元，1999 年超过 5 000 亿美元，而到了 2005 年，国际技术贸易额突破了 1 万亿美元。自 20 世纪 60 年代以来，国际商品贸易年均增长为 10.5%，而同期国际技术贸易年均增长为 16.5%，其增长速度远远超过了国际商品贸易的增长速度。同时，国际技术贸易在国际贸易中的比例也迅速上升，由 1965 年的 1% 上升至 2005 年的 10% 以上。

2. 国际技术贸易主要在发达国家之间进行，但发达国家技术领先的优势在逐渐减小

长期以来，国际技术转让活动主要集中在发达国家之间，发达国家的技术贸易额占世界技术贸易额的 80% 以上，而且主要集中在美、英、法、日、德等少数几个国家。2005 年这 5 国的技术贸易额就占发达国家技术贸易总额的 90% 以上，这是因为它们既是技术的出口大国，也是技术的进口大国。从 1995 年至今，发展中国家的技术进出口无论在数量上还是在种类上都有了长足的发展，但它们在国际技术市场上的份额极为有限，一般不超过国际技术贸易总额的 10%，而这 10% 的技术贸易额还局限于少数几个新兴工业化国家。实际上发展中国家在国际技术市场上主要扮演的是接受者的角色，这主要与它们经济发展水平低和技术水平落后有关。虽然发达国家科技创新仍然领先，但优势正在逐渐减小，全球科技创新版图已呈现东移趋势。中国、印度等新兴经济体成为科技创新的活跃地带。未来 20～30 年内，

北美、东亚、欧盟三个世界科技中心将鼎足而立，主导全球创新格局。

3. 跨国公司控制了绝大部分国际技术贸易

国际技术贸易不仅集中在少数几个发达国家，而且被这些国家的跨国公司所控制。据统计，西方国家的跨国公司控制着发达国家技术贸易的80%，而发展中国家技术贸易的90%也被控制在西方国家的跨国公司手中。这主要与它们资金雄厚、技术力量强大、重视技术开发并拥有众多的专利技术有关。正是因为跨国公司在技术贸易中的垄断地位，使它们在技术转让的谈判中处于有利地位。它们往往以垄断高价向发展中国家出售技术，并附加一些诸如限制性采购等条件。此外，跨国公司转让技术还与资本输出和商品输出相结合，通过在东道国建立子公司或合资公司进行。这些子公司和合资公司在发达国家之间和发达国家向发展中国家的技术输出中起主导作用，成为国际技术贸易中最活跃、最有影响的力量。

4. 软件技术在国际技术贸易中的比例日益提高

20世纪80年代以前，国际技术贸易主要是通过引进和出口先进设备等硬件来进行的，以软件为交易对象的交易较少，进口国往往是以购买设备等硬件为目的兼买软件。进入20世纪80年代以后，这种状况发生了根本性的变化，以许可贸易形式进行的软件交易占据了主导地位，技术的进口国往往为了购买某项专利或专有技术而附带进口一些设备。尤其是发达国家之间的技术贸易，软件技术的转让已占其技术贸易额的80%以上，其中美国的软件技术销售额每年递增达30%以上。近几年来，发展中国家开始注重技术引进的效益，减少硬件技术的引进，软件技术正逐渐成为其技术引进的主要标的。

5. 国际技术市场上的竞争日趋激烈

国际技术市场上的竞争主要表现为发达国家之间的竞争。美国的技术出口遍及全球，日本的技术市场主要是亚洲，法国多向非洲国家出口技术，东欧则是德国的技术市场。它们为了保持原有的技术市场或扩大其技术市场份额，都在不断地进行技术的开发。美国为了保持其对尖端技术的垄断，严格控制本国先进技术的外流，并经常运用国家安全机密法和出口管制法来限制某些先进技术的出口。日本为保持自己在微电子技术等方面的领先地位，也加强了对技术出口的限制。与此同时，英、法、德三国为了争取市场份额，经常联合开发与研究。例如，它们于20世纪70年代合作研制的空中客车飞机已对美国航空技术的垄断地位提出了挑战。国际技术领域中的竞争正成为新一轮贸易战中的主要焦点。

12.3　我国的服务贸易与技术贸易的发展

在全球服务贸易和技术贸易高速发展的环境中，我国的表现仍然举世瞩目，服务贸易和技术贸易的发展速度均高于世界平均水平，显示出了我国参与世界贸易的强大竞争实力和发展潜力。

12.3.1　我国服务贸易的发展

1. 我国服务贸易发展情况

（1）服务贸易增速快、规模大，国际地位显著提升在国际服务贸易快速发展的同时，中国的服务贸易也得到了蓬勃的发展。根据商务部数据显示，自 1982 年有统计以来到 2014 年，我国服务贸易额已经增长了 130 多倍。表 12 - 3 反映了我国 2005—2015 年服务贸易规模与发展速度。这十年间，除 2009 年中国服务出口总值受金融危机影响略有下降外，中国服务贸易进出口一直保持双增长。服务进出口额从 2005 年的 1571 亿美元攀升至 2015 年的 7130 亿美元，10 年时间里增长了 3.5 倍。2015 年，中国服务进出口总额 7130 亿美元，比 2014 年增长 14.6%，增速远高于全球服务贸易 4.7% 的平均水平。据世界贸易组织最新统计，2016 年中国服务进出口总额仍居世界第二位，出口额与进口额全球占比分别为 4.3% 和 9.7%，位居全球第五位和第二位。中国服务贸易出口世界排名由 1982 年的第 28 位上升到 2016 年的第 5 位；中国服务进出口总额占世界的比重从 1982 年的 0.6% 上升到 2016 年的 6.97%。中国服务贸易在全球地位显著提升。

表 12 - 3　2005—2015 年中国服务进出口情况

年份	进出口总值/亿美元	同比/%	出口总值/亿美元	同比/%	进口总值/亿美元	同比/%
2015	7 130	14.6	2 882	9.2	4 248	18.6
2014	6 043	12.6	2 222	7.6	3 821	15.8
2013	5 396	14.7	2 106	10.6	3 290	17.5
2012	4 706	12.3	1 904	4.6	2 801	18.2
2011	4 191	15.6	1 821	7.0	2 370	23.3
2010	3 624	26.4	1 702	32.4	1 922	21.5
2009	2 867	−5.8	1 286	−12.2	1 581	0.1
2008	3 045	21.4	1 464	20.4	1 580	22.2
2007	2 509	30.9	1 217	33.1	1 293	28.8
2006	1 917	22.0	914	23.7	1 003	20.6
2005	1 571	17.5	739	19.1	832	16.2

数据来源：WTO 国际贸易统计数据库，中国商务部、国家外汇管理局。

（2）服务贸易占对外贸易总额的比重稳定上升

随着中国经济结构转型升级，服务业规模不断扩大，带动服务贸易进入快速发展期。2000 年以来，中国服务贸易在对外贸易总额（货物和服务进出口额之和）中的比重持续上升，从 2007 年的 10.34% 上升至 2017 年的 14.46%。2017 年服务贸易占对外贸易总额的比重为 14.46%，比 2016 年下降 3 个百分点。

（3）服务贸易仍旧呈现逆差状态

我国服务贸易长期以来呈逆差状态并不断扩大状态，由表 12 - 3 可以看出，服务贸易逆差由 2005 年的 93 亿美元上升到 2015 年的 1 366 亿美元。2015 年，中国服务贸易逆差高达 1 366 亿美元，同比下降 14.6%。其中旅游贸易逆差为 1 237.4 亿美元，占服务贸易逆差总额的 90.6%，是服务贸易逆差的最大来源。其次是运输服务逆差 488 亿美元，同比下降 15.7%。知识产权使用费逆差 209.1 亿美元，与 2014 年持平。保险服务逆差由 2014 年的 179.4 亿美元缩窄至 30 亿美元。虽然在加工服务、电信、计算机和信息服务、咨询、建筑服务、其他商业服务有不同程度的顺差，但由于逆差数额较高，导致我国总体服务贸易呈现逆差。受多重因素影响，逆差状况还将在较长时期内存在。

知识链接

美国对中国商品贸易存在较大的逆差，但美国从对华服务贸易中获取了巨额顺差和利润，而且这种顺差还呈强劲扩大之势。2015 年，美国对华服务贸易顺差扩大至 333 亿美元。

全球著名经济研究机构牛津经济预测的一份报告指出，中国正成为美国服务贸易增长的支撑点。2005 年，对华服务贸易给美国至少创造了 3.7 万个高薪就业岗位；2010 年，平均每个美国家庭将从对华服务贸易出口中获得 500 美元的收益；2015 年，对华服务贸易将给美国服务业新增 24 万个高薪就业岗位。

（资料来源：百事通文档）

（4）传统服务进出口仍占据服务贸易的主流，但有小幅下降

目前，我国服务贸易收支仍主要集中在旅游、运输和建筑等低附加值的传统服务贸易项目上。2015 年，中国三大传统服务（旅游、运输服务和建筑服务）进出口合计 3 703.5 亿美元，占服务贸易总额的 51.9%，份额比 2014 年下降 10.7%。三大服务出口占服务出口总额的 53.2%，份额比 2014 年提高 2.8%。其中，旅游出口增长 7.8%，占服务出口总额的比重为 34.2%，仍居各类服务之首，但与 1997 年高达 49.3% 的占比数字相比，呈明显下降趋势；运输服务出口同比增长 0.5%，占比降至 13.4%，位居第二；建筑服务出口增长 5.7%，占比降至 5.7%。同时，旅游服务进口增长 44.5%，建筑服务进口增长 14.1%。

（5）高附加值新兴服务进出口保持均衡快速增长

近年来，金融、保险、计算机和信息、通信、电影音像、广告宣传等技术密集型高附加值新兴服务贸易增长迅猛。2017 年新兴服务进口总额为 7 271.7 亿元，增长 10.6%，新兴服务出口总额为 7 328.4 亿元，增长 11.5%。其中，电信计算机和信息服务、知识产权使用费和个人文化娱乐进口同比分别增长 54.9%、21% 和 30.6%，而知识产权使用费、金融服务、维修、维护出口分别增长 316.6%、30%、18.2% 和 15.7%。

（6）服务外包产业迅速发展

据商务部统计，2017 年我国服务外包是服务出口增长的新引擎。我国企业全年承接服务外包合同金额为 12 182.4 亿元人民币，执行额为 8 501.6 亿元，均创历史新高，同比分别增长 26.8% 和 20.1%。在"互联网＋"、大数据、人工智能等国家战略推动下，服务外包企业广泛应用新一代信息技术，加快与传统产业的跨界融合，数据分析、电子商务平台、互联网营销推广和供应链管理等服务新业态、新模式快速发展，执行额同比分别增长 55.4%、44%、40.6% 和 17.8%，逐步形成相互渗透、协同发展的产业新生态。

外包服务市场多元化趋势日益显现。截至 2017 年年底，我国服务外包的业务范围已经遍及五大洲 200 多个国家和地区，服务外包执行额超亿元的国家和地区达到 130 个。在"一带一路"的引领下，我国与沿线国家加强在信息技术、工业设计、工程技术等领域的服务外包合作，执行额达到 1 029.3 亿元，首次突破 1 000 亿元，同比增长 27.7%，带动我国高铁、核电、通信、移动支付等世界领先的技术和标准加快走出去。服务外包成为推动实体经济转型发展的新动能。

知识链接

一带一路（the Belt and Road，B&R），是指"丝绸之路经济带"和"21 世纪海上丝绸之路"。"一带一路"不是一个实体和机制，而是合作发展的理念和倡议，是充分依靠中国与有关国家既有的双多边机制，借助既有的、行之有效的区域合作平台，旨在借用古代"丝绸之路"的历史符号，高举和平发展的旗帜，积极主动地发展与沿线国家的经济合作伙伴关系，共同打造政治互信、经济融合、文化包容的利益共同体、命运共同体和责任共同体。2014 年博鳌亚洲论坛年会开幕大会上，中国全面阐述了亚洲合作政策，并特别强调要推进"一带一路"的建设。"一带一路"规划，被认为是"中国版马歇尔计划"的战略载体。

2. 我国服务贸易发展的方向

改革开放 30 年来，伴随着中国货物贸易的飞速发展并最终成为世界货物贸易的第一大国，中国服务贸易也获得了飞速成长，并逐渐从幕后走上中国经济的台前。2015 年中国服务贸易已跻身全球第二。然而与货物贸易一样，中国还只是一个服务贸易大国而非强国。我国服务贸易仍以传统服务贸易为主，服务贸易逆差逐年增大，尽管在加工服务、建筑服务、计算机与信息服务等领域有一定的顺差，但在旅游、运输服务、保险服务等占比较大的领域存在较大逆差，且逆差将长期存在，甚至进一步扩大。

要将我国的国际服务贸易引向更健康的发展道路，首要的任务是实现服务业增长方式的转变，即由粗放型、外延型到集约型、内涵型的转变。其次，在服务贸易出口方面，应发挥传统服务优势，进一步扩大高附加值新兴服务贸易的发展。最后，促进服务外包、服务企业走出去，在这方面我们都还有很大的增长空间。

总而言之，中国的服务贸易在全球并不处于领先地位，虽然存在各种问题，但中国发展服务贸易潜力仍然是巨大的。面临着国际服务贸易转移的机遇，服务贸易已经成为今后中国经济发展的重点。我们应当像当年把握制造业国际产业转移的机遇那样来把握当前服务贸易转移的机会，像发展货物贸易一样来发展服务贸易，力争成为服务贸易的强国。

12.3.2　我国技术贸易的发展

1. 我国技术贸易发展现状

（1）技术贸易发展速度较快

经过改革开放近 40 年的发展，我国技术贸易发展迅速，结构不断优化，稳步快速增长的态势已初步形成。据商务部统计，中国技术进出口总额已从 2006 年的 226.1 亿美元上升到 2013 年的 931.15 亿美元，与 2006 年相比增长了 311.83%。我国以国内技术贸易为主的技术交易逐年上升，技术合同成交额从 2001 年的 782 亿元升至 2014 年的 8 577.18 多亿元，同比增长了 996.83%。2014 年技术合同金额比上年增长 14.84%。虽然增长速度快，但目前中国技术进出口的规模仍然偏小，特别是技术出口仍有较大增长空间。

（2）技术贸易呈现长期逆差状态

中国的技术贸易长期呈现逆差状态，每年的技术贸易逆差超过 100 亿美元，说明中国目前在创新方面与国外的先进技术水平有差距，同时也充分表明中国技术贸易的发展空间和潜力巨大。

（3）技术引进从硬件向软件转移，高新技术产品出口范围仍过于狭窄

近年来，中国的技术引进已由以关键设备、成套设备和生产线引进为主转向以专有技术许可、技术咨询与服务为主；技术出口则以计算机软件出口为主，技术咨询与服务、专有技术许可的规模尚小。高新技术产品贸易占我国对外贸易的份额每年基本维持在 30％左右，出口规模尤其小，仅在 15％～17％。高新技术产品出口范围仍过于狭窄。

（4）技术贸易区域发展不平衡

目前，我国技术贸易区域发展不平衡。我国技术进口主要集中在欧盟、日本和美国等发达国家和地区，占我国技术进口总额的 70％以上；技术出口主要集中在美国、日本和我国香港，占我国技术出口总额的 50％以上。随着技术创新能力的提升，我国对伊朗、美国、新加坡、瑞典、芬兰等国家的技术出口发展最为迅速。我国技术引进和技术出口均以东部沿海地区为主。

2. 我国技术服务贸易发展的方向

从政府角度来看，我国政府将进一步健全技术贸易的法规制度与分级管理制度，健全技术贸易的政府和行业体系，加大对具有自主品牌、自主知识产权产品的扶持力度，在技改、研发、信贷、保险、信息服务等方面给予重点支持，为企业发展技术贸易创造良好的内外部环境，以激发企业主动进行技术交易、引进和出口的积极性。

从企业角度来看，需进一步增强企业的自主创新能力，构建我国企业的技术创新体系，提高企业技术进出口的实力；推进贸易工具的创新，充分利用以网络技术为基础的电子商务发展技术贸易。在技术引进方面，要在吸引外资的同时更加重视高新技术的引进，充分利用各种技术贸易方式，加快技术引进步伐；必须进一步提高技术引进的质量，推动技术引进之后的消化吸收和再创新，从注重引进国外先进技术转变为技术引进与消化、吸收和创新并重。在技术出口方面，要进一步发展我国的高新技术产品出口，扩大高新技术产品出口的范围和规模，增强出口商品的国际竞争力；推进高新技术产品贸易结构的优化，实现高新技术产品内高附加值环节和高附加值产品出口的突破。

同步测试

一、多项选择题

1.《服务贸易总协定》把国际服务贸易分为如下几类（　　）。

    A. 跨境交付　　　　　B. 境外消费　　　　　C. 商业存在　　　　　D. 自然人流动

2. 属于许可贸易的有（　　）。

    A. 独占许可　　　　　B. 排他许可　　　　　C. 可转让许可　　　　　D. 人员培训

3. 国际上利用外资引进技术的方式主要有如下几种（　　）。

A. 合资经营　　　　　　　　　　B. 外汇贷款
C. 国际 BOT 方式　　　　　　　　D. 补偿贸易
4.《服务贸易总协定》的英文简写是（　　）。
A. GATT　　　　B. GATU　　　　C. GATS　　　　D. GATW
5. 服务贸易的特点包括（　　）。
A. 不可分离性　　　　　　　　　B. 差异性
C. 可储存性　　　　　　　　　　D. 标的无形性

二、判断题
（　　）1. 服务贸易的商品具有可感知性。
（　　）2. 服务贸易已成为大国竞争的焦点。
（　　）3. 技术贸易包括技术转让与技术引进两方面。
（　　）4. 服务可以储存。
（　　）5. 技术转让是指拥有技术的一方通过某种方式将其技术出让给另一方使用的行为。

三、简答题
1. 国际服务贸易与货物贸易相比有哪些特点？
2. 收集各国服务贸易的发展情况，对比我国服务贸易的现状，谈谈我国应如何发展服务贸易。
3. 什么是国际技术贸易？它有哪些主要方式？
4. 列举若干你所熟悉的技术贸易例子。

案例分析

我国涉外知识产权案件大幅增加

近年来我国涉外知识产权案件大幅度增加，规模也越来越大。国外企业索要的专利费用和赔偿额越来越多，动辄数以亿计。

据国家知识产权局局长田力普在一次谈话中说，美国国际贸易委员会已提出的调查数目在不断增加，已经启动的 111 个调查中有 42 个涉及中国内地和香港。他说，涉外知识产权案件覆盖的范围也越来越广，从打火机、拉链和书写笔等传统产业到生物制药、数码芯片等高科技产业，都有涉外知识产权纠纷的出现。外国企业往往结成产业同盟对中国整个行业或主导企业提起专利诉讼，对中国相关产业发展造成的影响越来越大。

据了解，国外企业加紧通过知识产权竞争中国市场，中国自主创新面临严峻挑战。数据显示，2005 年中国发明专利申请量创历史新高，达到 17 万余件，但是 46% 来自国外，只有一半多一点来自国内。

田力普说，深圳华为公司是国内申请发明专利最多的企业，而山东省青岛市是打造自主知识产权品牌最好的城市之一，拥有海尔、海信、澳柯玛、青岛啤酒等一批知名品牌企业。但遗憾的是，国内像这样有前瞻性战略眼光的企业太少了。

据统计，目前国内拥有自主知识产权的企业仅有几千家，仅占约万分之三，有 99% 的企业没有申请专利，拥有自己商标的企业仅占 40%。中国的民航客机 100% 从国外进口；高端医疗设备、半导体及集成电路制造设备和光纤制造设备基本从国外进口；石化装备的80％、数控机床和先进纺织设备的70％依赖进口。

2005年秋季广交会抽样统计表明，中国出口产品50％为贴牌，29％无商标，只有21％有自己的商标。田力普表示，应充分认识加强知识产权工作的重要性，切实加强知识产权保护，加强知识产权人才的培养，提高全社会知识产权意识。

（资料来源：中国纺织网）

讨论题：

1. 根据案例分析，中国拥有自主知识产权的数量如何？
2. 从案例可以看出，中国企业在世界市场竞争中面临什么样的困境？
3. 中国应如何加大自主品牌、自主知识产权产品的发展？

第13章

各类型国家对外贸易的发展

【知识目标】
　　通过本章的学习，要求学生了解美国、日本、欧盟对外贸易的发展趋势，掌握美国、日本、欧盟对外贸易政策的演变，理解转型国家的对外贸易状况，准确把握发展中国家对外贸易的基本特点。

【技能目标】
● 能分析不同类型国家对外贸易政策及相关措施；
● 能对我国对外贸易发展有比较客观的认识。

【重点】
● 发达市场经济国家对外贸易的发展；
● 发展中国家对外贸易的发展。

引　例

印度货物进出口分析

　　2014年以来，受世界能源市场价格波动影响，印度进出口贸易复苏乏力。据印度商业信息统计署与印度商务部统计，2014年，印度货物进出口额为7 796.6亿美元，比上年同期（下同）下降0.4％。其中，出口3 195.5亿美元，增长1.4％；进口4 601.1亿美元，下降1.7％。贸易逆差1 405.6亿美元，下降8.1％。

　　从国别看，2014年印度出口除对中国和新加坡出现下降，降幅分别为8.3％和22.5％外，对其他主要贸易伙伴美国、阿联酋、沙特的出口仍保持程度不同的增长，增幅依次为9.8％、3.8％和8.1％。上述国家占印度出口贸易总额的40％以上；其中以美国所占的份额最大，为13.3％、阿联酋为10.4％、中国为4.2％、沙特为4.0％、新加坡为3.3％、英国为3.0％。印度自中国、沙特、阿联酋的进口额分别占印度进口总额的12.7％、7.1％、5.9％，瑞士和美国同为4.6％、3.6％，合计为35.9％。

　　2014年，印度前五大逆差来源国依次为中国、瑞士、沙特、伊拉克、卡塔尔，分别为449.6亿美元、200.4亿美元、198.3亿美元、153.1亿美元和152.1亿美元；增减幅依次为21.7％、－16.8％、－18.4％、－18.3％、10.6％。顺差主要来自美国、阿联酋、孟加拉国和斯里兰卡，分别为214.7亿美元、59.8亿美元、59.7亿美元和58.4亿美元，增幅依次为 41.7%、575.3%、15.8%、64.4%。

从贸易结构看，印度出口结构呈多元化发展趋势，主要出口商品为矿物燃料、珠宝及贵金属制品、运输设备、机械设备、有机化学品、药品等。2014 年，上述六大类商品的出口总额达 1 569.0 亿美元，占印度出口贸易总额的 49.1%。印度进口的六大类商品是矿物燃料、宝石及贵金属制品、机械设备、机电产品、有机化学品、塑料制品；2014 年这六类商品的进口额占印度进口总额的 71.8%。

（资料来源：中商情报网）

分析： 印度对外贸易的基本情况如何？主要发展趋势是怎样的？

13.1 发达市场经济国家对外贸易的发展

讨　论

学生分小组讨论：

1. 你了解美国、欧盟、日本的对外贸易政策吗？
2. 美国、欧盟、日本的对外贸易政策对我国有什么影响？

发达市场经济国家主要是指北美（美国、加拿大）、西欧（英国、法国、德国、意大利等）、日本、大洋洲（澳大利亚、新西兰）等资本主义发展较早、市场经济较发达、经济水平处于较高层次的国家。这些国家经济和贸易的发展影响着整个世界经济和贸易的发展，在国际经济舞台上发挥着举足轻重的作用。

13.1.1 美国的对外贸易

美国是当代最大的发达国家，面积 963 万平方公里，2017 年总人口为 3.22 亿，名列中国和印度之后，2015 年美国 GDP 高达 18.04 万亿美元（国际汇率），居世界经济之首，2015 年人均 GDP 56 115 美元（国际汇率）。美国拥有丰富的自然资源、高素质的劳动力资源，以及先进的科学技术、庞大的投资资金，其工业、农业和第三产业都高度发达，这使美国成为当前资本主义世界中经济发展水平最高、经济实力最雄厚的国家。

1. 美国对外贸易的地位和作用

美国不仅是当代最发达的资本主义国家，也是世界上最大的贸易国之一，其进出口总额居世界首位。1980—1997 年，美国的货物和服务出口从 2 719 亿美元上升到 9 736 亿美元，增长 3.18 倍，年平均增长 8.2%。据美国商务部统计，2013 年，美国进出口总额为 50 427亿美元，全球第一。2016 年全年，美国货物与服务进出口总额达 48 579 亿美元，仍居世界第一，其中货物进出口总额为 37 059.8 亿美元，服务进出口总额为 12 150 亿美元，货物与服务贸易逆差 5 023 亿美元。美国对外贸易的快速发展极大地促进了美国经济的发展，是美国经济增长的发动机。对外贸易为美国的商品和劳务提供了广阔的市场，为美国国内工业的发展提供了原料、燃料，同时也调整了美国工业结构，增加了就业机会并改善了人们的生活水平，提高了美国的生产率，极大地刺激了美国经济的增长。

美国是在第二次世界大战结束后成为全球最大贸易国的。"贸易就是世界话语权"，对外贸易成为美国对世界经济施加影响的重要手段，庞大的进口数量让美国能够动辄以贸易制裁来威胁有贸易争端的国家，而美国政府对高新技术的种种限制也成为美国为达到某些政治目的经常使用的手段。

2. 第二次世界大战后美国对外贸易发展趋势

（1）对外货物贸易地位的变化

1985 年以前，美国一直是世界上最大的贸易国家。1986 年到 1990 年间德国与美国轮坐世界上最大出口国宝座。自 1991 年起，美国又重新成为世界上最大的出口国。1997 年美国出口贸易额为 6 870 亿美元，2004 年美国出口贸易额为 11 461.37 亿美元。根据世界贸易组织统计数据，2013 年，美国货物进出口总额为 3.9 万亿美元，中国货物进出口总额为 4.16 万亿美元，中国首次超过美国成为世界第一货物贸易大国。2014 年和 2015 年，中国货物进出口总额仍居世界第一。2016 年美国货物贸易总额 3.706 万亿美元，超过中国（3.685 万亿美元），重新跃居全国首位。同时，美国服务贸易发达，美国一直保持世界服务贸易大国的地位，服务贸易总额远超中国。2016 年中国服务贸易总额为 6 560 亿美元，美国服务贸易总额为 12 150 亿美元，美国服务与货物进出口总额仍居世界第一。

（2）进出口商品结构发生变化

美国出口商品主要是工业制成品，每年约占其出口总额的 75%。在制成品中，机械产品增长迅速，所占比例接近制成品出口的一半。2000 年工业制成品出口比 1990 年增长了 1.21 倍，其中资本货物出口比 1990 年增长了 1.35 倍，占货物出口总额的 46%，高新技术产品出口比 1990 年增长了 2.76 倍。2000 年美国农产品出口比 1990 年增长 32%。分商品看，机电产品、运输设备、化工产品和矿产品是美国的主要出口商品，2016 年出口额分别为 3 577.0 亿美元、2 646.4 亿美元、1 540.3 亿美元和 1 027.9 亿美元，占美国出口总额的 24.6%、18.2%、10.6% 和 7.1%，下降 4.9%、0.6%、4.8% 和 9.5%。美国在民用飞机、汽车、运输设备、计算机、信息等高新技术产品、农产品、军火、技术贸易和服务贸易等方面都具有很强的出口竞争能力，而一些劳动密集型产品则相继退出国际市场。目前，美国主要的出口商品依次是资本货物（不包括汽车）、工业原料、消费品、汽车及零件、食品、饲料和饮料等。

美国在进口商品方面初级产品的比例在逐步下降，而工业制成品的比例逐步上升。1950 年美国初级产品进口占进口总额的 70.2%，工业制成品进口占进口总额的 28.5%，到 1995 年，初级产品进口比例下降到 17.1%，工业制成品进口比例上升到 79.2%。2000 年工业制成品进口比 1990 年增长了 1.63 倍。各类商品在进口总额中的比例变化很大，机器及运输设备进口在制成品进口中所占比例，从 1970 年的 28% 提高到 1995 年的 45.3%。一些重要的制成品，如钢铁、汽车等都相继从出超变为入超。机电产品、运输设备和化工产品是美国的前三大类进口商品，2016 年进口分别为 6 399.2 亿美元、3 152.3 亿美元和 1 951.3 亿美元，占美国进口总额的 29.2%、14.4% 和 8.9%。矿产品、纺织品及原料和贱金属及制品等也是美国的重要进口产品。

（3）贸易地理方向出现新的变化

过去，美国的主要贸易对象是西欧和北美的发达国家，但自 20 世纪 80 年代中期以来，美国的对外贸易地理方向发生了深刻的变化，其重心从西欧转向亚太地区。快速发展的亚洲国家为美国出口提供了一个迅速扩大的市场，1972—1992 年，美国对亚洲国家的出口差不多增长了 1 倍，从占美国出口总额的 9％上升到 17％；到 1992 年美国跨太平洋的贸易比跨大西洋的贸易高 50％。自 2000 年以来，美国主要的贸易伙伴为加拿大、墨西哥、中国、德国、韩国、荷兰、日本、英国、法国、瑞士等。2015 年，中国超过加拿大成为美国最大的贸易伙伴。

（4）跨国公司内部贸易在美国总体对外贸易中的比例增大

美国跨国公司同它的国外子公司或附属单位之间的跨国界贸易（也称跨国公司内部贸易）的重要性日益得到上升。到 1996 年，跨国公司（包括美国跨国公司和外国在美国的子公司）所进行的出口贸易占美国出口的 3/4，其中跨国公司自己的内部贸易占贸易总量的 1/3。这种贸易最初是在美国跨国公司内部进行的，但是后来越来越多的外国跨国公司，特别是日本跨国公司同它们在美国的子公司或附属单位也进行内部贸易。

（5）技术贸易和服务贸易的比例不断提高

20 世纪 80 年代以来，技术进出口在美国贸易总额中所占比例不断上升，增长速度极快。从 20 世纪 80 年代中期到 90 年代中期，其技术出口的平均增长速度在 2 倍以上。高技术产品在进口和出口两方面都是不断上升的。1992 年美国出口了 1 070 亿美元的先进技术产品，而 1989 年只出口了 830 亿美元，进口也从 1989 年的 560 亿美元上升到 720 亿美元。宇航、信息、通信及电子等产品构成美国高技术出口的主要部分。

同时，服务业在美国出口贸易中的地位明显上升，服务贸易的增长十分强劲，进入 20 世纪 90 年代以后表现得尤为突出。美国服务贸易出口额从 1985 年的 73 亿美元，增至 1995 年的 2 068 亿美元，2000 年又增加到 2 746 亿美元，比 1990 年增长了 1 倍。美国服务贸易进口额也增长很快，从 1985 年的 720 亿美元增加到 1995 年的 1 439 亿美元，2000 年又增至 1 989 亿美元，比 1990 年增长了 79％。美国服务业比较发达，具有良好的基础，并在高科技等新领域中占有优势。美国服务贸易经常保持顺差，其在商品贸易上的逆差要靠在服务贸易上的顺差来弥补。据世界贸易组织统计数据，2016 年，美国继续保持全球第一大服务贸易国地位，2016 年美国服务贸易总额为 12 150 亿美元，同比增长 1％，其中服务出口创下历史高位 7 330 亿美元，以旅游、运输、知识产权使用费用和金融服务为主导。2016 年服务出口贸易盈余达到 2 510 亿美元，相比 2015 年减少 5.5％。

（6）外贸逆差急剧扩大

在 1946—1970 年的 25 年间，美国的对外贸易一直是顺差。1971 年美国出现了第一次贸易逆差，1974—1976 年美国的贸易逆差为 71 亿美元，1987 年高达 1 736 亿美元。近年来，美国贸易逆差不断攀升，2005 年美国对外贸易逆差甚至达到 6 694.2 亿美元，之后有所下降。贸易逆差已成为美国推进对外贸易的主要阻力之一。美国商务部数据显示，2016 年美国货物与服务贸易逆差增至 5 023 亿美元，其中货物贸易逆差 7 501 亿美元，服务贸易顺差 2 478 亿美元。

3. 美国对外贸易政策的演变

总的来看，美国对外贸易政策的演变可以分为以下 4 个时期：从美国成立到 1934 年以保护贸易为主要政策倾向时期；从 1934 年到 1974 年以自由贸易为主要政策倾向时期；从 1974 年开始转向贸易保护主义，到 20 世纪 80 年代公开放弃"自由贸易"的口号，转而强调"公平贸易"时期；2008 年金融危机后的"后危机时代"对外贸易政策时期。

（1）保护贸易政策（美国成立—1934 年）

美国成立以来，曾积极采取保护贸易政策，以保护本国那些尚无国际竞争力的幼稚产业。1816 年，美国国会通过的《关税法》正式将保护贸易政策作为关税法的基本原则加以确立，强调对进口商品征收高额关税以保护国内市场。19 世纪 20 至 30 年代，美国进口商品的平均税率接近 60%。

随着美国工业的发展和生产力的提高，美国的经济实力大大增强，越来越需要向国际市场扩张，加之英国等国自由贸易政策的影响，美国自 1840 年开始下调关税税率，至 1860 年，平均关税下降到 20% 左右。19 世纪 70 年代以后，自由竞争的资本主义开始向垄断过渡，各主要资本主义国家不断受到垄断企业控制，市场饱和的矛盾日益突出，一些资本主义国家先后采取保护贸易措施，美国也逐步提高了进口关税，并于 1890 年和 1897 年先后通过了贸易保护主义的法案——《麦金利关税法》和《丁格利关税法》，以加强对本国的保护。

1929—1933 年资本主义经济大危机，使市场问题急剧恶化，许多国家纷纷加强对本国市场的保护力度，通过提高关税、进口数量限制、外汇限制等手段阻止外国商品输入，同时对出口实行鼓励政策，以占领他国市场，转嫁危机。在这种背景下，美国国会于 1930 年通过了《斯穆特-霍利关税法案》。在这个法案下，美国平均进口关税达到 53.2%，1932 年最高达到 59%。

（2）自由贸易政策（1934—1974 年）

1934 年 6 月，美国国会通过了《互惠贸易法》，授权总统同其他国家签订贸易互惠协定，相互把关税降到《斯穆特-霍利关税法案》制定的 50%。美国利用这一法律先后同 28 个国家签订了双边和多边贸易协定，到 1974 年美国平均进口关税已低于 1934 年的 50%。

第二次世界大战后，在美国的推动下，1948 年 1 月 1 日第一个全球性多边贸易协定——《关税与贸易总协定》产生了。在关贸总协定的主持下，1947—1962 年进行了五次多边贸易谈判，使关税水平下降了 35% 左右。

1962 年，美国国会通过了《扩大贸易法》，用以代替《互惠贸易法》。该法授权总统与所有国家进行谈判，把关税减至 1962 年水平的 50%，并完全取消 1962 年的 5% 或以下的关税。在 1962 年《扩大贸易法》的倡议下，美国开始在关贸总协定的主持下与其他国家进行新一轮的多边贸易谈判，通过谈判使工业品平均关税比 1962 年平均削减 35%。到 1972 年年底，当这个协议完全履行后，工业化国家工业品的平均关税率已不到 10%。

（3）从自由贸易到公平贸易政策（1974—2007 年）

进入 20 世纪 70 年代以后，美国国会中的贸易保护主义明显抬头。下列几个因素对这种倾向起了明显的促进作用：第一，20 世纪 70 年代发生的两次石油危机，对包括美国在内的资本主义国家经济造成了巨大冲击，加剧了其经济恶化；第二，其他工业国如日本，竞争力急剧提高，对美国出口取得了巨大的贸易顺差，美国出现了巨额的贸易赤字；第三，出现了一批新兴工业化国家和地区，它们在轻工业这方面具有很大的优势；第四，各国政府通过贸易方面的出口补贴、价格支持和对主要行业的研究与开发拨款，对高技术领域进行了干预，加强了竞争。在这种背景下，美国对外贸易政策开始出现转变，对自由贸易重新进行了界定，提出了互惠自由贸易的新概念来同无条件的自由贸易对垒。互惠自由贸易的含义是美国支持降低贸易壁垒，前提是贸易伙伴也愿意这样做，美国对实行保护主义的国家则不愿意开放自己的市场，这也就是所谓的公平贸易原则。

美国政府于 1985 年通过颁布了"贸易政策行动计划"，开始了对外贸易政策的全面调整；再经过布什政府 1989 年制定的《国家贸易政策纲要》和 1992 年通过的《扩大出口法》，到克林顿 1993 年执政后提出和实施的"国家出口战略"，完成了从自由贸易政策到公平贸易政策的演变。

美国公平贸易政策的总目标是：扩大自由和开放贸易的范围，但在继续开放美国市场的同时，要防止其他国家的所谓不公平贸易行为，保证外国市场对美国市场的开放，保障美国获得更多的出口机会。

20 世纪 70 年代中期到 80 年代中期，美国外贸政策的重点一直放在采取单边报复措施和其他贸易保护政策上，通过各种非关税壁垒及扩大征收反倾销税和反补贴税来限制进口，保护国内市场。20 世纪 80 年代中期以后，美国外贸政策开始转向鼓励扩大出口，加强了在财政、金融、外汇等方面鼓励出口的措施。20 世纪 90 年代这一趋势得到进一步的加强。近年来，美国与一些贸易伙伴的双边贸易谈判中协商的重点已从贸易保护和对不公平贸易行为的报复制裁转为"市场准入"。

为了应对区域经济一体化的挑战，美国于 1985 年与以色列签订了双边自由贸易协定，1989 年与加拿大建立了美加自由贸易区，1994 年又与加拿大、墨西哥建立了北美自由贸易区，并启动了建立美洲自由贸易区的谈判。同时，美国还以积极的姿态推进亚太经济合作组织，取得了一定进展。由此可见，美国今后将不会再单纯依靠世界多边贸易体制作为开展对外贸易活动的主要机制，而是利用双边机制来代替、补充并冲击多边机制，走向所谓的"有管理的贸易"。

（4）金融危机后的"后危机时代"对外贸易政策（2008 年至今）

2008 年，美国发生次贷危机，进一步演变成全球性的金融危机，这场危机使得美国经济陷入低迷，导致其对外贸易政策也进行了一系列调整。

① 强势推进 TPP，但突然退出。自 20 世纪 90 年代以来，多哈回合谈判始终未果，为了美国本国的利益，美国重返亚太，着力推进跨太平洋伙伴关系协定（Trans-Pacific Partnership Agreement，TPP）。2015 年 10 月 5 日，跨太平洋伙伴关系协定取得实质性突破，美国、日本等 12 个国家就 TPP 达成了"高标准"贸易协定。TPP 将对近 18 000 种类别的商品降低或减免关税。但美国总统特朗普于 2017 年 1 月 23 日签署行政命令，正式宣布美国退出跨太平洋伙伴关系协定。

② 积极助推 TTIP。2013 年 6 月，美欧正式宣布启动"跨大西洋贸易与投资伙伴协议"（Transatlantic Trade and Investment Partnership，TTIP）的谈判。一旦谈判达成，美、欧将在知识产权、劳工标准等方面制定新的规则，这对想进入美、欧市场的企业来说无疑提高了门槛。

TPP、TTIP 的发展历程是怎样的？其目标及宗旨是什么？其对中国经济贸易的发展有何影响？

③ 力促再工业化。随着劳动力成本的上升和国际分工的发展，发达国家普遍把劳动密集型的低端制造业转移至发展中国家，国内则主要关注金融创新等虚拟经济的发展。2009年 11 月 2 日，美国总统奥巴马发表声明指出，美国经济要转向可持续的增长模式，即出口推动型增长和制造业增长，发出了向实体经济回归的信号。这表明在当前的金融危机背景下，美国已充分认识到不能依赖金融创新和信贷消费拉动经济，开始重视国内产业尤其是先进制造业的发展，"再工业化"成为美国重塑竞争优势的重要战略。

④ 重推贸易保护主义。金融危机以来，美国失业率屡创新高，社会不稳定因素剧增。美国国内许多人认为这是由于美国巨大的贸易逆差，尤其是对中国的贸易逆差所致。在这种压力下，美国对我国的贸易保护主义有所抬头。美国对我国的实施贸易壁垒更是日益多元和隐蔽，包括部门壁垒、技术性贸易壁垒、绿色壁垒、知识产权保护、汇率政策、市场准入等。美国以"公平贸易""自由贸易""世界经济均衡增长"等为由，奉行双重标准，大力保护国内市场，对中国产品进行遏制。

2008 年美国次贷危机之后，中美经贸关系发生了一系列变化。2013 年至 2015 年世界最大货物贸易国地位被中国取代是否会导致中美贸易摩擦进一步加剧？请结合实际情况谈谈自己的观点。

13.1.2　日本的对外贸易

日本是一个岛国，由本州、北海道、九州、四国 4 个大岛和 6 800 个小岛组成，总面积37.78 万平方公里，2016 年，总人口约 1.27 亿。日本是一个后起的发达资本主义国家。第二次世界大战中，日本成为战败国，其经济在战争中遭到了极大的破坏。但第二次世界大战后日本经济恢复很快，经过几十年的发展，扭转了全面崩溃的国民经济，实现了工业现代化，一跃成为资本主义世界第二号经济强国，为世人所瞩目。

1. 第二次世界大战后日本对外贸易的发展趋势

由于日本自然资源贫乏，国内市场狭小，日本国内生产所需要的原料、燃料等均依赖进口，而国内生产的相当部分工业品的销售则需依赖出口。很显然，对外贸易在日本经济发展中的作用至关重要。第二次世界大战后日本经济的迅速崛起和经济大国地位的取得与其对外贸易活动的有效开展是密切相关的。可以说，没有对外贸易，就没有第二次世界大战后日本经济的发展。

第二次世界大战后日本对外贸易的发展经历了 1945—1955 年的恢复期、1956—1973 年的高速增长期、1973 年以后的增长速度减缓期三个阶段，具体对外贸易发展趋势体现在以下几方面。

（1）对外贸易额高速增长、迅速下滑又反弹

第二次世界大战后日本对外贸易额增长迅速，其中出口贸易额的增长尤为突出。日本的出口贸易额 1950 年为 8.2 亿美元，1995 年为 4 430 亿美元，2000 年增长到 5 475 亿美元，年均增长速度高于同期世界和工业发达国家出口贸易的增长速度；进口贸易额 1950 年为 9.7 亿美元，1995 年为 3 359 亿美元，2000 年增长到 4 952 亿美元，进口贸易额的增长速度要略低于出口贸易，但其增长速度仍高于其他工业发达国家。由于对外贸易迅速增长，日本在世界贸易中的地位显著提高，并使日本至今仍维持着世界第三的贸易大国地位。2008 年，日本进出口贸易额为 15 444.4 亿美元，其中出口额为 7 819.5 亿美元，同比增长 9.5%，与 2007 年 10.1% 的增长率相比，增长速度有所放缓；进口额为 7 624.9 亿美元，同比增长 22.6%，大大高于 2007 年的增幅；贸易收支出现 194.6 亿美元顺差。由于金融危机的爆发，2009 年进出口贸易总额降为 11 322.5 亿美元，之后有所回升，2016 年日本进出口总额为 12 521.4 亿美元，比上年下降 1.6%。

（2）进出口商品结构的变化

在出口商品结构中工业制成品所占比例较大，1970 年制成品占出口的比例为 92.5%，1994 年上升到 95.6%。在制成品中，机器设备增长最快，从 1970 年占出口总额的 46.3% 上升到 2001 年的 72.6%。当然在不同时期出口制成品项目的比例是不同的，且随着日本经济发展和产业结构的提升，出口制成品明显地表现出由劳动密集型产品向资本密集型产品、技术密集型产品和知识密集型产品转换的特征。在 1960 年以前，钢铁、棉织品和船舶出口约占日本出口总额的 1/4 以上；1970 年钢铁、船舶和汽车出口所占比例约为 30%，这些商品以其强大的国际竞争力成为第二次世界大战后日本出口增长的主要推动力，是日本巨额贸易顺差的主要来源。2010 年，日本主要产品出口占比为：核反应堆、锅炉、机械器具及零件，占比 19.5%，车辆及零附件，占比 19.1%，电机、电气、音像设备及其零附件，占比 17.1%，钢铁占比 5.1%。2016 年机电产品、运输设备和贱金属及制品是日本的主要出口商品，出口额分别为 2 222.7 亿美元、1 610.4 亿美元和 489.8 亿美元，占日本出口总额的 34.5%、25.0% 和 7.6%。

在进口商品结构中，20 世纪 80 年代以前，由于日本资源贫乏，需要进口大量的食品、能源及工业原料等初级产品，因此初级产品占进口的绝大部分，经常占进口的 70% 左右。当然，在不同时期具体进口的初级产品项目的比例是不一样的。20 世纪 50 年代，原料进口所占比例较大；20 世纪 60 年代，纤维原料及食品的进口比例有所降低，燃料和矿产品原料增加；20 世纪 70 年代，燃料在进口中的比例大大提高，其他各类初级产品所占的比例相对降低。但随着日本经济国际化的深入发展和贸易摩擦的升级及贸易顺差急剧扩大，20 世纪 80 年代以后，初级产品在日本的总进口中所占的比例有所下降，工业制成品进口所占比例提高。1980—1995 年，制成品进口年均增长率为 12.9%，其在进口总额中所占比例由 22.8% 猛增到 59.1%。2010 年日本主要产品进口占比为：原油 15.5%，天然瓦斯 5.7%，衣类及其附属品 3.8%。2016 年机电产品、矿产品和化工产品是日本的前三大类进口商品，进口额分别为 1 493.4 亿美元、1 294.6 亿美元和 572.9 亿美元，占日本进口总额的 24.6%、21.3% 和 9.4%。同时，日本还从国外引进大批先进技术，以促进国内的技术改造和产业结构优化，提高国家的整体技术水平。

（3）贸易地理方向的变化

从出口的地区分布来看，第二次世界大战后日本对发达国家与发展中国家和地区的出口大体上各占一半。发达国家一直以来是日本重要的出口市场。1975—1995 年，日本对发达国家的出口贸易额增加了 9 倍多，年均增长幅度为 12.4%，从而使得这一地区在日本出口市场构成中所占比例由 42%上升到 55%，最高是（1986 年）62.7%。但是，在发达国家出口市场，日本对美国的出口增长表现出一波三折的特征，而对欧盟的出口却呈现出稳定持续增长的态势。据统计，1973—1980 年，美国在日本出口市场构成中所占比例一直徘徊在 24%；1981—1986 年，这一比例由 25%上升到 38.5%；随后，这一比例又逐步降低到 1995 年的 27.3%。由于日本对美国的出口大于进口，有巨额的贸易顺差，日美贸易摩擦加大，日本对美国的出口仍将呈现下降的趋势。与此相反，在对欧盟的出口贸易中，出口额从 1975 年的 56.8 亿美元稳步增长到 1995 年的 720.9 亿美元（除了 1993 年略有下降外），年均增幅高达 13.6%，超过了同期日本出口总额的年均增长水平，欧盟在日本出口市场构成中所占比例也相应地由 10.2%上升为 15.9%。发展中国家同样是日本重要的出口市场，尤其是亚洲地区的一些发展中国家，如中国、新加坡、韩国、泰国及中东产油国等，均是日本出口的主要对象。资料显示，亚洲地区既是日本传统的出口市场，也是日本出口增长幅度最大的市场。1973—1995 年，日本对该地区的出口额由 117.5 亿美元增加到 2 244.6 亿美元，年均增幅高达 14.3%，亚洲市场在日本出口市场构成中的比例由 31.8%上升到 50.7%。2016 年美国、中国和韩国是日本前三大出口贸易伙伴。

在进口地区分布上，第二次世界大战后日本的进口与出口方向基本相似，对来自发达国家与发展中国家和地区的进口也大致各占一半。1970 年日本从发达国家的进口占其进口总额的 55.6%，之后这一比例不断下降，到 1995 年降为 47.8%。日本从美国和加拿大进口约占其进口总额的 1/3。1970 年这一比例为 34.4%，之后比例不断下降，1995 年降为 25.9%。对发展中国家的进口，在 20 世纪 70 年代因石油价格的上涨，发展中国家在日本进口贸易中的地位急剧上升，所占比例由 1973 年的 42.4%上升到 1980 年的 60.3%。进入 20 世纪 80 年代后，随着石油价格疲软趋跌和日本对石油等初级原料进口的减少，发展中国家所占市场份额 1995 年降到了 45.6%。在发展中国家和地区中，南亚、东南亚和中东地区是日本重要的进口市场，如东南亚地区在日本进口市场构成中所占比例，自石油危机以来一直保持相对稳定的增长态势，由 1975 年的 18.3%增加到 1994 年的 32.9%。2016 年中国、美国和澳大利亚是日本前三大进口贸易伙伴。

（4）跨国公司在日本对外贸易中起重要作用

跨国公司作为日本开展对外经济活动的主要工具之一，在日本对外贸易中拥有不可替代的重要地位。1990 年至 1994 年根据海外资产计算的 100 家最大跨国公司中，日本跨国公司增长最快，从 1990 年的 11 家增加到 1994 年的 19 家，主要分布在电子、贸易、汽车与零配件、金属加工、计算机等行业。1994 年根据海外资产计算的 100 家最大跨国公司中，日本最大的跨国公司为丰田汽车公司，名列第 8，海外资产为 339 亿美元，国外销售额达 372 亿美元。1995 年，日本机动车出口近 400 万辆，其中 32%来自丰田汽车公司。丰田汽车公司的出口占国内生产的 38%，丰田汽车公司的海外生产从 1985 年的 15.2 万辆增加到 1995 年的 125.33 万辆，约占其汽车总产量的 1/3 以上。1995 年，丰田汽车公司在海外生产的汽车产量首次超过了其从日本的出口。1995 年年底，丰田汽车公司在 25 个国家设有 35 个海外制造业子公司，其中 1/3 以上设在亚洲。1994 年年底，丰田汽车公司拥有 14.3 万个雇员，其在海外的雇员为 7 万人。

日本综合商社是在特定历史条件下形成的一种具有日本特色的贸易组织形式。它在日本对外贸易发展过程中占有十分重要的地位。对外贸易是日本综合商社经营的主要行业。据统计，在第二次世界大战后相当长的一段时间里，日本九大综合商社（一般指三菱商事、三井物产、伊藤忠商事、丸红、住友商事、日商岩井、东棉、减松江商和日棉实业九大综合商社）直接或间接经营的对外贸易，约占日本进出口总额的一半，是日本对外贸易的"排头兵"。

（5）服务贸易增长迅速

进入 21 世纪，日本的服务贸易逐步发展起来。尽管至今仍未扭转逆差局面，但近年来日本的服务贸易已步入增长轨道。日本服务贸易出口和进口世界排名均居前列。日本服务贸易进出口集中于运输、专有权利使用费和特许费、其他商业服务、旅游等行业。世界贸易组织报告显示，2004 年和 2005 年，日本服务贸易出口位居世界第五，2006 年和 2007 年上升至第四；2004—2007 年，日本服务贸易进口均居世界第四位。从服务贸易进出口额的全球占比上看，2007 年，日本服务贸易出口额和进口额的世界占比分别为 4.2% 和 5.1%。出口的增势明显强于进口，贸易逆差规模总体呈缩减之势。2016 年日本服务贸易总额为 3 500 亿美元，居世界第六，进出口总额全球占比为 3.72%。

（6）长期的贸易顺差，2011 年后贸易逆差激增至 2016 年转为顺差

在 1964 年以前，日本一直是贸易逆差，1965 年至 1980 年，只有 7 年贸易逆差，1981 年及以后，日本一直是贸易顺差。1981 年至 2009 年，日本年平均贸易顺差额为 719.8 亿美元。受日本大地震影响，自 2011 年起，日本对外贸易出现逆差局面，因日元贬值、核电站停运导致火力发电原料、原油等的进口额膨胀，2013 年，贸易逆差为 114 745 亿日元，是有史以来的最高值。然而 2014 年 12.78 万亿日元的贸易逆差又一次刷新了有赤字记录以来的新高。2015 财年日本贸易逆差骤降至 1.08 万亿日元，下降 88.2%。2016 年日本实现贸易顺差 40 741 亿日元，2017 年贸易顺差为 29 910 亿日元，连续两年实现顺差。

讨　论

受日本大地震影响，自 2011 年起，日本对外贸易连续 5 年出现逆差局面。根据你对国际能源争夺的了解，分析日本将如何缓解国内与日俱增的能源需求和原材料需求。

2. 第二次世界大战后日本对外贸易政策的演变

第二次世界大战后，日本的对外贸易政策是为"贸易立国"的总体战略及其资源战略和市场战略服务的，其基本目标是奖出限入，确保合理进口，推动出口发展。日本把对外贸易政策与整个国家的产业政策结合起来，通过扶植本国的产业，提高国际竞争力，以振兴出口，使对外贸易的扩大能动地促进本国经济的发展和产业结构的优化。

第二次世界大战后初期到 20 世纪 50 年代中期，由于日本国内经济濒临崩溃的边缘，工农业生产极度萎缩，为保护国内生产和市场，抑制通货膨胀，稳定和恢复经济，日本实行的是保护贸易政策，对对外贸易实行严格的管制。如 1949 年 12 月颁布的《对外流通和对外贸易管制法》，就是日本政府管制对外贸易和外汇的主要法律依据。在此基础上，日本政府又颁

布了 1952 年的《对外贸易管制法》、1954 年的《海关法》、1957 年的《出口检查法》，建立了出口和进口协会。通过该协会，政府对对外贸易进行管制。日本政府对对外贸易的管制主要是通过外汇管制制度来实现的，进口商品必须申请许可证，通过许可证制限制商品的进口。同时，在政府扶植下，发展一些重点行业，如钢铁、电力、化肥、汽车、合成纤维等，替代进口，并采取各种措施如进出口连锁制、出口优惠融资制度、出口保险制度等鼓励出口。

20 世纪 50 年代中期以后，由于日本经济高速增长，产品的国际竞争力迅速提高，日本已成为进出口贸易大国，在世界贸易中的地位不断提高。1971 年日本成为世界第三大出口国，1974 年成为世界第三大进口国。显然，严格限制对外贸易的政策措施已不适应经济形势的发展。于是，日本开始对对外贸易政策进行调整，逐步实行贸易自由化。其特点是由限制进口、替代进口逐步向扩大出口发展。1959 年 12 月日本政府正式宣布贸易自由化政策，并于 1960 年正式颁布《贸易与外汇自由化大纲》，提出要在 3 年内取消一切限制，但在实施过程中一再拖延未予兑现，最终在美国和西欧国家的压力下，于 1964 年实行了贸易自由化。

20 世纪 70 年代，由于两次石油危机和固定汇率制的崩溃使整个世界经济增长放慢，国际市场竞争激烈，新贸易保护盛行，日本贸易立国的良好国际环境不复存在，日本与欧美发达国家及与发展中国家的贸易摩擦日趋激烈。对此，日本政府重新调整了对外贸易政策，放慢了贸易自由化的步伐，并通过制定合理的产业结构政策促使国内产业结构进一步向技术和知识密集型转变，以实现出口商品结构高级化；同时通过继续推行出口市场多元化政策，使出口市场向全方位扩散，从而缓和了贸易摩擦。

进入 20 世纪 80 年代，日本贸易顺差不断扩大，对外贸易摩擦空前激化，日本已成为世界主要贸易国的众矢之的。其贸易对象国不仅要求日本削减出口，而且要求其尽快开放国内市场，日本政府长期奉行的"贸易立国"和"加工出口"贸易政策遇到了历史性的挑战。为了扭转这种局面，日本政府采取措施扩大内需，力求实现经济结构由"出口导向型"向"内需导向型"转变，并强调缓和对外贸易摩擦是这一时期对外贸易政策的首要问题。因此，日本政府采取各种措施，进一步开放国内市场，增加进口，通过日元升值和扩大对外直接投资来减少贸易摩擦，改善贸易环境。

自 1992 年起，日本各种经济问题进一步恶化，日本经济进入慢性衰退，增长乏力，处于低谷状态。虽然日本的国情决定日本贸易立国的基本格局不会改变，但国内外经济形势要求日本必须给贸易立国增添新的内涵。体现在对外贸易政策上，就是以振兴服务贸易为目标，对传统的贸易政策进行重大变革，积极探索双边自由贸易的可能性，以便在新的国际贸易格局中维护日本的利益份额。

13.1.3　欧盟的对外贸易

欧洲联盟（EU）是第二次世界大战后世界范围内起步最早、目前发展最深入、合作水平最高的区域贸易组织。它从 1952 年建立的欧洲煤钢联营萌芽，到 1967 年发展为欧洲经济共同体，1994 年又继续发展为欧洲联盟。1995 年，欧洲联盟包括 15 个成员国。截止到2017 年年底，欧盟共有 28 个成员国。2015 年，欧盟 28 个成员国国内生产总值达到 16.31万亿欧元，人均国内生产总值为 23 100 欧元，经济实力已经超过美国居世界第一。欧盟为世界货物贸易和服务贸易最大进出口方。欧盟对外贸易中，美国、中国、俄罗斯、瑞士为主要贸易伙伴。欧盟也是全球最不发达国家的最大出口市场和最大援助者、多边贸易体系的倡导者和主要领导力量。21世纪初的欧盟已成为世界上一个十分重要的经济发展实体,它对于世界经济的发展具有举足轻重的作用。

1. 欧盟对外贸易发展概况

对外贸易是欧盟经济发展的重要领域,第二次世界大战后欧盟对外贸易发展状况可从以下几方面表现出来。

(1) 对外贸易增长较快,贸易地位显著提高

从1950年到1995年,欧盟15国的出口贸易额和进口贸易额的年均增长率分别为11.5%和11.1%,均高于同期世界贸易出口年均增长11.1%和进口年均增长11%的增长速度。随着欧盟对外贸易的增长,它在世界出口贸易中的比例显著上升,从1950年占世界出口的30.7%提高到1995年占世界出口的40%。欧盟1998年出口贸易额为21 710亿美元,占世界出口总额的41.5%,进口贸易额为21 630亿美元,占世界进口总额的40%。2004年欧盟东扩后,其25国对外贸易额占世界贸易总额的20%,25国的GDP(国内生产总值)之和占了世界的1/4。2002年至2008年,欧盟的进出口稳定增长。2009年受美国金融危机影响大幅逆转,欧盟28国对外贸易总额下降到32 014.27亿美元,其中出口额为15 285.78亿美元,下降20.6%,进口额为16 728.49亿美元,下降27.4%。2010年稍有回升,对外贸易总额上升至37 639.3亿美元,出口额上升至17 862.73亿美元,进口额上升至19 776.57亿美元。2005年至2008年,欧盟的GDP占全球的1/3左右,2009年、2010年有所下滑,分别为28.34%、25.88%,但依然高于美国,远超日本。2016年欧盟货物进出口总额为38 355.6亿美元,比上年同期减少2.1%。

(2) 成员国之间的贸易迅速增长,内部贸易比例扩大

欧盟国家的贸易很大一部分是在各成员国之间开展的。据统计,欧盟15国之间的内部贸易额从1970年的764.5亿美元增加到1994年的9 891.9亿美元;内部贸易额约占欧盟全部贸易额的2/3,在内部贸易中又主要集中在德国、法国、英国和意大利,这4国的货物贸易占欧盟的60%左右。2000年这4国的货物出口占欧盟货物出口的60.8%,货物进口占58.8%;这4国的服务贸易占欧盟的55%左右,服务出口占欧盟服务出口的55.1%,服务进口占欧盟服务进口的56.5%。目前,欧盟内部贸易率已经超过80%。

(3) 商品结构发生变化

在欧盟的对外贸易商品结构中,工业制成品占主要地位。在货物出口结构中,制成品占80%左右,其中机械和运输设备占货物出口的40%。在货物进口结构中,制成品占75%左右,其中机械和运输设备占货物进口的40%。机电产品、运输设备和化工产品是欧盟的主要出口商品,2016年出口额分别占欧盟出口总额的25.7%、16.8%和16.0%,为4 997.2亿美元、3 263.0亿美元和3 102.7亿美元。机电产品、矿产品和化工产品是欧盟前三大类进口商品,2016年进口额分别为4 617.5亿美元、3 143.0亿美元和1 812.8亿美元。

(4) 服务贸易长期顺差

欧盟国家服务贸易在其贸易中也占据重要地位。欧盟统计局发布数据显示,自2000年以来,欧盟服务业贸易额显著增加。2004—2013年,服务业出口额由3 670亿欧元上升至6 840亿欧元,进口额由3 210亿欧元上升至5 110亿欧元,贸易盈余由450亿欧元上升至1 730亿欧元。2015年欧盟服务贸易盈余连续两年下降,为1 459亿欧元,同比下降14.4%。

2016 年欧盟服务贸易出口额为 8 198 亿欧元，进口额为 6 897 亿欧元，顺差为 1 301 欧元，服务贸易顺差额，自 2014 年以来持续三年下降。

（5）主要贸易对象是发达国家

欧盟对外贸易的主要贸易对象是发达国家，约占其对外贸易额的 80%。其中，除欧盟成员国之间的贸易外，"欧洲自由贸易联盟"国家和美国是欧盟的主要贸易对象，日本和发展中国家在欧盟的对外贸易中所占比例较小。欧盟对区外出口货物的最大市场是美国，2000 年占欧盟货物出口的 9.1%，其次是瑞士、日本。欧盟从区外进口货物的最大来源国也是美国，2000 年占欧盟货物进口的 7.8%，其后为日本、中国和瑞士。自 2010 年以来欧盟的主要贸易伙伴为美国、中国、俄罗斯、瑞士、挪威、日本、土耳其、印度、韩国、巴西等。

2. 欧盟对外贸易政策和措施

（1）关税同盟

关税同盟是欧盟的主要支柱。欧共体是以关税同盟为基础建立起来的，关税同盟是欧共体对外贸易政策的一项重要内容。根据《罗马条约》的规定，关税同盟的主要内容包括两项：一是逐步削减直至全部取消成员国之间内部贸易的关税和配额，实现共同体内部的工业品自由流通；二是确立共同体与共同体以外第三国的共同关税。

为了实现关税同盟，欧共体采取了以下措施。

① 取消内部关税。按照《罗马条约》的规定，关税同盟应从 1959 年 1 月 1 日起，分 3 个阶段减税，于 1970 年 1 月 1 日完成。实施结果是共同市场原 6 国之间的工业品和农产品，分别提前于 1968 年 7 月和 1969 年 1 月建成关税同盟。

② 统一对外关税率。1968 年 7 月在取消内部关税的同时，共同市场 6 国开始对非成员国工业品实行统一的关税，即以对外关税率的平均数作为共同关税率。

③ 取消数量限制。欧共体 1960 年 5 月决定，于 1961 年提前取消工业品进口限额，农产品数量限制改为共同体配额，适用所有成员国。

④ 禁止与数量限制有同等效力的措施，包括取消贸易技术堡垒、协调间接税、简化边境海关监管手续等。

经过 10 年的努力，到 1968 年 7 月 1 日，欧共体成员国之间的工业品贸易不再征收关税，共同体对外关税率逐步削减并形成了统一的对外关税率，成员国对共同体以外的国家实行共同的贸易政策。关税同盟的建立大大促进了欧共体内部的相互贸易，提高了欧共体贸易一体化的程度。1958 年，欧共体成员国之间的相互进口占欧共体进口总额的 33.38%，到 1971 年这个比例上升到 51.2%；1960 年，欧共体成员国之间的相互贸易（包括进口和出口）额占总贸易额的 34.1%，1972 年这个比例上升到 50.4%。

（2）实行共同的农业政策

欧共体在农产品方面，实行共同的农业政策，其内容见第 5.3 节。

（3）非关税壁垒

非关税壁垒是欧盟限制进口的主要措施。欧盟使用的非关税壁垒主要有以下几种。

① 进口配额制，包括绝对配额和关税配额两种。目前，欧盟除了对部分钢铁产品仍实行关税配额外，基本上已取消了这一制度。

②"自动"出口配额制。这是欧共体 20 世纪 80 年代广泛使用的限制进口的措施。据统计，20 世纪 80 年代欧共体各成员国制定的"自动"出口限制措施大约有 125 种，限制的主

要产品为农产品、食品、纺织品、服装、汽车、运输设备、钢和钢铁制品、鞋类等。

③ 进口许可证制。根据欧盟法律，进口需经成员国事先审批，并由成员国签发进口许可证。成员国一般提前一天发放进口许可证，并将进口数量报告给欧盟委员会。欧盟委员会由此掌握和管理整个欧盟市场的进口数量。

④ 产品的技术和质量标准。为了实现在统一大市场内的商品自由流通，欧盟到 2000 年年底共制定了 250 个与技术标准相关的法规，目前欧盟拥有的技术标准达 10 万多个，其内容涉及工业品的安全、卫生、技术标准、商品包装和标签的规定及认证制度，还涉及农产品的生产、加工、运输、储藏等各个环节。这些技术法规的实施对欧盟内部来说，有利于消除贸易障碍，但对欧盟以外的国家，尤其是众多的发展中国家来说，无疑是设置了各种条件很高的技术壁垒。

（4）反倾销措施

欧盟第一个统一的反倾销法规（459/68 号法规）制定于 1968 年，后分别于 1979 年、1984 年、1988 年、1996 年和 1998 年进行过 5 次修改。目前，欧盟执行的主要法律依据是以 1996 年 3 月 6 日颁布的理事会第 384/96 号法规为基础，并结合 1998 年 4 月 30 日颁布的理事会第 905/98 号法规（主要内容是取消中国和俄罗斯的"非市场经济"地位，对这两个国家的出口产品实施新的反倾销制度）。另外，对于《煤钢共同体条约》下涉及的一些特殊产品，欧盟于 1996 年 11 月 28 日另外制定了一套特殊反倾销制度。

2000 年 10 月 11 日，欧盟发布 2 238/2 000 号法规，将原来仅用于中国和俄罗斯的 905/98 号法规扩大到适用于乌克兰、越南、哈萨克斯坦、阿尔巴尼亚、格鲁吉亚、吉尔吉斯、蒙古国。

> **讨 论**
>
> 近年来，欧盟多次对我国产品发起反倾销立案调查。例如，2015 年 11 月 5 日从商务部获悉，欧盟官方网站发布公告，对原产于中国的安赛蜜反倾销案做出终裁，对自中国进口的安赛蜜产品征收每千克 2.46～4.58 欧元的反倾销税。欧盟对我国发起的反倾销措施对中欧贸易有何影响？

（5）普遍优惠制

欧共体自 1971 年 7 月 1 日起开始实行普惠制方案，对原产于发展中国家的产品给予普遍的、非歧视的、非互惠的优惠关税待遇，使成员国作为一个统一的国家集团，实施同一个普惠制方案。实施普惠制的目的在于改善发展中国家的出口状况，使它们的出口产品处于有利的市场竞争地位。欧共体普惠制方案的主要内容包括欧盟普惠制方案条款、优惠产品名单、原产地规则、受惠国名单等。欧盟的普惠制每 10 年调整一次。

欧盟自 2006 年 1 月 1 日起开始实施新的普惠制。新普惠制旨在帮助发展中国家，免除或降低它们出口到欧盟市场的商品关税。

（6）鼓励出口措施

包括对农产品出口实行补贴、对出口提供出口信贷支持、对高科技产品和军用品出口的管理制度等。

13.2　转型国家对外贸易的发展

13.2.1　转型国家的组成

1. 转型国家的概念

转型国家（也称门槛国家或新兴工业国）指的是正在向工业国过渡的发展中国家。冷战结束，苏联解体、东欧剧变后形成的国家如俄罗斯、乌克兰、白俄罗斯、波兰、匈牙利等，以前是计划经济，如今都发展市场经济，故称为转型国家。

2. 独联体的建立

1991 年 12 月 8 日，苏联的俄罗斯联邦、乌克兰和白俄罗斯的三国领导人在明斯克共同签署并发表了 3 个重要文件，即《关于建立独立国家联合体的协定》《联合声明》《关于协调经济政策的声明》。三国领导人签署和发表的文件宣告独联体成立，苏联不复存在。

1991 年 12 月 21 日，俄罗斯、乌克兰、白俄罗斯、哈萨克斯坦、乌兹别克斯坦、塔吉克斯坦、土库曼斯坦、吉尔吉斯斯坦、亚美尼亚、阿塞拜疆和摩尔多瓦 11 个国家的领导人在哈萨克斯坦首都阿拉木图举行会谈并签署了《关于建立独立国家联合体协议议定书》《阿拉木图宣言》《关于前苏联根据联合国宪章在权利和义务方面延续性的决定》等文件，白俄罗斯、俄罗斯、哈萨克斯坦和乌克兰四国签署了《关于在核武器方面采取共同措施的协定》。这些文件重申了在此之前三国领导人签署的独联体协定规定的原则：各成员国互相承认和尊重主权，尊重领土完整及现有边界的不可侵犯，加强相互之间的友好、睦邻和平等互利合作的关系，尊重国际法准则，履行国际义务；成员国将保留对军事战略力量的统一指挥和对核武器的统一监督，发展共同的经济区域和欧亚市场合作。会议决定，由俄罗斯继承苏联在联合国中的席位，包括安理会常任理事国席位。11 国领导人把卢布作为共同货币。《阿拉木图宣言》宣告了独联体的正式成立和苏联的停止存在。宣言强调，独联体不是一个国家实体，也不是一个超国家的权力机构，而是享有完全主权的独立国家平等组成的协调与合作机构，其设立的机构均为协商性组织。

3. 俄罗斯联邦

俄罗斯联邦原名俄罗斯苏维埃联邦社会主义共和国，是 1917 年十月革命后成立的，1922 年 12 月 30 日与其他共和国一起建立苏联。1990 年 6 月 12 日，俄罗斯联邦人民代表大会通过要求收回主权的声明。1991 年 6 月进行总统选举。1991 年 12 月 21 日，独联体 11 国领导人决定，苏联在联合国的席位由俄罗斯联邦继承。

俄罗斯联邦地域辽阔，横跨欧、亚两洲，面积 1 710 万平方公里，人口 1.48 亿。俄罗斯自然资源丰富，拥有苏联时期 90% 以上的森林面积和水能资源、70% 的煤炭、80% 的天然气、100% 的磷灰石、60% 的钾盐和大部分铁矿石；还有大量的金属矿藏，如铁、铜、镍、锌、锡、铝、金刚石、水银、镁、云母、钼、钨、金、银等。俄罗斯工业基础雄厚，科技潜力较大，人民文化素质较高，工农业生产的产量居世界前列。

4. 中东欧和波罗的海国家

中东欧国家包括波兰、匈牙利、捷克、斯洛伐克、罗马尼亚、阿尔巴尼亚和由前南斯拉夫独立出来的 5 个国家（南斯拉夫、斯洛文尼亚、克罗地亚、马其顿及波斯尼亚和黑塞哥维那）。波罗的海国家包括爱沙尼亚、拉脱维亚和立陶宛。

13.2.2　转型国家外贸体制与措施的变化

1. 废弃记账贸易方式

过去，苏联和中东欧国家的对外贸易以易货记账贸易方式为主。苏联对外贸易中易货贸易方式占 75%。但自 1991 年起，苏联和东欧国家改为实行按国际市场作价的现汇贸易。

2. 变更国家垄断外贸的体制

（1）将原国营专业外贸公司变为股份公司

为实行国家外贸垄断制，各国都曾建立了一批国营专业外贸公司，垄断着各种产品的外贸进出口经营权。现在，这些公司绝大多数都以不同方式实行股份制，变为股份公司，脱离外贸部，实行自主经营、自负盈亏。

（2）允许私人经营外贸

匈牙利、波兰、原捷克斯洛伐克、原南斯拉夫等国新的法律规定允许私人经营外贸。波兰规定，无论波兰的法人还是自然人，无须经过批准，凡愿从事外贸进出口业务者只需到法院登记注册，缴纳 5 美元注册费即获准经营进出口业务；匈牙利则更为简单，只需在商会注册，法院开具证明，即获得外贸经营权；原捷克斯洛伐克法律允许私人经营外贸；原南斯拉夫 1990 年通过了新的企业法和外贸法，规定私人企业、社会所有制企业、合资企业地位完全平等，对外交易不受任何限制。

（3）放宽进出口管理

波兰、匈牙利放宽进出口管理，实行进口放开制度。波兰除石油、钢铁、铜、化肥、武器等 10 多种商品受国家管理外，其余全部放开经营；匈牙利在 1990 年将 65%～75% 的进口商品放开。

（4）取消国家外贸计划和国家财政补贴

过去，国家下达的外贸计划，尤其是涉及对经互会成员国的进口计划都是指令性的。为了完成国家的外贸计划，国家实行进出口补贴政策。现在由于实行外贸经营自由及进口放开制度，国家取消了原来意义上的外贸计划。企业有权根据自己的情况制订进出口计划。同时，国家取消财政补贴，采用退税、优惠贷款、浮动汇率等经济手段鼓励出口。

3. 俄罗期对外贸易管理体制

1）俄罗斯联邦贸易主管机构

俄罗斯联邦政府中负责管理对外贸易的部门是经济发展贸易部。该部研究、制定和实施国家统一的对外经济政策，对俄罗斯联邦的对外经济活动进行国家宏观调控，保障进出口贸易的正常秩序。

俄罗斯自 1992 年取消政府垄断的对外贸易体制，实行贸易自由化。改革初期，因缺乏应对国际经济市场的经验与能力，使得俄罗斯经济出现了下滑。20 世界 90 年代末，俄罗斯对外贸易局势逐渐恢复正常，其对外贸易的调节机制也逐步向国际标准化和规范化靠拢，对外贸易成为支撑俄罗斯国内经济发展的主要部门。

2) 进口贸易管理体制

（1）税收调节措施

① 关税措施。俄罗斯对不同类型国家按不同税率征收进口关税。税率表所标税率为基本税率。自享受最惠国待遇的国家进口的产品按基本税率计征关税，自其他国家进口的产品则按基本税率的两倍计征关税。俄罗斯还有多种关税优惠措施。例如，对自与俄罗斯签有自由贸易协定的独联体国家和最不发达国家进口的产品，免征进口关税；对自享受普惠制待遇国家进口的产品按基本税率的 75％计征关税。中国属于享受普惠制待遇的国家之一。

俄罗斯新的关税税率于 2014 年 9 月 1 日生效。在 2014 年下调关税的商品涉及大约 4 800 种，不过大多数商品下调幅度并不是很大，在 1％～3％的范围内。而对于其中的 1 068 种商品，将是根据俄罗斯入世承诺最后一次下调关税，加权平均关税税率将从 7.8％降至 7.1％。

② 进口环节增值税。自 1993 年 2 月 1 日起，俄罗斯对自非独联体国家进口的产品征收进口环节增值税。进口环节增值税的税基为产品海关申报价值、进口关税额、消费税额三项之和，税率为 20％（部分食品和儿童用品的税率为 10％）。俄罗斯 2005 年对进口商品征收 18％的增值税。

③ 消费税。俄罗斯自 1993 年 2 月 1 日起对部分进口产品征收消费税，征税不区分进口产品的来源地。目前，被征税的产品包括酒类、香烟、汽油、首饰、小轿车五大类。自 2006 年 1 月 1 日起，俄罗斯对大部分进口商品实行新的消费税率，主要是提高了轻型汽车和摩托车的消费税税率。

（2）非税收措施

① 进口许可证。俄罗斯对三大类产品实行进口许可管理；第一类是用于保护植物的化学产品、工业废料和密码破译设备；第二类是武器弹药、核材料、贵金属、宝石、麻醉剂、镇定剂、两用材料和技术、可用于制造武器设备的个别原材料和设备等，此类产品的进口需经特殊程序许可；第三类是其他特殊产品。

自 1997 年 1 月 1 日起，俄罗斯开始对食用酒精和伏特加酒的进口实行许可证管理；自 1998 年 1 月 1 日起，开始对彩电整机进口实行许可证管理；自 1999 年 1 月 23 日起，对部分药品（包括部分兽用药品）及制药用品实行许可证管理；自 1999 年 1 月 1 日起，开始对烟草及其工业代用品的进口实行许可证管理；2005 年 6 月，要求对多种商品实施进口许可证制。

② 进口配额。2003 年以前，俄罗斯仅对食用酒精、伏特加酒、炸药、爆炸品、爆炸器材、烟火制品等商品实行进口配额管理。自 2003 年 1 月起俄罗斯对肉类、禽类产品实施进口配额管理。目前，俄罗斯主要对牛肉、猪肉和家禽肉等重要农产品的进口实施国别关税配额。

③ 质量安全认证制度。自 1993 年 1 月 1 日起，俄罗斯开始对大部分产品实行质量安全认证制度。自 1997 年 5 月 1 日起，俄罗斯禁止在其境内销售无俄罗斯文说明的进口食品；自 1998 年 7 月 1 日起，无俄罗斯文说明的其他产品也被列入禁止之列。

3) 出口贸易管理体制

俄罗斯除对个别重要战略物资的出口征收少量的出口税或实行配额许可证管理外，其余商品均可自由出口。

（1）关税措施

俄罗斯自 1992 年开始征收出口关税，又从 1996 年 7 月 1 日起全部取消了出口关税。但 1998 年金融危机以后，俄罗斯于 1999 年 1 月 11 日又恢复了部分商品的出口关税。需缴纳出口关税的商品包括煤、石油、天然气、有色金属、木材等。2006 年俄罗斯多次提高石油及润滑油等石油相关产品的出口关税，2007 年俄罗斯将原木出口关税提高 3.5 个百分点。

从 2014 年 9 月 1 日起除了单独一类的鱼类和海产品、木材、矿产、沥青混合物、金属和其他出口到俄罗斯之外，海关关税联盟协约国商品出口关税的税率降低，其中涉及海产品的关税降低 1.5%。税率的变化对俄罗斯出口商的盈利产生了积极的影响。

（2）非关税措施

从 1996 年 10 月 1 日起，俄罗斯对所有金额超过 5 万美元的进出口合同均要求登记。合同登记工作由俄罗斯中央外经贸管理部门在各地区的特派员办事处负责，登记后将颁发特派员签字盖章的登记证书。2005 年 6 月，俄罗斯开始对有色金属、石油、木材、矿产品等 16 类产品实施出口许可证管理，同时还对这些产品征收出口关税。

13.2.3　20 世纪 90 年代以来转型国家的对外贸易状况

1. 转型国家货物进出口在世界贸易中的地位

1995 年，转型国家出口占世界出口额的比例为 3.1%，进口额占世界进口额的比例为 2.9%。1998 年，转型国家出口贸易额为 1 780 亿美元，占世界出口总额 52 250 亿美元的 3.4%。同年转型国家进口贸易额为 2 070 亿美元，占世界进口总额 54 100 亿美元的 3.8%。

2. 转型国家货物出口结构与地理方向

在转型国家货物出口中，制成品居第 1 位，矿产品居第 2 位，农产品居第 3 位。1995 年转型国家货物出口额为 1 535 亿美元，其中制成品为 831 亿美元，占 54.1%；矿产品为 458 亿美元，占 29.8%；农产品为 212 美元，占 13.8%。

转型国家货物出口的主要对象，第一是西欧，第二是转型国家本身，第三是亚洲。1995 年转型国家货物出口的对象地区中，西欧占 57.3%，本身占 18.9%，亚洲占 12.8%，北美占 4.8%，拉美占 2.2%，中东占 2.2%，非洲占 1.4%。

3. 俄罗斯对外贸易发展趋势

（1）对外贸易额变化

在经济增长的大环境下，俄罗斯外贸进出口额大幅度提高。据俄罗斯国家海关统计，2002 年俄罗斯外贸进出口总额为 1 518 亿美元，创 10 年来最高纪录，比上年增长了 7%。2005 年俄罗斯外贸进出口额大幅度提高，实现外贸进出口总额 3 398 亿美元，同比增长 32.1%。根据俄经济发展部数据，2013 年俄外贸总额 8 442 亿美元，同比增长 0.3%，外贸顺差 2 086 亿美元，同比增长 0.5%，其中出口额为 5 264 亿美元，进口额为 3 178 亿美元。2017 年俄罗斯进出口贸易额为 5 840 亿美元，比 2016 年增长 25%。

（2）进出口商品结构变化

俄罗斯出口商品结构以能源产品和资源型原料产品为主，能源产品大约占出口商品总额的 40% 以上，尤其是石油产品。再者，金属、宝石及其制品占出口商品的 1/4。2011 年俄罗斯对欧盟出口商品结构中原材料占 10.6%，能源产品占 71.3%，两项合计将近

82%。据俄罗斯海关统计，2017 年俄罗斯出口值为 3 570 亿美元，同比增长 25%，以燃料能源为主的出口商品结构未发生改变。主要出口商品为燃料能源，占出口总值的 59%，同比基本持平。俄罗斯非原料能源商品出口总值达 1 337 亿美元，占出口总值的 37%，同比增长 22.5%，但尚不足以改变出口商品结构。主要出口商品为金属及其制品、机电产品及交通运输工具、化工产品和粮农产品，其中粮农产品出口总值占非原料能源商品出口总值的 80.9%。

俄罗斯进口商品以机器设备、运输工具、食品和农业原料为主，其相加几乎占到进口商品总额的 60% 以上。另外，农业产品依然短缺，农副产品难以满足国内需求，每年不得不动用外汇，大量进口食品。2013 年在俄进口商品结构中，机电产品占比 48.6%，仍是俄进口主要商品。其他俄各主要进口商品依次为：木材及纸浆 529 亿美元，占比 16.6%；化工产品 501 亿美元，占比 15.8%；食品及农业原料 430 亿美元，占比 13.5%；金属及其制品 220 亿美元，占比 6.9%。

讨　论

俄罗斯进出口商品结构是否合理？应如何改进？

（3）对外贸易地理方向变化

1992 年以来，欧盟是俄罗斯最大的贸易伙伴。2001 年俄罗斯与欧盟的贸易额达 750 亿欧元，占俄罗斯对外贸易总额的 50% 以上。2008 年，尽管受全球金融危机波及，俄罗斯与欧盟贸易额有所下降。但是随着俄罗斯经济的复苏，双方的经贸额又再度回升。2010 俄罗斯与欧盟双边贸易额达 2 089.99 亿欧元。俄罗斯对欧盟出口最多的是能源和原材料（主要是石油和天然气），机械和化学产品仅占很小的一部分，从欧盟主要进口机械及运输设备、化学制品和食物农产品等。2017 年俄罗斯主要贸易伙伴为欧盟、亚太经合组织和独联体，分别占同期进出口总值的 42%、31% 和 12%。此外，同欧亚经济联盟、石油输出组织和金砖国家的贸易占比分别为 9%、3% 和 18%。从国家（地区）看，中国仍为俄罗斯最大的贸易伙伴国。俄罗斯同中国、德国、荷兰、意大利和美国的贸易额分别占同期进出口总值的 15%、9%、7%、4% 和 4%，分别增长 32%、23%、22%、21% 和 16%。

（4）加入世界贸易组织

俄罗斯早已是国际货币基金组织和世界银行的成员，但俄罗斯却是世界上最后一个非世界贸易组织成员的大国。这与俄罗斯作为联合国安理会常任理事国和对国际事务有着广泛影响力的大国地位极不相称。由于目前世界上 90% 的商品贸易、服务贸易和知识产权贸易均按世贸组织的 30 个多边贸易协定严格执行，俄罗斯则因为没有加入世界贸易组织而只能置身其外，损失惨重。

世界贸易组织部长级会议 2011 年 12 月 16 日批准了关于俄罗斯入世的决定。俄罗斯从 1993 年开始入世进程，历经 18 年终于成为世界贸易组织成员。俄罗斯总体关税水平从 2011 年的 10% 降至 7.8%。协议生效后，俄罗斯有义务立即对超过三分之一的进出口税目执行新关税要求，另有四分之一税目将在三年内调整到位。入世协议对俄罗斯一些产品给予较长关税保护期，其中禽肉制品保护期最长，为 8 年，汽车、直升机和民用航空器为 7 年。世界银行经济学家估计，预计加入 WTO 将为俄罗斯带来更多竞争和更多外商投资，从中期来看，这将为俄罗斯经济带来每年约 490 亿美元（相当于其国内生产总值 GDP 的 3%）的提升。

讨　论

俄罗斯于 2012 年 8 月正式成为世界贸易组织第 156 个成员国。我国是俄罗斯第一大贸易伙伴，近年来中俄双边贸易增长迅速，其中黑龙江省连续多年对俄贸易额占我国对俄贸易总额的 25% 以上。

请分小组讨论：俄罗斯加入世界贸易组织对中俄经济产生的影响及对黑龙江省对外贸易产生的影响。

13.3　发展中国家对外贸易的发展

发展中国家通常是指那些摆脱殖民地附属国地位，取得了政治独立，并以此为基础正在致力于本国经济社会发展的国家。发展中国家数量众多，分布地区辽阔，各国地理位置、自然条件、历史传统、经济发展水平都有很大的差别。目前，发展中国家在世界经济中的地位显著提高，并发挥越来越重要的作用。

13.3.1　发展中国家与地区的构成和经济特征

发展中国家是指那些在历史上受到过殖民统治和剥削，独立后经济布局落后，在国际经济政治中处于不平等、受剥削、受压迫的地位，在地域上大多数位于南半球的亚非拉国家。发展中国家的概念由"七十七集团"在 1964 年联合国第一届贸易和发展会议上首次提出。

目前，发展中国家共有 130 多个独立国家，约占世界国家总数的 78%，人口众多，有 40 多亿，占世界人口的 3/4 以上；土地面积广阔，为 1 亿平方公里，约占全世界陆地面积的 67% 以上，并具有极其丰富的水力资源、矿产资源、森林资源及热带作物资源。有些国家的地理位置十分重要，许多发展中国家还创造了光辉灿烂的古代文明。

绝大多数发展中国家或地区的前身是殖民地或半殖民地的国家或地区。第二次世界大战后，随着殖民体系的土崩瓦解，这些国家赢得了政治上的独立，走上了发展民族经济的道路。这些发展中国家经过努力，取得了可喜的进步和发展，但总的来说人均国民生产总值比较低下，经济落后，而且同属于发展中国家的各国或地区之间存在巨大的经济差距，有的发展很快其经济发展可与发达国家经济相抗衡，有的则仍相当落后。因此，从发展中国家和地区的经济发展状况和水平来分析，可以将发展中国家和地区分为以下 4 个不同的层次。

① 新兴工业化国家和地区，如以韩国、新加坡、中国香港和中国台湾为代表的东亚和

东南亚的部分国家或地区（包括东盟国家），以及以巴西、阿根廷、智利和墨西哥为代表的部分中南美洲国家。

② 石油生产国，主要包括石油输出国组织（OPEC）成员国，如科威特、沙特阿拉伯、伊朗、伊拉克等国。

③ 发展较快、有一定竞争力的中等收入的发展中国家，如中国、印度等国。

④ 最不发达的国家，包括亚洲、非洲、拉丁美洲的一些经济极为落后的国家，如阿富汗、刚果、埃塞俄比亚、乌干达、海地、莫桑比克、老挝、尼泊尔、马达加斯加等，目前共有 49 个发展中国家被列入最不发达国家的名单中。

与发达国家相比，发展中国家具有以下基本经济特征：人均国民生产总值相对较低，经济比较落后，国民生活水平很低；收入分配不均，大多数人民生活贫困；拥有丰富的自然资源，但技术和资金严重不足；发展中国家对外贸依赖严重；在不同的经济制度下发展市场经济；人口增长速度过快，人口素质低下；经济发展不平衡；采取不同的发展战略实现工业化等。

讨　论

"金砖四国"是 2001 年美国高盛公司首席经济师吉姆·奥尼尔（Jim O'Neill）首次提出的，特指新兴市场投资代表。"金砖四国"（BRIC）引用了巴西（Brazil）、俄罗斯（Russia）、印度（India）和中国（China）的英文首字母。由于该词与英语单词的砖（Brick）类似，因此被称为"金砖四国"。2008—2009 年，相关国家举行系列会谈和建立峰会机制，拓展为国际政治实体。2010 年南非（South Africa）加入后，其英文单词变为"BRICS"，并改称为"金砖国家"，被称为"金砖五国"。

2017 年 1 月 1 日，中国正式接任金砖国家轮值主席国，并于同年 9 月在福建厦门举办了金砖国家领导人第九次会晤。

试分析："金砖国家"在世界经贸中的地位。

13.3.2　发展中国家和地区对外贸易的基本特点

1. 对外贸易的性质发生改变

第二次世界大战后，发展中国家和地区的对外贸易性质发生了如下变化。

① 不少发展中国家和地区收回外贸主权，建立了自己的对外贸易管理机构和企业，管理和经营对外贸易。

② 根据本国和本地区经济发展的需要，制定了相应的对外贸易政策和贸易模式。

③ 对外贸易为本国经济发展服务，为经济发展提供了资金和外汇。

④ 对外贸易成为引进外资的重要基础和保证。

⑤ 通过对外贸易开拓市场。

⑥ 通过进口解决经济发展所需的资本设备和原材料。

⑦ 通过对外贸易，提高劳动生产率和经营管理技能。

⑧ 组织经济贸易集团和原料输出国组织，开展南南合作，维护发展中国家和地区的贸易权益。

⑨ 组织"七十七国集团"，积极开展建立国际经济贸易新秩序的斗争。

2. 发展中国家和地区对外贸易在世界贸易中呈上升趋势

由于发展中国家经济发展水平落后，因此其对外贸易在世界贸易中的比例很小。据统计，占全球人口 20％的发达国家拥有全球生产总值的 86％和出口市场份额的 82％，而占全球人口 75％的发展中国家分别仅拥有 14％和 18％的份额。1950 年发展中国家和地区的出口贸易额在世界出口贸易中的比例为 31.1％，1980 年为 28.6％，1991 年为 22.8％。随着发展中国家和地区经济的不断好转和发展，发展中国家和地区的对外贸易在世界贸易中的比例正逐渐上升，尤其是进入 20 世纪 90 年代后，发展中国家和地区商品进出口贸易的增长速度要明显超过发达国家，有的年份甚至超过 1 倍以上。例如，在 1992 年和 1993 年，发展中国家和地区商品出口增长率分别为 10.1％和 7％，而发达国家仅分别为 4.8％和 3％；同期商品进口增长率，发展中国家和地区分别为 15％和 10.3％，发达国家则相应为 4.9％和 2.2％。世界贸易组织报告显示，1990 年至 2000 年发展中国家和地区的商品出口量增长了 9％，进口量增长了 8％，而同期世界出口量和进口量分别都只增长了 7％。2014 年国际贸易量增长率只有 2.8％，连续三年增速低于 3％，也低于同期世界 GDP 的增长水平。其中，发展中国家和地区与发达国家出口增长率分别为 3.3％和 2.2％；进口方面，发展中国家和地区增速为 2％，低于同期发达国家 3.2％的增长率。

> **知识链接**
>
> 根据国际货币基金组织统计，2014 年世界经济增长 3.4％，增速与上年持平，其中发达国家增长 1.8％，高出上年 0.4 个百分点，新兴市场和发展中国家增长 4.6％，低于上年 0.4 个百分点。2015 年，发展中国家经济增长率为 4.8％、东亚与太平洋地区放慢至 6.7％（低于 2014 年 6.9％的水平）、东欧与中亚地区回升到 3％、拉美与加勒比地区平均增长 2.6％左右。这是发展中国家推行经济调整、国际资金流向等相结合而形成的一种趋势，具有长期性。

3. 发展中国家和地区进出口商品结构不断改善

过去，发展中国家和地区出口主要以原料、燃料等初级产品为主，制成品的比例很小，进口主要以工业制成品为主。据统计，1955 年的出口商品中，农矿原料和经济作物占 67％，燃料占 25％，制成品仅为 8％。随着发展中国家和地区经济的发展，工业制成品在出口中的比例有所提高，所占比例从 1970 年的 18.5％提高到 1990 年的 54％，在 1998—1999 年超过了 2/3；进口中工业制成品所占比例从 1970 年的 67.5％上升到 1990 年的 72.4％。2000 年，中、低收入发展中国家出口已占世界总额的 25.1％，出口中的制成品出口已占 58％，高技术产品出口占 13％。一些发展中国家和地区的产品在国际市场上还能与发达国家的产品一争高低，如韩国的钢铁、造船、汽车等重工业产品和电子、集成电路等，中国台湾的计算机整机、零部件和外围设备等信息工业产品，印度的软件，巴西的支线客车等，在国际市场上均具有很强的竞争力。

4. 发展中国家和地区对外贸易发展不平衡

由于经济发展水平、经济结构、自然资源、技术进步、贸易政策等的不同，发展中国家和地区对外贸易的发展很不平衡。

首先，石油输出国对外贸易发展迅速，出口在世界出口贸易中所占比例增加，而非石油输出国所占比例减少。据统计，1950—1981 年，石油输出国在世界出口总额中所占的比例增加了 1 倍以上。特别是 1973 年以后，由于石油价格的上涨，石油输出国在世界出口总额中所占比例由 1970 年的 6％增加到 1975 年的 13.9％和 1980 年的 15.9％；而非石油输出国同期所占比例由 16.3％下降到 14.7％，后又增加到 16.7％。

其次，新兴工业化国家和地区的对外贸易发展较快，在国际贸易中的地位和作用不断提高，出口增长速度明显高于其他发展中国家，尤其是工业制成品的出口增长速度较快。这些国家和地区制成品的出口已占到发展中国家和地区制成品出口的 70％以上。据世界贸易组织《2001 年国际贸易统计》称，2000 年发展中国家和地区在世界制成品出口比例的上升中，中国、墨西哥和其他东亚起了最为重要的作用。韩国、新加坡等国家在经济发展上更接近于进入发达国家行列的水平，在对外贸易中也表现出与发达国家类似的商品结构。

最后，大部分发展中国家和地区的对外贸易发展缓慢，有的出现下降趋势。这些发展中国家和地区基本上仍处于原料提供国和制成品销售市场的地位，尤其是最不发达国家在世界贸易中的比例很低。世界贸易组织《2001 年国际贸易统计》表明，49 个最不发达国家的商品出口仅占世界商品出口的 0.55％，这些国家处于国际生产与分工体系的最底层，受到种种国际、国内因素的限制，从国际贸易的发展中获得的利益有限，经济和贸易可能继续处于低水平状态。

5. 主要贸易对象是发达国家，但发展中国家相互之间的贸易比重不断上升

发展中国家和地区的对外贸易主要是同西方发达资本主义国家进行的，其出口市场和进口来源都是发达国家。1970 年向发达资本主义国家的出口占发展中国家和地区总出口额的 71.6％，1990 年为 63.1％，从发达资本主义国家的进口在整个进口中的比例 1970 年为 72.2％，1990 年为 63.7％。从比例上来看，虽然有所下降，但发达国家仍是发展中国家和地区的主要贸易对象。近年来，发展中国家和地区之间的贸易比重不断上升，在一些领域的贸易处在世界领先地位。联合国环境规划署 2014 年 6 月 25 日发布了一份报告表示，在中国的带动下，近几年发展中国家和地区之间的可再生能源贸易增长迅速，幅度超过了全球贸易的增速。报告指出，无论是在出口还是进口方面，中国在推动发展中国家和地区太阳能产品贸易方面都发挥着重大作用。2009 年至 2012 年间，发展中国家和地区只占中国太阳能产品出口额的 6％，但到了 2013 年，发展中国家和地区的份额占到 23％。2009 年至 2011 年，中国从发展中国家和地区的太阳能产品进口额一直大于出口额，直到 2012 年出口额才大于进口额。

13.3.3　发展中国家和地区的对外贸易发展模式

第二次世界大战后，发展中国家和地区为了发展经济，都相继制定了经济发展战略，对外贸易发展模式在其中占了重要部分。具体来说发展中国家和地区的贸易模式，主要有以下 3 大类。

1. 初级产品出口贸易模式

初级产品出口贸易模式是指通过扩大初级产品的出口来促进经济发展的一种贸易模式。通过初级产品生产和出口的扩大，能增加发展中国家的财政收入和外汇收入，换回所需要的机器设备，并能带动相关的服务性或辅助性部门的发展，从而促进经济的发展。采取这一模式的国家一般都具有较丰富的资源和特别的有利条件。从实际情况来看，第二次世界大战后实施这一模式最有成效的是石油生产和输出国，中东地区的一些发展中国家和地区成为世界上最富裕的发展中国家和地区。但这种贸易模式要受制于资源状况和世界市场状况，对经济的促进作用有限，而且会带来许多不利影响。目前，采取这种贸易模式的国家已经很少，大部分发展中国家和地区趋向于采取进口替代或出口导向的贸易模式。

讨　论

查阅资料分析，初级产品出口贸易模式会带来哪些不利影响？

2. 进口替代贸易模式

进口替代贸易模式是指通过一定的保护政策和措施，发展满足国内市场需要的制造业，逐渐以本国生产的工业制成品取代进口制成品，为最终实现工业化奠定基础。实行进口替代贸易的主要目的是限制工业制成品的进口，扶植新建的本国工业，减少国际收支逆差，通过征收关税，增加政府的财政收入。

大多数发展中国家在发展工业之初，都是从实施进口替代贸易模式开始的。

进口替代贸易模式的主要政策措施如下。

（1）执行贸易保护政策

它是实施进口替代贸易的一项基本政策，其主要内容包括：通过关税和非关税壁垒，对制成品特别是消费品进口进行限制直至完全禁止外国某些工业品的进口。但对不同的商品实行有差别的保护，对本国进口替代工业品的贸易保护程度较高，而对其他进口替代部门产品的贸易保护程度较低；对进口替代工业的最终产品保护程度较高，而对发展这类工业所需要的原材料、燃料、机器设备和零配件进口，则保护程度较低。

（2）实行严格的外汇管理政策，将有限的外汇用于经济发展最急需的领域

其主要措施包括：私人和企业不能持有外汇；企业和居民必须将所取得的外汇，全部或部分地售给国家指定外汇银行；规定出口商品只能接受可充作国际清偿手段的外国货币；实行外汇配给，对进口替代工业给予适当照顾；对资金流出实行管制等，并实行复汇率制，对有关国计民生的必需品和资本货物进口实行币值高估政策，以降低进口成本；对非必需品的进口，实行币值低估政策，提高进口成本进而限制进口。

（3）实行优惠的投资政策

为加速国内资金积累，国家在财政、税收、价格和信用等方面给予进口替代工业以特殊优惠，以促进它们的发展。其主要措施包括：对国民经济的重点发展部门实行减免税收政策，对非重点发展部门则征收较高的税率；积极发展国营和私营的金融机构，并加大对进口替代工业的发展。

查阅资料分析，进口替代贸易模式的积极作用与消极作用，各组派代表回答。

3. 出口导向贸易模式

出口导向贸易模式是指采取鼓励措施发展面向国际市场的国内制造业，用工业制成品的出口来代替农矿初级产品的出口，通过扩大工业制成品的出口来积累资金，从而带动整个工业和国民经济的增长，推动本国实现工业化。

由于实施进口替代贸易模式对经济发展的消极影响，一些发展中国家和地区，如新加坡、韩国、巴西、墨西哥、菲律宾等在实行了短暂的进口替代贸易模式后，很快转向面对国际市场的出口导向贸易模式，期望利用本国劳动力价格低廉的优势，通过积极引进国外资本和先进技术，进口国外廉价的原料和能源，发展劳动密集型的加工装配工业，并通过出口来带动经济的增长，缓解国际收支的压力。

出口导向贸易模式的主要政策措施如下。

① 在外贸政策上，推行贸易自由化政策，在放松进口贸易保护的基础上大力鼓励出口。采取的措施包括：对出口制成品减免关税，外销退税，对出口给予补贴；对产品出口提供信贷和保险；对出口部门所需的原材料、零配件和机器设备进口，减免关税或减少进口限制；给出口商提供一定比例的进口限额和许可证等。

② 在外汇和汇率政策上，除给出口企业和出口商优先提供外汇或实行外汇留成、出口奖励等措施外，还拟定合理的汇率，实行本币对外贬值的政策，以增强本国出口产品的国际竞争力。

③ 在投资政策上，对面向出口的企业提供减免企业所得税等方面的优惠，对出口工业还规定加速折旧，对这些企业国家优先提供原材料、土地、基础设施和其他服务。

④ 在外资政策上，实施有吸引力的鼓励外国投资的政策，给外国投资者提供各种优惠和方便。采取的措施包括：享受"国民待遇"；放宽利润和资本汇出的比率；放宽持股比例和投资部门的限制；享受税收和信贷方面的优惠；优先提供基础设施和公用事业服务；简化投资审批手续；给外国投资者及其家属以居住的方便等。

查阅资料分析，出口导向贸易模式的积极作用与消极作用，各组派代表回答。

上述 3 种贸易模式，各有其优缺点，发展中国家和地区应根据本国的国情和经济发展特点，正确加以选择。一般而言，地域较大、人口较多、资源较丰富的发展中国家，因国内市场容量较大，工业品的销路国内有保障，可以进行大批量生产，获取规模经济效益，建立进口替代工业，采取保护措施，为幼稚工业的发展提供培养园地。而较小的发展中国家由于缺乏幼稚工业的培养园地，实施进口替代很难成功，因此它们应立足于本国的情况走符合国情的对外贸易发展道路。

同步测试

简答题

1. 发达市场经济国家主要包括哪些?
2. 第二次世界大战后美国、日本、欧盟对外贸易发展趋势如何?
3. 什么是转型国家?
4. 俄罗斯的对外贸易发展状况如何?
5. 发展中国家和地区是如何构成的?
6. 发展中国家和地区对外贸易的基本特点包括哪些?
7. 发展中国家和地区的对外贸易发展模式是怎样的?

案例分析

日本近代资源进口战略的发展

日本是世界贸易大国,是世界上仅次于美国的第二大能源消费国,日本资源极度依赖进口,所需石油的99.7%、煤炭的97.7%、天然气的96.6%都来自进口。同时,日本在粮食、矿产品等资源方面也在很大程度上依靠进口补给。日本政府以战略的眼光来看待资源短缺问题,制定和实施了一系列资源政策和措施。

1. 进口渠道多元化

作为进口大国,日本为防止价格"陷阱"坚持走"进口渠道多元化"的进口战略使得日本"稳坐钓鱼台",避免了经济上的损失。日本对中东石油的依存度一度高达90%,出于对能源安全的考虑,从20世纪70年代末期开始,日本就增加了从印度尼西亚、中国和墨西哥等非中东产油国的石油进口。而作为能源输出大国的俄罗斯,更是日本"能源外交"的重点。经过多年的外交努力,日本的能源进口渠道多元化格局基本形成,在一定程度上缓解了对中东石油的过度依赖,能源安全进一步提高。

2. 开发性进口战略

日本的开发性进口是以不发达国家和发展中国家为主要开发进口对象,以与国产商品差别化和按自己的标准采购新商品为特征,在低价格化和确保一定利润的前提下组织开发性、垄断性进口,对本来地位相对较低的日本农产品贸易的发展、填补农产品自给不足的缺口和满足日本国民的饮食需要发挥着重要作用。开发性进口主要指在生鲜食品及其相关的加工领域,企业根据本国标准,以独自或与对象国(地区)有关企业合资、合办、合作等形式,组织进口性生产,实行垄断性进口的交易。

3. 反客为主战略

积极推行海外矿产勘察补贴计划,鼓励境外开矿,是日本全球资源战略的另一核心。

日本人明白，只有掌握资源的所有权才有真正的资源安全。作为资源小国，日本却凭借经济实力到处收购资源公司，希望能成为资源盟主。从 20 世纪 70 年代开始，为了保障矿产资源稳定供应，日本大量组织各种团体，以经济援助为前导，以各种名义向世界各地派遣事业调查团，收集包括资源信息在内的各类信息。在此基础上，日本政府以海外矿产勘察补贴计划的形式，主要通过金属矿业事业团和海外经济合作基金会等机构，对日本公司开展海外地质调查、矿产勘察及矿山基本建设提供资助或贷款担保。

4. 战略储备确保资源安全

日本全球资源战略的主要内容之一是：长期、大量进口，并进行有计划的储备。日本的财力储备相当雄厚，外汇储备是全世界最高的，因此财大气粗的日本拥有丰富的物资储备。物资储备不仅有石油、天然气、煤炭、铀、钢铁及众多稀有金属等，而且还有粮食、木材、大豆、动物饲料等。日本的战略储备物资分为法定储备和任意储备两种类型，也分为国家储备和民间企业储备两个部分。大量的物资储备需要巨额资金，为此日本通过多种方式建立了物资储备专项资金，支持国家和民间的战略物资储备工作。

（资料来源：百度文库）

讨论：

1. 日本是如何实施近代资源进口战略的？
2. 日本的资源进口战略对我国有何启示？

参考文献

[1] 黎孝先，刘舒年. 国际贸易与国际金融. 北京：中国人民大学出版社，2000.

[2] 张汉林. 国际贸易. 北京：中国对外经济贸易出版社，2002.

[3] 项义军. 国际贸易. 北京：经济科学出版社，2004.

[4] 岳咬兴. 国际贸易政策教程，上海：上海财经大学出版社，2006.

[5] 陈同仇，张锡嘏. 国际贸易. 北京：对外经济贸易大学出版社，2005.

[6] 何元贵. 国际贸易. 广州：中山大学出版社，2004.

[7] 吕红军. 国际贸易概论. 北京：中国对外经济贸易出版社，2003.

[8] 张锡嘏. 国际贸易. 北京：中国人民大学出版社，2004.

[9] 薛荣久. 国际贸易. 北京：对外经济贸易大学出版社，2005.

[10] 苗成栋，梁爱丽. 国际贸易. 北京：对外经济贸易大学出版社，2002.

[11] 王绍媛. 中国对外贸易. 大连：东北财经大学出版社，2002.

[12] 陈同仇，薛荣久. 国际贸易. 北京：中国人民大学出版社，2000.

[13] 奇华. 对外经济管理概论. 武汉：武汉大学出版社，2005.

[14] 陈宪，韦金鸾. 国际贸易理论与实务. 北京：高等教育出版社，2002.

[15] 张向先. 国际贸易概论. 北京：高等教育出版社，2004.

[16] 张锡嘏. 国际贸易. 北京：对外经济贸易大学出版社，2006.

[17] 李左东. 国际贸易理论、政策与实务. 北京：高等教育出版社，2002.

[18] 冷柏军. 国际贸易理论与实务. 北京：中国财政经济出版社，2000.

[19] 刘东升. 国际服务贸易. 北京：中国金融出版社，2005.

[20] 陈宪. 国际服务贸易. 北京：高等教育出版社，2003.

[21] 徐立青. 国际贸易实用教程. 上海：复旦大学出版社，2003.

[22] 陈丽珍. 国际经贸教程. 上海：立信会计出版社，2005.

[23] 贾建华. 新编国际贸易理论与实务. 北京：对外经济贸易大学出版社，2004.

[24] 王汉斌. 国际技术贸易理论与实务. 哈尔滨：东北林业大学出版社，2005.

[25] 余鹏翼，姚钟华. 国际技术贸易操典. 广州：广东经济出版社，2002.

[26] 林康. 国际贸易. 北京：对外经济贸易大学出版社，2004.

[27] 李而华. 跨国公司经营与管理. 北京：清华大学出版社，2005.

[28] 刘诚. 国际贸易. 北京：中国金融出版社，2001.

[29] 苗成栋，贾涛. 国际贸易. 北京：对外贸易经济大学出版社，2002.

[30] 杜敏. 国际贸易概论. 北京：对外贸易经济大学出版社，2001.

[31] 孙恒有，吕玉花. 国际贸易理论与实务. 郑州：郑州大学出版社，2007.

[32] 陈淑梅. 世界典型区域贸易. 国际贸易，2013（11）.

［33］段秀芳．俄罗斯外贸政策和措施的分析与评价．东北亚论坛，2010（3）．

［34］中华人民共和国商务部．中国服务贸易统计．北京：中国商务出版社，2014.

［35］http：//www. cofortune. com. cn/moftec _ cn/quyu-orga/eu-c. html.